KB042956

한국목간학회총서 22

木簡과 文字 연구

22

| 한국목간학회 엮음 |

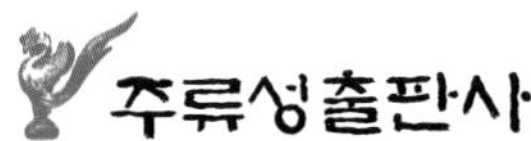

土山屯漢牘〈"堂邑令賜再拜謁" 名謁〉

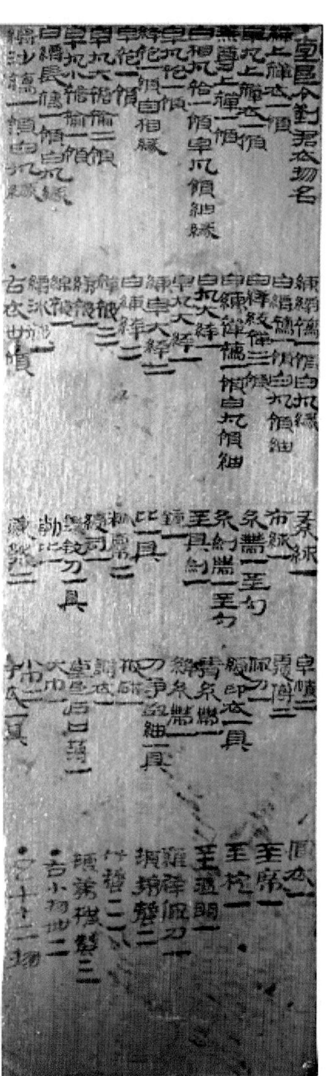

土山屯漢牘〈衣物疏〉

〈앞면〉

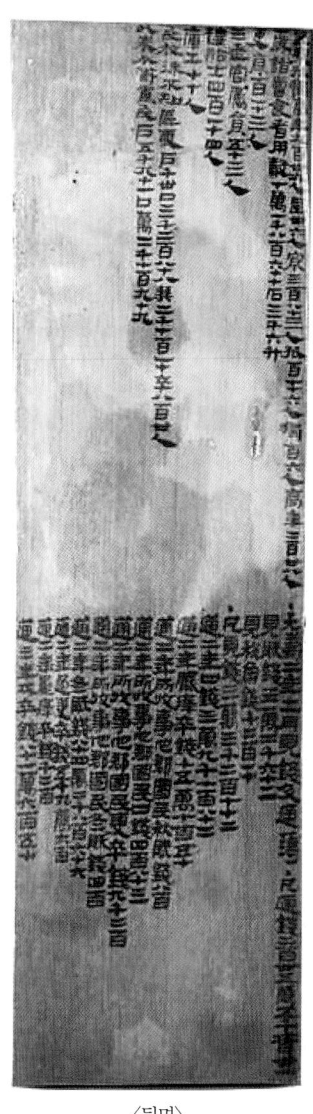

〈뒷면〉

土山屯漢牘〈堂邑元壽二年要具薄〉

중국 낙양 신안현의 천당지재(千唐志齋) 박물원에서 소개한 「유원정 묘지명」 탁본

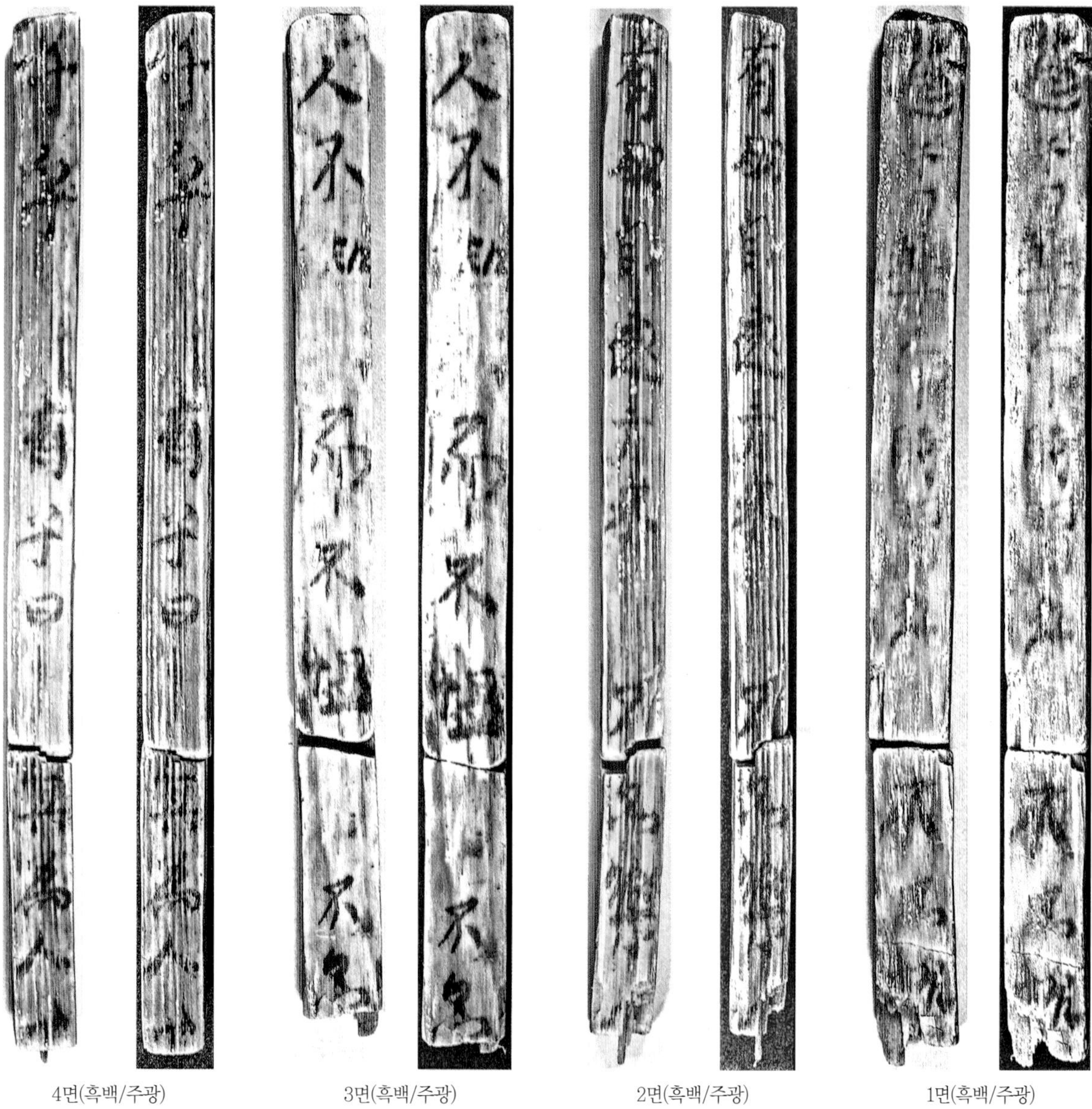

4면(흑백/주광) 3면(흑백/주광) 2면(흑백/주광) 1면(흑백/주광)

부여 쌍북리 56번지 사비한옥마을 조성부지 유적 출토 논어목간

부여 쌍북리 출토 논어목간의 공반 유물

부여 쌍북리 출토 '丁巳年' 목간과 공반 유물

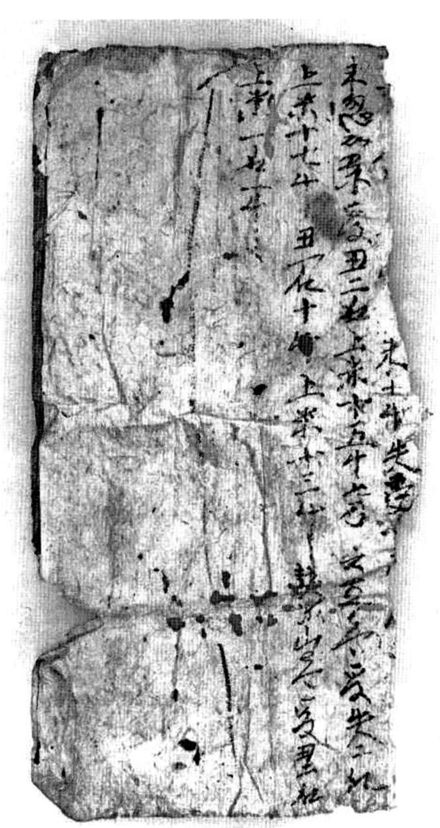

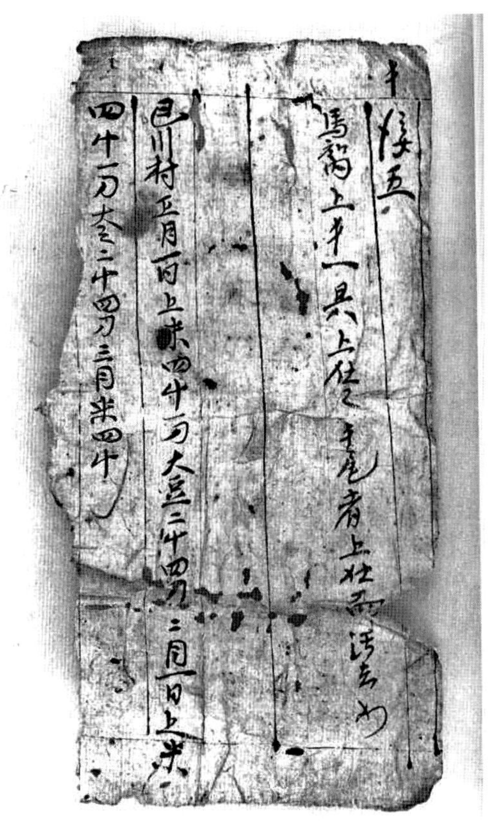

正倉院 소장 新羅「佐波理加盤付屬文書」

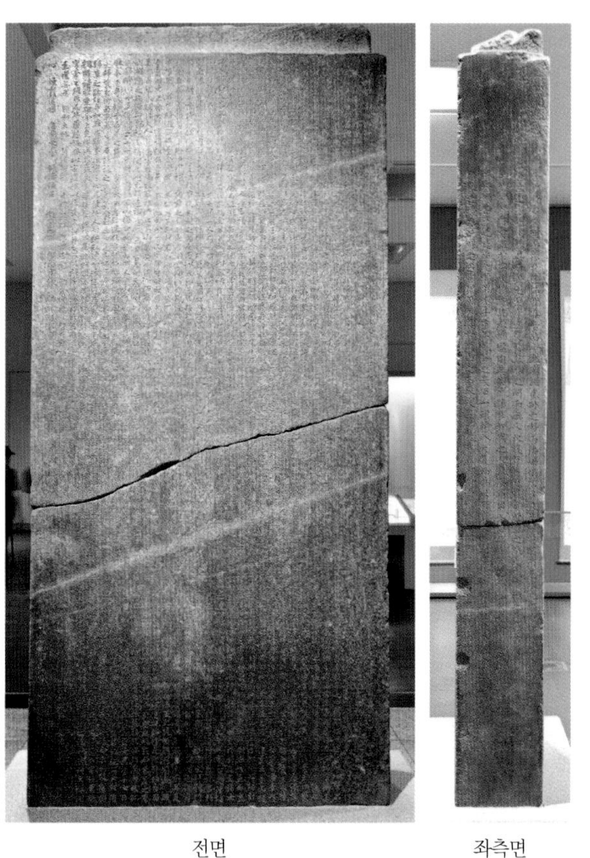

전면 좌측면

후면 우측면

태자사낭공대사백월서운탑비

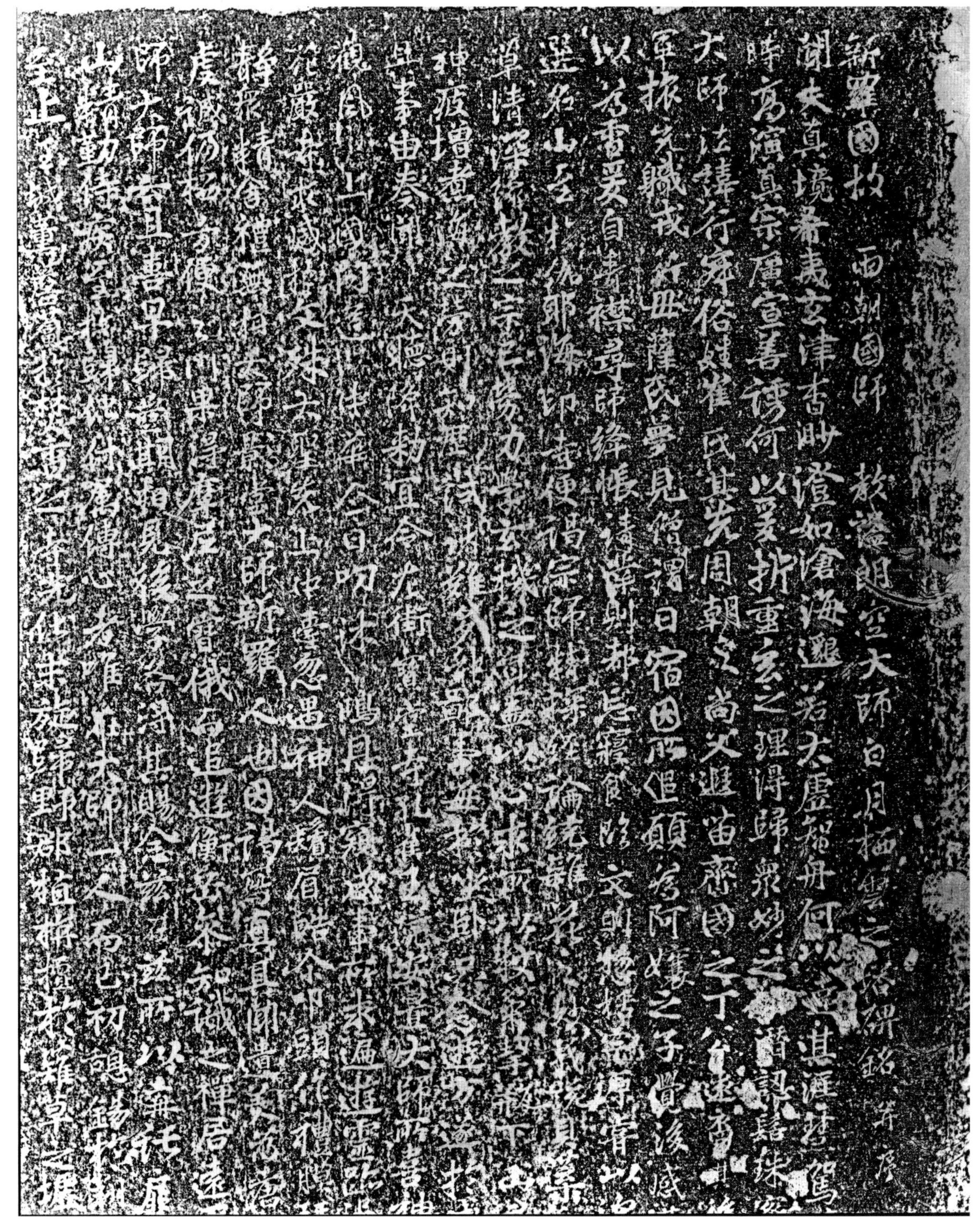

태자사낭공대사백월서운탑비 전면 탁본

木簡과 文字

第23號

| 차 례 |

특집

논문

신출토 문자자료

특 집

한국 출토 목간의 분류와 정리 및 표준화 방안
咸安 城山山城 出土 文書木簡 가야5598의 檢討
한국 多面木簡의 발굴 현황과 용도
戶籍 관련 자료를 통해 본 三國時期의 戶籍制度
한국 목간에 보이는 "某月中"

특 집

한국 출토 목간의 분류와 정리 및 표준화 방안*

이재환**

<국문초록>

한국 목간의 연구가 본격화되면서 그 정리나 분류에 있어서 '표준화'나 '체계화'에 대한 문제 제기도 나오고 있지만, 아직 본격적인 의견 교환 및 결론 도출에 이르지는 못하였다. 우선 '목간'의 정의조차 충분히 합의되지 못한 상태로서, 정의에 따라 한국 출토 목간의 수량 파악 자체가 크게 달라질 수 있다. 기존에는 제작 의도나 형태에 기반하여 목간을 정의한 경우가 많았는데, 이 경우 의도 파악이나 묵서가 없는 목제품의 성격 추정에 있어서 자의성이 문제가 될 수 있다. 이에 '文子가 書寫된 木製品'으로 정의하고 '捺印·印出을 위한 것은 제외한다' 등의 단서를 부가할 것을 제안한다.

각 목간들을 식별할 수 있게 해주는 일련번호는 그들의 이름에 해당하는데, 일련번호를 부여하는 근본적 의의는 식별과 검색의 용이성이라는 측면에서 찾아야 할 것이다. 하나의 이름이 여러 개의 목간에 부여되거나, 하나의 목간에 여러 개의 이름이 붙지 않도록 하는 것이 핵심이라고 하겠다. 지금까지 한국의 목간 정리에 있어서 가장 큰 문제는 하나의 목간에 여러 개의 이름을 붙여 버렸다는 점이다. 가장 기본적인 방향성은 발굴보고서의 일련번호를 따르는 것이겠지만, 현실적으로는 발굴보고서가 발간되기 이전에 이미 해

* 이 논문은 2019년도 중앙대학교 학술연구비 지원에 의한 것임.

** 중앙대학교 역사학과 조교수

당 유적 출토 목간에 대한 연구가 많은 연구자들에 의해 진행·발표되므로, 발굴보고서 이전 단계의 일련번호가 사용되지 않을 수 없다. 발굴기관에서 목간을 최초 공개·보고할 때 부여한 번호를 원칙적으로 이후의 모든 연구서와 도록·보고서 등에서 가능한 한 바꾸지 않고 사용할 것을 권고해야 하겠다. 일련번호가 하나로 확정되어도 그것을 구체적으로 표기하는 방식이 개인마다 다르기 때문에 향후 검색에 있어서 혼란을 가져올 가능성이 있다. 한국목간학회에서 지금까지 공개된 목간들의 호칭들을 정리하고, 표준 표기 방식을 지정하는 표를 학회지에 만들어 싣는 것이 좋겠다. 아울러 한국목간학회의 판독문 범례 및 용어 표준화안 또한 확정될 필요가 있다.

비슷한 유형의 목간을 모을 분류 기준 또한 연구자 별로 각자의 기준을 제시해 둔 정도의 상태이다. 특히 통일이 필요해 보이는 부분은 형태에 따른 분류 방법이다. 日本의 형식 분류를 참조하고, 한국 출토 목간의 특징을 고려한 외형 코드 및 상·하단 형태 코드를 만들어 보았다. 기준이나 방법을 제안하는 것보다 중요한 것은 그 이후 논의의 진행이다. 한국에서 그러한 논의의 주체는 역시 한국목간학회가 되어야 한다고 본다. 어떤 식으로든 '합의'와 '공인'의 절차를 거쳐, 빠른 시일 내에 많은 연구자들이 따를 만한 표준화의 결과물이 만들어져 나오기를 희망해 본다.

▶ 주제어: 목간, 정의, 일련번호, 범례, 표준화, 형식분류

Ⅰ. 머리말

경주 안압지(現 신라 동궁과 월지) 발굴로 한국 목간의 존재가 알려지고, 함안 성산산성 출토 목간을 통해 한국 목간에 대한 연구가 본격화된 이후로 벌써 상당한 시간이 흘렀다. 비록 中國의 簡牘이나 日本의 木簡에 비해서는 매우 적은 편이지만, 그래도 이미 몇 백 점을 넘을 만큼의 수량이 확보되었고, 발견 보고가 꾸준히 이어지고 있다. 이에 그 정리나 분류에 있어서 '표준화'나 '체계화'의 문제 제기도 종종 있었다. 한국 목간의 정리·분류안은 이미 개별 연구자들에 의해 몇 차례 제시된 바 있었다.[1] 하지만 연구자별 案의 제시를 넘어서 본격적 의견 교환 및 결론 도출로 이어졌다고 보기는 어렵다. 2013년에는 한국목간학회 차원에서 이에 대한 기초적인 논의가 처음으로 시도되었으나,[2] 역시 합의된 결과물을 제출하는 데는 이르지 못하

---

1) 이용현, 2006,『韓國木簡基礎硏究』, 신서원, p.8.
윤선태, 2007,「한국고대목간의 형태와 종류」,『역사와 현실』65(윤선태, 2007,『목간이 들려주는 백제 이야기』, 주류성에 재수록).
이경섭, 2013,「新羅木簡의 출토현황과 분류체계 확립을 위한 試論」,『新羅文化』42(2013,『신라 목간의 세계』, 경인문화사에 재수록).

2) 2013년 11월 22일 국립중앙박물관 제1강의실에서 개최된 〈한국목간학회 제17회 정기발표회〉에서 윤선태,「목간의 형태와 용도 분류에 관한 기초적 제안」; 이경섭,「신라·백제 목간의 비교 연구」; 박지현,「백제 목간의 유형분류현황 검토」; 최상기,「함

였다.

이후 국립가야문화재연구소에서 2017년에 간행한 『韓國의 古代木簡 II』는 목간의 정리와 용어·범례의 표준화에 있어 하나의 계기를 마련했다고 할 수 있다.[3] 단, 해당 도록은 함안 성산산성 출토 목간만을 대상으로 한 것으로서, 한국 목간 전반에 대한 정리에는 이르지 못하였으며, 제시한 범례와 용어 정리 또한 아직은 한국의 목간 연구자들에게 공유되고 있지 못한 듯하다. 이를 보완하여 한국 목간의 정리, 분류를 위한 한국목간학회 차원의 기준안이 만들어져야 할 시점이라 하겠다. 본고는 이를 위해 논쟁과 합의가 더 진행되어야 할 점들을 검토해 보는 것을 목적으로 한다.

II. 목간을 어떻게 정의할 것인가?

'정리와 분류'에 대한 고민을 시작하기 위해서는, 먼저 그 대상을 명확히 해야 할 것이다. 그러나 "한국에서 출토된 목간이 모두 몇 점인가?"라는 아주 기초적인 질문에 대해서도 답을 내놓기는 결코 쉽지 않다. 이는 목간의 수량이 계속 조금씩 늘어가고 있기 때문이기도 하지만, 시점을 한정한다고 해서 문제가 해결되는 것도 아니다. 목간의 수량 파악을 어렵게 하는 근본적인 문제는 어떠한 유물을 목간으로 분류할 것인지에 대한 합의가 아직 이루어지지 못했다는 데 있다. 따라서 목간의 정의를 내리는 것으로부터 논의를 시작하지 않을 수 없다.

무엇을 목간이라고 부를 것인지에 대한 합의는 한국에서 아직 이루어졌다고 보기 어렵다. 한국목간학회의 홈페이지(http://mokkan.kr)나 간행물들에서도 학회 차원의 목간 정의는 제시되지 않았다. 2004년 국립창원문화재연구소(現 국립가야문화재연구소)에서 발간하여 오랫동안 한국 목간 연구의 기본 자료 역할을 하였던 『韓國의 古代木簡』의 「Ⅰ. 목간의 개요」에서는 '목재를 다듬어 細長方形으로 만든 나무판에 먹글씨를 쓴 것', '짤막하게 다듬은 나무판에 의사표시를 위해 글씨를 쓴 것', '종이가 발명되기 이전 혹은 그것이 아직 널리 보급되기 이전 시기에 나무를 깎아서 그 위에 먹으로 문자를 쓴 것', '나무판에 문자나 그림을 새기거나 묵서한 것' 등 네 가지 정의를 나열하였다.[4] 여기서 "이처럼 목간에 대한 여러 가지 정의가 있지만 대개 대동소이한 내용을 말하고 있는 것"이라고 언급하였지만, 구체적으로 살펴보면 각각의 정의는 상당히 다른 의미를 내포한다.

첫 번째와 두 번째 정의는 세장방형 나무판 혹은 짤막하게 다듬은 나무판이라는 형태를 통해 우선적으로 목간을 규정하고 있기 때문에, 이와 같은 형태를 갖추지 못한다면 목간이 아니게 된다.[5] 세 번째 정의는

안 성산산성 목간의 정리현황 검토」 등의 발표가 있었다.

3) 국립가야문화재연구소, 2017, 『韓國의 古代木簡 II(학술총서 제69집)』.

4) 國立昌原文化財硏究所 編, 2006, 『개정판 韓國의 古代木簡』, p.10.

5) 목간의 英文 표기 또한 'wooden tablet', 'wooden strip', 'wooden document' 등 연구자에 따라 다양하게 사용되고 있는데, 'wooden tablet'과 'wooden strip'은 형태에 기반한 번역이고, 'wooden document'는 목제품에 문자를 기록했다는 측면에

형태를 포함하지 않는데, 대신 종이 발명 이전 혹은 종이 보급이 확산되기 이전이라는 시간 조건이 포함된다. 첫 번째와 세 번째 정의에 따르면 '먹'으로 '문자'를 쓴 것이어야 하지만, 네 번째 정의에서는 문자가 아니라 '그림'을 그린 것, 먹으로 쓰지 않고 새긴 것 또한 목간으로 분류하고 있다. 이처럼 어떤 정의를 택하느냐에 따라 목간으로 분류할 대상 자체가 상당히 달라져 버리는 것이다.

본격적으로 목간을 정의하기 위해서는 목간에 대한 연구가 앞서 진행된 주변국의 사례를 살펴볼 필요가 있다. 중국의 경우 대나무가 주요한 서사 재료 중 하나로 활용되었기 때문에, 대나무를 서사용으로 다듬어 먹으로 글씨를 쓴 竹簡과 나무를 재료로 만든 목간이 모두 존재했고, 이들을 아우르는 용어로서 '簡牘'이 통용되어 왔다.[6] 이는 기본적으로 書寫材料로서 竹과 木을 구분하는 것인데, 이와 달리 동아시아의 나무 서사재료를 통칭하는 표현으로서 '목간'이라는 용어를 사용하자는 제안이 나오기도 하였다.[7] 실제로 高麗時代 선박에서 발견된 대나무 재질의 서사재료들이 목재 서사재료와 아울러 '목간'으로 보고된 예도 있다.[8]

廣義의 '목간'으로 죽간을 포괄하고자 하는 이러한 주장은 "대나무도 나무다."라는 인식에 기반하고 있다.[9] 우리의 언어 생활에서 대'나무'라는 표현이 익숙하며, 영어권에서도 bamboo 'tree'라고 부르는 것을 흔히 볼 수 있다. 하지만 대나무는 식물학적으로 단자엽식물인 풀에 속하며, 벼·옥수수·강아지풀 등과 함께 벼과 식물로 분류되기 때문에 엄밀히 말하면 '나무'가 아니다.

대나무가 가지는 서사재료로서의 특성이 목재와 구분되는 차별성은 참나무나 소나무 등 목재들 간에 나타나는 차이에 비해 확연히 크다는 점은 주지하는 바와 같다. 때문에 굳이 죽간을 목간의 하위항목으로 포함시킬 필요는 크지 않을 것이다. 목제품 중 서사재료로서의 성격이 부여된 것이 목간이라면, 죽간은 죽제품 중 서사재료의 성격을 가진 것으로서 서로 병렬적으로 이해해도 무방하다. 물론 죽간과 목간을 별도로 본다고 해서 죽간이 목간 연구자의 관심 대상 밖으로 멀어지게 되거나, 양자에 대한 연구가 상호 영향을 주지 못하게 될 이유는 없을 것이다.

그런데 '簡牘'이라는 용어는 '竹簡'과 '木牘'의 결합이라는 측면에서, 단순히 竹·木의 두 서사재료를 포괄한다는 의미뿐 아니라, 簡·牘·觚 등 형태에 기반한 정의가 뒤따른다는 점이 주목된다. 이와 같은 정의를 따른다면, '簡牘'으로 정의되는 특정한 형태를 갖추지 못하였거나, 다른 목적이나 용도를 위해 제작된 목제품

중점을 둔 번역으로 보인다. 한국목간학회의 영문 명칭은 'The Korean Society for the Study of Wooden Documents'로서 'wooden documents'를 채택하였지만, 학회지 『木簡과 文字』의 수록 논문들의 영문 제목에서는 여전히 'wooden document', 'wooden tablet' 등이 혼용되고 있다.

6) 이승률, 2013, 『죽간·목간·백서, 중국 고대 간백자료의 세계1』, 예문서원, pp.118-119.

7) 윤선태, 2004, 「한국고대목간의 출토현황과 전망」, 『韓國의 古代木簡』, 國立昌原文化財硏究所 및 2013, 「목간의 형태와 용도분류에 대한 기초적 제안」, 한국목간학회 제17회 정기발표회 발표문.

8) 임경희·최연식, 2010, 「태안 마도 수중 출토 목간 판독과 내용」, 『木簡과 文字』 第5號.
임경희, 2010, 「마도2호선 발굴 목간의 판독과 분류」, 『木簡과 文字』 第6號.
임경희, 2011, 「마도3호선 목간의 현황과 판독」, 『木簡과 文字』 第8號.
이들 대나무 재질의 '목간'에 대해서는 '죽간'이라고 부를 경우에 편철용 죽간의 형태를 연상케 할 수 있으므로 혼동을 막기 위해 '竹札'이라 명명하였다. 이 용어가 적합한지에 대해서도 논의가 필요하다.

9) 윤선태, 2013 앞 논문, p.2.

에 문자가 서사된 경우에는 '簡牘'의 범주로 포괄할 수 없게 된다. 이는 대나무 소재를 제외 혹은 내포시킨 '木簡'이라는 용어로 簡·牘·觚 등의 형태를 아울러 지칭할 경우에도 마찬가지이다.

'書寫用'으로 다듬어 만들었다는 의도 혹은 목적을 정의에 포함시킬 경우, 만든 사람의 의도를 파악해야 하는 어려움까지 발생한다. 동일한 지점에서 거의 유사한 형태의 목제품들이 발견되었을 경우, 그들 중 일부에만 墨書가 있어도 나머지 역시 비슷한 용도나 목적을 가졌을 가능성이 높다고 짐작해볼 만하지만, 다른 지점의 다른 층위에서 유사하게 생겼으나 墨痕이 없는 목제품이 출토된다면 이들이 동일한 의도로 만들어진 것인지 아닌지 판단하기 어렵다. 제작자의 의도나 목적을 포함하는 정의는 궁극적으로 '추정'의 영역을 벗어날 수 없기 때문에, 특정 대상이 목간인지 아닌지 판단하는 데 모호함을 남기지 않을 수 없다는 한계가 있다.

한편 日本에서는 木簡을 '墨書된 木片의 總稱'으로 정의하고 있다. 형태나 용도, 내용 등은 목간을 정의하는 기준에 포함되지 않는다. 이러한 정의에는 '卒塔婆'와 같은 것도 포함되어, 현재에도 日本 곳곳에서 날마다 만들어졌다 버려지고 있으므로, 애초에 정확한 수량을 확인하는 것 자체가 불가능해진다.[10] 다만, 발굴조사로 출토된 목간을 대상으로 삼을 경우에는 오히려 상대적으로 대상을 명확히 특정할 수 있다는 장점이 나타난다. 묵흔이 존재하는 것이 분명한가에 대해서는 이견이 남을 수 있겠지만, '의도'나 '목적'에 대한 고민은 필요 없기 때문이다.

이와 같은 목간의 정의를 도입하면, 묵흔이 없는 것은 목간으로 인정되지 않는다. 그런데 한국에서는 이른 시기부터 '묵흔이 없는 목간'이 보고되어 왔다. 한국 최초의 목간 발굴 사례인 경주 안압지 발굴조사보고서에 따르면, 51점의 목간 가운데 4점은 '전혀 묵흔을 인정할 수 없는 것'이었다고 한다.[11] 함안 성산산성 1차 보고서에서도 19호는 "적외선 촬영에서도 글자가 확인되지는 않았"음에도 불구하고 '목간'이라고 보았고, 4호·5호 또한 일부만 남아 있고 묵흔이 확인되지 않았지만 목간으로 분류되었다.[12] 『韓國의 古代木簡』 역시 이들을 25호·26호·27호로 넘버링하여 수록하였다.[13] 이들은 결국 '주로' 문자가 확인되는 목간을 중심으로 수록했다고 하는 『韓國木簡字典』에까지 실리게 되었다.[14]

이에 대해서 일찍이 한국에서도 묵서가 있는 경우만을 목간으로 인정해야 한다는 제안이 제기된 바 있다.[15] 그러나 이후로도 지금까지 묵흔이 없는 목제품들이 여전히 목간으로 보고되는 일들이 많다.[16] 나아

---

10) 奈良文化財研究所 木簡ひろば(http://hiroba.nabunken.go.jp) 참조.

11) 文化公報部 文化財管理局, 1978, 『雁鴨池 發掘調査報告書』, p.288.

12) 國立昌原文化財硏究所, 1998, 『咸安 城山山城』, p.97·p.100.

13) 國立昌原文化財硏究所, 2004, 『韓國의 古代木簡』.

14) 손환일 편저, 2011, 『韓國木簡字典』, 국립가야문화재연구소, pp.305-306 및 p.320.

15) 朱甫暾, 2008, 「한국 목간 연구의 현황과 전망」, 『木簡과 文字』 創刊號, p.32 각주 2.

16) 2019년 9월 6일부터 8일까지 中國 北京에서 열린 首屆中日韓出土簡牘硏究國際論壇 暨第四屆簡帛學的理論與實踐學術硏討會에서는 '묵서가 없는 목간'을 포함하여 한국의 목간 수량을 1,597점으로 보고하기도 하였다(이주헌, 2019, 「한국 목간의 발굴과 정리현황」, 『首屆中日韓出土簡牘硏究國際論壇 暨第四屆簡帛學的理論與實踐學術硏討會 論文集』, pp.187-189). 이 집계에 따르면 묵서가 확인된 삼국~통일신라시대의 목간 수령은 450여 점이라고 한다(위 발표문, p.197).

가 이들 또한 '목간'으로 분류해야 한다는 주장도 나왔다. 이경섭은 목간을 '公私의 의지 혹은 정보 전달 등을 목적으로 나무조각[木片]에 文字를 기록한 것'으로 정의하였으며, "좁은 의미에서는 문자가 기록된 것만을 목간이라고 하지만 문자를 기록할 목적으로 제작된 목제품도 목간의 범주에 포함시키기도 한다."고 덧붙였다.[17] 윤선태는 일찍이 목간을 '문자를 기록하기 위해 만든 목제품'으로 규정한 바 있는데,[18] 이후 '문자가 있는 목제품'으로 수정하고, "혹 문자가 없어도 형태상 목간으로 확정할 수 있는 것은 목간에 포함한다."는 단서 조항을 첨가하였다.[19] 앞의 정의는 목적·의도에 기반한 것으로서, 문자가 기록되었는가 여부는 결정적 요소가 되지 않았다. 뒤의 정의는 목적·의도를 조건에서 배제하고 문자 기록을 중심으로 놓았지만, 형태를 추가적으로 고려한 것이다.

그런데 목간의 기본적인 정의를 '문자가 있는 목제품'으로 두게 되면, 형태는 목간을 규정하는 요소가 될 수 없다. 어떠한 형태의 목제품이라도 문자가 서사되기만 하면 목간이기 때문이다. 그렇다면 '문자가 없어도 형태상 목간으로 확정할 수 있는 것'은 곧 '문자가 없어도 형태상 문자가 있는 목제품으로 확정할 수 있는 것'이 되어버린다. 자기 모순에 빠지지 않으려면, 애초에 목간의 기본적인 정의를 형태에 기반한 것으로 수정하거나, 아니면 문자가 없는 것은 형태가 특정 목간과 유사하다 하더라도 목간 범주에서 제외시켜야 한다.

개념 정의는 맞고 틀림이나 옳고 그름의 문제가 아니라 어느 것이 더 유용하거나 적당하다고 생각하는지에 따라 선택할 대상이기 때문에, 둘 중 어떤 선택도 가능하나, 선택에 따라 목간으로 분류될 대상은 크게 달라질 것이다. 다만, 지금까지 일반적으로 목간으로 분류해 온 형태적 특징이 곧 '문자 서사'와의 연관성을 보장해 주지는 못한다는 점을 고려할 필요가 있다. 대표적인 목간의 형태인 장방형 판 모양 중에는 日本의 齋串처럼 문자 서사를 목적으로 하지 않은 경우가 포함된다. 한국 목간의 특징적 형태로 언급되는 다면형 및 원주형의 목제품 역시 묵흔이 없다면 서사재료라고 단정짓기 어려울 것이다. 익산 왕궁리 화장실 유구에서 발견된 뒤처리용 나무막대 또한 형태적으로는 목간과 다를 바 없다.

목간은 하나의 문자자료로서 '문자 서사'라는 측면이 중요시된다는 점을 감안할 때, 형태와 문자 사이에서 선택해야 한다면 역시 문자 쪽을 택하는 것이 합리적이라고 판단된다. 동일한 형태의 목제품이라 할지라도 문자가 서사됨으로써 문자자료로서의 의미를 지니게 된다. 문자자료인 목간으로서의 함의는 이때 발생한다고 보는 것이 자연스럽다. 목간을 '목간이 아닌 목제품'과 구분되는 한 항목으로 간주하는 것이 아니라, 목제품 중 문자가 서사될 경우 '목간'이라고 하는 tag가 부여된다고 생각하면, directory에 기반한 분류가 아닌 'tagging'의 관점에서 접근이 가능해진다. '목간이 될 예정이었던 목제품'이나 '목간이었던 적이 있었을지도 모르지만 흔적이 전혀 남지 않은 목제품'들은 분명히 목간 문화 연구에 있어 중요한 의미를 가지겠지만, 반드시 이들을 목간으로 분류해야 하는 것은 아니다.

---

17) 이경섭, 2013, 앞 책, p.3.

18) 윤선태, 2007, 앞 책, p.25.

19) 윤선태, 2013, 앞 글, p.3.

이같은 인식을 받아들여 『韓國의 古代木簡 II』는 '문자가 서사된 목제품'으로 목간을 정의하여,[20] 기존에 목간으로 간주되던 일부 묵흔이 없는 목제품을 제외하고 목간 수량도 새롭게 파악하였다. 형태상 하찰 목간과 동일하지만 묵흔이 확인되지 않은 유물은 '목간형 목기'로 재분류하였다. 그러나 '목간형 목기'과 같은 표현은 '목간'을 형태에 기반하여 정의하지 않았을 경우에는 어떠한 형태의 목간도 존재할 수 있으므로 성립하지 않는다. 형태적으로 목간과의 유사성을 강조하고자 한다면, 뒤에서 다룰 구체적인 형태 분류를 앞에 달아서 '어떤 형식 목간형 목기(목제품)'라고 표현하는 것이 논리적이다. 목간으로서의 사용 목적이 확실하다고 판단된다면 '목간용 목제품(목기)'와 같은 표현 또한 가능하다.

사실 목제품에 문자가 서사된 경우를 목간으로 정의할 경우 굉장히 포괄 범위가 넓기 때문에 문자가 없는 목제품까지 포함시켜 외연을 더 넓히기보다는, 일부를 배제할 추가적 기준을 부가할 것인지에 대한 논의가 더 필요하다. 일본의 경우도 해당 정의에 부합하는 대상이 너무 많아서 실제로는 '발굴조사로 출토된' 등의 단서를 붙여야 구체성을 가지고 파악할 수 있음은 앞서 언급한 바와 같다. 이는 한반도의 경우도 마찬가지로, 고대 이후 시기까지 범위를 확장할 경우, 목간의 범주에 포함시킬지 고민해야 할 대표적인 자료로 '懸板'을 들 수 있겠다. 현판은 '묵서가 있는 목제품'임은 물론, 서사를 목적으로 만들어졌다는 면에서 목적이나 용도에 기반한 정의에도 부합한다.

아울러 '墨書'라는 용어를 정의에 포함시킬 것인지 아닌지도 생각해 볼 필요가 있다. 朱書나 刻書된 경우도 있기 때문이다. 경주 안압지에서는 刻書된 목간이 두 개 출토된 바 있다. 단, 이 경우는 刻書 위에 墨書가 더해졌다. 부여 능산리사지에서 출토된 남근형 목간에는 刻書만 된 글자들도 존재한다. 다행히 이 자료에는 묵서도 함께 있기 때문에 목간으로 분류하는 데 큰 지장이 없으나, 앞으로 刻書만 있는 목간이 발견될 가능성도 염두에 두어야 할 것이다.

목간을 '문자가 있는' 혹은 '문자가 서사된' 목제품으로 정의할 경우에는 묵서냐 주서·각서냐를 고민할 필요가 없어진다. 단, 이 기준에 따르면 안압지에서 출토된 14면체 酒令 주사위 같은 것들도 목간으로 분류되어 그 범위가 넓어진다. 특히 고려시대 이후로 존재하는 엄청난 수량의 '木版'들이 기준에 부합하므로 목간의 수량이 비약적으로 늘어날 것이다. 목제 印章 역시 이러한 정의의 목간에 포함된다. 이들에게 모두 '목간'이라는 tag를 부여하여 목간의 외연을 넓히기보다는, "捺印·印出을 위한 것은 제외한다."와 같은 단서 조항을 부가하여 대상을 한정하는 편이 적당할 것으로 보인다.

한편 '문자'를 정의의 기준으로 집어넣게 되면, 묵흔은 분명한데 문자인지, 부호인지, 그림인지 판단하기 어려운 경우도 문제가 될 수 있다. 단순히 먹을 '묻힌' 것임이 확인되거나, 명확히 그림으로 확정지을 수 있는 사례라면 배제하더라도, 판단이 불가능한 경우는 문자일 가능성이 남아 있음을 감안하여 일단 목간으로 분류해 두는 편이 좋다고 생각한다. 또한 문자라고 하기도 어렵고, 그림이라고 보기도 어려운 符籙만이 서사된 경우는, 일본에서 '呪符木簡'을 설정한 것처럼, 넓은 의미의 문자로 간주하여 목간으로 분류할 수 있을 것이다.

20) 국립가야문화재연구소, 2017, 앞 책, p.10.

이상의 논의에 기반해서 목간의 정의에 대한 案을 제시해 보자면, '문자가 서사된 목제품'으로 규정하는 것이 무난하다고 판단된다. 竹簡이나 '목간이 될 예정이었던 목제품'들은 여기에 포함되지 않으나, 건물의 懸板이나 목제 주령 주사위 등은 포함된다. "捺印·印出 등을 목적으로 하는 것은 제외한다." 등의 단서 조항을 덧붙여 木版이나 목제 印章 등은 배제할 필요도 있다. 이러한 정의에 따르면 지금까지 계산된 한국 목간의 전체 수량 파악 자체를 새롭게 하지 않을 수 없다.

목간의 수량 파악에 있어 또 하나 신경써야 할 점은 목간의 斷片이나 削屑의 파악 문제이다. 斷片의 경우 다른 斷片과 접합이 확인되는 경우 합쳐서 하나로 간주하고, 그렇지 않은 경우는 독자적인 하나의 목간으로 카운트하는 것이 일반적이다. 削屑 역시 日本의 사례를 참조할 때, 상호 접합이 확연한 경우를 제외하면 단독으로 한 개의 목간으로 처리하는 것이 무난하다. 부여 능산리사지 유적에서는 100편이 넘는 削屑이 발견되었는데, 지금까지 이를 일관되게 목간 수량 파악에 포함시키지는 않아 왔다. 묵서가 어느 정도 파악 가능한 경우는 목간으로 간주하기도 했으나, 묵서가 있어도 목간으로 수록되지 않은 경우도 있으며, 여러 편에 하나의 일련번호를 붙이기도 했다.[21] 30점의 목간에 169점의 削屑을 더하면 부여 능산리사지 출토 목간의 수량은 총 199점이 되어, 기존에 파악한 것보다 훨씬 많아진다. 한국 출토 목간의 수량 규모 자체가 削屑의 파악 방식에 따라 달라지는 것이다.

III. 목간을 어떻게 정리할 것인가?

목간의 개념 정의를 통해 정리할 대상이 파악되었다면, 다음 단계는 이들에게 이름을 붙이는 작업이 될 것이다. 각 목간들을 식별할 수 있게 해주는 일련번호가 그들의 이름에 해당한다. 일련번호에는 해당 물건에 대한 다양한 정보가 포함될 수 있다. 중국의 사례를 살펴보면, 居延舊簡의 경우, 61.7=286.29 등과 같이 표기 방식이 확인되는데, ' . ' 앞의 숫자는 목간을 채집했던 자루(袋)의 번호, ' . ' 뒤의 숫자는 그 중 몇 번째인가를 표시하며, ' = ' 또는 ' + '는 두 간이 접합된다는 것을 나타낸다. 居延新簡은 EPT51.535와 같은 넘버링을 사용한다. 여기서'EP'는 甲渠候官의 破城子라는 유적을 가리키며, 'T51'은 51번 그리드(greed)임을, '535'는 해당 그리드의 535번째 簡임을 보여준다.[22]

하지만 일련번호는 많은 정보를 담기에는 한계가 있다. 나아가 일련번호에 있어서 우선적으로 중요시해야 할 가치가 무엇인가를 고민해야 한다. 유적내 출토 site나 층위, 공반 관계 등은 분명 특정 목간을 이해하는 데 굉장히 중요한 정보들이지만, 목간에 대한 설명 부분에서 구체적으로 언급해 줄 수 있다. 목간의 이

---

21) '껍질과 부스러기(削屑)'라는 항목으로 능산리사지 출토 삭설을 모아 실은 2008년의 『백제 목간』에서, '능16'이라는 이름으로 7편의 삭설을 함께 소개하였다. '능17'이라는 명칭은 125편의 삭설이 공유하고 있다. 단, 능17 삭설들에는 1에서 125까지의 세부 번호를 붙여 두었다(국립부여박물관, 2008, 『백제 목간 -소장품조사자료집』, pp.46-55).

22) 大庭 修 編著, 1998, 『木簡【古代からのメッセージ】』, 大修館書店, p.17 凡例.

름이라고 할 수 있을 일련번호의 존재 의의는 식별과 검색의 용이성이라는 측면에서 찾아야 할 것이다. 하나의 이름이 여러 개의 목간에 부여되거나, 하나의 목간에 여러 개의 이름이 붙지 않도록 하는 것이 핵심 과제라고 하겠다.

한국 목간의 정리에 있어서 '목간의 일련번호 확정'이 가장 시급한 과제 중 하나로 인식되고 있는 것은,[23] 하나의 목간에 하나의 일련번호를 붙이기만 하면 된다는 단순한 원칙이 지켜지지 못했기 때문이다. 사실 특정 발굴지에서 출토된 목간들의 일련번호는 기본적으로 발굴 상황에 따라 발굴자가 지정하고, 이후 연구자들은 이를 따르면 된다. 그렇다면 발굴보고서에서 설정한 명칭 혹은 일련번호를 따르는 것으로 기본적인 원칙을 잡아볼 수 있겠다.

그러나 현실적인 문제는 발굴보고서가 나오기 이전에 이미 해당 유적에서 출토된 목간에 대한 연구가 다양한 연구자들에 의해 진행된다는 데서 발생한다. 이러한 연구 논저들은 발굴보고서 이전 단계의 명칭이나 일련번호를 사용할 수밖에 없다. 한국 목간에 대한 연구는 2004년 국립창원문화재연구소(現 국립가야문화재연구소)에서 그때까지 발견된 목간들의 원색 사진과 적외선 사진을 총망라하여 수록한 도록 『韓國의 古代木簡』을 발간하고, 2006년 그 개정판을 인터넷으로 공개하면서 비약적으로 늘어났다. 이 도록에서 제시된 일련번호를 목간의 호칭으로 사용하는 것은 이후 목간 연구에 있어서 하나의 표준으로 받아들여지게 되었다.

『韓國의 古代木簡』은 함안 성산산성, 하남 이성산성, 김해 봉황동유적, 경주 월성해자, 경주 안압지, 국립경주박물관내 유적, 경주 황남동376번지 유적, 부여 관북리유적, 부여 능산리사지, 부여 궁남지, 부여 쌍북리유적, 익산 미륵사지, 기타 등 유적 별로 출토된 목간 사진들을 모아서 제시하였다. 이들 유적 중 일부는 이미 발굴보고서가 발간되었고, 당시까지 발굴보고서가 나오지 않은 유적도 있었는데, 일련번호는 함안 성산산성부터 시작해서 유적에 따라 reset되지 않고 1에서 319까지 차례로 부여되었다. 때문에 함안 성산산성을 제외한 유적 출토 목간들은 애초에 기발표된 발굴보고서의 일련번호와 맞지 않았으며, 이후에 발굴보고서가 발간되는 경우에도 그 일련번호를 가져다 사용하기에는 어려움이 있었다. 더욱이 1부터 번호가 시작되는 함안 성산산성의 경우조차 1998년에 나온 1차 발굴보고서에서 소개한 27개 목간의 일련번호와 일치시키지 않았다.[24]

이후 2011년에 그때까지 보고된 목간들을 정리한 『韓國木簡字典』이 발간되면서 또다시 조금 다른 일련번호 체계를 채택하면서, 한국 출토 목간들은 적어도 세 개 이상의 일련번호를 동시에 가지게 됨에 이르렀다. 이러한 상황은 특히 '검색'의 측면에 있어서 큰 번거로움을 야기한다. 국사편찬위원회 한국사데이터베이스의 '한국목간자료'에는 하나의 목간이 두 개의 다른 목간인 것처럼 각각 다른 호칭을 달고 소개되어 있어, 해당 서비스 이용자를 혼란스럽게 한다.[25] 동시에 연구자나 사이트 운영자도 하나의 목간에 붙은 여러

23) 윤선태, 2013, 앞 글, p.1.

24) 최상기, 2013, 「함안 성산산성 출토 목간의 정리현황 검토」, 『木簡과 文字』 第11號, p.82.

25) 예를 들어 함안성산산성 - 2006-15와 함안 성산산성 IV - 489, 함안성산산성 - 2006-28과 함안 성산산성 IV - 491 등은 같

개의 호칭 때문에 혼란을 겪고 있음을 보여준다.

일본의 경우 木簡學會의 학회지 『木簡硏究』를 통해 매년 발굴된 목간들을 소개·정리하는데, 여기서 소개되는 목간은 유적별로 목간번호를 부여하여 상단에 ( )로 표시하도록 하고 있다. 각 발굴기관에서의 일련번호가 있으면 최하단에 기재한다.[26] 동일 유적에서 數次에 걸쳐 조사된 목간들을 일괄하여 소개할 경우에는 조사 차수마다 일련번호를 부여하는 것이 원칙이다.[27] 중국에서도 간독 자료를 집성한 도록에서는 유적별로 기보고된 보고서나 도록의 일련번호를 그대로 활용하고 있다.[28]

『韓國木簡字典』은 유적 별로 일련번호를 1부터 새로 부여했다는 점에서, 모든 목간들을 단일한 일련번호 체계로 일괄한 『韓國의 古代木簡』보다 나아진 측면이 있지만, 발굴 차수나 연도에 따라 각각의 일련번호를 부여하지 않아서, 결국 발굴보고서와도 다른 또 하나의 일련번호를 만들어낸 것이 되었다. 이러한 사태를 미연에 방지하기 위해서는 목간을 최초 공개·보고할 때 발굴기관에서 부여한 번호를 원칙적으로 이후의 모든 연구서와 도록, 보고서 등에서 바꾸지 않고 사용할 것을 권고해야 한다.

발굴기관은 각각 나름의 기준에 맞추어 일련번호를 부여하되, 추후에 변경의 여지가 없는 번호를 부여하도록 신경써야 하겠다. 그리고 일단 번호가 정해지면, 피치 못할 사정이 발생하지 않는 한 최종 발굴보고서까지 해당 번호를 유지하도록 한다. 최초 공개 시점부터 번호를 확정짓기 위해서는 일련번호에 많은 정보를 담으려 하기보다, 유적명에 몇 번째로 발굴된 목간인지 숫자를 붙이는 정도면 충분할 것으로 보인다. 발굴 대상 유적의 범위가 넓거나 발굴 정황상 구역을 구분해서 표기할 필요가 있다면 유적명과 번호 사이에 구역명을 추가하는 것도 가능하며, 동일 유적에서 여러 차례 발굴이 진행된다면 번호 앞에 차수 혹은 연도를 넣고 차수·연도마다 새로 번호를 붙여 나가도록 한다. 물론 일련번호가 겹치거나 변하지만 않는다면 꼭 이와 같은 형태여야 할 이유는 없으므로, 실질적인 넘버링 자체는 발굴기관이 상황에 맞추어 판단하면 된다.

목간으로 간주하고 일련번호를 부여했다가, 발굴보고서 작성 과정에서 목간이 아님이 밝혀진다면, 해당 번호는 비워두어야 한다. 목간으로 분류되지 않았던 목간이 추후에 목간으로 확인된 경우, 해당 차수 혹은 연도의 마지막 번호 다음 번호를 부여한다. 일부만 남은 목간 조각들은 다른 목간 조각과 동일한 목간의 일부분임이 의문의 여지가 없을 정도로 확정적이지 않는 한, 모두 각각 일련번호를 가지고 있어야 할 것이다. 추후에 다른 조각들과의 合綴 관계가 밝혀지면, 그중 가장 낮은 번호의 조각을 기준으로 '+' 기호로 연결시키고, 원래의 일련번호 항목에는 어느 번호에 합해졌는지를 표시한다.[29] 『韓國木簡字典』의 경우 일부 목간 조각들을 합쳐서 하나의 목간으로 재조합하는 과정에서 기존에 각 조각들에게 부여되었던 일련번호를 없애버렸기 때문에 『韓國의 古代木簡』과도 번호가 달라지게 되었다. 빈 일련번호가 없는 깔끔함을 추구한

은 목간으로 판단된다.

26) 木簡学会 編, 1980, 『木簡研究』 第二号, p.4 凡例.

27) 木簡学会 編, 2011, 『木簡研究』 第三三号, p.vii 凡例.

28) 中國簡牘集成編輯委員會 編, 2001, 『中國簡牘集成』 참조.

29) 이는 중국 간독 정리에서도 활용하는 방식이다(陳偉 主編, 2012, 『里耶秦簡校釋』, 文物出版社, p.9의 凡例 참조).

결과라 하겠다.

함안 성산산성 출토 목간의 경우, 『韓國의 古代木簡 II』에서 17차에 걸친 발굴 성과를 총괄하여 출토 목간을 수록하면서 국가귀속번호를 기준으로 하여 정리하고, 기존에 다양하게 사용되던 일련번호와의 대비할 수 있는 색인까지 제시하여, 그간의 혼란을 벗어날 수 있는 계기를 마련하였다. 앞으로 함안 성산산성 목간연구에 있어서 목간번호는 국가귀속번호로 사용할 것을 권고하였고, 이후 연구자들도 이를 따르고 있다.

그런데 이에 대해서도 『韓國의 古代木簡 II』에서 편의상 수록 순서에 따라 붙인 연번을 사용할 것을 주장하는 경우가 있다. 이 또한 빈 일련번호가 없는 깔끔한 모습과 체계성을 추구한 바로 보인다. 하지만 '깔끔함'보다 중요한 것은 '식별'과 '검색'에 있어서의 편의성이라는 기본 방향성이다. 해당 연번의 사용은 새로운 번호로 호칭을 또다시 늘리는 것이며, 기존의 일련번호와 겹치면서도 지칭하는 대상이 달라 혼란을 야기하게 된다. 국립가야문화재연구소의 권고에 따라 함안 성산산성의 목간에 대해서는 『韓國의 古代木簡 II』에 제시된 국가귀속번호를 사용하는 것이 원칙화되어야 할 것이다.

단, 『韓國의 古代木簡 II』의 국가귀속번호 채택은 이미 여러 개의 번호가 붙어 혼란스러운 상황을 일원적으로 정리한다는 측면에서 의미가 있는 것으로서, 향후 발견되는 목간들에 적용이 권장되는 방식은 아니다. 현재 다른 기관에서도 국가귀속번호로 목간 번호를 붙이는 것을 원칙으로 삼고자 하는 경우가 있는 듯하다. 하지만 국가귀속번호 역시 발굴이 마무리되고 유물을 정리·등록하는 과정에서 부여되는 것으로서, 이전 단계의 현장설명·중간보고·簡報에서는 사용할 수 없다. 이때 다른 번호를 붙였다가 나중에 국가귀속번호를 공식적인 목간 번호로 바꾸게 된다면, 또다시 여러 개의 호칭을 하나의 목간에 붙이는 상황이 되어버린다. 특별한 사정이 아니라면 '하나의 목간에 하나의 호칭'이라는 원칙이 유지될 수 있는 방향을 고민해야 할 것이다.

한편, 한국목간학회 연구총서로 2015년에 발간된 『한국고대문자자료 연구 백제(상/하)(한국목간학회 연구총서)』에서는 2014년 2월까지 출토 및 공개된 백제의 문자자료를 총정리하면서, 발굴보고서나 최초 보고 자료의 명칭에 기반하여 백제 목간의 호칭도 정리하였으나, 연구자들 사이에서는 여전히 『韓國의 古代木簡』이나 『韓國木簡字典』에 기반한 기존의 일련번호를 사용하는 것이 일반적이다.

아울러 일련번호가 확정된다고 해서 목간 호칭의 문제가 해결되는 것도 아니다. 실질적으로 호칭을 표기하는 방식이 연구자마다 혹은 상황 별로 다르기 때문이다. 그냥 번호 숫자만 쓰는 경우, 목간+숫자 형식, 목간+공백+숫자, 숫자 다음에 '號'를 쓰는 경우와 '番'을 쓰는 등 매우 다양하다. 예를 들어 『韓國木簡字典』의 일련번호를 사용하는 경우에도 '[ ]'를 살려 '[陵]1'과 같이 쓰는 경우와 '[ ]'를 생략하고 '陵1'로 쓰는 경우, 그냥 '1호'나 '1번'으로 표기하는 경우로 나뉘는데, 모두 같은 번호이지만 검색 과정에서는 결과가 달라지게 된다. 물론 한국 목간의 경우 아직 출토 점수가 적고 연구 성과도 아주 많은 것은 아니어서, 유적명을 통한 검색 등으로 필요로 하는 결과물의 탐색이 가능한 상황이다. 하지만 향후 목간 출토량의 증가와 신규 연구자들의 어려움을 예상한다면 이러한 혼란을 미연에 방지할 필요가 있다.

결국 표준적인 호칭 표기의 典範이 마련되지 않는다면 식별과 검색에 있어서의 문제는 해결되기 어려울 것이다. 그리고 그 역할을 맡을 수 있는 것은 한국목간학회라고 본다. 지금까지 출토된 목간에 붙은 호칭과 일련번호를 모두 정리한 대비표를 만들고, 표준적 표기를 제시하여 개별 연구자들이 적어도 논저의 제목이나 keyword에는 해당 호칭 표기를 사용하도록 권고하는 것이다. 이 표는 매년 그 해 공개된 목간을 포함하여 업데이트해서 학회지 『木簡과 文字』 12월호에 수록하거나 학회 홈페이지에 게시해야 하겠다.

Ⅳ. 목간을 어떻게 옮겨적을 것인가?

목간과 목간이 아닌 것이 확정되고, 목간인 대상들에게 식별 번호까지 부여되었다면, 이제 본격적으로 목간에 서사된 문자를 판독하는 작업이 이어져야 할 것이다. 그런데 한국의 목간 연구자들 사이에는 아직까지 판독문 작성을 위한 원칙 혹은 범례가 공유되고 있지 못하다. 같은 기관이나 학회에서 발행된 논저 안에서도 통일성을 찾기가 어렵다. 거의 연구자 개인마다 자신만의 방식으로 판독문을 작성하고 있다고 할 수 있을 정도이다. 단적으로 판독되지 않는 글자를 표기하는 데 사용된 기호만 봐도 □, ■, ▨, △, ○ 등으로 다양하다. 연구자가 전달하고자 하는 의도를 정확히 전달하고, 또 이해하기 위해서는 판독문 작성 범례의 확정이 필수적이다. 참고로 日本 木簡學會의 학회지인 『木簡硏究』의 석문 부호 규정을 정리해 보면 〈표 1〉과 같다.

표 1. 日本木簡學會 『木簡硏究』에서 규정한 釋文 부호들

부호	설명
•	목간 양면에 문자가 있는 경우, 앞·뒷면의 구분을 표시
┐ └	목간 상·하단이 원형 그대로 남아 있음을 표시. (端은 나뭇결 방향의 상·하 양단을 말함)
〈	목간 상·하단에 홈이 있음을 표시
≀ ≀	삭제된 문자가 있는 경우, 자획이 분명하면 원래 글자를 왼편에 부기함.
◦	천공이 있음을 표시. 단, 못 구멍 등 다른 용도의 천공은 생략함.
■ ▮	삭제에 의해 판독이 곤란해진 것
□ □ □	결손 문자 중 글자 수를 알 수 있는 것
▯	결손 문자 중 글자 수를 추정할 수 있는 것
┌┐ └┘	결손 문자 중 글자 수를 알 수 없는 것

부호	설명
×	앞뒤에 문자가 이어지고 있음이 내용상 추정되지만, 꺾여 파손되는 등에 의해 문자가 사라진 것.
ㄱ ㄴ	異筆, 追筆
㇀	合点
---	나뭇결과 직교하는 방향의 刻線을 표시
︵ ︶	교정에 관한 註로서, 본문에 치환되어야 할 문자를 포함하는 경우, 원칙적으로 석문 오른편에 붙임.
︵ ︶	위의 경우 외의 교정註 및 설명註
︵ × ︶	문자 위에 겹쳐 서사되어 원래 글자를 정정한 경우, 정정한 곳 왼편에 ・를 붙이고 원래 글자를 이와 같이 오른편에 표시.
カ	編者가 가한 注로서, 의문이 남아 있는 것
マ 丶	문자에 의문은 없지만 의미가 잘 통하지 않는 것
⋮ ⋮	동일 목간으로 추정되지만, 부러지는 등에 의해 직접 이어지지 않고, 중간의 문자가 불명한 것
‖	조판 관계로 한 行을 두 行 이상으로 나누어야 할 경우 행 마지막・행 머리에 붙임.

해당 범례는 세로쓰기가 기준이며, 釋文의 표기 방향은 나뭇결(木目) 방향을 세로로 하는 것을 원칙으로 한다. 단, 曲物의 底板 등에 대해서는 제한을 두지 않는다. 釋文 하단에는 아라비아 숫자로 목간의 길이(문자 방향)·폭·두께(단위는 ㎜)를 표기하는데, 결손이 있는 부분의 수치는 괄호 안에 넣어 표시한다. 원형 목제품의 경우는 지름과 두께를 적으며, 결손이 있는 경우 복원 지름을 표기하기도 한다. 목간의 치수 정보 아래에는 아라비아 숫자 세 자리로 된 형태 분류 코드를 기입하며, 조사기관이 부여한 목간의 일련번호가 있는 경우 그 아래에 적는다.

중국의 간독 연구에서 사용하는 범례는 이보다 단순한 편이다. 『中國簡牘集成』의 부호에 대한 범례를 옮

표 2. 『中國簡牘集成』의 부호 범례

구분	형태		설명
(1) 簡文에 원래 있는 부호	●	원형흑점	원래의 간문 중에서 크기는 다양하지만, 1개 부분 혹은 1가지 일이나 조항, 1행의 시작 혹은 한 가지 일의 결속을 나타낸다.
	○	空心圓圈	
	▬	墨筆扁長方形標記	
	▭	扁長方框	
	√	句讀號 斷號	대부분 혼동하기 쉬운 구절에 기재됨.
	﹅	句讀號	
	–	句讀號	한 줄의 작은 가로선
	=	重文號	형태가 같은 두 개의 작은 가로획으로서, 해당 글자·단어가 한 번 중복됨을 표시함.
	/	斜線	이 부호 위쪽의 문건이 正文이며, 아래는 부속 부분임. 일반적으로 문서를 제작하거나 운반한 책임인 등을 나타냄.
	卩 丨 亅 □△▲ ¬ ∟		문서를 읽을 때, 사용자가 가한 표지·교점·畫押 등으로서, 그 목적은 각각 다르므로 개별 분석 대상.
(2) 간독에 원래 있던 부호에 규범을 더한 것	■	간 상단을 검게 칠한 것으로, 크기는 다양, 형태도 방형·원형으로 다양.	기능은 '●'와 동일. 주로 楬簽에 사용.
	▩	간 상단에 그물 모양 격자를 그림. 방형 혹은 원형	
(3) 釋文에 새로 사용한 부호	，。、：！		표점부호
	□		원간의 문자 흔적이 모호하여 읽기 어려운 경우. 글자 1字당 □ 1개.
	⋮ ⋮		원간 문자의 흔적이 모호하고 글자 수를 확정하기 어려운 경우.
	⊠		원간이 끊어져 글자가 사라진 곳
	⊏		원간이 세로로 쪼개져, 오른쪽이 결실.
	⊐		원간이 세로로 쪼개져 왼쪽이 결실
	] [		원간이 세로로 쪼개져 양쪽이 모두 결실
	‖ ①②③④⑤		원간문의 1행을 여러 행으로 나누어야 할 경우, 위의 것은 다음 행으로 이어짐을 표시, 아래는 숫자가 같은 것끼리 연결됨을 표시.
	⧈		원간에 있는 봉니 압인.
	A, B, C, D		동일 간독의 정면, 배면, 측면 등 각 면.

겨보면 〈표 2〉와 같다. 이 가운데 (1)과 (2)는 原簡에 적혀 있는 부호를 어떻게 옮길 것인가에 대한 규정이며, 판독문을 만들 때 사용하는 부호에 대한 규정은 (3)이다.

이들 범례를 비교해 보면 '□'과 '‖'의 용법 정도만이 中·日 간에 동일함을 확인할 수 있다. 한국에서는 부호 '□'가 漢字 '口'字와 혼동될 것을 염려해서인지, '△'나 '○', '■', '▨' 등으로 바꾸어 표기하는 경우도 있는데, 韓·中·日이 공통적으로 사용하는 부분은 굳이 다른 부호를 새로 만들기보다 공유하는 편이 낫다고 생각한다. 중요한 차이점으로는 중국 간독의 釋文에는 표점을 부가하는 데 반해, 일본 목간의 釋文은 원래의 簡文을 그대로 묘사한다는 점을 들 수 있다. 한국 목간의 경우도 문자 사이의 공백이나 문자의 배열을 반영하기 위해서는 원간의 문자를 그대로 옮기는 방식을 택하는 편이 적절하다고 본다.

국립가야문화재연구소는 수 차례 판독회의를 개최하면서 판독문 사용 기호를 통일하기 위한 논의를 거쳐 『韓國의 古代木簡 II』에 기호의 범례를 제시하였다(〈표 3〉).[30]

표 3. 『韓國의 古代木簡 II』의 '판독문에 사용되는 기호' (세로쓰기 기준)

기호	내 용
Ⅰ, Ⅱ, Ⅲ, Ⅳ	목간에서 묵서가 시작되는 면부터 순차적으로 표시.
V	목간 상·하단에 홈이 있음을 표시
( )	불확실하여 추독한 것
□	판독할 수 없는 글자
⋮	파손되어 몇 글자가 있는지 알 수 없는 것
字	일부 남은 획을 통해 전체 글자를 추독하거나 앞뒤 문맥에 근거하여 추독한 것
◎	穿孔이 있음을 표시
⊓ ⊔	묵흔은 존재하나 글자 수를 알 수 없는 것
‖	목간해서 원래 1행이었던 것을 두 행 이상으로 나누어야 할 경우, 마지막 행 머리에 붙여 이어짐을 표시
/	묵서를 가로로 서술할 때 앞·뒷면을 구분하는 표시
×	단부가 파손된 경우를 표시
「 」	목간 상·하단이 원형 그대로 남아 있음을 표시 (端은 나뭇결 방향의 상·하단을 말함)
『 』	異筆, 追筆, 刻書

30) 국립가야문화재연구소, 2017, 앞 책, p.16.

기호	내 용
:	먹선이 있음을 표시
√	앞뒤의 글자가 잘못되었을 경우, 자리바꿈으로 표시
々	앞뒤의 글자가 같은 글자는 생략하고 표시
여백	글자와 글자 사이의 간격

단, 이 범례도 수정과 보완이 필요해 보인다. 먼저 '( )'와 '字'가 모두 '추독'으로 설명되고 있어 차이점을 명확히 해 주어야 하겠다. 범례가 세로쓰기 기준임이 명시되었는데 '/'는 가로쓰기를 전제로 설명하고 있다. 또한 세로쓰기 기준이라면 상·하단부에 홈이 있음을 표시하는 기호는 日本처럼 '〈'가 더 적합해 보인다. 한국에서 주로 사용하는 가로쓰기 기준의 범례를 별도로 만들어 함께 제시해야 하겠다. '√'는 轉倒符의 표시를 지정한 것으로 보이는데, 이는 목간에 기록된 부호를 옮기는 것이므로 앞의 기호들과는 구분해서 설명해야 할 것이다. 반복부호인 '々' 또한 목간에서 사용한 경우가 아니면 판독문에서 사용할 필요는 없을 것이므로, 구분되어야 하겠다.

한편, 『韓國의 古代木簡 II』는 목간의 세부 명칭에 사용되는 용어의 혼란을 인식하고, 이에 대한 통일안도 제시하였다.[31)] 이를 옮기면 다음과 같다.

· 기재면: 묵서가 쓰여진 면을 말하며, 서사면이라고도 한다.
· 목간의 면수가 2면 이상일 경우: 묵서가 시작되는 면을 일면으로 좌측으로 돌아가면서 이면, 삼면, 사면으로 한다.
· 단면목간·양면목간: 묵서가 1면만 있으면 단면목간, 2면이면 양면목간, 3면이면 삼면목간, 4면이면 사면목간이라 말한다.
· 앞면·전면: 2면에 묵서가 있는 경우 묵서의 내용으로 판단하여 묵서가 시작되는 면을 앞면 또는 전면이라고 한다.
· 뒷면·후면: 묵서가 시작된 뒷면을 말하고, 앞면에는 묵서가 있고 다른 면에는 묵서가 없는 경우에도 뒷면, 후면이라고 한다.
· 단부: 세로로 긴 목간의 위, 아래 끝부분을 말하는 것으로, 나뭇결 방향의 상·하단 양단을 말한다.
· 측면: 묵서가 기재되지 않고 묵서를 기재할 목적이 없는 면으로 성산산성 목간의 경우 대부분 수피가 있는 부분으로 묵서가 기재된 좌우 옆면을 말한다.
· 천공: 무엇인가를 매달거나 묶을 목적으로 목간에 인위적으로 구멍을 뚫은 것을 뜻한다.

31) 국립가야문화재연구소, 2017, 앞 책, p.15.

묶기홈 같은 역할을 한다고 할 수 있다.

· 묶기홈: 목간의 상·하단에 묶을 수 있도록 판 'V'자형 홈을 일컫는 말로, 절입부, 홈형 등 연구자에 따라 각기 사용하고 있다.

· 묵흔: 먹물이 묻은 흔적을 뜻하는 말로 일반적으로 묵서를 기재하였으나 물리적·화학적으로 묵서가 희미해져 글씨를 온전히 알아볼 수 없는 경우 묵흔이 있다고 말한다.

· 삭설: 목간 부스러기이며, 일본에서는 흔하게 나타나지만 국내에서는 흔하지 않다. 부여 능산리사지에서 출토된 예가 있다.

지금까지 연구자별로 혼란스럽게 사용되던 용어의 통일을 시도했다는 의미가 있으나, 구체적인 부분과 설명 내용에는 보완이 필요하다. 예를 들어 '단부'의 정의를 '세로로 긴 목간의 위, 아래 끝부분'과 '나뭇결 방향의 상, 하단'으로 동시에 규정하는 것은 목간의 형태와 나뭇결 방향이 일치하지 경우 충돌할 수 있다. 아울러 여기에 포함되지 않은 용어들 중에도 통일이 필요한 것들이 아직 남아 있다. 이를 수정·보완하여 한국목간학회의 용어와 기호 범례를 완성하여, 매 학회지 앞부분에 싣고, 학회지에 실린 논문들과 한국목간학회 발간 저서에 해당 범례를 적용해야 하겠다.

V. 목간을 어떻게 분류할 것인가?

목간의 문자에 대한 판독까지 정리되었다면, 이제 비슷한 유형의 목간들끼리 모아 보는 분류 작업이 뒤따르게 된다. 중국의 간독 분류법으로는 편철간과 단독간을 크게 나눈 뒤, 단독간을 다시 檢(수신자 기입용, 봉함용 목간), 楬箋(꼬리표·운송표·푯말), 檄(격서·격문), 觚(다면체 목간), 符(부절·부신), 謁(명함), 傳(신분증·여권)의 7가지로 구분하는 방식,[32] 書檄類, 律令類, 案錄類, 符卷類, 簿籍類, 檢楬類 등 6가지로 나누는 분류안 등 다양한 방법이 제시된 바 있다.[33] 이러한 분류는 단일한 기준에 의해서 이루어진 것이 아니라 용도나 형태가 동시에 기준이 된 것이다. 연구자에 따라서는 각 분류 항목 내에서 다시 훨씬 복잡하게 소분류를 나누기도 한다.[34]

일본의 목간은 용도를 기준으로 할 경우, 하찰목간, 문서목간, 기타목간으로 크게 3분되는데, 구체적인 용도에 따라 각 항목이 다시 세분된다. 『日本木簡集成』의 용도에 기반한 분류 방식을 소개하면 〈표 4〉와 같다.

32) 이승률, 2013, 앞 책, pp.136-153.

33) 李均明, 2005, 『古代簡牘』, 文物出版社, pp.170-198.

34) 李均明, 2008, 『秦漢簡牘文書分類集解』, 文物出版社.

표 4.『日本木簡集成』의 용도 기준 목간 분류

<table>
<tr><th>荷札木簡</th><th colspan="2"></th></tr>
<tr><td rowspan="3">文書木簡</td><td>양식별 목간</td><td>詔·勅旨, 奏, 啓, 解, 移, 符, 国符, 郡符, 牒, 宣, 召文, 進上狀, 反抄, 請, 기타 문서</td></tr>
<tr><td>기록 관계 목간</td><td>기록(1日分), 기록(일정기간), 기록(날짜 기재 없음), 기록(일기), 伝票, 宿直, 문의 경비·식료 지급, 出擧</td></tr>
<tr><td>내용·용도별 목간</td><td>考課, 錢, 告知札, 人名札, 画指, 禁制·制上, 文書軸, 文書函, 封緘, 神祇·佛教, 經典出納記錄, 物忌札·蘇民将来札, 呪符</td></tr>
<tr><td>기타목간</td><td colspan="2">和歌·漢詩, 鳴·左·右·上·下, 坪付·サイコロ·장기의 駒, 付札, 習書</td></tr>
</table>

이들을 참조하여 한국 목간의 용도 분류안도 이미 몇 차례 제시된 바 있다(〈표 5〉). 단, 목간의 용도나 목적을 추정하여 분류할 경우, 轉用과 재활용, 폐기 과정을 겪으면서 하나의 용도로 특정하기 어려울 수 있으며, 연구자에 따라 다르게 판단하거나, 특수한 용도 항목의 추가도 가능할 것이다.

표 5. 용도별 목간 분류안 대비표

<table>
<tr><th colspan="2">윤선태(2007)</th><th colspan="3">이경섭(2013)</th><th>윤선태(2013)</th></tr>
<tr><td>1. 전적목간</td><td></td><td rowspan="6">문서목간</td><td>문서</td><td></td><td rowspan="3">편철용 목간</td></tr>
<tr><td rowspan="3">2. 문서목간</td><td>2-1.
수발문서목간</td><td rowspan="5">기록</td><td>帳簿</td></tr>
<tr><td>2-2. 장부목간</td><td>集計</td></tr>
<tr><td>2-3. 기록간</td><td rowspan="2">傳票
[지급
/청구]</td><td rowspan="3">문서용 단독목간</td></tr>
<tr><td rowspan="2">3. 휴대용목간</td><td>3-1.
부신용목간</td></tr>
<tr><td>3-2.
과소용목간</td><td>기타</td></tr>
<tr><td rowspan="4">4. 꼬리표목간</td><td>4-1. 표지용
꼬리표목간</td><td rowspan="2">꼬리표
[附札]
목간</td><td colspan="2">짐꼬리표[荷札]</td><td rowspan="2">부찰용 목간
(하찰, 표지용 등)</td></tr>
<tr><td>4-2.
세금공진용
꼬리표목간</td><td colspan="2">물품꼬리표
[物品附札]</td></tr>
<tr><td rowspan="2">4-3.
창고정리용
고리표목간</td><td rowspan="2">기타
목간</td><td colspan="2">주술·의례 목간</td><td>주술용 목간</td></tr>
<tr><td colspan="2"></td><td></td></tr>
</table>

<table>
<tr><th colspan="2">윤선태(2007)</th><th colspan="2">이경섭(2013)</th><th>윤선태(2013)</th></tr>
<tr><td></td><td>4-4.
일반물품용
꼬리표목간</td><td></td><td rowspan="2">학습용
목간[글자연습(習書)
/典籍암송(논어
목간) 등]</td><td rowspan="2">습서용 목간
(학습 및 글자 연습용)</td></tr>
<tr><td rowspan="3">5. 기타용도목간</td><td>5-1.
습서용목간</td><td></td></tr>
<tr><td>5-2.
주술·의례용
목간</td><td></td><td>문서표지
목간[題籤軸]</td><td rowspan="2">기타 목간
(서간 및 제첨축 등)</td></tr>
<tr><td>5-3.
권축용목간</td><td></td><td>기타(書簡 등)</td></tr>
</table>

목간의 정리 과정에서 우선시될 분류는 물건 자체에 드러나는 특성, 즉 소재나 형태에 기반한 것이 된다. 日本에서는 목간의 형태를 세세하게 구분하여 형식 번호를 붙이고, 판독문 마지막에 표기한다. 日本 木簡學會의 형식 분류 방식은 다음과 같다.

011: 短冊型.
015: 短冊型으로, 측면에 구멍을 뚫은 것.
019: 한쪽 끝이 方頭이고 다른 끝은 절손·부식으로 원형을 잃어버린 것.
021: 小形矩形.
022: 小形矩形 목재의 한 끝을 圭頭로 한 것.
031: 장방형 목재의 양쪽 끝 좌우에 홈을 넣은 것. 方頭·圭頭 등 다양한 제작 방식 있음.
032: 장방형 목재의 한쪽 끝 좌우에 홈을 넣은 것.
033: 장방형 목재의 한쪽 끝 좌우에 홈을 넣었지만, 다른쪽 끝은 절손·부식되어 원형을 잃은 것.
041: 장방형 목재의 한쪽 끝 좌우를 깎아서 羽子板 손잡이 형태로 만든 것.
043: 장방형 목재의 한쪽 끝을 羽子板 손잡이 형태로 만들고 나머지 부분 좌우에 홈을 넣은 것.
049: 장방형 목재의 한쪽 끝을 羽子板 손잡이 형태로 만들었으나, 다른 한쪽 끝은 절손·부식되어 원형을 잃은 것.
051: 장방형 목재의 한쪽 끝을 뾰족하게 한 것.
059: 장방형 목재의 한쪽 끝을 뾰족하게 했지만 다른 쪽 끝은 절손·부식되어 원형을 잃어버린 것.

061: 용도가 명료한 목제품에 묵서가 있는 것. ( ) 안에 제품명을 주기함.

065: 용도 미상인 목제품에 묵서가 있는 것.

081: 절손·부식 등의 원인으로 원형을 판명할 수 없는 것.

091: 삭설.

이 형식 분류법은 01/02/03/04/05/06/08/09의 두 자릿수 숫자로 크게 나눈 뒤, 세 번째 숫자를 통해서 이를 더 세분하는 방식을 취하고 있다. 근래에는 한국 목간에 대해서도 번호를 붙이는 형식 분류안도 제기되었다.[35)]

Ⅰ: 긴 막대 형태의 세장형목간

Ⅰa: 길이나 장폭비를 고려한 하위 형식

Ⅱ: 목간에 홈을 판 부찰목간

Ⅱa: 홈의 위치 상단, Ⅱb(하단), Ⅱc(상하단) 등의 하위형식

Ⅲ: 목간에 구멍을 뚫은 부찰목간

Ⅲa: 구멍의 위치 상단. Ⅲb(하단), Ⅲc(중단) 등의 하위형식

Ⅳ: 사면목간 등의 다면목간

Ⅳ3: 단면 3각형의 다면목간, Ⅳ0(원주형목간), Ⅳ4(사면), Ⅳ5(오면) 등의 하위형식

Ⅴ: 세장형목간의 하단이 첨형인 목간

Ⅵ: 목간부스러기

그런데 '부찰목간'은 목간의 용도에 해당하는 명칭으로서 형태 구분에 사용하기에는 적합하지 않아 보인다. 사실 Ⅰ의 '세장형목간'이나 Ⅱ·Ⅲ·Ⅴ은 단부의 홈이나 구멍, 첨형으로 다듬은 부분을 제외하면 모두 세로로 긴 장방형 판 형태의 목재로 동일하다. 기본적인 목재의 형태, 상·하 단부 처리 방식은 다른 층위로서 구분하는 편이 더 분류를 쉽게 한다고 생각된다. 먼저 목재의 전체 형태를 기준으로 코드번호를 부여하면 다음과 같다.

1; 종장방형 목판 (종/횡은 나뭇결 방향 기준)

11; 너비가 좁고 길이가 긴 일반적인 형태

12; 너비가 매우 좁고 길이는 긴 세장방형

13; 너비와 길이의 비율이 상대적으로 정방형에 가까운 형태

35) 이는 동일한 형태를 지칭하는 용어에 대한 연구자별 의견 충돌을 최소화하기 위해서라고 한다(윤선태, 2013, 앞 발표문, p.5).

2; 횡장방형 목판

22; 가로로 긴 장방형

23; 정방형에 가까운 형태

4; 기둥형 막대

40; 원주형

43; 3면

44; 4면

6; 기타 (제첨축, 남근형, 인형, 목기, 목조 구조물 등 문자가 서사된 모든 목제품 포괄)

8; 미상 (파괴·손상이 심하여 원형을 확인하기 어려운 경우)

9; 삭설

6·8·9는 각각 日本 木簡學會 형식분류의 06·08·09에 대응시킨 것이다. 단, 1·2·4는 목재의 외형만으로 구분하였다. 흔히 '단책형' 혹은 '세장방형'으로 부르는 형태가 1형식, 구체적으로는 11형식에 해당하며, 다면 목간은 4형식으로서 43·44·45 등으로 면수를 부가할 수도 있다.

기존에 목재의 외형과 함께 논해지던 상·하단부의 형태는 어떤 외형과도 결합될 수 있으므로 별도의 형식 코드를 부여하는 것이 좋을 듯하다. 알파벳 대/소문자의 구분을 통해 상단부와 하단부를 표시하는 방식 일찍이 신안선에서 발견된 목간에 대한 형식 분류에서 제안된 바 있으므로,[36] 이를 활용하고자 한다. 알파벳 대문자는 상단, 소문자는 하단임을 가리키며, 중간에 가까울 경우에는 '를 부기한다. 아라비아 숫자나 로마 숫자와 혼동될 수 있는 I/i와 O/o는 제외하고, 각 알파벳에 단부의 형태적 특징을 부여해 보면 다음과 같다.

A/a; 직선

B/b; 삼각형(圭形)

C/c; 다각형

D/d; 반원형

E/e; 한쪽 방향 뾰족해짐 ※ 중단에 가까운 부분에서부터 뾰족해지기 시작한 경우 '

F/f; 양방향 뾰족해짐 ※ 중단에 가까운 부분에서부터 뾰족해지기 시작한 경우 '

G/g; 원뿔 형태

H/h; 구멍 ※ 중단에 가까울 경우 '

J/j; 단부 좌·우측면에 홈 ※ 중단에 가까울 경우 '

36) 文化公報部 文化財管理局, 1988, 『新安海底遺物 (綜合編)』, p.254.

K/k; 둘레에 돌아가면서 홈을 판 경우

M/m; 끝부분을 다른 부분보다 두껍고 둥글게 마무리

X/x; 파손

한편 다면목간의 경우, 만들어진 모든 면에 문자가 서사되지 않은 경우도 있으므로, 면수 외에 서사면 수를 표시하는 방법을 구분할 필요가 있다. 서사면 수를 로마 숫자로 표기하는 것으로 정해 두면 구별이 가능해진다. Ⅰ·Ⅱ·Ⅲ 등 단독으로 서사면을 나타낼 때 사용하는 것것뿐 아니라, 앞의 목재 외형 코드와 나란히 표기하면 형태를 좀더 명확히 나타내준다. 세장방형 판 혹은 단책형에 양면묵서된 목간이라면 11Ⅱ, 사각기둥형 막대 목간에 3면의 문자 서 사를 확인할 수 있다면 44Ⅲ이 된다. 알파벳의 단부 형태 코드 또한 개별적으로 특정 형태를 지칭하는 동시에 단일 목간의 여러 형태 요소를 표시하기 위해 조합될 수 있다. 이같은 코드를 지정해 두면 특정 형태가 조합된 목간을 쉽게 추출하여 분류할 수 있다. 예컨대 상·하단이 모두 삼각형이면서 상단에 구멍이 있는 목간들만 모아 보고 싶다면, 'BHb'로 추출하면 된다. 실제 목간에 이를 적용해 보면 다음과 같다.

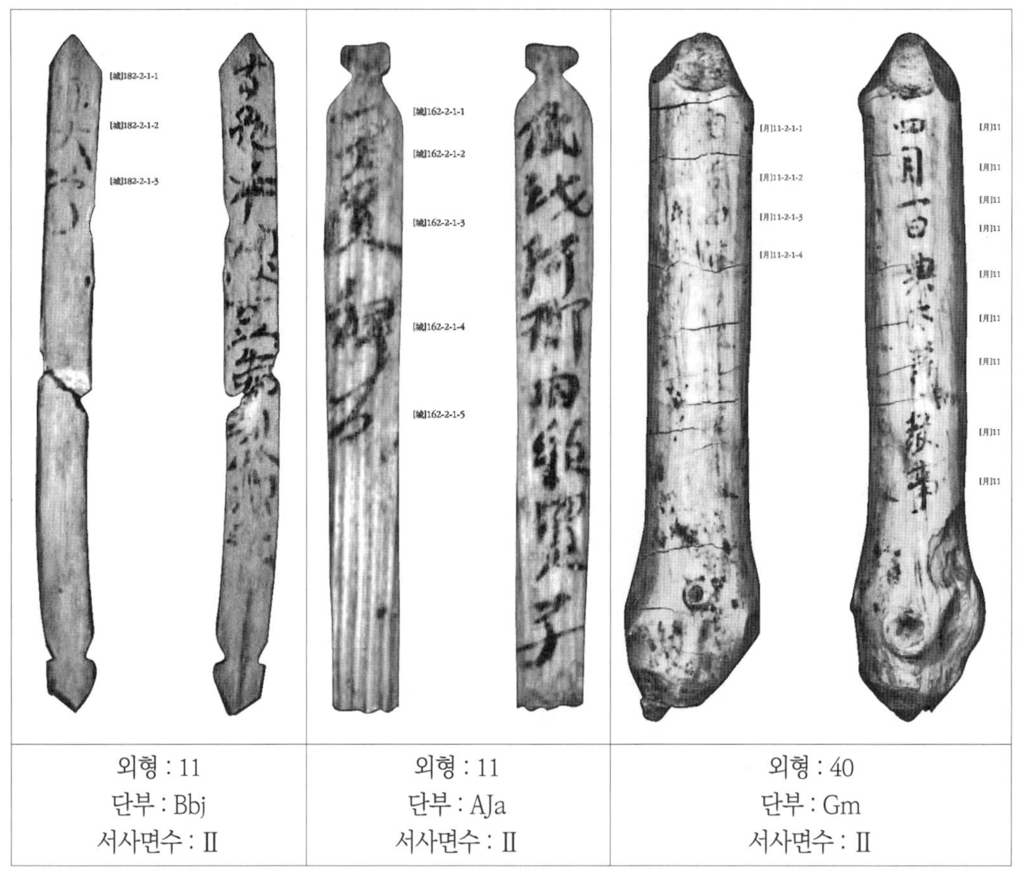

외형 : 11 단부 : Bbj 서사면수 : Ⅱ	외형 : 11 단부 : AJa 서사면수 : Ⅱ	외형 : 40 단부 : Gm 서사면수 : Ⅱ

VI. 맺음말

한국에서 출토된 목간들을 정리하고 분류하기 위한 다양한 기준들은 이미 여러 연구자들에 의해 제안이 이루어진 바 있었다. 이러한 상황에서는 무언가를 다시 만드는 것보다는 제안된 여러 가지 방식을 검토하고 조합하여 빠른 시일 내에 결론을 도출하는 것이 더 중요할 수도 있다. 따라서 기준이나 방법을 제안하는 것 자체보다 중요한 것은 그 이후 논의의 진행일 것이다. 한국 출토 목간의 정의와 표준 호칭 및 범례의 마련 등에 있어 표준화를 수행할 만한 주체로 가장 적합한 것은 한국목간학회라 생각된다. 한국목간학회 차원에서 '합의'와 '공인'의 절차를 거쳐, 많은 연구자들이 따를 만한 표준화의 결과물이 만들어져 나오기를 기대해 본다.

투고일: 2019. 10. 26. 심사개시일: 2019. 10. 30. 심사완료일: 2019. 11. 25.

참/고/문/헌

권인한·김경호·윤선태 編, 2015, 『한국고대문자자료 연구 백제(상·하)(한국목간학회 연구총서 01)』, 주류성.

국립가야문화재연구소, 2011, 『함안 성산산성 발굴조사 보고서 Ⅳ』.

국립가야문화재연구소, 2014, 『함안 성산산성 발굴조사 보고서 Ⅴ』.

국립가야문화재연구소, 2017, 『韓國의 古代木簡 Ⅱ(학술총서 제69집)』.

國立昌原文化財研究所, 1998, 『咸安 城山山城』.

國立昌原文化財研究所, 2004, 『咸安 城山山城Ⅱ』.

國立昌原文化財研究所, 2004, 『韓國의 古代木簡』.

국립창원문화재연구소, 2006, 『咸安 城山山城Ⅲ』.

國立昌原文化財研究所 編, 2006, 『개정판 韓國의 古代木簡』.

文化公報部 文化財管理局, 1978, 『雁鴨池 發掘調査報告書』

文化公報部 文化財管理局, 1988, 『新安海底遺物 (綜合編)』

박지현, 2013, 「백제 목간의 유형분류현황 검토」, 한국목간학회 제17회 정기발표회 발표문.

손환일 편저, 2011, 『韓國木簡字典』, 국립가야문화재연구소.

윤선태, 2004, 「한국고대목간의 출토현황과 전망」, 『韓國의 古代木簡』, 國立昌原文化財研究所.

윤선태, 2007, 「한국고대목간의 형태와 종류」, 『역사와 현실』 65.

윤선태, 2007, 『목간이 들려주는 백제 이야기』, 주류성.

윤선태, 2013, 「목간의 형태와 용도분류에 대한 기초적 제안」, 한국목간학회 제17회 정기발표회 발표문.

이경섭, 2013, 「신라·백제 목간의 비교 연구」, 한국목간학회 제17회 정기발표회 발표문.

이경섭, 2013, 「新羅木簡의 출토현황과 분류체계 확립을 위한 試論」, 『新羅文化』 42.

이경섭, 2013, 『신라 목간의 세계』, 경인문화사.

이승률, 2013, 『죽간·목간·백서, 중국 고대 간백자료의 세계1』, 예문서원

이용현, 2006, 『韓國木簡基礎研究』, 신서원.

임경희·최연식, 2010, 「태안 마도 수중 출토 목간 판독과 내용」, 『木簡과 文字』 第5號.

임경희, 2010, 「마도2호선 발굴 목간의 판독과 분류」, 『木簡과 文字』 第6號.

임경희, 2011, 「마도3호선 목간의 현황과 판독」, 『木簡과 文字』 第8號.

朱甫暾, 2008, 「한국 목간 연구의 현황과 전망」, 『木簡과 文字』 創刊號.

최상기, 2013, 「함안 성산산성 목간의 정리현황 검토」, 한국목간학회 제17회 정기발표회 발표문.

최상기, 2013, 「함안 성산산성 출토 목간의 정리현황 검토」, 『木簡과 文字』 第11號.

李均明, 2005, 『古代簡牘』, 文物出版社.

李均明, 2008, 『秦漢簡牘文書分類集解』, 文物出版社.

中國簡牘集成編輯委員會 編, 2001,『中國簡牘集成』.
陳偉 主編, 2012,『里耶秦簡校釋』, 文物出版社.

大庭 修 編著, 1998,『木簡【古代からのメッセージ】』, 大修館書店.
木簡学会 編, 1980,『木簡研究』第二号.
木簡学会 編, 2011,『木簡研究』第三三号.

〈Abstract〉

Reorganization and Standardization of Wooden Documents Excavated in South Korea

Lee, Jae-hwan

Since studies on wooden documents excavated in South Korea have been advanced, issues regarding 'standardization' and 'systematization' were raised in terms of organizing and categorizing wooden documents. However, they were still individual proposals, so it was not possible to draw conclusions by exchanging opinions constructively. First of all, the definition of 'wooden document' is not fully agreed on yet. Even the quantity of wooden documents in South Korea can vary widely according to the definition. In the past, wooden document was often defined based on the purpose or form of it. But figuring out the creator's intent or guessing its purpose without text can be arbitrary. Therefore, I propose to define wooden document as "wooden item on which text has written" and to add a provisory clause such as "except one made for printing and stamping".

The number that identifies each wooden document is the name of it. Making easy to identify and search, that is why numbering fundamentally. Therefore, we should not give the same name to different wooden documents, and should not give several names to one wooden document. So far, it has been very confusing to identify wooden documents in Korea, for one wooden document has more than three names. The most basic direction is to follow the number in the excavation report, but it is not possible practically because a lot of research are carried out on excavated wooden documents before the publication of the excavation report. As a general rule, it should be recommended to use the number assigned at the initial disclosure in all subsequent studies, catalogs, reports, etc. Nevertheless, the manner to display the assigned numbers may also vary. It can lead to confusion in search in the future. The Korean Society for the Study of Wooden Documents must list all the numbers and titles used for wooden documents so far, and specify the standard notation in the journal each year. The standardization of terminology should also be established by the society.

And categorization criteria are not uniformed yet, so they vary from researcher to researcher. I proposed a code system by appearance for wooden documents in this paper. More important than proposing a criterion or method is the further discussion and conclusion. In Korea, the Korean Society for the Study of Wooden Documents could be the center for those discussions. Through the process of 'consensus' and 'accreditation', standardized results would be produced soon, I hope.

▶ Key words: wooden documents(木簡), definition, numbering, legend, standardization, categorization

특 집

咸安 城山山城 出土 文書木簡 가야5598의 檢討

-周邊 文字資料와의 多角的 比較를 通해-

李鎔賢*

<국문초록>

이 논문은 함안 성산산성 출토 문서목간인 가야5598을 분석한 것이다. 기존에 제시된 판독을 검토하여 해석에 중요한 몇 자를 확정하거나 새로 읽었다. 또 6세기에 다른 신라자료에 보이는 동사반복구문을 해당 목간에서 찾아내어 문장 해석의 틀을 파악하였다. 또 같은 성산산성 목간 중 유관 목간과 비교검토를 통해, 행정실무책임자-촌주-총괄왕경인으로의 보고경로를 추출하였으며, 실무책임자인 이탁라가 비사벌(창녕) 소속임을 밝혀냈다.

이상의 작업을 통해, 다음과 같은 사실을 복원할 수 있다. 가야5598목간은 비사벌(창녕) 휘하의 진내멸촌의 촌주의 보고문서다. 보고는 남산신성비 기준으로 道使에 해당하는 왕경에서 현장인 함안에 파견된 미즉이지 大舍에게 이뤄진 것이다. 보고문서는 당대 자리잡은 행정문서 서식에 입각한 것으로 前白과 동사반복 형식의 文體로 구성되어 있으며 현장실무책임자인 이탁라 급벌척의 보고를 근거로 첨부하였다.

이탁라는 비사벌 진내멸촌 소속의 상급자로서 임자년 정월 혹 2월무렵에 인부를 인솔하여 현장인 함안 성산산성에 와서 30일간 복무하고 3월 혹 그 전에 돌아갔다. 원래는 60일 복무예정이었으나 현장사정으로

* 國立慶州博物館 學藝硏究士

이탁라의 통제하에 30일간으로 조정된 것이었다. 현장에서의 복무기간과 인원, 관련 식료의 소비는 국가의 중요 관리대상이었고, 문서보고 사안이었다.

▶ **핵심어: 咸安城山山城 文書木簡, 가야558, 前白, 動詞反復構文, 報告體系, 伊乇羅 及伐尺, 勞役日數 60日**

Ⅰ. 머리말

함안 성산산성은 경남 함안군 가야읍 造南山 정상부에 조성된 6세기대 후반 신라 산성이다.[1] 1991년부터 발굴조사가 시작되어 매 해 발굴을 진행하여 2016년에 완료된 함안 성산산성(경남 함안군 가야읍 造南山 정상부에 조성)에서는 245점의 목간 가운데 3점의 문서 목간이 출토되었다. 2018년 초에 이들 목간 전체에 대해 실물크기의 적외선과 컬러사진을 실은 도록도 출간되어 자료의 전모가 공개되었다.[2] 발굴 완료와 자료 정리, 공개로 인해 비로소 차분한 연구 환경이 조성되었다. 이 가운데 문서목간은 학계의 집중적 관심 속에 신속하게 연구가 진행되었다.[3] 문서 목간은 전체 목간 가운데 3점에 불과하지만, 木簡群 전체를

---

1) 대다수의 연구자는 6세기 중엽을 주장해왔다(그에 대한 정리는 전덕재, 2008, 「함안 성산산성 목간의 연구현황과 쟁점」, 『신라문화』 31). 한편 공반 유물의 검토를 통해 6세기 말 혹 7세기 초가 주장되었다(이주헌, 2015, 「함안 성산산성 부엽층과 출토유물의 검토」, 『중앙고고연구』 16; 윤상덕, 2015, 「함안 성산산성 축조연대에 대하여」, 『목간과 문자』 14).
또 壬子年 干支 목간 출토 이후 592년이 새로운 기준이 되었다. "壬子年"으로 수정판독한 것은 손환일이며, 592년설을 처음으로 주창하였다. 나아가 이 임자년 목간(손환일은 "임자년명 공출물표"라고 함)과 가야5598(손환일은 "代法木簡"이라 함)은 모두 592년의 것이라고 하였다(손환일, 2017, 「함안 성산산성 출토 목간의 의미와 서체 -17차 발굴조사 성과 발표문을 중심으로-」, 『韓國史學史學報』 35, 한국사학사학회, pp.11-14, pp.16-21, p.27) 이치 히로키도 壬子年 목간이 592년이므로 다른 목간도 6세기 말로 보아야한다고 하였다(市大樹, 2019, 「日本の七世紀からみた韓國木簡」, 『ワークショップ韓國木簡日本木簡對話-韓國木簡研究20年』(2019.1.19.): 市大樹, 2019, 「일본 7세기 목간에 보이는 한국 목간(특집2 한국과 일본 목간의 비교 연구)」, 『목간과 문자』 22, 한국목간학회).
이와 달리 김재홍은 성벽이 6세기 후반에 初築되고 7세기 전반에 보축되었다고 보고, 목간도 6세기 3/4분기의 것과 壬子年과 같이 4/4분기의 것 두 가지가 있다고 한다. 나아가 가야 5598은 "五月中"으로 시작되는데, 이처럼 "□月中"이란 문체는 6세기 전반과 중반에만 보이므로, 6세기 3/4분기로 보아야 한다고 주장하였다(김재홍, 2018, 「함안 성산산성 출토 목간의 연대」, 『(한국목간학회 제12회 국제학술회의)함안 성산산성 출토 목간의 국제적 위상』, 국립가야문화재연구소·한국목간학회; 김재홍, 2019, 「함안 성산산성과 출토 목간의 연대」, 『목간과 문자』 22, 한국목간학회, pp.23-24, pp.25-26)
그러나 "□月中"이란 목간이 3/4분기의 것이라는 주장은 설득력이 적다. 한편, 윤선태는 진흥왕대 전반에서 진평왕대 후반으로 넓게 잡았다(윤선태, 2017, 「함안 성산산성 출토 신라목간의 연구 성과와 전망」, 『한국의 고대목간Ⅱ』, 국립가야문화재연구소).

2) 함안 성산산성 목간 현황과 자료에 관한 최근의 정리는 국립가야문화재연구소, 2017, 『한국의 고대목간Ⅱ』: 박현정, 2018, 「함안 성산산성 목간의 개요」, 『목간과 문자』 21, 한국목간학회.
이전 출토분 중 하찰에 관한 정리는, 이경섭, 2013, 「함안 城山山城 출토 新羅木簡 연구의 흐름과 전망」, 『목간과 문자』 10, 한국목간학회.

3) 관련 문서목간의 자료 공개 초기의 연구성과는 다음과 같다.
이수훈, 2017, 「함안 성산산성 출토 4면 목간의 代-17차발굴조사 출토 233번 목간을 중심으로-」, 『역사와 경계』 105, 부산경

이해하는 데 매우 중요하며, 특히 가야5598의 비중은 매우 크다. 본고는 선행 연구를 참작하면서 기존 연구의 판독을 보완하고 주변 여러 文字資料와의 비교 분석을 통해 文書木簡 가야5598에 대한 私見을 개진하고자 한다. 叱正을 바란다.

II. 判讀 補完과 文章 構造: 前白과 "白 … 白之"樣式

먼저, 가야5598목간은 築城 勞役 日數를 보고한 문서다. 이와 관련해서는 근년 연구가 상당히 집적되었다.[4] 본고에서는 동시대 금석문과 문자자료와의 비교를 통해 분석을 진행하고자 한다. 기존 판독문은 건실하여 대체로 수긍할 수 있다.[5] 다만 그 가운데, 목간의 이해와 관련하여 결정적인 차이를 가져올 수 있는 몇 글자에 대해 다음과 같이 필자의 판독안을 제시하여 보완하고자 한다.

첫째, 4면 제2자는 종전에, 毛·他·汑·乇[6]의 여러 판독안이 제시되었는데, 乇으로 판독하고자 한다. 좌

남사학회.

손환일, 2017, 「함안 성산산성 출토 목간의 의미와 서체-17차 발굴조사 성과 발표문을 중심으로-」, 『한국사학사학보』 35, 한국사학사학회.

金昌錫, 2017, 「咸安城山山城17차 발굴조사 출토 四面木簡(23번)에 관한 試考」 『한국사연구』 177, 한국사연구회.

전덕재, 2017, 「중고기 신라의 代와 代法에 대한 고찰-함안 성산산성 17차 발굴조사 출토 사면 문서목간을 중심으로-」, 『역사와 현실』 105, 한국역사연구회.

박남수, 2017, 「신라 법흥왕대 及伐尺과 성산산성 출토 목간의 役法」, 『신라사학보』 40, 신라사학회.

4) 2018년12월 국립가야문화재연구소와 한국목간학회 공동 주최로 성산산성 목간에 대한 기획 연구가 진행되었다. 아래의 연구가 그것이다. 그 가운데 일부는 거의 같은 내용으로 2019년6월 학회 기관지 『목간과 문자』 22호에 〈특집1: 함안 성산산성 출토 목간의 신검토〉로 다시 게재되었다.

주보돈은 동원한 역역을 집행해가는 과정에서 원칙에 벗어난 불법,탈법이 일어난 까닭에 관리책임자인 촌주가 상급자에게 정식보고한 것으로 파악하였다(주보돈, 2018, 「함안 성산산성 출토 목간 연구의 진전을 위한 제안(Ⅳ.소위 문서목간)」, 『(한국목간학회 제12회 국제학술회의)함안 성산산성 출토 목간의 국제적 위상』, 국립가야문화재연구소·한국목간학회, p.33) 홍기승 역시 이모라 급벌척이 저지른 위법사안을 보고하는 내용으로 파악하였다(홍기승, 2018, 「함안 성산산성 목간으로 본 6세기 신라 촌락사회와 지배방식」, 『함안 성산산성 출토 목간의 국제적 위상』, 국립가야문화재연구소·한국목간학회; 홍기승, 2019, 「함안 성산산성 목간으로 본 6세기 신라 촌락사회와 지배방식」, 『목간과 문자』 22, p.70). 이재환은 교대방법을 30일 교대로 바꾼 내용의 보고로 파악하였다(이재환, 2018, 「함안 성산산성 출토 문서목간과 역역 동원의 문서행정」, 『함안 성산산성 출토 목간의 국제적 위상』, 국립가야문화재연구소·한국목간학회: 이재환, 2019, 「함안 성산산성 출토 문서목간과 力役 동원의 문서 행정」, 『목간과 문자』 22,한국목간학회).

5) 기존 선행연구의 여러 판독안은 강나리 논고에 비교적 잘 정리되어 있다(강나리, 2019, 「신라 중고기의 '代法'과 역역동원체계-함안 성산산성 출토 218호 목간을 중심으로-」, 『한국고대사연구』 93,한국고대사학회, pp.237-241).

6) 毛설: 윤선태, 2017, 앞의 글: 강나리, 2019, 앞의 글 , p.237; 이재환, 2019, 앞의 글, p.45.

他설: 손환일, 2017, 앞의 글, p.8: 최장미, 2017, 「함안 성산산성 제17차 발굴조사 출토 목간 자료 검토」, 『목간과 문자』 18, 한국목간학회: 박남수, 2017, 앞의 글, p.42: 이부오, 2017, 「6세기 초중엽 新羅의 非干外位 운영과 及伐尺」, 『한국고대사탐구』 26, 한국고대사탐구학회: 金昌鎬, 2018, 「咸安 城山山城 木簡의 新考察」, 『한국문화사학회』 49, 한국문화사학회.

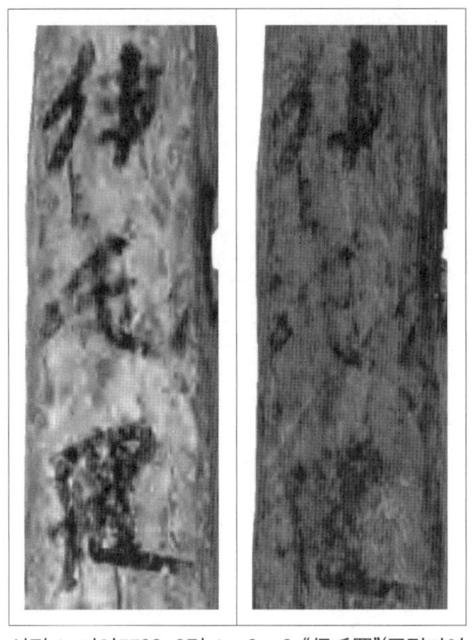

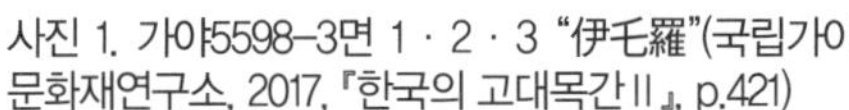
사진 1. 가야5598-3면 1 · 2 · 3 "伊乇羅"(국립가야문화재연구소, 2017, 『한국의 고대목간 II』, p.421)

사진 2. 罹(좌)와 羅(우)의 서체(『五體字類』)

변에 삼수변(氵)을 확인할 수 없으며, 모두 3획이다(사진 1 참조). 해당 글자는 『일본서기』에 전하는 「百濟本記」에는 安羅의 城 이름으로서 "乇"이란 글자가 활용되고 있는 것으로 보아 가야 혹 신라계에서 "乇"이란 글자가 사용되고 있었음을 알 수 있다.[7)]

둘째, 4면 제3자는 종전에, 罹·羅[8)]등이 제시되었다. 좌하는 亻 혹은 丨에 아래 삐침이 살짝 있어서, 忄 라기 보다는 糸 로 판단되어, 羅로 판독해둔다(사진 1, 사진 2 참조).

셋째, 4면 제7자는 종전에, 宩 혹 宷[9)]로 보았는데, 상변에 갓머리(宀)를 찾기 어렵다. 条로 판독하고자 한

汘설: 金昌錫, 2017, 앞의 글, p.131; 전덕재, 2017, 앞의 글, p.192.

乇: 이수훈, 2017, 앞의 글, p.160.

7) 廿五年…取百濟本記, 爲文. 其文云「太歲辛亥三月, 軍進至于安羅, 營乞乇城.(『日本書紀』 繼體紀 25년) 한편 『일본서기』에서는 乇의 발음을 たく(taku)라고 전하고 있어, "탁"계열의 음이었음을 시사해준다. 해당 목간은 후술하지만, 比斯伐 즉 昌寧의 인물이다. 가야와 신라 지역에 인명이나 지명 같은 고유명사에 乇이란 글자가 쓰인 것을 1차자료를 통해 확인할 수 있다는 점에서 중요하다.

8) 罹: 손환일, 2017, 앞의 글, p.8; 金昌錫, 2017, 앞의 글, p.131; 윤선태, 2017, 앞의 글; 전덕재, 2017, 앞의 글; 이수훈, 2017, 앞의 글, p.160; 박남수, 2017, 앞의 글, p.42; 이재환, 2019, 앞의 글, p.45.

羅: 강나리, 2019, 앞의 글, p.237.

9) 宩; 손환일, 2017, 앞의 글, p.8; 金昌錫, 2017, 앞의 글, p.131; 전덕재, 2017, 앞의 논문, p.191·p.207 :이재환, 2019, 앞의 글, p.45; 전덕재는 宩를 급료로 판단했다.

宷: 宷는 審의 本字. 박남수, 2017, 앞의 글, p.42; 이수훈, 2017, 앞의 글, p.160: 강나리, 2019, 앞의 글, p.237: 이재환, 2019, 앞의 글, p.45.

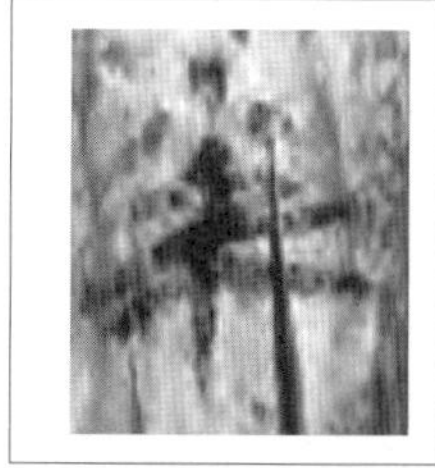
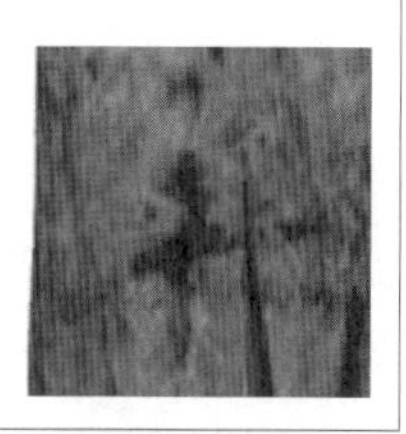

사진 3. 가야5598-4면 7 "条/條"(국립가야문화재연구소, 2017, 『한국의 대목간Ⅱ』, p.421)

사진 4. 가야5598-3면 1 "節"(추독)(국립가야문화재연구소, 2017, 『한국의 고대목간Ⅱ』, p.420)

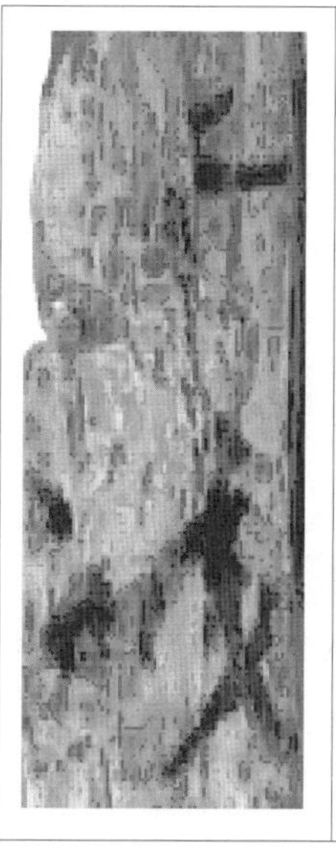
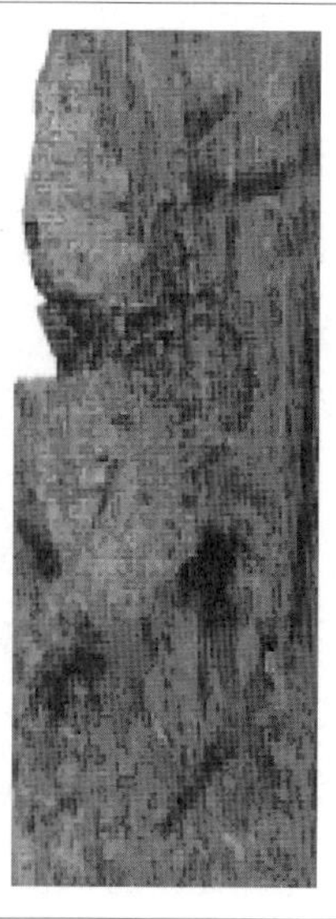

사진 5. 가야5598-1면 1 · 2 "大城"(추독)(국립가야문화재연구소, 2017, 『한국의 고대목간Ⅱ』, p.419)

다(사진 3 참조).

넷째, 3면 제1자는 상면에 깨졌고 아래 남은 묵흔을 가지고 卽으로 추독해왔는데, 節로 추독해고자 한다(사진 4 참조). 그렇게 추독하는 이유는 후술한다.

다섯째, 2면 제1자는 파손으로 아래부분만 남아 있고, 이에 대해는 판독하지 않거나 此로 추독되기도 했다.[10] 大로 추독해둔다(사진 5 참조). 그 배경은 후술한다.

이외 다른 글자들에 대한 諸家의 諸說에 대해서는 강나리 논문에 정리되어 있어 생략한다.[11]

이상 논난의 글자 판독 수정을 통한, 필자의 전체 판독, 끊어읽기와 해석은 다음과 같다.

가야 5598 (『한국 고대의 목간Ⅱ』, pp.418-421)
제1면「三月中 眞乃滅村主 憹怖白」
제2면「大城在弥卽尒智大舍下智前去白之」
제3면「節白先節六十日代法稚然」
제4면「伊乇羅及伐尺条言廻法卅代告今卅日食去白之」

길이 34.4 너비 1.0~1.3 두께 1.6~1.9 소나무류

10) 손환일, 2017, 앞의 글, p.8.
11) 강나리, 2019, 앞의 글, pp.237-241.

三月中, 眞乃滅村主

懽怖白 "因城在 弥卽尒智/大舍下智 前[12]去" 白之.

節 白 "【先節】 六十日[13]代法 稚然,

伊乇羅/及伐尺条言 '廻[14]法卅代'告

【今】 卅日 食[15]去" 白之.

3월에, 진내멸 촌주가 삼가 대성에 계신 미즉이지 대사하지[16]께 아뢴다고 하였다. (진내멸 촌주가 삼가 아뢰기를 "대성에 계신 미즉이지 대사하지 앞에 갑니다."라고 하였다.) 이때 아뢰기를 "접 때(이전에)[17] 60일을 대신하는 법은 성숙되지 않았습니다. (그래서) 이탁라 급벌척이 조목조목 말하기를 '법을 바꾸어 30으로 대신합니다."라고 告하고 이제 30일치를 먹고 갔습니다."라고 하였다.[18]

---

12) 이와 관련해서는 處로 읽는 독특한 판독도 있다(박남수, 2017, 앞의 글, pp.44-45).

13) 초기 가야문화재연구소 판독에서는 本으로 많이 읽었었는데 이것은 2017년 1월 4일 공개기자회견에서부터 六十으로 교정되었다. 아울러 이 때 공개에서는 4면의 순서에 착오가 있었는데 김창석은 이를 바로 잡았다(김창석, 2017, 앞의 글, p.126와 p.129에 상세). 한편, 박남수는 本으로 읽었다(박남수, 2017, 앞의 글, p.46).

14) 廻(김창석, 2017, 앞의 글), 回(이수훈, 2017, 앞의 글), 驅의 이체자인 迲(박남수, 2017, 앞의 글)로 보는 견해 등이 있다.

15) 김창석은 卅日食을 30일에 해당하는 식료로 규정하였다(김창석, 2017, 앞의 글, p.139).

16) 下智는 足下와 같은 존칭이거나, 大舍帝智와 같이 大舍의 접미사일 가능성이 크다고 본다. 존칭 가능성을 주장한 것은 주보돈(2019, 앞의 글), 大舍의 접미사일 가능성은 박남수(2017, 앞의 글, p.40)가 주장했다. 한편 이를 인명으로 보아 弥卽尒智/大舍와 下智 2명으로 보는 견해가 있다(김창석, 2017, 앞의 글, pp.135-136; 손환일, 2017, 앞의 글, pp.12-13; 전덕재, 2017, 앞의 글, p.197: 이재환, 2019, 앞의 글). 강나리는 미상으로 처리했다(강나리, 2019, 앞의 글, p.253).

17) 先節과 今을 대비하여 어떤 일이 벌어졌었고, 이제 어떻게 전개되었다는 틀을 제시한 것은 김창석이다(김창석, 2017, 앞의 글, p.138). 정곡을 찌른 탁견이다.

18) 김창석은 〈"□성에 있는 미즉등지 대사가 하지 앞에 나아가 (사건의 자초지종을) 아뢰었습니다. 이에 (하지가) 말하기를 '앞서 60일대법은 엉성했습니다. (그래서) 이탁라 급벌척이 살펴 말하면서 법을 우회하여 30대로 고했으니, 이제 30일의 식료는 없애야 합니다.라고 (하지가 말했습니다.)'"〉로 해석하였다. 진내멸촌을 관장하던 이탁리 급벌척이 60일대법에 따라 수행할 책임을 지고 있었는데, 30일대를 고하고 중단했으며, 사태를 파악한 미즉이지 대사가 자초지종을 하지에게 보고했다고 해석하였다. 이탁리가 비행을 저질렀다는 설은 여기서 비롯된다(김창석, 2017, 앞의 글, p.138). 전덕재는 〈□성에 계신 미즉이지 대사와 하지 앞에 나아가 아룁니다. 앞선 때에는 60일을 대법으로 하였는데, 저의 어리석음을 아룁니다. 이타리급벌척이 □법에 따라 30대라고 고하여 지금 30일을 먹고 가버렸습니다.〉라고 해석하였다(전덕재, 2017, 앞의 글, p.192, p.196). 위의 해석은 모두 下智를 독립된 인명으로 간주하는데, 그것은 어색하다. 박남수는 〈□성에 있으면서 즉이지 대사하지께 가서 사룁니다. 사뢰기는 먼저번 본일(그날)에 대신하였던 법(代法)이 어리석었습니다. 이타리 급벌척이 살펴서 말하기를 구법이 30일이라고 (즉이지 대사하지께) 대신 고하였으니, 이제 30일 식량으로 가서 사룁니다.〉라고 해석하였다(박남수, 2017, 앞의 글, pp.48-49). 윤선태는 〈□성에 계신 미즉이지 대사와 하지 앞에 나아가 아룁니다. (내용인 즉) 즉 "접때에 60일 대법임"을 아뢰었는데, 어리석게도 이모리 급벌척이 "□법은 30(日)대라고 고하였다."고 말家言하고, 지금 30일(만) 먹고 갔음을 아룁니다.〉라고 하였다(윤선태, 2017, 앞의 글, p.490). 한편 강나리는 〈□성에 계신 미즉이지 대사 하지 앞에 나아가 아룁니다. 곧 아뢰기를 앞선 때는 60일 代法이었는데, (제가) 어리석었습니다. 이모라 급벌척이 살펴 말하면서 법을 피하여 30代라고 고하고 지금 30일을 먹고 가버렸음을 아룁니다.〉라고 했으며(강나리, 2019, 앞의 글, p.242), 이재환은 〈□성에 계신 미즉이지 대사와 하지 앞에 가서 사룁니다. 곧 사뢰기를, 앞선 때 60일의 교대방법은 어리석었습니다. 이모라 급벌척이 살펴 말하기를 방법을 □하여

본 문서는 〈白 … 白之〉의 형식을 취한다. 이와 같은 동사반복법은 6세기 신라 금석문자료에 보인다.

敎 … 敎耳 (포항 냉수리 신라비, 503년).
誓 … 誓(之) (임신서기석, 552년)

이는 원래 일반적인 중국 한문이라면 뒷 쪽에 한 번 더 반복될 필요가 없는 것인데, 일종의 변칙한문 혹 신라식 한문이라고 할 수 있으며, 앞과 뒤의 동사 사이는 내용이 명기된다.[19]

此二王敎用珍而麻村節居利爲證尒令其得財敎耳
이 두왕이 교하기를 진이마촌의 절거리를 증거로 삼아, 그로 하여금 재물을 얻도록 교하노라.
(浦項 冷水里新羅碑)

天前誓今自三年以後忠道執持過失无誓
하늘 앞에 맹서하기를 지금부터 삼년이후에 충도를 지니고 유지하는 데 과실이 없기를 맹서한다.
誓若國不安大亂世可容行誓之
맹서하기를 만약 나라가 불안하고 크게 어지러우면 가히 행할 만하다고 맹서하다.
大誓詩尙書禮傳倫得誓三年」
크게 맹서하기를, 시와 상서와 예전을 오로지 순서대로 삼년에 습득하기를 맹서한다.
(이상 壬申誓記石)

한편 之는 문장이 종료된 것을 표기한다. 가야5598목간에서 위와 같은 동어 반복 용법은 두 차례 보인다. 大城在 弥卽尒智와 같은 용법은 "高頭林城在軍主"(고두림성에 있는(계신) 군주)(단양 신라적성비, 550년 이후)에도 보인다. 즉 "大城에 있는/계신 弥卽尒智"가 된다.[20] 여기서 大城은 함안 성산산성일 가능성이 크다. 大舍下智는 大舍의 다른 표기로 보는 것이 맞을 듯하다. 大舍는 신라 관등 경위 17등급 중 12위에 해당한다. 앞의 白 … 白之 문장의 가운데는 이렇게 대성에 있는 弥卽尒智 대사라는 인물이 명기되었는데, 前을

30(일)으로 교대하겠다고 고하니, 지금 30일의 식량으로써 가서 사룁니다.〉고 해석하였다(이재환, 2019, 앞의 논문, p.141).

19) 관련하여 이를 첫 착안은 필자로, 관련 논고는 아래와 같다.
李鎔賢, 2015, 「함안 성산산성 출토 목간 21호의 국어학적 의의」, 『口訣硏究』 34,구결학회.
李鎔賢, 2017, 「국립경주박물관 소장 임신서식의 문체와 연대의 재검토 - '誓…誓'문장의 시대 특정-」, 『신라문물연구』 9, 국립경주박물관.
같은 견해로 이승재, 2013, 「함안 성산산성 221호 목간의 해독」, 『한국문화』 61,서울대학교 규장각 한국학연구소, pp.3-32.

20) 주보돈은 在弥를 이두로 봐야할지 아닐지, 下智가 인명일지 足下와 같은 존칭일지 단정하기 어렵다고 했다(주보돈, 2018, 「함안 성산산성 출토 목간 연구의 진전을 위한 제안(Ⅳ.소위 문서목간)」, 『(한국목간학회 제12회 국제학술회의)함안 성산산성 출토 목간의 국제적 위상』, 국립가야문화재연구소·한국목간학회, p.33의 주51). 박남수는 在弥를 이두로 보아 있으며로 새겼다(박남수, 2017, 앞의 글, p.44).

중시하면 이른바 前白문서에 해당한다. 즉 누구께(누구前에) 아뢴다(白하다)는 양식으로 受信者에 대한 표시다. 본 목간에서는 前 뒤에 去가 있는 것이 특징적이다. 去는 보조동사거나 본동사가 될 것이다. 대상자 앞에 가다는 의미는 바로 대상자가 수신자라는 표시에 다름 아니다. 그 점에서 약간 변형적 혹은 신라 초기 단계의 前白體라고 할 수 있다.

白이란 보고한다는 의미여서[21], 受信者인 弥卽尒智 大舍는 보고자인 眞乃滅 村主보다 상위에 있다. 憹怖의 憹이란 惱 즉 고민한다는 뜻이고, 怖란 恐 즉 두렵다는 뜻이다.[22] 憹怖는 글자 그대로는 두렵다는 의미인데, 憹怖白이란 같은 前白목간과 대조해보면 "敬", "万拜", "恐万段頓首"과 같은 맥락에서 사용된 것이라고 볼 수 있다.[23] 신라 자료에서 白 앞의 같은 위치에 사용된 몇 가지 용례는 다음과 같으며, 이를 통해 憹怖白의 성격을 유추할 수 있다.

前白 목간

1. 南漢城道使須城道使村主前 … [京畿道 南漢山城 出土 木簡]
2. 大烏知郎足下 *万拜*白之 … [慶州 月城垓子 出土 木簡]
3. □□大宮士等 *敬*白 □□前 … [慶州 月城垓子 出土 木簡]
4. *敬*白之 … [咸安 城山山城 가야 2645 木簡]
5. 大夫前 *恐万段頓首*白 … [飛鳥京跡苑池遺構(奈良県明日香村) 出土木簡]
6. 洗宅白之 二典前 … [慶州 月池(雁鴨池) 出土 木簡][24]

다음에 이 문장은 다음과 같은 구조를 갖는다.

주어 + 憹怖 白 … 白之 → a
[節] 白 … 白之 → b

21) 白이 보고를 의미한다는 것은 이미 학계에서는 공지의 사실이다. 관련해서는 김창석, 2017, 앞의 글, p.132과 박남수, 2017, 앞의 글, p.43 참조.

22) 怖는 恐怖를 비롯하여 『大般涅槃經』을 비롯 佛教經典은 물론 『三國志』와 『後漢書』이래 史書에 자주 보인다. 그에 비해 憹은 생경하다. 憹은 怖와 함께 『大般涅槃經』에 보이고 또 『晉書』에 그 용법이 보이지만 憹怖의 組合은 확인되지 않는다. 이는 涅槃經 등 불교경전으로 중심으로 한 語彙선택이었을 가능성이 있다. 『열반경』은 541年에 百濟 聖王이 梁으로부터 經義를 수입하였다. 남조 梁 武帝는 戒律과 佛聖과 관련된 涅槃經을 강조하고 있었다. 길기태는 양무제가 轉輪聖王이념에 자신을 대입하여 菩薩天子로 부각하였던 점에 주목하여 백제 성왕 역시 왕권 강화에 열반경을 활용하였다고 하였다(길기태, 2006, 「百濟 聖王代의 涅槃經 이해」, 『한국고대사연구』 41). 열반경에서 강조하는 계율은 四分律과 상통하며, 북조에서 四分律이 僧官制와 짝하여 발전하였다(남동신, 1995, 「자장정율과 사분율」, 『불교문화연구』 4). 이처럼 신라에서 涅槃經의 이해는 元曉가 고구려 報德에게서 수학한 이후로 알려져 있다(金英美, 1994, 『新羅 佛教思想史 研究』, 민족사).

23) 이재환은 憹怖가 居延漢簡의 '叩頭死罪', '敢言之'와 같이 敬과 같은 겸사라고 지적하였다(이재환, 2019, 앞의 글, p.48).

24) 안압지의 해당 목간을 가야5598과 비교한 것은 김창석이다(김창석, 2017, 앞의 글, p.137).

두 번째 白 … 白之 앞에 주어가 생략되었는데, 이는 앞과 동일하기 때문이다. 이는 임신서기석(552년), 냉수리비(503년)에서도 보이는 6세기대 서법이다. 두 번째 白 … 白之 앞 글자는 상부가 파손되어 종래 [卽]으로 추독했었다(사진 5 참조). 이에 단양신라적성비의 사례를 원용하여 節로 추독하고자 한다.

□年□月中, 王 教事. 大衆等. (생략) → a

節 教事. 赤城也尔次□□□□中作善庯懷 (생략) → b

적성비에서는 a 즉 첫 번째 教事에서는 教를 받은 대상자들을 명기하고, b 즉 두 번째 教事에는 앞에 節을 두고, 教의 내용을 서술하였다. 두 번째 문장 즉 b에서는 주어 王을 생략하였다. 가야5598목간은 실로 이와 同工이다. 가야5598에서도 a에는 白 즉 보고한 대상, 보고받은 측이 오고, b에는 白한 내용, 즉 보고한 내용이 나열되고 있다고 파악해서 문제 없다.[25] 節은 보통 "이 때에"로 해석하고 있다. 따라서, 보고 내용은 (b)의 "白 … 白之"의 " … "가 되므로,

"【先節】 六十日代法 稚然, 伊乇羅/及伐尺条言 '廻法卅代'告【今】卅日食去"

이 된다.[26] 아울러, 내용 파악에서는 【先節】과 【今】이 대구어가 되어 이전에는 어떻게 했는데, 지금 이렇게 한다고 보는 것이 합리적인 듯 하며, 내용 가운데서, 이탁라 급벌척의 언급 부분은 '廻法卅代'에 한정하는 것이 적합해 보인다.[27] 이 부분 문장 구조는 다음과 같이 비교 고찰할 수 있다.

六十日 代 法		60일 대신하는 법
廻 法 卅 代		법을 변경하여 30[일]으로 대신
卅日	食去	30일 먹고 가다.(또는: 먹어버렸다)

원래는 "숫자+日+代"인데, 日이나 代가 생략되기도 했고[28] 그것이 法과 유관했음을 알 수 있다.[29] 연동하여 廻는 "廻車: 수레를 돌리다(『史記』 鄒陽傳)"에서와 같이 "~을 돌리다", 즉 "~을 변경하다"는 의미가 무

---

25) 김창석도 필자의 가설을 원용하여, b부분의 "白 … 白之"에서 白之가 바로 앞의 내용이 보고 사항임을 표시하는 어구라고 하였다(김창석, 2017, 앞의 글, p.134). 단, 之가 종결어구인 것은 확실하지만, 앞의 보고 사항 전체를 가리키는 지시대명사 역할을 한다고 하였는데, 之가 白과 白 사이의 …를 가리키는지는 불분명하다.

26) 김창석, 2017, 앞의 논문, p.138; 이수훈, 2017, 앞의 글, p.40; 강나리, 2019, 앞의 글, p.242; 이재환, 2019, 앞의 글, p.48.

27) 김창석, 2017, 앞의 논문. p.138; 이수훈, 2017, 앞의 글, p.40; 강나리, 앞의 글, p.242; 이재환, 2019, 앞의 글, p.48.

28) 이수훈, 2017, 앞의 논문, p.172.

29) 법과 무관하다는 견해(이수훈, 2017, 앞의 글)와 대법이 법의 이름이라는 견해(김창석, 2017, 앞의 논문, p.139)가 있는데, 법과 유관해 보인다.

난해보인다.[30] 六十日代法의 성격인데, 김창석은 60일의 役法을 대신하는 법, 60일 동안의 力役 동원에 관한 규정으로, 代는 교대, 대신하다는 뜻이며, 代法은 그 자체가 법명으로 60일 노역에 관한 제반 법규라고 규정하였다.[31] 강나리는 한발 더 나아가 당 율령에서 番代 즉 근무교대나, 고려시대 五日一代 즉 5일에 1교대에 근거하여 代가 교대인 점을 재확인하였다.[32] 이재환 역시 60일 만에 교대하는 법으로 이해하였다.[33] 윤선태는 지역 유력자들 또는 지역민의 요역동원 및 감독 등의 日數와 관련된다고 추정했으며,[34] 이수훈은 回法으로 판독하고 역역동원 횟수와 작업일수를 규정한 법이라고 추정, 代는 작업일수를 의미한다고 하였다.[35] 이와는 좀 달리, 전덕재는 代는 한 사람이 하루에 먹었던 곡물의 양이며, 水田 1束에서 수확할 수 있는 벼의 양으로 이해하였다.[36] 代는 교대로 봄이 무난해 보인다. 김창석의 착안과 같이 신라사회에서 徭役은 1~2달 즉 30일~60일이었고, 이수훈·김창석의 지적과 같이 가야5598의 30일, 60일은 교대기간, 역역동원 기간에 다름아니다.[37]

代法을 율령의 한 편목으로 간주하는 견해도 있고[38], 법으로 인정하기 어렵다는 견해도 있다.[39] 代法을 奴人法이나 佃舍法같은 차원의 法名으로 특정할 수도 있겠지만, 徭役이나 力役 法 속에 60日 복무 혹 교대 규정으로 볼 수도 있다. 보고내용의 쟁점은 이전에 60일이었던 것을 변경하여 지금 30일로 하였다는 것으로 보인다.

보고 말미에 언급된 食去에 대해서는 去를 본동사로 보아 "먹고 가다"로 하거나,[40] 보조동사로 보아 "먹어버렸다"로 볼 수 있다. 이것은 역역 교대 업무와 노력동원 인원의 食糧 관리가 중시되었음을 말해준다. 60일 근무가 계획되어 있었는데, 변경하여 30일로 하였고, 이에 따라 30일치 식량을 먹어치웠다는 내용일 것이다. 근무 일수 변경과 그에 연동된 식량 액수의 보고는, 역역과 식량이 연동된 체계였음을 시사하는 중요한 자료다.

---

30) 廻는 판독에 이론이 있는데, 우회하다(김창석, 2017, 앞의 글, p.138), 피하다(강나리, 2019, 앞의 글, p.242)는 견해가 있다. 驅의 이체자로 판독하여 驅使하다로 파악하는데, 이렇게 되면 驅法이 되는데 이것이 역역징발 관련법으로 파악하기도 한다(박남수, 2017, 앞의 글, p.69).

31) 김창석, 2017, 앞의 글, p.140.

32) 강나리, 2019, 앞의 글, pp.243-244.

33) 이재환, 2019, 앞의 글, p.46.

34) 윤선태, 2017, 앞의 글, p.491.

35) 이수훈, 2017, 앞의 글, p.170.

36) 전덕재는 또 冢를 給料로 이해하였다(전덕재, 2017, 앞의 글, pp.206-210).

37) 김창석, 2017, 앞의 글, p.143; 이수훈, 2017, 앞의 글, p.46; 다만, 이수훈의 해석에는 큰 차이가 있다. 代는 日數가 필요한 것, 식량이 수반되는 것으로 보아 일수와 식량을 모두 함축한 용어로 力役동원작업으로 규정하였다. 나아가 오늘날 경상도 사투리에 작업일수를 의미하는 대가리의 원조를 이 代에서 찾았으며, 60日代法을 法의 종류로 인정하지 않는다(이수훈, 2019, 앞의 글, p.172).

38) 손환일, 2017, 앞의 글; 강나리, 2019, 앞의 글: 한편 전덕재는 代를 토지면적으로 파악하였다(전덕재, 2017, 앞의 글, p.201).

39) 이수훈, 2017, 앞의 글.

40) 전덕재, 2017, 앞의 글, p.192; 강나리, 2019, 앞의 글, p.242.

III. 文書 報告體系: 南山新城碑와의 比較

이상에서 가야5598문서에서의 관련 보고 내용은 다음과 같은 경로를 상정할 수 있다.

C　　　　　　　　　　B　　　　　　　　　A

伊乇羅/及伐尺 ==['言''告']==〉 眞乃滅/村主 ==[白]==〉 大城在 弥卽尒智/大舍下智

及伐尺은 신라 외위인데, 나중에 정형화된 10등의 외위 관등 안에는 수렴되지 못한 10등보다 하위의 부류였다. 외위명과 경위명의 대응으로 볼 때 최하위인 阿尺 아래의 등급으로 보인다. 10등급의 눈에서 보면 等外官이 된다. 이는 같은 성산산성 출토 다른 목간에서 及伐尺 혹 急伐尺으로, 울진 봉평신라비(524)에서는 居伐尺으로 나타난다.[41] 급벌척은 봉평비에서는 村의 使人으로, 왕경인인 道使와 상급 행정단위의 수장급 아래에 위치하고 있다.

大城은 앞서 지적과 같이, 목간이 발견된 함안 성산산성으로 추정할 수 있다. 이곳에 大舍급이 일정기간 상주하였던 셈이다. 村을 중심으로, 또 중앙에서 파견된 大舍 등 중앙관을 매개로 한 노동 동원은 남산신성비에 잘 보인다. 이런 까닭에 기왕의 연구에서도 이것이 비교대상이 되었다. 아래는 가야5598목간과 남산신성비 제1비 집단을 비교한 도표다.[42]

표 1. 함안 성산산성 가야5598목간과 남산신성비 제1비 집단 비교(강나리2019 도표를 인용, 단 판독 및 C군 수정)

	함안 성산산성 목간	남산신성비 제1비			
A군	弥卽尒智 <u>大舍</u>下智	阿良邏頭 奴含道使 營沽道使	沙喙 沙喙 沙喙	音乃古 含親 □□□知	<u>大舍</u> 大舍 大舍
B군	眞乃滅 <u>村主</u>	郡上<u>村主</u> 匠尺 文尺	阿良村 柒吐□ 阿良村 奴含村	今知 □知尒利 末丁次 次□□禮 □文知	撰干 上干 干 干 阿尺
C1군	伊乇羅 及伐尺	城使上 □尺 文尺	阿良	沒奈生 阿□□次 竹生次	上干 干 一伐

41) 이용현, 2015, 「律令제정 전후의 新羅 官等」, 『목간과 문자』 15.
윤선태, 2016, 「신라 초기 외위체계와 '급벌척'」, 『동국사학』 61.
박남수, 2017, 「신라 법흥왕대 及伐尺과 성산산성 출토 목간의 役法」, 『신라사학보』 40, 신라사학회.

42) 강나리, 2019, 앞의 글.

	함안 성산산성 목간	남산신성비 제1비			
C2군		面捉上 門捉上 □捉上 小石捉上		珍巾□ 知禮次 首尔次 辱テ次	

지금까지 남산신성비의 노역집단을 해석하는 데 있어, A-B-C집단으로 구분해 이해하고 있다.[43] A는 왕경에서 파견된 관리, 이어 B는 郡의 촌주로 상등급의 외위 소지자로 村主에 걸맞는 干급 소지자들이다. C는 B아래의 실무집단으로 여겨지는 그룹이다. 강나리의 지적과 같이 목간에 보이는 大舍를 A집단, 村主를 B집단, 그리고 及伐尺을 C집단에 비정할 수 있다[44].

가야5598 문서의 수신자는 관등이 大舍로 완성기 경위 17관등 중 12등에 해당한다. 남산신성비의 여러 비에서는, 大舍(4비)는 小舍와 함께 지방 사회 재지지역에 파견된 왕경인이 소지하고 있던 관등이다. 그들은 지방에서는 邏頭(제1비)나 道使(제1비, 제2비, 제3비), 幢主(제5비)의 직위로서 村(1비, 2비,4비,5비)을 중심으로 城(2비)에도 1인씩 파견되는 양상을 보인다. 대사는 또한 왕경에서도 部監의 직위로서 왕경 里 단위를 감독하였다(제3비).

제1비에 비춰보면 弥卽尒智 大舍下智는 중앙에서 파견된 道使로 이는 명령체계의 최상부에 위치한다. 眞乃滅 村主는 이름과 관등의 표기가 생략되어 있지만, 역시 干급으로 추정가능하다. 591년 남산신성비에서 위와 같은 명령 및 노역 운영 책임체계는 〈중앙관인 道使 - 지방 郡급 村의 上人/村主급 - 村의 上人과 실무〉의 구조를 보인다. 가야5598목간에서도 〈중앙관인 - 지방 村主 - 촌주 예하〉의 3단계 보고 체계가 확인된다. 이는 동시에 명령-운영 체계이기도 했을 것이다. 근무 내용은 명시되어 있지 않아 정확하게 알 수는 없지만 築城관련이 들어있었을 것임은 유추가능하다. 결국 60일 근무가 원래 예정되어 있었는데, 그것을 30일로 축소하여 근무하였다는 내용이 보고의 핵심이다. 축소근무하게 된 이유와 배경이 중요한데, 제3자로 보이는 伊乇羅/及伐尺의 '言"告' 즉 報告내용으로 삼았다. 아울러 자신의 판단으로서 60일 대신하는 법의 "稚然" 즉 미숙함, 미비를 언급하였다. 이탁라는 남산신성비에 보이는 C집단으로 상정하게 되면, 실무책임자가 된다. 목간에서 C에서 B로의 보고는 일련의 通報형식을 취한 것 같은 인상을 준다. 따라서 B가 C의 상부에 위치하기는 하지만, 실제 축성 등 노역 운영에 있어서는 수행실무책임자인 C의 위상이나 역할,운영이 보장되어 있었다고 보인다. A와 B와의 관계 만큼, B와 C간의 서열이 엄격한 단계는 아니었던 것이다. 마지막에 食이 언급되고 있는 것을 보면, 노역과 관련해서 食料의 지급이 이뤄지고 있었으며, 지급 단위가 日 기준이었음을 유추할 수 있다.

43) 李鍾旭, 1974, 「南山新城碑를 통하여 본 新羅의 地方統治體制」, 『역사학보』 64, 역사학회, pp.4-5.

44) 강나리, 2019, 앞의 글.

하타나카의 지적대로, 하찰과 문서목간이 동일한 곳에서 폐기되고 있다는 것, 왕경의 경위 소지자인 大舍를 포함한 인물이 성산산성에 주재하고 있었다는 것은, 조직에 의해 성산산성 경영과 운영이 이뤄지고 있었음을 시사한다.[45] 덧붙이면, 남산신성비에 보이는 邏頭·道使 혹 道使幢主 직위의 大舍 혹은 小舍란 경위를 가진 왕경인들이 파견되어 주재하면서 운영하고 있었다. 가야5598 문서목간의 보고자가 村主인 점, 또 추후 검토할 가야2645문서목간의 보고자 역시 村主인 점에서 인력 징발과 관리가 村 단위였음을 읽어낼 수 있다.[46] 이는 성산산성 목간 중 많은 점수를 보유한 하찰 목간의 분석에서도 기본이 村단위였던 것[47] 과도 일치한다.

Ⅳ. 伊乇羅 及伐尺의 動線: 가야2698 꼬리표 木簡 檢討

伊乇羅 及伐尺과 관련하여 가야2698목간이 주목된다.

가야2698 짐꼬리표 목간

「正月中比思伐古尸次阿尺夷喙∨」

「羅兮智及伐尺幷作前瓷酒四斗瓮∨」

길이 20.8 너비 (1.3) 두께 0.7 소나무류 350, 351

正月中, 比思伐 古尸次/阿尺, 夷喙羅兮智/及伐尺 幷作 前瓷酒 四斗瓮

정월에, 비사벌의 고시차 아척, 이탁라혜지 급벌척이 함께 만든 전자주 4말들이 항아리

위 목간은 술 네 말이 든 항아리에 붙어 있던 꼬리표, 즉 부찰이었던 것으로 보인다. 이 술을 만든 사람은 고시차 아척과 이탁라혜지 급벌척이다. 필자는 이 가야2693의 이탁라혜지 급벌척과 앞서 가야 5598의 이탁라 급벌척이 동일인이라고 판단한다.

---

45) 성산산성 목간과 유사한 성격으로 비교대상이 될 수 있는 일본 고대 나가노보리(長登)銅山의 양상은, 성산산성 목간 이해에 도움을 준다. 나가노보리 동산의 경우는 銅山에 政所라는 운영조직이 있고 여기에 郡司와 國府의 지도 아래 銅山이 운영되었다(畑中彩子, 2018, 「목간群으로서의 성산산성 목간」, 『(한국목간학회 제12회 국제학술회의)함안 성산산성 출토 목간의 국제적 위상』, 국립가야문화재연구소·한국목간학회, p.278 / 畑中彩子, 2019, 「목간群으로서의 성산산성 목간」, 『목간과 문자』 22, 한국목간학회, p.198).

46) 나가노보리 동산의 경우는 郡단위로 노력의 징발이 이뤄지고 있는 반면(畑中彩子, 2019, 앞의 글, p.197), 성산산성은 村단위의 징발로 보인다. 이는 동시대 남산신성비에서 보이는 양상과도 일치한다.

47) 이경섭, 2013, 앞의 글, p.82.

伊乇羅　　　及伐尺　(3월)
= 夷喙羅兮智　及伐尺　(정월)

伊乇羅는 夷喙羅와 동음이며, 양자 공히 及伐尺이란 관등을 소지하고 있다. 3월과 정월의 차이여서 같은 해로 상정하면 두 달의 차가 있을 뿐이다. 兮智는 인명어미로 한 쪽에서는 생략된 것으로 이해할 수 있다.[48] 정월은 여러 가지 가능성이 있겠으나 술이 오래되면 상한다는 점을 감안하면, 주조한 시기일 가능성이 가장 크다. 즉 가야2639에 보이는 夷喙羅(兮智) 及伐尺은 상급인 阿尺과 함께 성산산성에서 활용될 술을 정월에 주조한 것이다.

그것이 비사벌 즉 창녕에서 함안 성산산성으로 송부한 것이다. 그리고 그들의 소속처는 比思伐 즉 昌寧이었다. 及伐尺이 阿尺과 함께 묶여있다는 점은 시사성있다. 남산신성비 9비에서 阿尺은 행정실무 혹은 石捉 즉 돌가공 실무책임자로서 C집단에 속해있는 데 반해, 1비에서는 B집단에서 文尺으로서 문서행정실무를 총괄하고 있다. 이 점에서 阿尺과 함께 묶여있는 及伐尺은 행정이나 축성의 실무책임자陣임에는 틀림없다. 이들은 때로는 C집단, 때로는 B집단에 속해 있었다.

표 2. 함안 성산산성 가야5598목간과 남산신성비 제1비, 제9비 집단 비교

	성산5598	남산신성비 제1비					남산신성비 제9비				
B군		郡上	*村主*	阿良村	今知	撰干	郡上人			曳安智□	撰干
				柒吐□	□知尒利	上干			生伐	文	上干
	眞乃滅 *村主*		匠尺	阿良村	末丁次	干		工尺	同村	內丁	上干
				奴含村	次□□禮	干			□答村	另利支	一尺
			文尺		□文知	阿尺		文尺	生伐	只次支	一伐
C군1		城使上		阿良	沒奈生	上	城使上人		伊同村	□尸兮	上干
			□尺		阿□□次	干		工尺	指大公村	入夫□	一伐
	古尸次 阿尺		文尺		竹生次	一伐		文尺	伊同村	□次兮	阿尺
C군2	伊乇羅	面捉上			珍巾□		面捉		伯干支村	支刀	一尺
	(夷喙羅兮智)	胸捉上			知禮次		胸捉		同村	西□	阿尺
	及伐尺	不捉上			首尒次		不捉		伊同村	□□	
		小石捉上			辱テ次		小石捉		伯干支村	戊七	

따라서 급벌척이 아척과 함께 묶여 있는 것을 근거로, 급벌척도 아척에 준하는 역할을 했다고 가정한다

48) 이와는 달리 윤선태와 주보돈은 夷喙은 소속지명, 羅兮智는 인명일 가능성이 크다고 보았다(윤선태, 2012, 「咸安 城山山城 出土 新羅 荷札의 再檢討」, 『史林』 41,성균관대수선사학회, p.164: 주보돈, 2018, 「함안 성산산성 출토 목간 연구의 진전을 위한 제안(Ⅳ.소위 문서목간)」, 『(한국목간학회 제12회 국제학술회의)함안 성산산성 출토 목간의 국제적 위상』, 국립가야문화재연구소,한국목간학회, p.26). 이재환도 夷喙이 比思伐과 함께 지명이라고 단정하였다(이재환, 2019, 앞의 글). 이미 년전에 주장한 바와 같이 신라인명 중 羅로 시작되는 사례는 없다(이용현, 2012, 앞의 글, p.58).

면, 이탁라 급벌척은 B집단의 행정실무도, C집단의 수장 혹은 실무도 충당될 수 있는 지위였다고 상정할 수 있다. 이탁라 급벌척을 어느 범주에 넣든, 眞乃滅 村主가 명령·운영체계 상, 그 상부에 위치했음을 변함없다.

두 목간을 통해, 같은 해 정월에서 3월에 걸치는 동선을 복원해 볼 수 있다. 즉 정월에 비사벌의 이탁라(혜지) 급벌척은 고시차 아척과 함께 술을 주조하였고, 이 가운데 4말을 비사벌 즉 창녕에서 함안 성산산성으로 송부했다. 3월 혹 그 이전에 이탁라 급벌척은 수하 村 아마도 眞乃滅村의 人丁을 인솔하고 성산산성과 관련하여 노역을 행하고 돌아갔다. 3월은 이탁라 급벌척으로부터 받은 보고를 바탕으로 진내멸 촌주가 상부의 弥卽尒智 大舍에게 문서보고한 시점이다. 그러므로, 30일간의 복무 종료는 보고 시점에서 이미 끝난 것이고, 逆算하여 복무의 시작은 2월 혹은 정월이 된다.[49] 정월에 주조해 보낸 술 네 말은 관련 노동 집단의 자가 소비용으로 송부되었을 가능성이 크다. 한편 막바지에 "食去먹고가다"라고 보고된 것은, 노동일수에 못지 않게 소비 식량도 관리의 대상이 되었음을 말해준다. 식량을 自擔했더라도, 혹은 정부에서 지불했다하더라도, 어떤 쪽이라도 중앙에서 관리되었던 것으로 보인다. 특히 이 경우는 원래 60일 예정이 30일로 변경되었기 때문에 그 加減値의 계산과 관리는 더 중요했을 것이다. 한편 노역동원과 행사와 관련하여 실제 운영에 있어서는 책임량 달성을 전제로 해서는 법령에 앞서 현장에서의 상황과 운영이 우선시되었던 것으로 보인다. 실제 현장에서는 노역을 부담하여 행사하는 C집단 수장의 위상이 중시되었던 것이다.

즉 남산신성비 등 중고기 비문에 의하면 村이 노력동원이나 세금부담의 기본단위였음을 알 수 있는데, 함안 성산산성 현장에서도 역시 村 단위의 운영을 상정할 수 있을 것이고, 阿尺이나 及伐尺 역시 村내에서 村主 다음의 지배층으로 볼 수 있다. 아울러 眞乃滅 村과 比思伐이 서로 상하관계에 있었다면, 진내멸 촌은 비사벌 관내의 상위 촌이거나 혹은 비사벌을 포괄하는 지역의 상위 촌일 것이다.

함안 성산산성 꼬리표 목간에 보이는 물품 목록은 시대는 약간 다르지만 불국사석가탑 중수기 및 형지기에 보이는 조달물품과도 유사하다. 후자는 석탑을 비롯한 사찰의 중수에 필요한 물품이어서, 성산산성 조달 물품역시 축성 등 공사와 관련된 작업이었음을 방증한다. 성산산성 목간에서는 稗,麥,米와 함께 酒, 鐵 등 물품이 보인다. 중수문서와 소명기, 형지기에서도 米,麥,大豆,小豆,粥,鹹,食 등 식료와 간식인 酒果(술과 과자)와 함께 공사 필요 물품인 生羅,布,麻,繩과 鐵이 보인다.[50] 따라서 가야2639 꼬리표 목간의 술은 성산산성의 축성과 같은 노역에 동원된 人丁의 소비품이었을 것이다.[51] 그것이 受信處가 표시되어 있지 않은데,

49) 원래 60일간의 복무를 예정하고 정월에 왔다년 복무 종료는 3월이 된다. 3월이 원래 예정 기간인 60일을 기준으로 한 시점인지, 혹 실 복무기간인 30일이 종료된 시점에서의 보고인지 단언할 수 없다. 단 복무기간이 정월에서 2월까지 였다면 3월의 보고는 지연보고가 된다. 즉시 보고의 요건을 충족하는 복무기간은 1월말에서 3월초 혹은 2월에서 3월 사이의 30일이 된다. 기계적인 상정은 위와 같지만 술의 제조기일이 정월이었다면 정월에 노역을 시작하였다고 보는 것이 가장 합리적이긴 하다. 술을 제조한 뒤 오래도록 묵히지는 못했을 것이기 때문이다.

50) 국립중앙박물관·대한불교조계종, 2009, 『불국사 석가탑 유물2-重修文書-』.

51) 윤선태는 이것을 물품부찰로 보고 "축성 노역에 동원되었던 사람들이 여가에 담은 술"이라고 풀이하였다(윤선태, 2012, 앞의 글, pp.154-165). 이경섭은 해당 목간이 성산산성의 公的 창고에 납입되어 보관되던 물품이었을 것으로 추정하였다(이경섭, 2013, 「함안 城山山城 출토 新羅木簡 연구의 흐름과 전망」, 『목간과 문자』 10, 한국목간학회, p.81). 이 경우라면, 반드시 비사

그것은 표시하지 않아도 정해져 있었기 때문이었을 것이고 당연히 목간의 출토지인 함안 성산산성 혹 그 부근이었을 것이다. 이 술이 함안에 와서 전국에서 동원되어 작업 중인 인력 중에서 소비되었을 것이다. 이들은 노역 뿐만 아니라 이에 동원되는 인력의 식량은 물론 노역 도구, 재료 등 제반 물품을 자담하였을 가능성이 제기 되고 있다.[52] 이 경우라면, 해당 술은 비사벌에서 온 인력들이 소비했을 것이다.

정월에 비사벌에서 주조된 술은 賞味기간이 있었을 것이기에 상하기 전에 조속히 공급처인 함안으로 운송되었을 것이다. 운송은 별건으로 이뤄졌을 수도 있지만, 노동인력의 이동과 함께 공반되었을 가능성이 크다. 이렇게 되면, 비사벌의 인원은 夷喙羅兮智/及伐尺의 인솔 아래 이르게는 正月에 비사벌(창녕)에서 함안으로 이동했을 것이다.

가야5598에 의하면, 3월의 보고시점에는 파견된 비사벌 휘하 眞乃滅村의 인원이 이미 30일의 복무가 종료되고 철수하였던 것이 된다. 역산하면 늦어도 2월에는 왔던 것이 된다. 따라서 眞乃滅村의 인원이 함안에 온 것은 정월에서 2월 사이를 상정할 수 있다. 이후 60일 예정으로 복무하다가 현장 책임자인 伊乇羅 及伐尺의 판단에 따라 30일로 단축 복무를 마친 것이다. 아울러 소비 혹 지급 식량 60일분 가운데 30일분만을 소비했다는 보고는 일종의 식량소비분 精算에 해당한다. 그러한 복무 기간 단축과 그에 연동된 식량 소비 수량 건이 현장 책임자인 伊乇羅 及伐尺으로부터 보고된 것이다. 보고 경로는 眞乃滅村主를 거쳐 大城 즉 함안 성산산성의 왕경인 弥卽尒智 大舍에게 이른 것이다. 보고내용으로 보아서는 事後報告로 보인다. 이미 실무진 선에서 복무와 소비가 완료된 뒤에 그 결과를 보고하는 형식이다. 규정된 범위 내에서 현장의 자율권을 인정하되, 결과는 문서로 남겨, 인원의 이동과 식량의 소비를 관리하는 문서행정의 모습이다.

이와 같이 현장 실무자인 伊乇羅(혹 夷喙羅兮智) 及伐尺은 현장 운영에서는 거의 전권을 갖고 있었던 것으로 보인다. 가야2639에 술을 만든 주체로서 "比思伐/古尸次/阿尺/夷喙羅兮智/及伐尺"으로 夷喙羅兮智 及伐尺과 함께 古尸次 阿尺이 연명되고 있는 것으로 봐서, 비사벌 쪽의 함안에서의 현장은 夷喙羅兮智 及伐尺의 현장 외에 古尸次/阿尺의 현장이 더 있었을 가능성이 있다. 이 둘은 比思伐 소속 즉 그 휘하였고, 夷喙羅兮智(혹 伊乇羅) 及伐尺은 比思伐 휘하 眞乃滅村 소속이었다고 볼 수 있다.

두 목간에 의해, 정리할 수 있는 이탁라 급벌척의 동선은 다음과 같다. 이탁라 급벌척은 비사벌 휘하 진내멸촌의 소속이다. 국가의 명령에 의해 노동 인원과 식량 음료를 준비하여 정월 혹은 2월에 고향에서 함안 성산산성으로 이동하였다. 축성 작업과 같은 노력 작업이 60일간 예정되어 있었으나 모종의 현장 사정으로 인해 30일간으로 단축하여 근무하고 다시 고향으로 돌아갔다. 돌아가기에 앞서 현장 책임자로서 30

벌 혹 진내멸촌에서 파견된 노동자가 소비했을 것이라고 한정하기는 어렵다.

52) 주보돈은 역역 동원에 담당자가 식량 부담까지 졌을 가능성도 상정함이 적절하다고 지적했다(주보돈, 2018, 「함안 성산산성 출토 목간 연구의 진전을 위한 제안(Ⅳ.소위 문서목간)」, 『(한국목간학회 제12회 국제학술회의)함안 성산산성 출토 목간의 국제적 위상』, 국립가야문화재연구소·한국목간학회, p.24). 畑中彩子는 성산산성 부찰 목간은 노동자 징발과 관련된 資養으로 보았다(畑中彩子, 2019, 앞의 글, p.199). 일찍이 박남수는 아예 이를 "私糧"으로 규정한 바 있다(박남수, 2017, 앞의 글, p.49). 노동력에 규정된 식량을 지적한 점에서는 높이 살 수 있다. 다만 이것 역시 국가에서 규정된 부담일 가능성도 염두에 두어야 할 것이다.

일간 근무하게 된 사실과 그와 함께 30일치의 식량만을 소비하게 된 건을 상부인 진내멸촌주에게 보고 하였다.

한편, 동일인 이탁라에 대한 표기가 가야5598과 가야2698이 서로 달랐던 것은, 표기가 音借였다는 것, 또 양자의 작성자가 서로 달랐다는 것을 말해준다. 기실 5598은 이탁라의 행정단계상 상위에 위치한 촌주가 함안에서 작성한 보고문서이고, 2698은 이탁라 자신 혹은 그 주변에이 비사벌(창녕)에서 작성한 짐꼬리표였다. 마지막으로 시기 관련이다. 이탁라와 관련한 자료의 시기 관련 표기는 "正月"과 "三月"로 年의 표기가 없다. 함안 성산산성 목간 전체로 보더라도 해당 두 목간외에 年月이 보이는 것은, "六月"(가야2645)과 "十一月"(가야2956), "三月"(가야190)과 "壬子年"(가야219)뿐이다. 하찰은 물론 시점이 중요한 문서도 모두 年표시가 없고 月뿐임은 年이 共知의 사실이었기 때문일 것이다. 하찰의 대부분이 아예 月의 표시가 없는 것도 같은 맥락일 것이다. 관련 年은 壬子年일 것이다. 따라서 이탁라 급벌척의 이동과 왕래, 문서 수수는 모두 임자년 즉 592년에 이뤄졌다고 추정해둔다.[53]

V. 基本 勞役日數 60日: 가야2645 文書木簡과의 比較

앞서 가야5598목간의 60일과 30에 관해서는 몇 가지 견해가 제시되었고 논자에 따라 미묘한 차이가 보인다. 김창석은 이탁라 급벌척이 60일대법을 회피하여 30일간만 역임하였고, 60일분 식료 중 30일분을 주지않은 것으로 파악하였다.[54] 박남수는 卅日食을 去하였다고 봐서 "이제 30일 식량으로 가서 아룁니다."라고 풀었고,[55] 이재환은 여기에 "써"를 더하여, "지금 30일 식량으로써 가서 사뢰니다."라고 풀었다. 이수훈은 30일분의 식량을 책정하였다고 해석하였다.[56] 박남수와 이재환의 해석은 30일분 식량 식량에 대해 무엇을 보고한 것인지가 불분명하다. 이수훈의 해석처럼 食去를 "책정하다"로 보기 어렵다. 김창석의 해석은 주지 않은 것에 방점을 찍었다. 결과적으로 예정된 60일분 중 30일분만 지급 소비되고, 나머지 30일분은 소비되지 않았을 것임은 맞다. 그러나 이 보고서의 내용은 소비 혹 지출된 30일분을 보고하는 것으로 보인다. 강나리와 같이 "지금 30일을 먹고 가버렸다"[57]에 "분/치"를 보완하여 "30일분을 먹고 갔다/먹어버렸다/소비하였다"고 하는 것이 무난해 보인다. 박남수는 30일의 요역기간과 식량을 규정한 법으로 정리하였는데,[58] 결과적으로 30일의 요역, 그에 따른 30일분 식량의 소비 보고로 정리된다. 문제의 60일과 관련해서 가야2645 목간을 살펴볼 필요가 있다.

53) 년대 추정과 관련해서는 앞서, 市大樹의 견해(市大樹, 2019, 앞의 글)에 동의한다.

54) 김창석, 2017, 앞의 글, p.143.

55) 박남수, 2017, 앞의 글, p.49.

56) 이수훈, 2017, 앞의 글, p.170.

57) 강나리, 2019, 앞의 글, p.242.

58) 박남수, 2017, 앞의 글, p.60.

가야2645

「六月中□馮城六看村主敬白之烏行鳰成乞[59]之V」[60]

「柒次智一伐大□□□也 妆□語大城從人丁六十日V」

「□去走□日率此孕廾更了尒□弄□V」

「卒[61]日治之人此人烏馮城置不行遣之白V」

길이 25.0 너비 3.4 두께 2.8 소나무류

六月中

□馮城六看村主敬白之

"烏行鳰成 乞[62]之.

柒次智一伐大□□也, 妆□語 '大城從人丁 六十日 □去

走□日率此孕廾更了尒□弄□

卒[63]日, 治之人 此人 烏馮城置不行遣之" 白

六月中에 □馮城六看 村主가 삼가 아룁니다.

"까마귀처럼 가고 빨리 날듯 이루기를 청합니다.[=신속히 청합니다.][64]

柒次智 一伐이 크게 … 하였는데, 단장하여 □ 말하기를

'大城에 따르는 人丁들이 60일간[65] … 떠났습니다. ……날에 이를 인솔하고 20(일)을 품어 더하여 마쳤으며, …다루고…'

라고 하였습니다. … 마치는 날에, 수리한 사람, 이 사람을 烏馮城에 두고 보내지 않았습니다." 라고 아룁니다.

* 柒次智 一伐의 말이 어디서 끝나는 지는 결락이 많아 불분명

해당 목간은 판독 불능 부분이 많아 그 전모를 알기에는 부족하나, 판독가능한 글자만을 토대로 해서 전

59) 이재환은 이를 㑌으로 판독했다(이재환, 2017, 앞의 글, p.134).

60) 가야2645에 대해 필자는 판독과 해석을 제시한 적이 있는데(이용현, 2015, 앞의 글, p.47), 위와 같이 대폭 수정보완한다. 수정과 관련해서 강나리(2019, 앞의 글)와 이재환(2019, 앞의 글)의 판독문도 참조바란다.

61) 이재환은 이를 六十으로 판독했다(이재환, 2019, 앞의 글, p.134).

62) 이재환은 이를 㑌으로 판독했다(이재환, 2019, 앞의 글, p.134).

63) 이재환은 이를 六十으로 판독했다(이재환, 2019, 앞의 글, p.134). 사진 6 참조.

64) 이재환은 乞을 㑌으로 읽고 명령하였다고 풀었다(이재환, 2019, 앞의 글, p.135). 敬白 뒤에 보고자인 村主의 보고 내용이 나와야 하는데, 보고자가 命㑌의 주체가 된다는 것은 어색하다.

65) 이 부분 필자는 전고에서는 60에서 끝고, 日에서 다음 문장이 시작되는 것으로 판단했으나, 수정한다(이용현, 2015, 앞의 글).

체적인 분위기를 유추해볼 수는 있다.

六月中, □馮城六看村主 敬白之 … 白

이 역시 가야5598과 마찬가지로 동어/동사 반복 구문이다. 단 통상 白…白之가 여기서는 거꾸로 되어 있다. 거꾸로도 활용될 수 있었음을 이야기한다. 白…白之라면 〈아뢰기를 …라고 아뢰다.〉 인데, 白之 … 白은 〈아뢰다. “… ”라고.〉 정도가 아닐까 한다. 따라서 보고시점은 6월, 보고자는 역시 촌주인데 □馮城의 六看村이다. 가야5598 목간과 달리 보고를 받는 사람에 대해 기명되지 않았다. 아마도 성산산성에 있는 고위자였을 것이다. 一伐 관등의 柒次智란 인물이 거명되었다. 一伐 관등은 남산신성비에서는 1비에서는 C집단에서 文尺에, 2비와 9비에서는 B집단의 文尺, C집단의 工尺으로, 9비에서는 다시 C집단의 石捉으로서, 4비에는 B집단의 匠尺의 역할을 담당하고 있다. 이에 가야2645에서의 一伐은 가야5598에서의 及伐尺에 준하는 역할을 한 것으로 추정할 수 있다. 이에 白…白의 동어/동사반복 서식, 문서 보고자가 村主라는 점, 문서 안에서 인용되는 제3자의 지위가 외위소지자라는 점과 그들의 언급으로 보이는 것이 言이나 語로 유사하다는 점 등으로 미루어 보아, 양자는 같은 서식의 보고문서이며, 그 보고체계는 다음과 같이 정리할 수 있다.

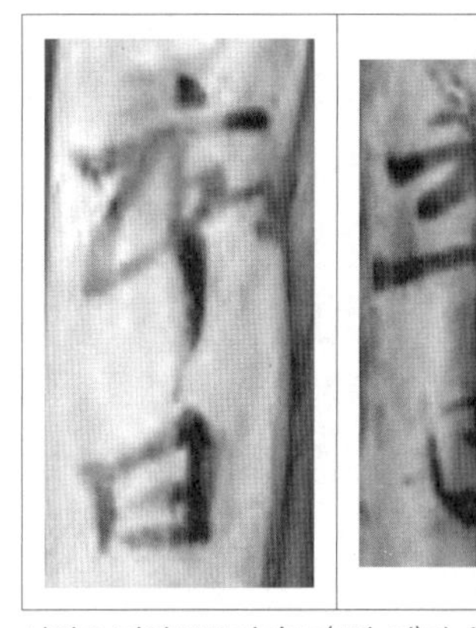
사진 6. 가야2645의 卒日(4면, 좌)과 六十日(2면, 우)

	(C)		(B)		(A)
가야5598	伊乇羅/及伐尺	====〉	眞乃滅/村主	======〉	大城在 弥卽尒智/大舍下智
		言·告		憹怖 白	
가야2645	柒次智/一伐	====〉	□馮城六看/村主	======〉	(大城在 ?)
		語		敬 白	

* 一伐(외위 8등), 及伐尺(외위 등외, 11+a등)

이처럼 가야2645 역시 가야5598과 같은 구문으로 구성되어 있는 것으로 판단된다. 다만 가야2645는 가야5598과는 달리 白 즉 보고의 수신처가 명기되어 있지 않다. 그것은 명기하지 않아도 알 수 있었기 때문이었을 것이며, 목간의 발견지인 성산산성이 아마도 최종 수신지였을 가능성이 크다. 그것은 아마도 목간 내용에도 보이는 大城이 아니었겠는가 한다. 추독한 바에 보이는 가야5598에도 보이는 大城의 고위관이었을 것으로 추정된다.

가야2645의 보고 내용은 크게 두 가지로 보인다. 첫째는 요청하는 것인데 먼저, 까마귀처럼 가서 빨리 날아 이룰 것 즉 신속하게 처리할 것을 요청한 것이다. 둘째는 柒次智/一伐의 보고 내용을 인용하고 있다. 보고자 자신(B)의 의견을 먼저 언급하고, 이후에 수하(C)의 보고내용을 인용하는 것 역시 가야5598과 같은 서식이다. 기본적으로는 人丁과 노동종사일 60일과 관련된 내용의 보고로 보인다. 人丁이 종사하는 곳은 大城과 관련있으며 이곳 大城은 城山山城일 것이다. 이와 같은 이유로 해서, 앞서 가야5598에서 □城은 □의 남은 획으로 미루어 볼 때, "大"일 가능성이 크다.

이 문서의 내용 중 "柒次智/一伐 大□□也 攸□語"에서, 語의 주체는 柒次智/一伐일 될 가능성이 크며, 語 이후의 문장이 그가 말한 내용이 될 것이다. 一伐은 신라 외위 11관등 중 8등으로 남산신성비에서는 C군에서 문서행정의 文尺이나 공사담당인 工尺의 직책을 맡고 있다. 남산신성비적 관리 체제를 적용해 보면, 柒次智/一伐은 수장 혹 準수장급으로 현장실무책임자群이다. 그가 □多馮城六看/村主에게 현장 상황을 보고한 것이다. 남산신성비에서는 B군에 보이는 村主는 외위 중 5위인 撰干, 6위인 干의 관등을 갖고 있다. □多馮城六看/村主 역시 그에 상당하는 외위를 갖고 있었을 것이다. 이 문서에서 가장 간략한 인명표기를 구사하였다. 촌주의 이름이나 관등, 또 보고자인 현장 실무자 혹 책임자의 役職, 출신지가 생략되었다. 기재방식에서 보면, 어느 村이었는가와, 그 村主 보고 내용의 근거, 즉 현장실무자의 의견이 중시된 것으로 보인다. 촌주는 실명을 기재하지 않은데 비해 실무책임자는 직위가 아니라 실명과 관등만을 기재한 것은, 촌주는 교체직이 아니라 재지사회의 평생직과도 같은 것인데 비해, 文尺이나 工尺이란 직위에 대한 任免에 따른 교체가 잦은 임시직이었기 때문이 아닐까 한다. 왕경에서 파견된 관리자들이 중시했던 것은, 책임의 소재와 추후 확인 시에, 村의 이름, 그 가운데 실무진의 이름과 관등이었던 것이다. 가야2645문서목간의 보고촌은 "□多馮城의 六看村"이다. 현재로서는 그 위치는 특정할 수 없다.

柒次智/一伐의 언급이 어디까지인가는 미판독자가 많아 특정하기가 어려운데, 판독된 글자를 중심으로 추정해보면, 卒日 이후로 넘어오지는 않는 것으로 판단된다. 이를 전제로 다음과 같이 풀이할 수 있다.

> "… 柒次智 一伐이
>
> '大城에 따르는 人丁들이 60일간 … 떠났습니다. … 다시 마쳤으며 …'
>
> 라고 하였습니다. … 마치는 날에, 지은(=작업한) 사람, 이 사람을 鳥馮城에 두고 보내지 않았습니다."

治之人의 治는 다스리다는 기본적 뜻 외에, "繕治城郭"·"修治城圍"(『삼국지』위서)와 함께, 아래의 용례와 같이, 고구려나 신라에서 築城이나 築堤 작업에서 "作"과 함께 "짓는다"는 의미로 사용되고 있다.[66]

---

66) 이전 원고에서 필자는 '다스리다"로 해석하였으나(이용현, 2015, 앞의 글, p.40), 治塹, 治簿과 같은 居延漢簡의 사례를 들어 "작업하다"로 해석한 이재환의 지적을 수용하여 이를 수정한다(이재환, 2019, 앞의 글, p.43). 다만, 이재환은 治에 관한 중국

此東廻上□里四尺治 (고구려, 籠吾里山城 磨崖石刻, 제5석, 555년)
이는 동으로 돌아 위로 □里四尺을 지었다(=축성했다).
小大使者於九婁治城六百八十四間 (고구려, 平壤城 石刻, 598년)
　　소대사자 어구루는 성 680간을 지었다(=만들었다).
菁堤治記之 … 此間中了治內之 (신라, 永川 菁提碑 貞元銘, 798년)
청제를 지은 것을 기록하다. … 이 사이에 修治를 마치었다.

이에 노력동원되어 작업하다는 의미로 해석한다. 완전한 문장을 이루진 않았지만 노출된 단어로 보아, 가야5598과의 비교를 통해, 좀더 맥락적인 추정이 가능하다.

	관련 문장	대응 단어			
가야5598	六十日 代 法 廻 法 卅 代 卅日 食去	六十日	卅	廻…代	去
가야2645	從人丁 六十日 □去 孕 廾 更了	六十日	廾	孕…更[67]了	去

이 대응 관계를 참조하면, 가야2645의 廾은 廾日로 해석할 수 있으며, 孕廾更了는 "20일을 품고 더하였다/더하여 마쳤다.[갱신하였다.]" 즉 20일을 더 작업하였다는 의미로 해석할 수 있다.

아울러, 가야2645의 去를 참작하면, 가야5598의 食去의 去는 보조동사보다는 "갔다""떠났다"로 해석하는 편이 나을 듯하다. 요컨대, 大城 혹 그와 관련하여 烏馮城 지역에서 六看村 소속 人丁들이 동원되어 노역작업을 60일간 수행한 것이다. 아울러 20일을 연장수행한 것인데, 그 종료일에 공사작업 인원 중 일부에 대해 烏馮城에 두고 보내지 않았다는 것이다. 중요 보고는 노역 종료 시점인 60일이 지났음에도 근무기간을 연장하였다는 내용이다.

노역기간과 관련해서 60일이었던 것인데, 보고되는 6월 시점은 이미 종료되었고, 새로이 20일이 이미 연장되고 난 후의 시점이다. 따라서 총 복무기간은 80일 되는 셈인데, 이 80일간의 시기는 4월~6월, 혹은 3월~5월 등 몇 가지 상정이 가능할 것이다. 앞서 가야5598문서와 함께 고려하면 이 시기 노역기간의 기본은 60일이었는데[68], 가야5598의 경우와 같이 그보다 단축 운영될 경우도 있고, 여기 즉 가야2645에서는

용례를 근거로 한 것이었다. 본고에서는 고구려 사례 등 국내 용례를 검토하여 이를 근거로 보완하였다.

67) 강나리는 가야2645의 更과 가야5598의 代가 서로 치환된다고 보고, 둘 다 "교대하다"로 파악하였다(강나리, 2019, 앞의 글).

68) 일찍이 김창석은 신라 요역의 기간이 30일, 60일 단위였음을 지적하였다(김창석, 2017, 앞의 글). 60일을 기본으로 하는 역역과 관련하여 기준이 되는 견해라고 보인다. 강나리도 가야 5598이 진내멸촌 촌주가 대법과 관련하여 이모라 급벌척이 60일로 규정된 일에 대해 30일만 채우고 가버렸음을 보고하는 내용으로 파악하였다(강나리, 2019, 앞의 글). 이어 이재환도 60일

그보다 더 운영되는 경우도 있었던 것이다. 요컨대 연장되건 단축되건, 당시 노력동원 기본 일수가 60일이었다는 사실이 중요하다. 또 이러한 근무일수의 연장이나 단축은 상부에 보고해야하는 중요 사안이었다.

VI. 맺음말

본고에서는 아래와 같은 사항을 새롭게 인식, 주장하였다.

첫째, 가야5598 伊乇羅/及伐尺과 가야2698의 夷喙羅兮智/及伐尺은 동일인일 가능성이 매우 높다. 이어 동일인임을 전제로 해서 다음과 같이 인식하였다. 둘째, 종래 〈훼〉로도 주장되던 喙은 乇과 대응하며, 이에 그 발음은 〈탁〉계열로 확정할 수 있다. 셋째, 이탁라(혜지) 급벌척은 비사벌 소속으로, 壬子年 즉 592년 정월에서 2월 사이(아마도 정월이 가능성이 높다.)에 비사벌에서 무리를 이끌고 현장인 함안으로 왔다. 이에 30일간 노역의 임무를 3월에 마쳤다.

넷째, 이탁라 급벌척은 진내멸 촌주에게 보고하였고, 진내멸 촌주는 다시 大城 즉 함안 성산산성에 주재하는 왕경인 관리자에게 보고하였다. 이와 같은 보고체계는 동시기 즉 592년 남산신성비에 고찰되고 정의된 ABC군의 집단과도 대응하는데, C에서 B로의 문서는 "言"·"語"·"告"가 쓰였고, B에서 A로의 보고에는 "敬白"으로 대변되는 前白체가 구사되었다. 다섯째, B에서 A로의 보고 문서에는 C의 의견이 첨부 혹 전제, 인용되게 되어 있었는데, 이는 당대 정해진 서식이었을 가능성이 높고, 이는 현장 실무자의 의견이 중시되었음을 시사한다. 여섯째, 동어/동사 반복 구문은 냉수리비(501년)와 남산신성비(591년), 단양 적성비(6세기 중엽)에 이어 당해 성산산성 목간(592년)에도 확인되어, 6세기대에 국가 문서에 쓰인 신라의 독특한 서체임을 재확인할 수 있다. 일곱째, 함안 성산산성에는 각 왕경에서 파견된 각 村의 道使급 왕경인들이 集住하며 관련행정을 조정진행하던 당시 명실상부한 "大城"이었다. 여덟째, 대체로 노역 일수는 선행학설의 주장과 같이 60일이 기준이었다. 다만, 이는 현장 상황에 따라, 30일로 축소되기도 하고 60일보다 더 연장되기도 하였다. 또 이는 국가에 보고되야 하는 중요사안으로 관리되었다.

가야5598문서목간은 6세기말 비사벌(지금의 창녕) 휘하의 촌락에서 함안 성산산성에 동원된 노동인원과 이동, 그 식료의 소비에 관한 보고 문서다. 보고의 주체는 해당 村의 村主였고, 보고받는 대상은 왕경에서 함안 성산산성에 파견된 大舍였다. 大舍는 경위 17관등 중 제12등으로, 동시기의 다른 자료인 남산신성비에서도 道使 등의 직임으로서 지방현장에 파견되어 지역의 업무를 관리하였다.

투고일: 2019. 10. 31.　　심사개시일: 2019. 11. 4.　　심사완료일: 2019. 12. 6.

을 정해진 역역기간이라고 보았다(이재환, 2019, 앞의 글, p.43). 신라에서 力役 기간을 알 수 있는 경우는 영천청제비와 명활산성작성비로, 각각 2개월 즉 60일과 35일이다(永川菁堤碑 貞元銘에는 2월 12일부터 4월 13일까지, 명활산성작성비에는 11월 15일부터 12월 20일까지의 35일).

참/고/문/헌

李鍾旭, 1974,「南山新城碑를 통하여 본 新羅의 地方統治體制」,『역사학보』 64, 역사학회.

남동신, 1995,「자장정율과 사분율」,『불교문화연구』 4.

金英美, 1994,『新羅 佛敎思想史 硏究』, 민족사.

길기태, 2006,「百濟 聖王代의 涅槃經 이해」,『한국고대사연구』 41.

전덕재, 2008,「함안 성산산성 목간의 연구현황과 쟁점」,『신라문화』 31.

국립중앙박물관·대한불교조계종, 2009,『불국사 석가탑 유물2-重修文書-』.

윤선태, 2012,「咸安 城山山城 出土 新羅 荷札의 再檢討」,『史林』 41, 성균관대수선사학회.

이경섭, 2013,「함안 城山山城 출토 新羅木簡 연구의 흐름과 전망」,『목간과 문자』 10, 한국목간학회.

이승재, 2013,「함안 성산산성 221호 목간의 해독」,『한국문화』 61, 서울대학교 규장각 한국학연구소.

李鎔賢, 2015,「함안성산산성 출토 목간 21호의 국어학적 의의」,『口訣硏究』 34, 구결학회.

이용현, 2015,「律令제정 전후의 新羅 官等」,『목간과 문자』 15.

이주헌, 2015,「함안 성산산성 부엽층과 출토유물의 검토」,『중앙고고연구』 16.

윤상덕, 2015,「함안 성산산성 축조연대에 대하여」,『목간과 문자』 14.

윤선태, 2016,「신라 초기 외위체계와 '급벌척'」,『동국사학』 61.

국립가야문화재연구소, 2017,『한국의 고대목간Ⅱ』.

박남수, 2017,「신라 법흥왕대 及伐尺과 성산산성 출토 목간의 役法」,『신라사학보』 40, 신라사학회.

李鎔賢, 2017,「국립경주박물관 소장 임신서식의 문체와 연대의 재검토 - '誓…誓'문장의 시대 특정-」,『신라문물연구』 9, 국립경주박물관.

최장미, 2017,「함안 성산산성 제17차 발굴조사 출토 목간 자료 검토」,『목간과 문자』 18, 한국목간학회.

손환일, 2017,「함안 성산산성 출토 목간의 의미와 서체 -17차 발굴조사 성과 발표문을 중심으로-」,『韓國史學史學報』 35, 한국사학사학회.

金昌錫, 2017,「咸安城山山城17차 발굴조사 출토 四面木簡(23번)에 관한 試考」『한국사연구』 177, 한국사연구회).

전덕재, 2017,「중고기 신라의 代와 代法에 대한 고찰-함안 성산산성 17차 발굴조사 출토 사면 문서목간을 중심으로-」,『역사와 현실』 105, 한국역사연구회.

박남수, 2017,「신라 법흥왕대 及伐尺과 성산산성 출토 목간의 役法」,『신라사학보』 40, 신라사학회.

이부오, 2017,「6세기 초중엽 新羅의 非干外位 운영과 及伐尺」,『한국고대사탐구』 26, 한국고대사탐구학회.

이수훈, 2017,「함안 성산산성 출토 4면 목간의 代-17차발굴조사 출토 233번 목간을 중심으로-」,『역사와 경계』 105, 부산경남사학회.

윤선태, 2017,「함안 성산산성 출토 신라목간의 연구 성과와 전망」,『한국의 고대목간Ⅱ』, 국립가야문화재연구소.

金昌鎬, 2018, 「咸安 城山山城 木簡의 新考察」, 『한국문화사학회』 49, 한국문화사학회.
畑中彩子, 2018, 「목간群으로서의 성산산성 목간」, 『(한국목간학회 제12회 국제학술회의)함안 성산산성 출토 목간의 국제적 위상』, 국립가야문화재연구소·한국목간학회.
김재홍, 2018, 「함안 성산산성 출토 목간의 연대」, 『(한국목간학회 제12회 국제학술회의)함안 성산산성 출토 목간의 국제적 위상』, 국립가야문화재연구소·한국목간학회.
박현정, 2018, 「함안 성산산성 목간의 개요」, 『목간과 문자』 21, 한국목간학회.
주보돈, 2018, 「함안 성산산성 출토 목간 연구의 진전을 위한 제안(Ⅳ.소위 문서목간)」, 『(한국목간학회 제12회 국제학술회의)함안 성산산성 출토 목간의 국제적 위상』, 국립가야문화재연구소·한국목간학회.
홍기승, 2018, 「함안 성산산성 목간으로 본 6세기 신라 촌락사회와 지배방식」, 『함안 성산산성 출토 목간의 국제적 위상』, 국립가야문화재연구소·한국목간학회.
이재환, 2018, 「함안 성산산성 출토 문서목간과 역역 동원의 문서행정」, 『함안 성산산성 출토 목간의 국제적 위상』, 국립가야문화재연구소·한국목간학회.
市大樹, 2019, 「日本の七世紀からみた韓國木簡」, 『ワークショップ韓國木簡日本木簡對話-韓國木簡研究20年』(2019.1.19.).
강나리, 2019, 「신라 중고기의 '代法'과 역역동원체계-함안 성산산성 출토 218호 목간을 중심으로-」, 『한국고대사연구』 93, 한국고대사학회.
김재홍, 2019, 「함안 성산산성과 출토 목간의 연대」, 『목간과 문자』 22, 한국목간학회.
홍기승, 2019, 「함안 성산산성 목간으로 본 6세기 신라 촌락사회와 지배방식」, 『목간과 문자』 22.
이재환, 2019, 「함안 성산산성 출토 문서목간과 力役 동원의 문서 행정」, 『목간과 문자』 22, 한국목간학회.
畑中彩子, 2019, 「목간群으로서의 성산산성 목간」, 『목간과 문자』 22, 한국목간학회.
市大樹, 2019, 「일본 7세기 목간에 보이는 한국 목간(특집2 한국과 일본 목간의 비교 연구)」, 『목간과 문자』 22, 한국목간학회.

〈Abstract〉

Review of Document wooden tablet excavated from Seongsan Fotress
-Through the comparison study of Character materials related-

Lee, Yong-hyeon

This paper analyzed the document wooden tablet(no.5598) unearthed the Haman Seongsan Fortress. The readings already presented have been reviewed to confirm some important words in the intepretation or to read new ones. Also, in the 6th century, the verbal repetitive phrases found in other Silla materials were found in this texts to grasp the framework of sentence interpretation. In addition, through the comparative review with the related wooden tablets in Sungsan Sanseong Fotress, the reporting paths were extracted, those are from the executive officers to village head and from village head to general manager in Royal Capital. Through the above operation, the following facts can be restored. Gaya 5598 is a report of the village head of Jinnaemyel chon village under Bisabul (Changnyeong). The report was made by the village ambassador, Dosa who was dispatched to Haman by Royal Capital. The report was based on the administrative document form of the time, and it was composed of Cheon Baek 前白 and verb repetitive texts, and was attached based on the report from the ruling punishment of Itakra, the field working director. As a senior member of Jinnaemyeol chon village under Bisabeol, Yitakra(heji) led workers at the time of January or February and returned to hometown from Haman Seongsan fortress for 30 days, before March. Originally scheduled to serve for 60 days, it was arranged on for 30 days under Itakr's control. The length of service, the number of people and the consumption of food related to the field were important management subjects in the country and documented issues.

▶ Key words: Document wooden tablet excavated from Seongsan Fotress, Gaya 5598, composed of Cheon Baek 前白 ; make a report to whom, Verb repitition construnctions, Reporting System, Itakra伊毛羅 geub beol cheog及伐尺, Working days 60days

특 집

한국 多面木簡의 발굴 현황과 용도*

尹善泰**

〈국문초록〉

多面木簡이란 중국에서 '觚'로 부르는 목간과 동일한 성격의 목간이다. 목재를 삼각, 사각, 오각 등 다각으로 깎아 書寫面을 여러 개 만든 일반적인 형태를 비롯해, 둥근 나뭇가지의 원형을 그대로 활용한 원주형도 있다. 목재를 다각으로 깎은 이유는 서사할 면(공간)을 많이 만들기 위한 것인데, 원주형의 다면목간에는 최대 여섯 줄을 쓴 것도 발굴된 바 있다.

다면목간은 百濟의 경우 6세기 유적에서 발굴 사례가 많고, 7세기에 들어가면서 확연하게 줄어든다. 新羅의 경우에는 6~7세기의 古新羅 유적에서 집중적으로 발굴되며, 8세기 이후 통일신라 유적에서는 거의 확인되지 않는다. 다면목간의 내용을 명확히 알 수 있는 신라의 경우로 볼 때, 다면목간은 주로 '~前白'書式으로 작성된 사례가 많아, 관인이나 관부 사이에 서로 문서를 주고받는 문서행정에 사용되었음을 알 수 있다. 다면목간이 고신라에서 많이 사용되다가 통일신라시기에 소멸되어갔던 이유는 종이의 사용이 일반화되면서 다면목간을 이용한 문서행정이 종이문서로 점차 대체되었기 때문이라고 생각된다.

한반도에서 목간문화가 건너간 일본에는 현재 목간 출토점수가 무려 30만 점을 상회함에도, 다면목간의

* 이 논문은 2017년 대한민국 교육부와 한국학중앙연구원(한국학진흥사업단)의 한국학분야 토대연구지원사업(학술지원사업명)의 지원을 받아 수행된 연구임(AKS-2017-KFR-1230009).
이 논문은 2019년 9월 6~8일 중국 북경 首都師範大學에서 개최된 〈제1회 한중일 출토간독연구 국제논단〉에서 발표된 「韓國多面木簡的發掘及整理」를 일부 수정한 것이다.

** 동국대학교-서울, 사범대학 역사교육과 교수

출토 사례는 극히 희귀하다. 원주형목간은 아예 한 점도 보고된 사례가 없다. 따라서 다면목간은 한국 고대의 목간문화를 대표하는 중요한 특징 중의 하나라고 생각된다. 한국 고대사회가 중국 漢代의 編綴簡時代부터 종이시대까지를 모두 경험했다면, 일본에는 한반도에서 紙木이 병용되던 7세기 이후의 목간사용법이 전파되어 갔다. 한국고대의 다면목간은 편철간과 지목병용의 중간적 특징을 지닌 유물이 아닌가 생각된다. 중국 한대의 '편철간문화', 일본 고대의 '短冊形木簡文化'와 대비되는 한국 고대의 '다면목간문화'를 제창하고 싶다.

▶ **핵심어: 다면목간, 觚, 문서행정, 다면목간문화**

Ⅰ. 머리말

신라의 수도였던 경주의 안압지(월지)에서 1975년 처음으로 한국 고대의 목간이 발굴된 이래,[1] 각지의 유적에서 목간이 출토되어 90년대 이후부터는 거의 매년 여러 유적에서 목간자료의 출토가 보고되고 있다. 현재 한국 고대 목간의 출토점수는 600점 가량으로 집계된다. 이제 목간은 수량 면에서도 한국고대사 자료에서 무시할 수 없는 존재가 되었다.[2]

이처럼 90년대 이후 목간자료가 기하급수적으로 증가하고 있지만, 한국 학계에서는 목간의 定義를 비롯해 목간의 세부 명칭, 용도, 형식 분류 등에 대한 체계화와 그에 대한 의견수렴이 아직 이루어지지 못하고 있다. 한국에서 목간이 문화재로 지정된 사례가 없는 것도 목간자료의 역사적 가치에 문제가 있어서라기보다는 목간에 대한 이러한 기초적 정리가 제대로 이루어지지 않았기 때문이라고 생각된다. 이는 애초 발굴 단계에부터 목간자료의 정리 작업에 장애로 작용할 수 있다는 점에서 가장 시급히 해결되어야 할 과제 중

1) 李基東, 1979, 「雁鴨池에서 出土된 新羅木簡에 대하여」, 『慶北史学』 1; 1984 『新羅骨品制社會와 花郎徒』, 일조각.

2) 이미 여러 차례 한국 고대목간에 대한 연구 성과들이 정리된 바 있다. 아래의 글을 참조바람.
李成市, 1997, 「韓国出土の木簡」 『木簡研究』 19.
李成市, 2000, 「韓国木簡研究의 現況과 咸安 城山山城出土의 木簡」, 『韓國古代史研究』 19.
윤선태, 2004, 「한국고대목간의 출토현황과 전망」, 『한국의 고대목간』, 국립창원문화재연구소.
이용현, 2007, 「韓國における木簡研究の現狀」, 『韓國出土木簡の世界』, 熊山閣.
주보돈, 2008, 「한국의 목간 연구의 현황과 전망」, 『목간과 문자』 창간호, 한국목간학회.
김창석, 2011, 「羅州 伏岩里 출토 木簡 연구의 쟁점과 과제」, 『百濟文化』 45.
전덕재, 2012, 「한국의 고대목간과 연구동향」, 『목간과 문자』 9.
홍승우, 2013, 「부여 지역 출토 백제목간의 연구 현황과 전망」, 『목간과 문자』 10.
이용현, 2013, 「나주 복암리 목간 연구 현황과 전망」, 『목간과 문자』 10.
이재환, 2013, 「한국 고대 '주술목간'의 연구 동향과 전망」, 『목간과 문자』 10.
윤선태, 2013, 「백제목간의 연구현황과 전망」, 『백제문화』 49.
윤선태, 2016, 「한국고대목간의 연구현황과 과제」, 『선사와 고대 목기·목간의 최신 연구현황과 과제』, 국립가야문화재연구소.

의 하나라고 생각된다.

한국뿐만 아니라 중국과 일본에서도 간독 및 목간자료의 출토사례가 계속 증가하고 있다. 자료의 증가는 분명 학계에는 희소식임에 틀림없지만, 이를 제대로 정리하고 이를 공유하는 국제 간의 노력도 절실히 필요하다. 한국을 비롯해 중국과 일본의 簡牘 및 木簡 관련 연구자와 발굴 기관들이 함께 모여 간독 및 목간의 자료적 중요성을 환기하고 간독과 목간에 관한 기초적인 용어나 출토자료의 정리방법 등에 관해 동아시아적인 공통 토대를 마련하는 것도 필요하다고 생각된다. 목간연구에서 동아시아적 시야는 아무리 강조해도 부족하다.

한국의 목간문화는 중국의 간독문화를 수용 변용한 것이라는 점에서 한국 고대 목간의 형태나 기능 등을 한국적 특수성으로만 여겨 고립적으로 연구해서는 안 된다. 한국 고대국가의 통치방식이 만들어낸 고유의 특수한 목간문화조차도 중국, 일본의 간독 및 목간 등과 비교하는 작업 속에서 더욱 선명하게 드러날 수 있기 때문이다.[3] 따라서 동아시아 고대국가들의 통치체제에 끼친 상호 간의 영향력 등을 조망해, 고대 동아시아세계의 문화적 교류와 그 실상을 규명하는 것은 목간연구에 있어 앞으로의 중요한 과제라고 생각된다.

이에 필자는 한국 출토 고대 목간 중에서도 동아시아의 관련 자료들과 비교 연구와 정리가 시급한 '多面木簡'을 검토해보려고 한다. 필자가 '다면목간'이라 命名한 자료는 중국에서 '觚'로 부르는 목간과 동일한 성격의 목간이다. 한국에서는 목재를 삼각, 사각, 오각 등 다각으로 깎아 書寫面을 여러 개 만든 일반적인 형태를 비롯해, 둥근 나뭇가지의 원형을 그대로 활용한 원주형도 있다. 목재를 다각으로 깎은 이유는 서사할 면(공간)을 많이 만들기 위한 것인데, 후술하지만 월성 해자에서 출토된 원주형의 다면목간에는 최대 6행을 쓴 것도 확인된 바 있다. 중국 간독에서도 두 줄을 쓸 수 있는 삼각 막대 형태의 '兩行' 목간이나, 목간을 사각 막대 형태로 만든 '觚' 목간 등, 하나의 목간에 글자를 많이 기록하기 위해 書寫할 面을 확대한 것들이 존재한다.[4]

이 글에서는 지금까지 한국에서 출토된 古代 다면목간의 발굴현황을 유적지별로 정리하고, 이 목간의 시기별 사용 빈도를 비롯해 묵서 내용, 용도 등을 검토하여 다면목간자료의 역사적 특징과 그 성격을 이해해보려고 한다.

II. 多面木簡의 發掘 現況

목재유물이 잘 보존된 '저습지'에 대해 고고학자들이 주목하게 되면서, 연못이나 배수로 등에서 목재유물이 잘 살아남을 수 있는 유구에 대해 현재 매우 정밀한 발굴이 이루어지고 있다. 또한 한국에서는 90년대 이후 적외선촬영기법이 도입되어 육안으로는 보이지 않는 희미한 목간의 묵서도 읽어낼 수 있게 되면서 목

3) 馬場基, 2011, 「木簡の作法と100年の理由」, 『日韓文化財論集』 II, 奈良文化財研究所·國立文化財研究所.

4) 다면목간과 중국 '觚'목간의 관계에 대해서는, 윤선태, 2007, 『목간이 들려주는 백제이야기』, 주류성, pp.64-74을 참고바람.

표 1. 한국 고대 목간 및 다면목간의 발굴현황(2019년 현재)

遺跡名	發掘年度	木簡年代	木簡出土点數	多面木簡出土点數
경주 안압지	1975	통일신라	40	6
경주 월성해자	1984~1985	신라 6~7세기	33	14
경주 황남동 376번지	1994	통일신라	3	
경주 박물관부지	1998	통일신라	2	
경주 전인용사지	2002	통일신라	1	
경주 박물관 남측부지	2011~2012	통일신라	3	
하남 이성산성	1990~2000	신라 6~7세기	13	3
함안 성산산성	1992~2015	신라 6세기	245	4
부여 동남리	2005	통일신라(?)	1	
익산 미륵사지	1980	통일신라	2	2
창녕 화왕산성	2003~2005	통일신라(?)	7	2
인천 계양산성	2005	통일신라(?)	2	2
부산 배산성지	2016	통일신라	1	
서울 아차산성	2015~2018	신라	1	
김해 봉황동	2000	통일신라(?)	1	1
김해 양동산성	2018	신라	2	
부여 관북리	1983~2003	백제 7세기	10	
부여 궁남지	1995~2001	백제 7세기	3	1
부여 능산리사지	2000~2002	백제 6세기	155 (목간부스러기125)	9
부여 쌍북리 102	1998	백제 7세기	2	
부여 쌍북리 현내들	2007	백제	9	1
부여 쌍북리 280-5	2008	백제 7세기	3	
부여 쌍북리 119센터	2009~2010	백제 7세기	4	
부여 쌍북리 뒷개	2010	백제	2	1
부여 쌍북리 328-2	2011	백제	3	
부여 쌍북리 184-11	2012	백제 7세기	2	
부여 쌍북리 201-4	2012	백제	2	
부여 구아리 319	2010	백제 7세기	9	
부여 쌍북리 사비한옥마을 조성부지	2017~2018	百濟	7	1
부여 석목리 143-16	2017	百濟 7世紀	2	
금산 백령산성	2004	百濟	1	
나주 복암리	2006~2008	百濟 7世紀	13	
총계 (신라 360점, 백제 227점)			587 (목간부스러기125)	47

간의 자료적 가치와 위상이 더욱 높아지게 되었다. 〈표 1〉은 한국 고대의 목간이 출토된 유적지별로 그 각각의 목간출토점수를 정리해본 것이다. 특히 그 중에서 다면목간의 숫자를 별도로 추출하여 집계하였다.[5)]

〈표 1〉에서 필자는 2019년 현재 전체 목간 출토점수를 587점으로 집계하였지만, 발굴보고서 별로 목간에 대한 정의가 달라 필자의 각 유적지 목간 출토점수 집계는 보고서들과 차이가 날 수 있다. 즉 전체 출토점수의 합계에 주의가 필요하다. 예를 들어 부여 능산리사지 목간(이하 '능산리목간'으로 약칭) 출토 점수에는 목간의 묵서를 깎아낸 목간부스러기(削屑) 125점을 포함시켰다. 정식 보고서에는 이를 목간으로 집계하지 않았지만, 일본에서는 이러한 삭설도 각 부스러기를 별도로 목간 1점으로 집계하고 있다.

또 함안성산산성 출토 목간(이하 '함안목간'으로 약칭)의 경우, 17차 조사(2015년 12월)까지 관련 발굴보고서, 현장설명회자료, 도판자료집 등에 출토점수가 서로 상이하다. 또 보고서에는 묵서가 없으나 標識木簡의 일종인 소위 '題簽軸'으로 분류했었던 목간도 집계되었지만, 발굴이 종료되어 함안산성 출토 목간을 전부 정리한 『한국의 고대목간Ⅱ』에서는 묵서가 있는 것만을 목간으로 정의하고, 전체 245점이 발굴된 것으로 최종 보고하였다.[6)] 필자도 이들 목기는 묵서도 없지만 형태로도 표지목간으로 분류할 수 없다고 생각된다.

다면목간은 백제의 경우 '능산리목간'처럼 사비시대 전기인 6세기 유적에서 발굴 사례가 많고, 7세기 유적에서는 확연하게 그 수가 줄어든다. 현재까지의 발굴에 의한다는 점에서 한계가 분명 있지만, 백제에서는 다면목간이 특정시기에 집중적으로 사용되었을 가능성이 점쳐진다. 즉 백제에서는 다면목간이 6세기대에 널리 사용되다가 7세기에 들어가면서 그 사용이 급격히 줄어들었던 것이 아닌가 생각된다.[7)] 물론 6세기 유적에서의 목간 발굴 사례가 많지 않고 추후 발굴 상황에 따라 변화의 여지도 있어, 이러한 추세를 확정할 수는 없지만 발굴사례가 많은 신라의 경우도 백제와 유사한 패턴이 확인되고 있어, 이러한 추론에 大過는 없다고 생각된다.

현재 발굴된 한국고대목간의 대부분은 신라목간이다. 경주의 안압지, 월성 해자, 황남동 376번지유적과 같은 신라의 도성유적을 비롯해, 하남 이성산성, 함안 성산산성 등 지방의 관아유적에서도 목간이 발굴되었다. 신라목간은 백제목간에 비해 출토점수도 많고, 목간출토 유적이 시대별로, 또 지역별로 골고루 분포하고 있다. 이로 인해 신라목간문화의 변천과정이나, 목간제작이나 서사방식에 나타나는 지역별 차이까지도 연구가 진행되고 있다.

---

5) 일제 강점기와 해방 이후 북한 지역에서 출토된 낙랑시대의 簡牘 자료는 포함하지 않았다. 한국고대사의 이해에 있어 이들 자료도 그 의의가 크지만, 이 글에서는 우리가 직접 발굴한 신라, 백제의 목간 자료들을 중심으로 서술하려고 한다.

6) 국립가야문화재연구소, 2017, 『한국의 고대목간Ⅱ』.

7) 이와 관련하여 백제에서 6세기대에 다면목간이 문서목간의 용도로 사용되다가, 7세기대에 들어가면 문서목간은 사라지고 습서목간으로 그 용도가 바뀐다고 보는 견해도 있다(이경섭, 2010, 「'백제목간'의 가능성에 대한 예비적 고찰」, 『백제논총』 9, p.294). 그러나 용도상에서의 변화를 논하기 위해서는 앞으로 좀 더 발굴사례가 집적되어야 한다고 생각된다. 다만 후술하는 신라의 경우와 연관 지어 보면, 백제에서는 7세기에 들어 다면목간의 사용례가 줄어들고 있었다는 점은 하나의 추세로 볼 수 있지 않나 생각된다.

특히 월성 해자 출토 목간(이하 '월성 해자 목간'으로 약칭)과 안압지 출토 목간(이하 '안압지 목간'으로 약칭)은 그 출토 유적의 시기적 선후가 명확히 구분되기 때문에 신라 문자문화의 계기적 변화와 발달을 유추할 수 있는 지표 유물적 의미를 지니고 있다.[8] 월성 해자 목간은 소위 '수혈식 해자'에서 출토되었는데, 해자의 발굴을 통해 이 수혈식 해자를 폐쇄하고 다시 '석축 해자'가 만들어졌음을 확인하게 되었다.[9] 또한 수혈식 해자 및 석축 해자의 폐쇄와 축조과정, 그리고 각각의 공반 유물 등을 통해 월성 해자 목간의 제작 연대가 7세기 중반을 내려가지 않는다는 사실도 알 수 있게 되었다. 한편 수혈식 해자가 폐쇄되고 이후 석축 해자와 안압지가 건설되었다. 따라서 월성 해자 목간은 6~7세기 중반, 안압지 목간은 7세기 후반 통일신라기 이후를 제작연대로 볼 수 있다.

이에 월성 해자 목간과 안압지 목간 사이에 나타나는 목간의 형태, 제작방법, 서체, 운필법, 기록내용상의 차이점을 통해 신라 문자생활의 성숙과정을 연구할 수 있게 되었다. 우선 본고의 주제와 관련하여 특히 목간의 형태상에서 양자에는 큰 차이점이 확인된다. 안압지 목간에 비해 월성 해자 목간에는 단면이 4각형인 觚 형식의 다면목간이나 별다른 가공 없이 나무의 껍질만 벗긴 채 사용한 圓柱形 다면목간의 비중이 매우 높다. 목간 잔편을 포함하여 월성 해자에서 출토된 33점의 전체 묵서목간 중 다각형, 원주형의 다면목간이 14점이나 된다. 특히 원주형 다면목간 중에는 6행에 걸쳐 묵서된 것도 확인되었다. 이에 비해 안압지 목간은 전체 40점에서 다면목간이 6점에 불과하다. 두 유적을 비교해보면 古新羅期에는 다면목간이 전체 목간에서 45% 정도의 비중을 차지하고 있지만, 統一新羅期에 들어가면서 전체 목간에서 다면목간의 비중이 15% 미만으로 현격히 떨어졌다는 것을 명확히 알 수 있다.

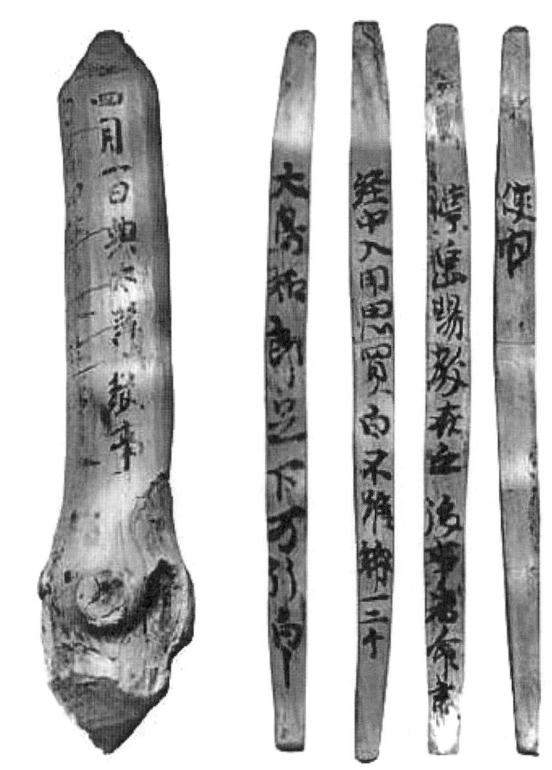

그림 1. 경주 월성해자 출토 신라 원주형목간 및 사면목간

한편 6세기대에 작성된 함안목간에는 245점 중 다면목간이 4점에 불과하지만, 실제로 함안목간의 구성은 거의 대부분 세금의 부찰인 하찰목간으로 이루어져 있다는 점에서 오히려 통계에서 하찰목간을 빼는 것

8) 윤선태, 2005, 「월성 해자 출토 신라 문서목간」, 『역사와 현실』 56.

9) 이상준, 1997, 「경주 월성의 변천과정에 대한 소고」, 『영남고고학』 21.

이 당시의 목간 서사문화를 이해하는 데 옳기 때문에, 하찰목간을 제외하면 오히려 거의 모두가 다면목간이라고 할 수 있다. 또 이성산성 목간도 6~7세기의 유적인데, 여기에서도 전체 13점에서 다면목간이 3점이나 될 정도로 비중이 높게 나타난다.

이처럼 신라에서는 6~7세기대에 다면목간이 많이 사용되었고 통일 이후 7세기 후반으로 갈수록 다면목간의 사용량이 현격히 줄어들고 있었다고 말할 수 있다. 이러한 신라의 추세로 볼 때 앞서 목간 출토 유적지나 목간 출토점수가 비록 적었지만, 백제에서 6세기대에 다면목간이 많이 사용되다가, 7세기 이후 그 빈도가 줄어들었던 사실도 의미 있게 보아야한다고 생각된다. 따라서 백제와 신라의 경우를 모두 고려할 때, 한국 고대사회에서는 삼국시대에는 다면목간이 많이 사용되었지만, 통일 이후 신라에서는 그 사용이 현격히 줄어들었고, 백제에서는 이러한 현상이 이미 7세기부터 확인된다고 할 수 있다.

한반도에서 목간문화가 건너간 일본에는 현재 목간 출토점수가 무려 30만 점을 상회함에도, 다면목간의 출토 사례는 극히 희귀하다. 원주형목간은 아예 한 점도 보고된 사례가 없다. 즉 다면목간은 일본 고대사회에서는 거의 사용되지 않았다고 말할 수 있다. 한편 중국에서도 觚 목간은 전체 간독에서 차지하는 비중이 매우 낮다. 이에 필자는 삼국시대의 한국 고대 초기 목간문화를 '多面木簡文化'로 통칭한 바 있다.[10] 이는 한국 고대 목간문화의 독특한 특징 중의 하나로 주목할 필요가 있다.[11]

이제부터는 백제와 신라의 다면목간에 어떤 내용이 기록되어 있는지를 검토하고, 이를 통해 다면목간의 용도와 기능을 이해해보려고 한다. 이는 다면목간이 삼국시대에만 특히 많이 사용되고, 통일 이후 점차 소멸되었던 이유를 찾는 실마리가 되리라 생각된다.

III. 多面木簡의 內容과 用途

다면목간의 묵서 내용을 명확히 알 수 있는 사례를 중심으로 그 용도를 분류해보면, 백제의 경우에는 관인이나 관부 사이에 정보를 주고받기 위해 작성한 文書木簡, 정식의 장부를 만들기 전에 임시로 정리해둔 메모나 실제의 帳簿木簡, 끝으로 경전 및 글자를 학습한 習書木簡, 기타 인형이나 새모양, 남성의 양물 모양으로 나무를 깎아 만든 주술목간 등으로 분류할 수 있다. 신라의 경우에도 백제와 마찬가지로 행정문서의 受發과 관련된 문서목간, 장부목간, 습서목간, 기타 주술목간 등으로 분류할 수 있는데, 백제에서는 보이지 않는 부찰 형태의 문서목간도 확인된다. 아마도 문서를 물품에 매달아 보냈기 때문에 목간에 구멍이나 홈을 판 附札 형태로 제작하였던 것이 아닌가 추측된다. 다음의 〈표 2〉는 한국 고대 다면목간에 기록된 묵서를 판독하고 그 용도를 추론해본 것이다.

10) 윤선태, 2007, 앞의 책, pp.71-74.

11) 이경섭, 2013, 『신라 목간의 세계』, 경인문화사, pp.23-24.

표 2. 한국 고대 다면목간의 내용과 용도

<table>
<tr><th>遺跡</th><th>木簡
番號</th><th>내용과 용도</th></tr>
<tr><td rowspan="6">경주
안압지
6/40</td><td>182호
12)</td><td>〈목간 182호〉 15.9×2.5×2.5㎝(이하 동일). 습서목간.
앞면　　寶應四年
좌측면　策事
뒷면[13]　「伍肆參貳壹」</td></tr>
<tr><td>183호</td><td>〈목간 183호〉 13.9×1.5×0.9 문서목간(부찰형).
앞면　　[天]□□□□□□月廾一上北廂
뒷면　　猪水助史第一行瓷一入
우측면　五十五□□丙番</td></tr>
<tr><td>198호</td><td>〈목간 198호〉 30.8×39×26. 단면 삼각형(묵서2면). 장부목간(의약처방).
　大黃一兩[九]分　黃連一兩　皂角一兩 青袋一兩 升麻一兩
~甘草一兩　　胡同律一兩 朴消一兩 □□□一兩

~□□□□　青木香一兩　支子一兩 藍淀三分</td></tr>
<tr><td>205호</td><td>〈목간 205호〉 9.0×2.7 원주형. 용도미상(문서목간?).
重予等處言
水[事]□
□
　□
□□□
　□</td></tr>
<tr><td>229호</td><td>〈목간 229호〉 6.1×1.2×1.2 원주형. 문서목간(부찰형).
앞면　　奉太子君
좌측면　前吳油□
우측면　召彡[伐]</td></tr>
<tr><td>보고서
1호</td><td>〈보고서1호 목간〉 31.8×2.8×1.5 문서목간.
앞면　　洗宅白之二典前四□子頭身沐浴□□木松茵
좌측면　　　□迎□入日□□
뒷면　　十一月卄七日典□　思林</td></tr>
<tr><td>경주
월성
해자
14/33</td><td>1호[14]</td><td>〈목간 1호〉 20.5×1.7×1.8 장부목간.
(1면) × □流石奈生城上此夲宜城今受不受郡云
(2면) × □受▭主▭
(3면) × ▭</td></tr>
</table>

12) 국립창원문화재연구소, 2004, 『한국의 고대목간 I』의 분류번호에 의거함.

13) 문자가 다른 면들과 방향이 뒤집어져 있음.

遺跡	木簡 番號	내용과 용도
		(4면) × □□□□□氵□亻道豆□□□与道□
	2호	〈목간 2호〉 19×1.2×1.2. 문서목간. (1면) 大鳥知郎足下万拜白之 (2면) 經中入用思買白不雖紙一二个 (3면) 牒垂賜教在之後事者命盡 (4면) 使內
	6호	〈목간 6호〉 (15.5)×1.4×1.5. 단면 삼각형. 습서목간. (1면) 「[朔朔朔]朔朔朔朔 × (2면) 「朔朔朔□□□ × (3면) 「朔一朔一日朔□□ ×
	9호	〈목간 9호〉 25×1.4×1.3 장부목간. (1면) ■[習比部]上里今[受] [山]南[罡]上里今[受] 阿今里[不] 岸上里[不] (2면) □□[□] □上[受]尤祝[受] 除[井][受] 開[池][受] 赤里[受] □□[受] □□[不有]□里[不有] □□道[受] (3면) □下南川[受] □□禺[受] ▭北[受] 多比刀[不有] ▭[□受不有] (4면) ▭里[受] 伐[品里][受] 赤居伐[受] 麻支[受] ■|牟喙 仲里[受] 新里[受] 上里[受] 下里[受]
	10호	〈목간 10호〉 20.8×3.35 원주형. 문서목간. (1면) 寺典大宮士等敬白 [苑]典前先□ (2면) ▭場叱 (3면) 素▭時四 (4면) 田▭ (5면) □還不在兮 (6면) 走□□□
	11호	〈목간 11호〉 20.4×4.4 원주형. 장부목간 (1면) 酉 (2면) 卜芍 (3면) 葛席二 (4면) 판독불가
	12호	〈목간 12호〉 24.4×5.1 원주형. 문서목간. (1면) 「四月一日典太等 教事」 (2면) 「[內][苦]白故□□教事□□」 (3면) 「▭」
	13호	〈목간 13호〉 (28.5)×2.1 원주형. 용도미상. (1면) 「乙勿▭」 (2면) 「▭」

14) 보고서의 목간분류번호에 의거함.

遺跡	木簡番號	내용과 용도
	23호	〈목간 23호〉 (15.2)×2.4×1.35 장부목간(의약처방). (1면) 「天雄 二兩[煞] 萵× (2면) 「□□子赤 □□□ × (3면) 「□□二兩 □□□ × (4면) 「(묵흔 판독 불능) ×
	88호	〈목간 88호〉 원주형. 묵흔은 있으나 판독 어려움. 용도미상.
	105호	〈목간 105호〉 원주형. 묵서 '年' 확인. 용도미상
	신3호	〈목간 신3호〉 25.9×2.5×2.2 문서목간. (1면) 典中大等敬白沙喙及伐漸典前 (2면) 阿尺山□舟□至□愼白□□ (3면) 急陻爲在之 (4면) 文人周公智吉士•
	신4호	〈목간 신4호〉 15×2.1×2.2 문서목간. (1면) 兮刪宗公前別白作(?)□□× (2면) 米卅斗酒作米四斗并卅四斗瓮□(此)□× (3면) 公取□開在之
	신8호	〈목간 신8호〉 15×2.1×2.2 문서목간. (1면) □□年正月十七日□□村在幢主再拜□淚廩典□岑□□ (2면) 喙部弗德智小舍易稻參石粟壹石稗參石大豆捌石 (3면) 金川一伐上內之 所白人 登彼礼智一尺 文尺智重一尺
하남 이성 산성 3/13	3차 1호[15)]	〈목간 3차 1호〉 15.0×1.3×0.9 문서목간. (1면) 戊辰年正月十二日明南漢城道使 (2면) 須城道使村主前南漢城□□ (3면) □□蒲 □□□□□□ (4면) 묵흔없음
	3차 2호	〈목간 3차 2호〉 18.5×3.5 원주형. 장부목간. 五十三 品世內歲 莫所所□
	8차 1호	〈목간 8차 1호〉 35.0×1.2×0.9 용도미상. 1. ......分白三..................△作薩課....九.... 2. ....薩.................長................ 3. .... 4. ....高.....大九及................

15) 보고서의 목간분류번호에 의거함.

<table>
<tr><th>遺跡</th><th>木簡
番號</th><th>내용과 용도</th></tr>
<tr><td rowspan="5">함안
성산
산성
4/245</td><td>가야
1602[16]</td><td>〈가야 1602호〉 26.4×2.0×1.2 사면이나 묵서는 두 면에만. 장부목간.
1) V亍卄二益丁四村 … ×
2) V□二□丁十一村 … ×</td></tr>
<tr><td rowspan="2">가야
2645</td><td>〈가야 2645호〉 25×3.4×2.8 문서목간(부찰).
(1면) 六月中□多馮城□(者)村主敬白之烏□□成行之V
(2면) □□智一伐大□□也 功六□大城從人士六十日V</td></tr>
<tr><td>(3면) □去(走)石日(率)(此)□□更□荷(秀)□V
(4면) 卒日治之人(此)人烏馮城置不行遣之白V</td></tr>
<tr><td>가야
2956</td><td>〈가야 2956호〉 29.3×1.2×1.8 사면이나 묵서는 두 면에만. 장부목간.
1) 十一月□□定六十月一卄月十一月五又
2) 『□奇(旅)□□□□□久□□拏及□□□』[17]</td></tr>
<tr><td>가야
5598</td><td>〈가야 5598호〉 34.4×1.3×1.9 문서목간.
1) 「三月中眞乃滅村主 憹怖白」
2) 「□[城]在弥卽介智大舍下智[前]去白之」
3) 「[卽]白先節夲日代法稚然」
4) 「伊毛罹及伐尺(寀)言□法卅代告今卅日食法白之」</td></tr>
<tr><td>김해
봉황동
1/1</td><td>147호
[18]</td><td>〈목간 147호〉 20.9×1.9×1.9 『論語』학습목간.
(1면) ×不欲人之加諸我也吾亦欲無加諸人子×
(2면) ×文也子謂子産有君子之道四焉其×
(3면) ×已之無慍色舊令尹之政必以告新×
(4면) ×違之何如子日淸矣日人矣平日未知×</td></tr>
<tr><td rowspan="2">익산
미륵
사지
2/2</td><td>318호
[19]</td><td>〈목간318호〉 17.5×5×2.5 용도미상.
(1면) …央(光?)以山五月二日…
(2면) 新台…善
……
伽
(3면) ……
(4면) ……毛 長</td></tr>
<tr><td>319호</td><td>〈목간 319호〉 8×3.2×2.9 사면에 묵서가 확인되나, 용도미상.
1) ×口不×</td></tr>
</table>

16) 국립가야문화재연구소, 2017, 『韓國의 古代木簡Ⅱ』의 분류번호에 의거함.

17) 각 면의 글씨체가 다름(『 』는 다른 글씨체를 표시한 것임).

18) 『한국의 고대목간 I』의 분류번호에 의거함.

19) 위와 같음.

遺跡	木簡 番號	내용과 용도
창녕 화왕 산성 2/7	2호[20]	〈목간 2호〉 28.8×6.1 원주형. 주술목간. 1) 卄, 年 2) 神, 王, 龍 3) 下, 入, 宮(?) 4) 미상 5) 미상 6) 上(?), 日(?)
	4호	〈목간 4호〉 49.1×10.6 원주형(인형). 주술목간. 眞族 □古仰□□年六月卄九日眞族 龍王開祭
인천 계양 산성 2/2	1호	〈목간 1호〉 13.8×1.9㎝ 단면 오각형. 『論語』 학습목간. (1면) ×賤君子哉若人魯× (2면) ×吾斯之未能信子說× (3면) ×也不知其仁也求也何× (4면) ×也聞一以知十賜也× (5면) ×於子與改是子日吾×
	2호	〈목간 2호〉 49.3×2.5 『논어』 학습목간의 재활용. □□□子□□□
부여 궁남지 1/3	1호[21]	〈목간 1호〉 34.8×2.8×2.8 습서목간. (1면) × 文文文文文文文文文 (2면) × 書文書□□文□□□文也文 (3면) × 文□□□□□□□ (4면) × □□□□□□□文也□□文
부여 능산리 사지 9/30	6차 1호[22]	〈목간 6차 1호〉 16.5×3.5 원주형. 주술목간. (1면) 无奉義　道禓立立立 (2면) 　　　追□ (3면) 无奉　　『天』 (4면) 　　　□徒□十六
	6차 2호	〈목간 6차 2호〉 13.2×3.0×2.5 용도미상. 1) ×斗之末米□□×

20) 박성천·김시환, 2009, 「창녕 화왕산성 蓮池 출토 木簡」, 『목간과 문자』 4에 의거함.

21) 보고서의 목간분류번호에 의거함.

22) 한국목간학회, 2015, 『한국고대문자자료연구-백제(상)』의 분류번호에 의거함.

遺跡	木簡番號	내용과 용도
		2) ×　　　　　　× 3) ×　　口当也　× 4) ×　　　　　　×
	6차 5호	〈목간 6차 5호〉 8.9×1.0×0.6 사면목간이나 용도미상.
	7차 16호	〈목간 7차 16호〉 23.6×2×1.7 원주형을 남긴 사면목간. 용도미상. 1)「馳馬辛□處階憲懷□□□ ×
	7차 18호	〈목간 7차 18호〉 34.8×2.8×2.8 사면 묵흔 판독 어려움. 용도미상. 1) × 牟□□前□□□ ×
	7차 22호	〈목간 7차 22호〉 24.2×3.5×2.0 문서목간. 1) × 則憙拜而受伏願常□此時 2) ×　□□浩□□□□言□ 3) × □□□辛租貢木□□灼□□□□□□□四□ 4) ×　道和□□□□□死□□禾禾
	2001-8호	〈목간 2001-8호〉 16.5×3.5×3.5 용도미상. × 永春□□ × × 一□江　× × □□□　× × □　□　×
	8차 1호	〈목간 8차 1호〉 44×2×2 장부목간. 1) 支藥兒食米記初日食四斗小升一 二日食米四斗小升一 三日食米四× 2) 五日食米三斗大升一 六日食三斗大二 七日食三斗大升二 八日食米四斗× 3) 食道使□□次如逢 小吏猪耳其身者如黑也 道使復後彈耶方 牟氏 □耶× 牟 4) ×石二[十][又][石][二][十]又[石]二十石□十又石二十又石二十又
	능7호	〈목간 능7호〉 16.5×3.5×3.5 원주형(새모양) 용도미상.
부여 쌍북리 현내들 1/9	96호[23]	〈목간 96호〉 38.6×3.1×2.9 습서목간. 1) × □春　『春』　秋　□官當津□ × 2) × □□□丘　× 3) ×當兩正經正　× 4) ×　×

23) 보고서의 목간분류번호에 의거함.

遺跡	木簡番號	내용과 용도
부여 쌍북리 뒷개 1/2	1호	〈목간 1호〉 사면이나 묵서는 두 면에만. 용도미상. (1면) ×慧草白開覺× (2면) ×人□□直□×
부여 쌍북리 사비 한옥 마을 1/7	1호[24]	〈목간 1호〉 28×2.5×1.8『論語』학습목간. (1) [習]子日學而時習之 不亦悅(乎) (2) 有朋自遠方來 不亦樂(乎) (3) 人不知 而不慍 不亦(君) (4) 子乎 有子日 其爲人也

우선 백제의 다면목간 중 시기가 안정적인 '능산리목간'부터 살펴보자. 능산리에서 155점의 목간이 출토되었지만 이 중 목간부스러기(削屑) 125점을 제외하면 형태를 알 수 있는 것은 30점에 불과하다. 그런데 이 중 다면목간이 9점이나 되기 때문에 전체 목간에서 다면목간이 30%에 육박하고 있다는 점에서 그 비중이 상당히 높다는 것을 알 수 있다. 그러나 9점 중 애석하게도 파편이 많고 판독이 어려운 묵서가 많아 다면목간의 용도를 추론하는 데 어려움이 있지만, 주술목간 1점, 습서목간 3점, 문서목간 1점, 장부목간 1점, 기타 용도미상이 7점 등으로 나타난다. 후술하는 신라의 다면목간 용도와 비교해본다면 용도미상의 다면목간들은 대부분 문서나 장부용으로 사용되었던 것이 아닌가 생각된다.

신라의 경우에는 습서목간 5점, 문서목간 12점(이 중 부찰형 2점), 장부목간 8점, 주술목간 2점, 기타 용도미상 7점으로 나타난다. 백제와 달리 전체 다면목간에서 용도미상이 상대적으로 적고 용도를 알 수 있는 목간이 많다. 이로 볼 때 신라에서 다면목간은 관인이나 관청 사이의 문서행정을 뒷받침했던 문서목간이나 장부목간으로 주로 사용되었고, 기타 메모나 습서, 주술용으로도 사용되었음을 알 수 있다. 특히 문서목간은 주로 '~前白'書式으로 작성되었는데, 官人이나 官府 사이에 정보를 주고받을 때 비교적 간단한 내용인 경우 다면목간을 활용하였음을 분명히 알 수 있게 되었다.

그런데 한반도에서 목간문화가 건너간 일본에는 다면목간의 출토 사례는 극히 희귀하지만, '~前白'書式의 문서 발신 방법은 7세기대의 아스카목간을 통해 확인된다. 고대일본에서 '~前白'書式과 다면목간 서사방식이 함께 정착되지 않은 이유는 무엇 때문일까? 이점을 신라 통일기 이후 다면목간의 사용이 현격히 줄어들었던 사실과 연관 지어 본다면, 통일신라나 고대일본처럼 지목병용기에는 종이 보급이 일반화되면서 다면목간을 종이문서들이 대체해갔던 것이 아닌가 생각된다. 다시 말해 다면목간이 고신라에서 많이 사용되다가 통일신라시기에 소멸되었고, 또 백제에서도 6세기에 많이 사용되다가 7세기에 들어서면서 현격히

24) 『木簡과文字』 21호, pp.345-347.

그 사용이 줄어들었던 이유는 종이의 사용이 일반화되면서 다면목간을 이용한 문서행정이 종이문서로 점차 대체되었기 때문이 아닌가 생각된다.

한국 고대의 종이문서들은 그 사례가 많지 않아 이를 뒷받침할 수 있는 자료적 한계가 있지만, 현재 일본의 正倉院에 전하는 신라의 종이장부들인, 「佐波理加盤付屬文書」는 작성연대가 안압지목간과 겹치는 8세기 중반으로 추정되고 있어 어느 정도 본고의 추론에 도움을 준다. 이 종이문서들은 罫線이 그어져 있어도 정연하지 않거나, 아예 괘선을 긋지 않고 서사하였는데, 「촌락문서」와 같은 최종적인 장부도 종이에 기입하였지만, 이러한 정리 전의 메모용 장부로도 종이가 활용되었음을 알 수 있게 해준다.[25] 이러한 점에서 보면 8세기대의 종이문서는 그 기재형식상 6~7세기대의 다면목간을 대체해간 흔적을 발견할 수 있다.[26] 필자는 한국고대사회에서 다면목간은 편철간의 변형된 형태로 잔존하다가 종이의 일반화 추세 속에서 사라져갔다고 생각된다.

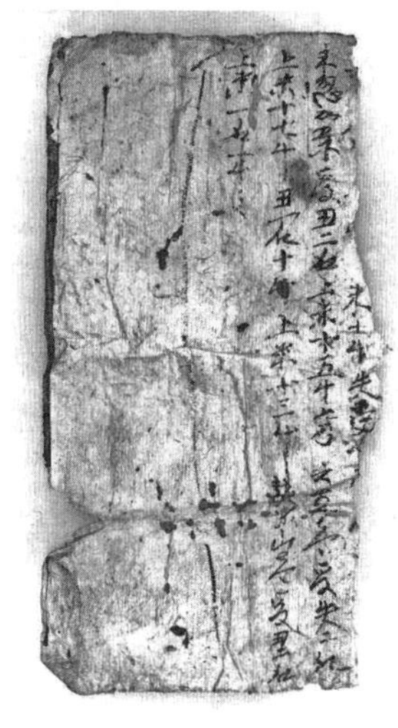

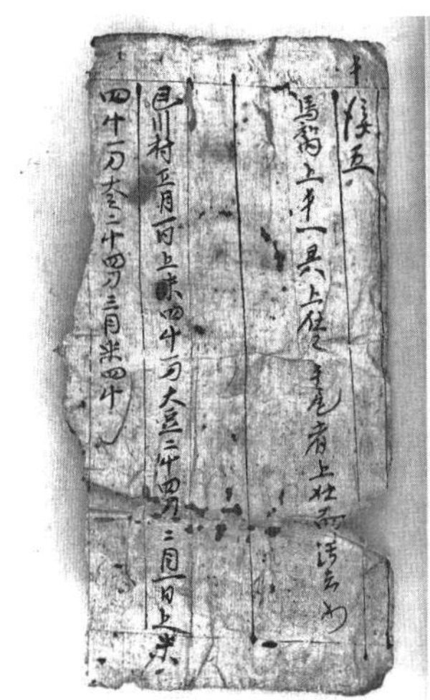

그림 2. 正倉院 소장 新羅「佐波理加盤付屬文書」

따라서 다면목간은 한국 고대의 초기 목간문화를 대표하는 중요한 특징 중의 하나라고 생각된다. 한국고대사회가 중국 漢代의 編綴簡時代부터 종이시대까지를 모두 경험했다면, 일본에는 한반도에서 紙木이 倂用되던 7세기 이후의 목간사용법이 전파되어 갔다. 한국고대의 다면목간은 편철간과 지목병용의 중간적 특징을 지닌 서사문화의 잉태물이 아닌가 생각된다. 중국 漢代의 '編綴簡文化', 일본 고대의 '短冊形木簡文化'와 대비되는 한국 고대의 '多面木簡文化'를 제창하고 싶다.

Ⅳ. 맺음말

多面木簡이란 中國에서 '觚'로 부르는 목간과 동일한 성격의 목간이다. 목재를 삼각, 사각, 오각 등 다각으로 깎아 書寫面을 여러 개 만든 일반적인 형태를 비롯해, 둥근 나뭇가지의 원형을 그대로 활용한 圓柱形도 있다. 목재를 다각으로 깎은 이유는 서사할 면(공간)을 많이 만들기 위한 것인데, 원주형의 다면목간에

25) 윤선태, 1997, 「正倉院 소장 佐波理加盤付屬文書의 신고찰」, 『국사관논총』 74.

26) 윤선태, 2007, 「목간연구의 현황과 전망」, 『한국 고대사 연구의 새 동향』, 서경문화사, p.472.

는 최대 여섯 줄을 쓴 것도 발굴된 바 있다.

다면목간은 백제의 경우 6세기 유적에서 발굴 사례가 많고, 7세기에 들어가면서 확연하게 줄어든다. 신라의 경우에는 6~7세기의 古新羅 유적에서 집중적으로 발굴되며, 8세기 이후 통일신라 유적에서는 거의 확인되지 않는다. 다면목간의 내용을 명확히 알 수 있는 신라의 경우로 볼 때, 다면목간은 주로 '~前白'書式으로 작성된 사례가 많아, 관인이나 관부 사이에 서로 문서를 주고받는 문서행정에 사용되었음을 알 수 있다. 다면목간이 고신라에서 많이 사용되다가 통일신라시기에 소멸되어갔던 이유는 종이의 사용이 일반화되면서 다면목간을 이용한 문서행정이 종이문서로 점차 대체되었기 때문이라고 생각된다.

한반도에서 목간문화가 건너간 일본에는 현재 목간 출토점수가 무려 30만 점을 상회함에도, 다면목간의 출토 사례는 극히 희귀하다. 원주형목간은 아예 한 점도 보고된 사례가 없다. 따라서 다면목간은 한국 고대의 목간문화를 대표하는 중요한 특징 중의 하나라고 생각된다. 한국 고대사회가 중국 漢代의 編綴簡時代부터 종이시대까지를 모두 경험했다면, 일본에는 한반도에서 紙木이 併用되던 7세기 이후의 목간사용법이 전파되어 갔다. 한국고대의 다면목간은 편철간과 지목병용의 중간적 특징을 지닌 유물이 아닌가 생각된다. 중국 한대의 '편철간문화', 일본 고대의 '短冊形木簡文化'와 대비되는 한국 고대의 '다면목간문화'를 제창하고 싶다.

투고일: 2019. 10. 30.	심사개시일: 201. 11. 4.	심사완료일: 2019. 12. 2.

참/고/문/헌

국립가야문화재연구소, 2017, 『한국의 고대목간Ⅱ』.

국립창원문화재연구소, 2004, 『한국의 고대목간Ⅰ』.

李基東, 1984, 『新羅骨品制社會와 花郞徒』, 일조각.

윤선태, 2007, 『목간이 들려주는 백제이야기』, 주류성.

이경섭, 2013, 『신라 목간의 세계』, 경인문화사.

한국목간학회, 2015, 『한국고대문자자료연구-백제(상)』, 주류성.

김창석, 2011, 「羅州 伏岩里 출토 木簡 연구의 쟁점과 과제」, 『百濟文化』 45.

李基東, 1979, 「雁鴨池에서 出土된 新羅木簡에 대하여」, 『慶北史学』 1.

李成市, 2000, 「韓国木簡研究의 現況과 咸安 城山山城出土의 木簡」, 『韓國古代史研究』 19.

박성천·김시환, 2009, 「창녕 화왕산성 蓮池 출토 木簡」, 『목간과 문자』 4.

윤선태, 1997, 「正倉院 소장 佐波理加盤付屬文書의 신고찰」, 『국사관논총』 74.

윤선태, 2004, 「한국고대목간의 출토현황과 전망」, 『한국의 고대목간』, 국립창원문화재연구소.

윤선태, 2005, 「월성해자 출토 신라 문서목간」, 『역사와 현실』 56.

윤선태, 2007, 「목간연구의 현황과 전망」, 『한국 고대사 연구의 새 동향』, 서경문화사.

윤선태, 2013, 「백제목간의 연구현황과 전망」, 『백제문화』 49.

윤선태, 2016, 「한국 고대 목간의 연구현황과 과제」, 『선사와 고대 목기·목간의 최신 연구현황과 과제』, 국립가야문화재연구소.

이경섭, 2010, 「'백제목간'의 가능성에 대한 예비적 고찰」, 『백제논총』 9.

이상준, 1997, 「경주 월성의 변천과정에 대한 소고」, 『영남고고학』 21.

이용현, 2013, 「나주 복암리 목간 연구 현황과 전망」, 『목간과 문자』 10.

이재환, 2013, 「한국 고대 '주술목간'의 연구 동향과 전망」, 『목간과 문자』 10.

전덕재, 2012, 「한국의 고대목간과 연구동향」, 『목간과 문자』 9.

주보돈, 2008, 「한국의 목간 연구의 현황과 전망」, 『목간과 문자』 창간호, 한국목간학회.

홍승우, 2013, 「부여 지역 출토 백제목간의 연구 현황과 전망」, 『목간과 문자』 10.

馬場基, 2011, 「木簡の作法と100年の理由」, 『日韓文化財論集』 Ⅱ, 奈良文化財研究所·國立文化財研究所.

李成市, 1997, 「韓国出土の木簡」 『木簡研究』 19.

李鎔賢, 2007, 「韓國における木簡研究の現狀」, 『韓國出土木簡の世界』, 熊山閣.

〈Abstract〉

The Excavation Current Situation of Multi-sided Wooden tablets and Its Use in Ancient Korea

Yoon, Seon-tae

Damyeon Mokgan(多面木簡, the Multi-sided Wooden Tablets) is a wooden document of the same nature as the one called '觚*[gū]*' in China. There are several types of wood carved into triangular, square, and pentagon, as well as forms that make up the original shape of a round branch. Wood was cut in various ways to make room for writing, with up to six lines written on the round branch.

In the case of Baekje Kingdom, many cases of excavation have been found at remains in the 6th century, and as the 7th century enters, the Damyeon Mokgan is clearly reduced. In case of Silla Kingdom, the remains were extensively excavated at the Three Kingdoms sites from the 6th to 7th century, and since the 8th century, they have rarely been found in Unified Silla Kingdom sites. In the case of Silla, what the contents of the multi-sided wooden tablets are clearly visible, it can be seen that the multi-sided wooden tablets were mainly used in document administration between government officials and government offices. The reason why Damyeon Mokgan was used a lot in Silla during the Three Kingdoms Period and disappeared during the Unified Silla Kingdom Period is that the use of paper became generalized.

While Japan currently has more than 300,000 wooden documents, it is extremely rare to find multi-sides wooden tablets. There have been no cases of round branch tablets reported. Thus, Damyeon Mokgan is considered one of the most important characteristics that represent the culture of wooden documents in ancient Korea. This characteristic of ancient Korean culture, which is distinct from the wooden documents culture of China and Japan, is called the 'multi-sided wooden tablets culture'.

▶ Key words: Damyeon Mokgan(多面木簡), Gu觚*[gū]*, Document administration, the Multi-sided Wooden Tablets Culture

특 집

戶籍 관련 자료를 통해 본 三國時期의 戶籍制度*

金昌錫**

〈국문초록〉

고구려의 「廣開土大王陵碑」(414년)에 王陵을 守護할 '烟戶'의 내역이 열거되어 있다. 「集安高句麗碑」(광개토대왕대 건립 추정)에 보이는 '名數'는 고구려에서 늦어도 광개토대왕 때 호적 또는 名籍이 작성되었음을 보여준다. 고구려 호적제의 起源은 고대 中國에서 찾아진다. 그러나 古朝鮮의 犯禁八條, 夫餘의 法俗에 나타나는 戶口 파악의 전통이 그 바탕에 깔려있었다고 보인다.

百濟에서는 늦어도 漢城期 末인 5세기 중반에는 호적이 존재했다고 보인다. 6세기 초의 武寧王代가 되면 사료에 구체적인 戶의 숫자가 등장한다. 武王 11년(610) 무렵 작성된 羅州 伏岩里 木簡 2를 통해서 戶 가운데는 擴大家族이 있었고, 點口部와 같은 백제 官府가 연령등급을 이용하여 人口를 장악했음을 알 수 있다. 扶餘 宮南池에서 출토된 '西部後巷'銘 木簡은 徭役徵發 臺帳의 일부라고 보인다. 이는 戶籍資料를 기초로 하여 그 일부를 抽出한 것이다.

新羅는 4세기 중엽~5세기 중엽 고구려의 통제권 아래 있으면서 호적제를 비롯한 여러 선진문물과 제도를 고구려로부터 수용했다. 그러나 5세기 중반 이후는 百濟의 호적제의 영향도 고려해야 한다. 6세기가 되

* 이 논문은 2019년 9월 6~8일 中國 北京에서 열린 "首屆中日韓出土簡牘研究國際論壇"에서 발표된 同題의 요지를 수정·보완한 것이다.

** 江原大學校 歷史教育科 教授

면 점차 연령등급을 부여하는 등 주민을 정교하게 파악해나갔다. 이를 바탕으로 城山山城 木簡에 나타나듯 6세기 후반에는 수취 대상자를 개인별로 확정할 수 있었다.

7세기 전반 무렵에는 신라에 戶等制가 실시되어 호적에 호등이 표기되었을 가능성이 높다. 호등을 정하기 위한 근거 자료가 된 가옥, 가축, 곡물, 토지 면적에 관한 정보도 점차 호적에 기재되었으리라 보인다. 또 『삼국사기』 열전을 보면, 7세기 무렵에는 지배층의 호적에 호주의 조상에 관한 사항이 기록되고 있었다고 보인다. 編籍의 방식은 本籍地가 기준이 되었다. 본적지는 호주의 출신지이자 현재 거주지인 경우가 대부분이다. 호주가 婚姻이나 申告를 통해 합법적으로 이주하여 정착한 경우는 이주한 지역에 편적되었다. 그러나 地方官으로 파견되는 경우는 왕경의 본적이 유지되었다.

▶ **핵심어: 삼국, 호적, 집안고구려비, 나주 복암리 목간, 단양적성비, 함안 성산산성 목간, 호등, 편적**

Ⅰ. 緖言

고대국가는 戶籍을 작성하여 人口를 파악하고 그 이동을 통제했으며 收取의 기준으로 활용했다. 그 기원은 중국 秦漢時期의 戶籍制度였다. 韓國에서도 고대부터 戶 또는 個別人身을 대상으로 하여 課稅와 勞動力 動員이 이뤄졌다. 그 기초자료를 제공해준 호적제가 한국의 古代國家에서 어떻게 受容되어 展開되어 나갔는가를 살피는 것은 흥미로운 일이다.

그러나 고대 한국의 戶籍 關係資料는 그간 충분히 검토되었다고 말하기 어렵다. 여기에는 자료의 문제가 가로놓여 있다. 한국의 호적으로서 현존하는 最古의 것은 高麗 末의 「和寧府戶籍 斷片」(1391년)이고, 准戶口로서는 1237년 李喬의 것이 족보에 실려 있다.[1] 古朝鮮 이후 統一新羅와 渤海가 병립했던 南北國時期까지를 古代라고 이해했을 때 한국 고대의 호적 자체는 현재 남아있지 않은 셈이다. 그러나 호적을 만들기 위한 基礎資料, 호적을 활용한 文書와 名籍類, 호적 기록을 前提로 한 布告文과 文獻記錄 등이 남아 있다. 여기서는 이를 '호적 관련 자료'라고 부르고 그 槪略과 전개과정을 소개하여 앞으로 연구의 기초로 삼고자 한다. 순서는 高句麗, 百濟, 新羅의 국가별로 나누고 이를 다시 時期順으로 다루는 것을 원칙으로 하면서 관련 자료를 덧붙이는 방식으로 서술하고자 한다.

이를 통해서 한국 고대 호적의 변화 양상과 특징이 파악되고 중국, 일본의 호적제도와 비교할 수 있는 단서가 찾아지길 기대한다.

1) 吳永善, 2000, 「高麗末 朝鮮初 戶口資料의 形式 分類」, 『韓國古代中世古文書硏究(下)』, 서울대학교출판부.

II. 高句麗 호적제의 樣相과 起源

「廣開土大王陵碑」의 守墓人 烟戶 條를 먼저 살펴보자.

> 守墓人烟戶 賣句余民 國烟二看烟三 東海賈 國烟三看烟五 (中略) 新來韓穢 沙水城 國烟一看烟一 牟婁城 二家爲看烟 (中略) 細城 三家爲看烟 國罡上廣開土境好太王 存時教言 祖王先王 但教取遠近舊民 守墓洒掃 (中略) 言教如此 是以如教令 取韓穢二百廿家 慮其不知法則 復取舊民一百十家 合新舊守墓戶 國烟卅看烟三百 都合三百卅家 (中略) 唯國罡上廣開土境好太王 盡爲祖先王 墓上立碑 銘其烟戶 不令差錯 (後略)[2]

414년 高句麗의 長壽王이 세운 이 비석의 후반부는 王陵을 守護할 '烟戶'의 내역이 열거되어 있다. 그 구성을 보면, 舊民과 新來韓穢, 그리고 다시 國烟과 看烟으로 나뉜다.

표 1. 守墓人 烟戶의 구성

구 분	國烟	看烟	計
舊民	10	100	110
新來韓穢	20	200	220
計	30	300	330

5세기 초의 고구려에서 烟戶는 곧 戶를 뜻했다. "合新舊守墓戶 國烟卅看烟三百 都合三百卅家"의 구절을 통해서 이를 알 수 있으며 家와도 통하는 용어임을 보여준다.[3] 이들 家戶를 국가가 守墓役에 차출하였는데, 수묘인 사이에 差錯이 생기거나 수묘인을 買賣하는 것을 防止하기 위해 陵碑에 새겨 넣었다. 그런데 그 出身地(居住地)와 戶數, 國烟과 看烟, 그리고 韓·穢의 種族 구분을 중심으로 기록되어 있어서, 役을 부담하는 가호를 特定하지는 않았다. 地域과 종족에 따라 戶數만을 정하여 割當하고, 차출하는 대상 호는 해당 地域에서 선정이 이뤄지고 만약 守墓人이 死亡하는 등 문제가 생기면 그것을 承繼할 호 역시 지역이 책임지고 새로 차출토록 했다고 보인다.

地方이 차출의 책임을 진다고 하더라도 배정된 숫자를 無作爲로 선정할 수는 없고 基礎資料를 가지고 어떤 基準에 따라 행했을 것이다. 해당 지역의 인민을 일단 烟戶를 단위로 구분하고 각각의 연호에 소속된 戶口의 숫자와 상황(性別, 身長 또는 年齡을 통한 成長度)을 파악하는 작업이 先行되어야 한다.

2012년에 발견된 「集安高句麗碑」 역시 守墓制에 관한 내용을 싣고 있다.

> (前略) 各墓烟户 以□河流 四時祭祀 然而世悠長 烟戶□□□烟戶□□□□ 富□□轉賣 □□守

2) 判讀은 盧泰敦, 1992, 「廣開土王陵碑」, 『譯註 韓國古代金石文 Ⅰ』, (財)駕洛國史蹟開發硏究院을 따랐다.

3) 統一新羅 時期의 「新羅村落文書」에도 家戶를 '烟'이라고 적었다. 烟은 自然家戶를 가리킨다(李泰鎭, 1986, 「新羅 統一期의 村落支配와 孔烟 - 正倉院 所藏의 村落文書 再檢討」, 『韓國社會史硏究』, 知識産業社, p.30). 高句麗의 漢字文化가 新羅로 유입된 결과이다.

墓者 以銘 (中略) 自戊子定律 教內發令 更脩復 各於□□□□立碑 銘其烟户頭廿人名□ 示後世 (後略)[4)]

*범례: □은 불명자를 표시함. 이하 동일

建立 時期를 놓고 廣開土大王 또는 長壽王代로 견해가 엇갈리고 있으나, 「광개토대왕릉비」와 마찬가지로 守墓 문제가 중시되고 있고 그 가호를 '烟戶'라고 표기했음을 확인할 수 있다. 최근 8행의 15번째 글자를 '數'라고 판독하는 의견이 제시되었다.[5)] 그렇다면 이 구절을 "그 烟戶頭 20人의 名數를 새겨 後世에 보인다[銘其烟户頭廿人名數 示後世]."라고 해석할 수 있다. 周知하듯이 명수는 '名', '名籍'과 함께 중국 漢나라에서 戶籍을 가리키는 용어로 쓰였다. 또한 비문의 뒷면에는 무덤을 수호할 인원의 내역이 적혀 있다고 추정된다.[6)] 비문의 뒷면에 연호두 20명의 호적 혹은 수묘를 담당할 戶口員을 적어 나중에 혼란이 일어나는 것을 방지했던 것이다.

고구려에서 늦어도 장수왕대 이전에 호적이 작성되었을 가능성이 높고, 이 자료를 활용하여 수묘인을 差定했다. 고구려에서 호적 작성이 언제 처음 시작되었는지는 未詳이지만, 호적에 들어갈 項目과 作成 節次가 法制化된 것은 小獸林王 3년(373) 律令이 頒布된 때였을 것이다. 그리고 호의 공식 명칭은 '烟戶', 호주는 '烟戶頭'였으리라 보인다.

東亞細亞 호적제의 기원은 고대 중국에서 찾아진다. 秦나라 때부터 개별인신지배를 위한 호적이 작성되었다.[7)] 『漢書』 地理志를 보면, 玄菟郡이 45,006戶 221,845口, 樂浪郡이 62,812호 406,748구라는 자세한 戶口數가 나온다. 호 단위로 인구를 조사하고 호적을 만든 다음 이를 집계한 결과이다. BC 45년에 작성된 「初元四年銘 樂浪郡 戶口簿」는 縣別로 호구의 숫자와 1년간의 增減 상황을 집계한 문서이다.[8)] 漢의 行政技術이 古朝鮮 故地에 전해졌을 터이니 현토군 영역에서 일어난 高句麗의 지배세력에게 호적의 작성과 이를 통한 人民支配가 낯설지 않았을 것이다. AD 1세기까지 玄菟郡의 지방관리가 고구려인 首長의 名籍을 갖고 있었는데,[9)] 이것이 호적 자체는 아닐지라도 호적의 형식을 따른 名簿라고 추정된다. 현토군의 지배 방식을 통해 호적제가 고구려로 수용되었고 다시 신라로 전해졌다.

그러나 漢 호적제도의 영향과 함께 古朝鮮과 夫餘 이래의 戶口 파악의 전통을 고려해야 한다. 고조선의 犯禁八條에는 "相盜者 男沒入爲其家奴 女子爲婢 欲自贖者 人五十萬 雖免爲民 俗猶羞之 嫁取無所讎"라 하여[10)]

---

4) 판독에 異見이 있으나, 여기서는 김창석, 2015, 「고구려 守墓法의 제정 경위와 布告 방식 - 신발견 集安高句麗碑의 분석」, 『東方學志』 169를 따랐다.

5) 李成市, 2019, 「集安高句麗碑から見た廣開土王碑の立碑目的」, 『古代東アジアの文字文化と社會』, 臨川書店.

6) 耿鐵華·董峰, 2013, 「新發現的集安高句麗碑初步研究」, 『社會科學戰線』 215.

7) 池田 溫, 1979, 『中國古代籍帳研究 - 槪觀·錄文』, 東京大學出版會, pp.4-5.

8) 손영종, 2006, 「락랑군 남부지역(후의 대방군지역)의 위치 - 《락랑군 초원4년 현별 호구 다소□□》 통계자료를 중심으로」, 『력사과학』 2006-2; 尹龍九, 2009, 「平壤出土 「樂浪郡初元四年縣別戶口簿」 研究」, 『木簡과 文字』 3.

9) 『三國志』 烏丸鮮卑東夷傳 高句麗 "漢時 賜鼓吹技人 常從玄菟郡受朝服衣幘 高句麗令主其名籍".

10) 『漢書』 卷28下, 地理志8下 燕地.

竊盜罪를 저지른 남녀를 奴婢로 강등시키고, 이를 면하려면 賠償金을 내야한다는 규정이 있다. 夫餘의 法俗에도 살인자를 죽이고 그 가족을 노비로 삼았다.[11] 이러한 처벌이 이뤄지기 위해서는 호적의 형태는 아닐지라도 加害者와 被害者의 家戶에 대한 조사와 파악이 전제되어야 한다. 고구려는 이러한 전통의 바탕 위에서 漢代의 호적제를 수용하여 운영했다고 보인다.

앞서 소수림왕이 율령을 반포하여 호적제를 법제화했다고 추정했으나 그 전부터 호적 기능을 하는 문서는 만들어지고 있었다. 『三國史記』를 따르면, 故國川王 16년(194) "家口의 多小"를 헤아려서 賑貸했다고 한다. 호적을 활용해야 실행될 수 있는 정책이었다. 이러한 문서는 공식화·법제화되기 전의 초기 호적이라 부를 수 있겠다. 6세기 후반의 상황을 전하는 『周書』는 고구려에서 大罪를 지었을 때 "籍沒"이 이뤄졌고,[12] 그 뒤 『隋書』는 고구려가 三等戶를 나누어 收稅했다고[13] 전한다. 호적이 貧民救濟, 處刑, 收取 등을 위한 기초자료로 활용되는 등 고구려 사회에 호적제가 정착한 모습을 보여준다.

III. 伏岩里 木簡을 통해 본 百濟의 戶口

「광개토대왕능비」에 나오는 '新來韓穢'의 땅은 광개토대왕의 군사에게 점령당하기 전에는 대략 百濟에 속해 있었다. 따라서 長壽王이 신래한예의 220호를 差定할 때 백제에서 그 전에 이미 실시된 戶口 조사의 결과를 활용했을 수 있다. 하지만 그 가능성은 낮은 듯하다.

백제는 『三國史記』 初期 記事부터 '民口' '戶口' '民戶' 등이 보이지만 史料 批判이 필요하고, 이를 곧 국가 권력이 戶籍을 작성한 증거라고 볼 수 없음은 물론이다. 율령 반포에 관한 기록도 없어 백제에서 언제부터 공식적으로 호적이 만들어지기 시작했는지 추정하기 어렵다. 都彌傳을 보면, 說話的 要素가 들어가 있으나 都彌가 "編戶小民"이고 婦人과 함께 婢子를 소유하고 있었다고 하여[14] 비교적 구체적인 호구 내역을 전한다. 이를 일반적 견해를 따라서 蓋鹵王代를 시대적 배경으로 한 설화라고 본다면 5세기 중반, 즉 漢城期 末 무렵에 호적이 작성되었던 현실을 반영한다고 볼 수 있다.

『日本書紀』를 따르면 倭가 加耶 지역의 백제인을 호적에 올리고 逃亡者를 推刷한 것처럼 서술되어 있으나,[15] 실상은 武寧王이 그 9년(509) 가야에 진출한 백제인 가운데 도망하여 호적에서 누락된 자들을 색출하여 백제로 귀환시킨 다음 호적에 올린 것으로[16] 이해된다. 그 後年에는 游食者로 하여금 농사를 짓도록 하는 등 人民 掌握에 관한 일련의 조치가 취해지고,[17] 구체적인 戶의 숫자가 등장하고 있으므로[18] 6세기로 들

---

11) 『三國志』 烏丸鮮卑東夷傳 夫餘 "用刑嚴急 殺人者死 沒其家人爲奴婢 竊盜一責十二 (後略)".

12) 『周書』 異域列傳 高句麗 "其刑法 謀反及叛者 先以火焚爇 然後斬首 籍沒其家 (後略)".

13) 『隋書』 東夷列傳 高句麗 "(前略) 租戶一石 次七斗 下五斗".

14) 『三國史記』 卷48, 列傳8 都彌.

15) 『日本書紀』 卷17, 繼體天皇 3年 春2月 "括出在任那日本縣邑 百濟百姓 浮逃絶貫 三四世者 竝遷百濟 附貫也".

16) 노중국, 2010, 「戶口 파악과 호적의 정비」, 『백제사회사상사』, 지식산업사.

어서면 백제에서 확실히 호적이 작성되었다고 여겨진다. 6세기 중엽 백제계 인물이 日本 白猪屯倉의 '丁籍'을 작성하고 田戶를 編成하는 등 文字를 이용해 미야케 경영을 발전시켰다.[19] 662년에 劉仁軌가 주도하여 작성했다는 백제 故地의 호적도[20] 백제 滅亡과 復興運動의 혼란상을 고려하면 백제 정부가 작성해놓은 호적을 바탕으로 했다고 보인다.[21]

泗沘期에 작성된 木簡 가운데 호적과 관련된 것이 있어 주목된다. 全羅南道 羅州市 伏岩里에서 武王 11년(610)을 전후해 작성된 목간이 출토되었다. 그중 木簡 2는 戶口에 관한 내용을 싣고 있다. 墨書는 한쪽 면에서만 확인된다. 필자의 판독안은 다음과 같다.

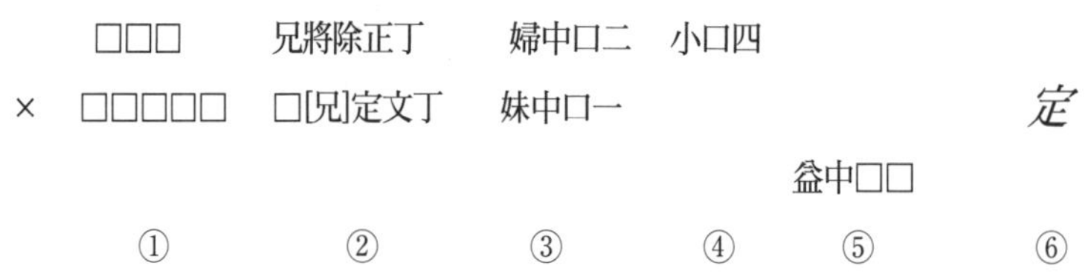

*범례: ×은 결손부, [ ]은 추정자, 기울임체는 異筆, ①~⑥은 文段을 표시함. 이하 동일

兄은 이름이 將除(또는 將徐)이고 연령등급은 正丁[22]이다. 正丁은 唐代의 白丁과 같이 어떤 역임이 부과되지 않아서 국가에 稅役을 납부해야 하는 대상자를 가리키고, □[兄]定에 붙은 文丁은 正丁 가운데서 어떤 役任을 맡고 있는 자를 가리킨다. □[兄]은 '從兄'일 가능성이 큰데, 그렇다면 그의 이름은 定이고 文丁의 역임을 지고 있다는 것이 된다. 형과 종형이 등장하는 만큼 파손된 윗부분에는 그의 同生에 관한 기록이 있어야 한다. 이어지는 婦·妹에 관한 내용까지 감안하면 이 목간은 親族關係를 맺고 있는 어떤 集團에 대해서 그 戶口員의 內譯을 調査하여 적은 것이라고 생각된다. 그렇다면 결실된 윗부분에 기록된 동생이 이 가족의 戶主가 될 것이다.

1행의 '婦'는[23] 며느리와 夫人의 두 가지 뜻이 있는데, 만약 며느리라면 婦의 앞에 子息 즉 婦의 남편이 되는 사람에 대한 親族呼稱이 나와야 한다. 즉 子, 長子 혹은 男이 먼저 언급되어야 그 뒤의 婦는 자연스럽게

17) 『三國史記』 卷26, 百濟本紀4 武寧王 10年 "春正月 下令完固隄防 驅內外游食者歸農".

18) 同書, 武寧王 21年 "秋八月 蝗害穀 民饑 亡入新羅者 九百戶".

19) 田中史生, 2019, 「屯倉과 韓國木簡 - 倭國史에서의 韓國木簡의 가능성」, 『木簡과 文字』 22.

20) 『三國史記』 卷28, 百濟本紀6 義慈王 "仁軌始命瘞骸骨 籍戶口 理村聚 署官長 通道塗 立橋梁 補堤堰 復坡塘 課農桑 賑貧乏 養孤老 立唐社稷 頒正朔及廟諱 民皆悅 各安其所".

21) 盧明鎬, 1988, 「羅末麗初 親族制度의 변동」, 『又仁金龍德博士停年紀念史學論叢』.

22) '正丁'의 판독에 대해서는 김창석, 2011, 「羅州 伏岩里 출토 木簡 연구의 쟁점과 과제」, 『百濟文化』 45, pp.105-109를 참조할 것.

23) 홍승우, 2013, 「扶餘 지역 출토 백제 목간의 연구 현황과 전망」, 『木簡과 文字』 10, pp.32-34는 이를 '歸'로 읽고 호주에게 소속된 家屬이라고 이해한다.

子婦 곧 며느리가 되는 것이다. 그런데 앞의 인물에게는 '兄'이 붙어있으므로 婦는 며느리가 아니라 부인으로 보는 편이 합리적이다. 현존하는 唐 前期 이전의 籍帳類 문서나 日本 고대의 관련 자료를 보면 부인은 '妻' 혹은 '妾'으로 표기했다.[24] 이와 달리 7세기 초 백제의 지방에서는 夫人을 가리키는 친족관계 호칭으로 婦가 쓰였음을 알 수 있다.

그렇다면 婦는 누구의 부인일까? 남아 있는 부분의 기록만으로 판단이 어렵지만, 바로 앞에 쓰여 있는 형의 부인 즉 兄嫂로 보는 것이 순리이겠다.[25] 戶主의 부인은 결실된 부분에 적혔을 것이다. 그렇다면 1행의 끝에 나오는 小口 4명은 형 將除와 그 부인 사이에서 출생한 자식이 된다. 문제는 婦에 이어서 적혀 있는 中口 2명이다. 이 역시 형 夫婦의 자식으로 볼 수도 있으나, 木簡 2의 書式은 "婦中口二 小口四"로 되어 있어서 婦와 中口는 이어서 적은 반면 中口와 小口 사이에는 간격이 있다. 이에 주목하면 중구 2명은 소구 4명과 달리 婦에 관한 내용이라고 추정된다. 兄과 □[兄]의 연령등급도 간격 없이 바로 뒤에 붙여 쓴 것을 유의해야 한다. "婦中口二"는 형의 "부인은 연령이 中口에 속하고 2명이다"라고 해석된다.

부인이 두 명이라면 당연히 序列이 있었을 텐데 이를 무시하고 그 年齡等級과 人員만 파악한 것은 이 목간의 用途를 示唆해준다. 古代 中國과 日本의 戶籍類가 妻와 妾을 명기한 것과 달리 婦라고만 표기한 것도 婦가 妻·妾을 모두 포괄할 수 있는 용어였기 때문일 것이다.[26]

2행의 妹도 역시 戶主의 친여동생이 아니고, □[兄]의 여동생으로 보인다. □[兄]이 從兄이라면 그 여동생 역시 호주에게는 從妹 즉 四寸間이 되며, 中口로서 1명이 있었다. 日本의 籍帳 가운데 類例가 있어서 참고가 된다. 702년의 筑前國 嶋郡 川邊里의 호적을 보면, 從父弟와 그의 妻·子女들을 登載했고, 726년의 山背國 愛宕郡 出雲鄉 雲上里의 計帳은 從父와 從父妹를 이어서 적었다.[27] 목간 2의 □[兄]은 당사자와 妹에 관한 기록만 있으므로 夫人과 子女는 없었다고 보아야 한다. 妹 역시 남편과 자식은 없는 상태이다.

이상의 검토를 통해서, ② ③ ④단에는 兄과 從兄 즉 호주의 傍系에 속하는 친족원의 내역을 적었음을 알 수 있다. ①단 이상에는 戶主 夫婦와 그 直系 卑屬인 子女의 내역을 적었을 것이다.[28] 고대 중국과 일본의 예로 미루어 보면 直系 尊屬인 戶主의 父母도 같은 戶에 함께 편제되었을 가능성이 크다. 이 역시 ①단 이상의 부분에 기록되었을 것이다.

木簡 2에 기록된 親族은 直系와 傍系, 그리고 2世代 以上을 포함하고 있다. 이들이 하나의 戶를 구성하고 있었다면 夫婦와 그 未婚 子女들로 이뤄지는 單婚 小家族이 아니라, 親族關係로 맺어진 여러 개의 小家族이

24) 중국 측 자료는 池田 溫, 1979, 앞의 책에 실린 附錄을, 일본의 경우는 正倉院文書 데이터 베이스(http://somoda.media.osaka-cu.ac.jp/shosoin_db/)를 참고했다. 702년의 筑前國 호적과 772년의 因幡國 호적에는 婦가 나오는데, 모두 男·女息 다음에 기록되어 있으므로 며느리를 지칭한 것이다.

25) 兄과 兄嫂가 같이 동생의 호적에 오른 事例는 찾지 못했으나, 701년의 沙州 敦煌縣 效穀鄉 籍에는 亡弟의 妻가 올라 있고, 747년의 敦煌郡 敦煌縣 龍勒鄉 都鄉里의 籍에 亡兄의 妻가 오른 例가 있다(池田 溫, 위의 책, p.167·p.192).

26) 한편 주보돈, 2018, 『한국 고대사의 기본 사료』, 주류성, pp.97-111은 百濟의 婚俗이 一夫多妻制였다고 하여 참고가 된다.

27) 歷史學硏究會 編, 2005, 『日本史史料 1』, 岩波書店, pp.179-185.

28) 윤선태, 2010, 「나주 복암리 출토 백제목간의 용도」, 『6~7세기 영산강유역과 백제』, 국립나주문화재연구소, pp.159-162.

複合되어 있는 擴大家族의 형태가 된다. 이 집단이 自然 家戶의 상태였는지, 아니면 居住 狀態와 달리 人爲的으로 組織된 編制戶였는지는 알 수 없다. 여하튼 國家가 특정한 목적을 가지고 이들을 하나의 單位로 파악했고 이들은 親族關係로 맺어져 있었다는 점을 확인할 수 있다. 이를 하나로 묶는 단위는 역시 戶라고 생각된다. 泗沘期의 中央官府 중 外官의 點口部는[29] 戶籍 業務를 담당한 부서였다. 목간 2는 7세기에 백제 정부가 지방을 통치할 때에도 戶와 年齡等級을 이용한 人口 파악 방식을 적용하고 있었음을 보여준다.

이 木簡의 구체적인 用途는 무엇일까? 목간 下端部에 本文과 다른 筆體로 '定' 字가 크게 써져 있다. 목간 2의 定 표기는 唐代의 貌定과 비슷한 確認 節次가[30] 시행된 결과라고 생각된다. 그렇다고 해서 이 목간을 호주가 신고한 수실이라고 할 수는 없다. 이것은 목간의 3行을 보면 알 수 있다. '益'은 기준 연도보다 숫자가 늘었다는 뜻이다. 일본의 山背國 愛宕郡 計帳(732년)에도 "帳後無損益"이라고 하여 작년과 금년의 口數가 차이 없음을 표시했다.[31] 奈良時代에는 호구의 增減을 '益'과 '損'으로 표시했는데, 7세기 초 백제의 地方木簡에서 같은 用語가 확인되는 것은 주목할 필요가 있다. 그리고 戶口의 增減을 中口라는 연령등급의 단위로써 표시했으므로, 신고자의 手實보다는 等級의 年齡範圍를 정확히 알고 있는 官府의 集計를 따른 것이라고 생각된다. 對象地域에 있는 戶에 대해서는 모두 이러한 목간을 戶別로 작성했으며, 이를 다시 行政區域 단위로 모아서 帳簿를 만들었을 것이다. 그리고 다른 官吏는 목간 기록에 錯誤가 없는지 하나하나 확인하여 '定' 등을 표시했다고 생각된다.

이 목간 작성의 目的이 중요한데, 記載形式과 內容을 통해서 몇 가지만 추정해보고자 한다. 가장 먼저 눈에 띄는 것은 兄·婦·妹의 親族關係 呼稱이다. 친족관계 호칭의 사용은 이 목간이 단순히 收取만을 목적으로 한 문서가 아니라 戶籍과 관련되어 있음을 시사한다. 특히 같은 女性이라도 婦와 妹를 明示하여 婚姻에 의한 관계와 單純 血緣에 의한 관계를 구분했다. 그리고 조사 대상 戶가 擴大家族일 경우는 그에 속하는 個別 小家族 단위로 파악했으며, 소가족의 내부까지 官府의 행정력이 미치고 있었다.

正丁과 文丁의 표기도 주목된다. 稅役 賦課 대상자로서 丁을 표시한 데 그치지 않고, 이를 다시 細分하여 명기한 이유는 인민들의 役任 현황을 구체적으로 파악하려는 의도가 있었기 때문이다. 戶口員의 現況을 파악하여 國役과 租稅를 수취하는 기초 자료로 삼고자 한 것이다. 土地를 비롯한 財産 내역에 대한 기록은 없었다고 보이는데 비해서 人員의 增減에 대해서는 確認 절차까지 이뤄졌다. 그렇다면 이 목간을 작성한 주목적은 戶口員의 狀況과 役任 負擔의 現況을 파악하기 위한 것이라고 생각된다.[32] 목간 2는 戶口의 변동 상황을 파악하기 위해서 그 현황을 戶別로 조사하고 이를 앞선 기준 연도의 자료와 비교하여 작성한 것으로

29) 『周書』 異域列傳 百濟 "各有部司 分掌衆務 內官 有前內部·穀部·肉部·內掠部·外掠部·馬部·刀部·功德部·藥部·木部·法部·後官部 外官 有司軍部·司徒部·司空部·司寇部·點口部·客部·外舍部·綢部·日官部·都市部".

30) 朴根七, 1996, 「唐 前期 手實·計帳에 대한 再檢討」, 『魏晉隋唐史研究』 2, pp.108-113.

31) 國立歷史民俗博物館, 1992, 『正倉院文書拾遺』, 便利堂, p.20.

32) 平川 南, 2010, 「日本古代の地方木簡と羅州木簡」, 『6~7세기 영산강유역과 백제』, 국립나주문화재연구소, p.185는 목간 2를 戶籍에서 拔萃한 것이라고 했으나, 호적과 관련하여 본다면 오히려 호적을 만드는 中間段階에서 戶別로 작성된 Card와 같은 것이라고 생각된다.

서 戶口 集計帳의 일부이다. 이를 기초자료로 삼아서 만든 2次 帳簿가 計帳과 戶籍이 될 것이다.

백제의 王都가 있던 忠淸南道 扶餘邑에서도 호적 관련 목간이 발견되었다. 宮南池에서 출토된 '西部後巷' 銘 木簡이 그것이다.

前面 西□丁○阝[夷]

背面 西阝 後巷巳達巳斯丁 依活□□丁

○

歸人中口四 小口二 邁羅城法利源水田五形[33)]

*범례: ○은 穿孔部를 표시. 이하 동일

크기가 35×4×1㎝이고 上部의 中央에 透孔이 있는 細長方形의 목간이다. 배면의 내용을 보면, "行政區域名 - 人員과 年齡等級 - 土地"를 기록했다. 판독에서 가장 문제가 되는 글자는 '歸'이다. 이를 앞서 본 목간 2의 '婦' 자와 자형이 비슷하다고 하여 '歸人'이 아니라 '婦人'으로 보는 견해가 제기된 바 있으나, 전면의 "西□丁阝[夷]"가 배면의 내용과 照應하는 기록이라고 본다면, 婦보다는 '夷'와 통하는 '歸'로 판독하는 것이 합리적이다.[34)] 그렇다면 '歸人'은 해당 인원의 社會的 地位를 표시하는 용어이고, 그 세부 내역이 "中口 4名과 小口 2名"이라고 이해할 수 있다. 이에 대비되는 丁의 인물들은 原百濟人이 될 것이다. 사회적 위치가 다를 수밖에 없는 원백제인과 歸人을 같이 적은 이유는 1행에 적힌 丁에게 귀인들이 隸屬되어 있었기 때문이라고 생각된다.

歸人을 거느리고 있는 原百濟人은 丁 2인이다. 이들의 親族關係 呼稱은 기록되지 않았다. 이 목간을 작성한 官吏에게 全體 戶口의 現況과 戶口員間의 關係는 관심의 대상이 아니었던 것이다. 原百濟人인 丁 2人이 歸人인 中口와 小口의 인원 6명과 함께 한 세트를 이루고 있다는 사실이 그에게는 중요했다. 앞면에 丁과 部夷만을 구분하여 표시한 것도 이러한 사실을 뒷받침한다.

그렇다면 1행의 丁 2人은 어떤 戶의 전체 인원이라고 하기보다는, 그 가운데 一部로서 어떤 일을 맡기기 위해 歸人과 함께 動員되었다고 보아야 한다.[35)] 이 목간은 巳達巳斯의 戶口와 所有地 내역을 적은 戶籍類로

33) 판독문은 李鎔賢, 1999, 「扶餘 宮南池 出土 木簡의 年代와 性格」, 『宮南池 發掘調査報告書』, 國立扶餘文化財硏究所를 참고하여 작성했다. 전면에 "西□丁阝[夷]"이라고 쓴 것은 열람의 편의를 위해서 배면의 내용 중 人力에 관한 것을 집계해서 적었다고 보인다. 기재 순서는 배면이 앞서지만 문서 형식상 "西□丁阝[夷]"이 標題 역할을 하므로 전면으로 간주했다.

34) 李鎔賢, 1999, 앞의 논문, p.334와 尹善泰, 2006 「百濟 泗沘都城과 '嵎夷' - 木簡으로 본 泗沘都城의 안과 밖」, 『東亞考古論壇』 2, (財)忠淸文化財硏究院, p.257도 夷와 歸人을 상통하는 개념으로 이해한 바 있다. 한편 노중국, 2010, 앞의 책, pp.219-224는 '歸人'으로 판독하고 人口 推刷에 따라 歸農한 사람으로 해석했다.

35) 李成市, 2010, 「韓國古代社會における羅州伏岩里木簡の位置」, 『6~7세기 영산강유역과 백제』, 국립나주문화재연구소, p.107

보기 보다는 泗沘城의 西部 後巷에 사는 원백제인과 歸人을 邁羅城의 法利源에 있는 水田 5形의 경작에 동원했음을 기록한 일종의 徭役徵發 臺帳의 일부라고 생각된다. 이 목간에 뚫은 구멍을 통해 끈으로 연결된 다른 목간에도 사비성의 行政區域別로 差出한 人力과 差出地를 적고, 歸人처럼 특수 신분이 포함되었을 경우 그것을 標示했을 것이다.

類似한 性格의 목간이 羅州市 伏岩里에서도 확인된다. 木簡 5는 丁·牛의 숫자와 함께 土地 그리고 곡물 收穫量이 기록되어 있어 耕作과 農業 經營의 모습을 전해 준다. 筆者의 판독은 다음과 같다.

前面 丁一 中[口][一]

大祀○村□弥首[山] [作][中][口]四

[偶]丁一 牛一

背面 涇水田二形得七十二石 在月三十 日者

○ 白田一形得六十二石

得耕麥田一形半□

크기는 18.5×2.7×0.6㎝이고 中間部 右側이 약간 破損되었을 뿐 原形이 잘 남아있다. 上部에 뚫은 구멍은 같은 용도를 가진 다른 목간과 編綴하기 위한 것이다. 앞면의 '祀' 字를 일부 毁損하고 있으므로 목간을 작성한 다음에 뚫었다고 생각된다.

목간 5의 앞면은 크게 세 부분으로 구성되어 있다. ①大祀村 ②□弥首[山] ③3행으로 나누어 쓴 부분이 그것이다. ①은 □弥首[山] 이하 사람과 牛가 소속되어 있는 村名이다. ②의 □弥首[山]은 人名이라고 생각된다. ③의 부분보다 글자가 크고 單獨行으로 목간의 중심부에 기록된 것으로 보아 ③을 거느리고 있는 代表者라고 할 수 있다. ③은 1행과 2·3행이 다른 형식을 취하고 있다. 즉 1행은 丁·中口의 年齡等級과 해당 口의 숫자를 쓴 데 비해, 2·3행은 앞에 '作'과 '偶'를 붙였다. 作은 뒤에 中口가 나오므로 動詞로 보기보다는 中口 4인의 處地를 표시하는 一般名辭라고 생각된다. 偶 역시 丁 1인의 社會的 地位를 가리키는 용어일 것이다. 偶는 配偶者의 뜻도 있으므로 이를 □弥首[山]의 婦人이라고 볼 수도 있으나, 연령등급을 '丁女'혹은 '正妻'가 아니라 '丁'이라고 적었기 때문에 男性이라고 보아야겠다. '偶'는 奴婢를 가리키는 용어는 아닐까 한다. 뒤에 이어서 가축인 牛가 나오는 것도 이와 관련하여 유의된다.

그렇다면 1행의 丁과 中口는 어떤 사람들일까? 作·偶와 같은 상위의 규정이 없으므로 □弥首[山]과 親族關係를 맺고 있었다고 생각된다. 앞서 검토한 목간 2의 사례로 미루어 보면, 이들은 □弥首[山]의 直系와 傍系 그리고 尊屬과 卑屬 어느 쪽도 가능하다.

□弥首[山]과 作·偶 이하 인물의 관계가 혈연관계가 아니라면 社會經濟的 隸屬關係를 맺고 있었다고 보

은 歸人을 '婦人'으로 읽고, 그 이하의 인원이 邁羅城 法利源의 水田에 동원되었다고 이해했다.

인다. □弥首[山]과 ③의 1행의 인물들은 하나의 戶를 이루고 있었고 □弥首[山]이 그 戶主일 가능성이 크다. 그렇다면 2·3행의 인물들은 각기 별개의 戶를 이루었을까? 1행에서 丁과 中口가 언급되었음에도 불구하고 2·3행에서 中口와 丁을 다시 기록한 것은 그러한 가능성을 보여준다. 하지만 中國과 日本의 古代 籍帳類 문서에는 하나의 戶 안에 部曲·賤口·寄口와 같은 隸屬人을 包括한 사례도 나타난다. 따라서 1행의 인물은 물론 作·偶에 속하는 사람들도 同一 戶에 속했고, □弥首[山]은 그 戶主일 가능성이 높다. 牛 1頭 역시 이 戶의 소유라고 생각한다.

그렇다면 □弥首[山]을 포함하여 전면에 기록한 丁과 中口의 인원이 이 호의 全體 口數일까? 단정할 수 없으나, ③의 1행에 보이듯이 □弥首[山]의 親族이 2명뿐이라면 過少한 듯하다. 목간 2는 남은 부분만 해도 친족이 9명이었다. ③의 2·3행에 기록된 예속인이 5명이나 되었다면 戶勢가 富裕한 편이므로 같은 戶에 속한 친족은 2명보다는 많았다고 짐작된다. 목간 2가 어떤 戶의 戶口 전체의 현황을 과거와 비교하여 작성한 데 비해서, 목간 5는 □弥首[山]이 거느린 戶口員 가운데 일부만을 기록했다고 여겨진다. 그 이유는 全戶口를 調査하기 위해서가 아니라, 戶口員의 일부를 差出하여 使役했고 그 작업 과정의 一環으로 목간 5가 작성되었기 때문이다.

木簡 3도 人力 徵發과 관련된 것인데, 여기에 '戶'가 나온다.

前面

[午]年自七月十七日至八月卄三[日]

× [中] □□毛羅 ×

[半]那[比]高墻人等若[凡]□□

背面

	□戶智次	|	前巷奈率烏胡留	
×	夜之間徒	|	釵非頭扞率麻進	×
	□將法戶匊次	|	又德率□□	

*범례 : | 은 刻線을 표시. 이하 동일

앞면에는 使役期間과 差出地, 그리고 동원 대상자의 役種과 숫자를 적고, 뒷면에는 動員 對象者의 구체적인 내역과 管理 責任者를 적었다고 생각된다. 차출지는 앞면 하단의 중앙에 기록된 □□毛羅이고, 이곳에서 半那 즉 지금의 나주 潘南面 지역까지 관할하고 있었다. 사역기간은 7월 17일~8월 23일이므로 38일간이 된다. 상부 2행의 마지막 부분은 '凡□'라고 판독해 보았다. 만약 凡 자가 맞는다면, 「初元四年銘 樂浪郡 戶口簿」의 '凡戶 … 口 …'의 형식처럼 동원된 인력의 總數를 凡자 뒤에 적었을 것이다.

이들이 맡은 役任 가운데 하나가 '比高墻人'일 것이다. '비고'를 이름으로 볼 수도 있지만 인명은 뒷면에 일괄해서 기록했다고 보이므로 역임을 가리키는 용어라고 생각된다. '높은 담장이나 성벽을 쌓는 기술자'의 의미가 아닐까 한다. 比高墻人에 붙은 '人' 자는 고대 中國과 6세기 이후의 新羅 그리고 倭 사회에서 어떤 직무를 맡아 王權에 봉사하는 사람을 某'人'이라고 표시하던 이른 바 人制[36]와의 관련성이 엿보인다.

이들의 인명이 뒷면 상단에 적혀 있다. 그러나 2행의 '夜之間徙'는 인명이라기보다는 어떤 기술자 조직을 가리키는 듯하다. 1행과 3행의 智次와 匊次는 인명으로 보이지만 그 앞에 붙은 '戶'와의 관계는 불명이다. 戶主인 지차와 국차 혹은 □戶에 소속된 智次와 □將法戶에 소속된 匊次로 해석하는 방식이 모두 가능하다. 그리고 高句麗, 新羅가 호를 의미하는 烟戶, 烟, 孔烟을 쓴 것과 달리 百濟에서는 공식적으로 戶라는 용어를 사용했음을 보여준다.

한편 상단과 하단 사이에 刻線이 그어져 있다는 것이 平川 南, 李成市에 의해서 새롭게 밝혀졌다.[37] 이는 양단 사이의 구분선이 분명하고, 내용상으로도 하단의 인물들은 率系 관등 소유자여서 상단 인물과 신분의 차이가 있다. 이들은 기능상으로도 구분되어 상단의 기능 인력을 관리·통제하는 역할을 맡았으리라 추정된다. 혹은 신라 中代에 眞骨貴族이 私營工房을 운영하고 있었듯이 이 기술자들은 하단에 기록된 백제 官人들이 거느리고 있던 匠人일 가능성이 있다. 여하튼 목간 3도 역시 □□毛羅, 半那 등의 지역에서 役을 지우기 위해 인력을 차출하여 동원한 사실을 전해준다.

이상 목간 1, 3, 5 그리고 西部後巷 목간을 통해서 泗沘期에 人民의 노동력을 동원하는 稅役制가 榮山江 유역의 지방사회까지 실시되고 있었음을 알 수 있다. 그 방식은 일반적으로 戶를 단위로 하고 年齡等級을 기준으로 대상 인원을 차출하였으며, 특수한 기술 인력이 필요한 경우는 해당 인원을 행정구역 단위로 선정하여 동원하고 官等 소지자가 이를 책임지도록 하였다.[38]

이밖에 부여 陵山里寺址 출토 목간 296호의 "麻力用丁八日", 297호의 "漢城 下部 對德 疏加鹵", 307호의 "資丁" 기록, 부여 雙北里 102번지 출토 목간 316호의 "伎兄 上部", 현내들 유적 출토 85-8호의 "丁" "酒丁", 173-3번지 출토 223호의 "丁" "婦", 동남리 출토 목간의 "兄" "敎" 기록,[39] 쌍북리 201-4번지 유적 출토 목간의 '兄習利丁' 기록[40] 또한 단편적이나마 백제 사비기의 연령등급제, 職役制, 호적제의 양상을 보여준다. 앞으로 깊이 있는 검토가 필요한 자료들이다.

---

36) 吉村武彦, 1993, 「倭國と大和王權」, 『岩波講座 日本通史 2』(古代1), 岩波書店, pp.202-205.
鈴木靖民, 2002, 「倭國と東アジア」, 『倭國と東アジア』(日本の時代史 2), 吉川弘文館, pp.75-76.

37) 平川 南, 2010, 앞의 논문, p.186.
李成市, 2010, 앞의 논문, p.107.

38) 이상 伏岩里 木簡에 관한 서술은 김창석, 2011, 「7세기 초 榮山江 유역의 戶口와 農作 - 羅州 伏岩里 木簡의 분석」, 『百濟學報』 6, pp.143-156의 내용을 수정·보완하여 작성했다.

39) 홍승우, 2013, 앞의 논문.

40) 정훈진, 2016, 「부여 쌍북리 백제유적 출토 목간의 성격 - 201-4번지 및 328-2번지 출토 목간을 중심으로」, 『목간과 문자』 16, pp.226-227.

Ⅳ. 新羅 戶籍制의 展開와 特徵

신라는 奈勿 - 實聖 - 訥祇麻立干을 거치는 동안 고구려의 통제권 아래 있었다. 그 속에서 여러 선진문물과 제도를 수용할 수 있었으니 호적이 그 가운데 하나였다.

신라에서 구체적인 戶數가 나오는 최초의 기록은 "나라 서쪽에서 洪水가 나서 물에 쓸려간 戶가 30,360이고 죽은 자가 200여 명이었다."는 『三國史記』 眞平王 條의 기사이다. 따라서 신라에서는 5세기에 부분적으로 호구 조사가 개시되었고, 6세기가 되면 점차 연령등급을 부여하는 등 주민을 정교하게 파악해나갔다고 보인다. 이를 바탕으로 성산산성 목간에 나타나듯 6세기 후반에는 수취 대상자를 개인별로 확정할 수 있었다. 호적제가 정착하는 과정에서 역시 法興王 7년(520)의 律令 반포가 호구 조사 결과를 호적과 같은 규격화된 문서로 작성하고 그 대상 지역을 확대하며 調査 週期를 정하는 데 있어서 획기가 되었을 것이다.

新羅는 高句麗와 같이 戶를 公式的으로는 '烟' 또는 '孔烟'이라고 불렀다. 이는 고구려와 신라 戶籍制度의 連結 고리라고 할 수 있다. 그러나 5세기 前半에 百濟-新羅의 同盟이 맺어진 이래 外交交涉과 軍事協力, 文化交流가 이뤄졌던 사실을 고려하면 兩國의 年齡等級制나 戶籍 作成方式도 상호 영향을 끼쳤을 것이므로 5세기 중반 이후는 百濟 호적제의 영향도 고려해야 한다.

忠淸北道에 있는 「丹陽赤城碑」(550년 경)를 살펴보자.

> □□□□月中 王教事大衆等 喙部伊史夫智伊干
> □ (中略) 節教事 赤城也尒次
> □□□□中 作善▨懷懃力使死人 是以後其妻三
> □□□□□□□□□□□許利之 四年小女 師文
> □□□□□□□□□公兄 鄒文村巴珍婁下干支
> □□□□□□□□□者 更赤城烟去使之 後者公
> □□□□□□□□□異▨耶 國法中分与 雖然伊
> □□□□□□□□□子 刀只小女 烏礼兮撰干支
> □□□□□□□□使法赤城佃舍法爲之 別官賜
> □□□□□弗兮女道豆只又悅利巴小子刀羅兮
> □□□□□合五人之 別教 自此後國中如也尒次
> □□□□□□懷懃力使人事 若其生子女子 年少
> □□□□□□□兄弟耶 如此白者 大人耶小人耶 (後略)[41]

*범례: ▨은 僻字. 이하 동일

41) 朱甫暾, 1992, 「丹陽 赤城碑」『譯註 韓國古代金石文 Ⅱ』, (財)駕洛國史蹟開發硏究院.

赤城에 거주하던 戶를 '赤城烟'이라고 표기했다. 也尒次, 四年, 刀只와 같은 人名과 더불어 小女, 小子와 같은 年齡等級이 보인다. 大人, 小人도 연령등급에 基礎한 用語라고 생각된다. 적성에 살던 주민에 대한 戶口 조사가 이미 이뤄졌고 이를 바탕으로 작성된 戶籍으로부터 該當 人物의 資料를 拔萃했을 것이다. 新生兒는 子와 女子로 性別을 구분했고 妻·兄·弟의 친족관계 호칭도 사용되었음을 알 수 있다.

그런데 赤城 地域은 원래 高句麗 領域이었고 이를 新羅가 眞興王 때 차지하고 이 碑石을 세웠다. 고구려가 적성을 지배할 때 실시한 인민 장악방식이 活用되었을 餘地가 있다. 그러나 신라는 그 前부터 戶口를 파악하고 있었다.

> 斯羅 喙斯夫智王 乃智王 此二王教 用珍而
> 麻村節居利 爲證尒 令其得財 教耳
> 癸未年 九月 廿五日 沙喙 至都盧葛文
> 王 (中略) 斯彼暮斯智干
> 支 此七王等 共論教 用前世二王教
> 爲證尒 取財物盡 令節居利
> 得之 教耳 別教 節居利若先
> 死後 令其弟兒斯奴 得此財
> 教耳 別教 末鄒 斯申支
> 此二人 後莫更噵此財 (後略)[42]

1989년 慶尙北道 浦項市 神光面에서 발견된 「浦項 冷水里碑」는 智證王 4년(503)에 제작되었다. 節居利와 末鄒, 斯申支 사이에 '財'를 둘러싸고 紛爭이 일어났는데, 그 전에 이미 유사한 분쟁이 있었기 때문에 그 判決를 判例로 활용하여 節居利의 財 所有를 다시 인정한다는 내용이다.[43] 두 번째 판결에서는 절거리가 죽을 경우를 假定해서 그 '弟'인 兒斯奴가 財를 가지도록 했다. 절거리는 어떤 戶의 戶主라고 보이고 아사노와의 兄弟關係가 파악되고 있으므로 503년 무렵 浦項의 일부 지역에서 戶口 調査가 이뤄졌을 可能性이 엿보인다.[44] 하지만 事件과 관련하여 當事者의 家戶에 대해서만 身元을 파악하기 위해 조사했을 가능성이 있으므로 이를 가지고 넓은 범위에서 조사가 이뤄졌다고 斷定하기는 어렵다. 冷水里碑가 503년에 제작되었으므로 이 碑文에 高句麗 戶籍制의 要素가 이미 反映되어 있었을 것이다.

慶尙南道 咸安郡의 城山山城에서는 1991~2016년까지 17次에 걸친 發掘調査에서 245点의 木簡이 발견

---

42) 盧重國, 1992, 「迎日 冷水里碑」 『譯註 韓國古代金石文 Ⅱ』, (財)駕洛國史蹟開發研究院.

43) 金昌錫, 2010, 「新羅 法制의 형성 과정과 律令의 성격 - 포항 중성리신라비의 검토를 중심으로」, 『韓國古代史研究』 58, pp.204~205.

44) 雲夢 睡虎地 秦簡의 「封診式」과 湖北省 江陵 張家山 漢簡의 「奏讞書」에 訴訟을 審理하는 과정에서 身元 照會를 위해 戶籍를 引用한 사례가 보인다(井上 亘, 2002, 「中國籍帳と御野國戶籍」, 『美濃國戶籍の總合的研究』, 東京堂出版, p.413).

되었다.[45] 그 가운데는 文書類도 있으나 대부분은 신라 王京과 여러 地方으로부터 物資를 收取하여 성산산성으로 運送할 때 사용된 荷札이다. 목간 31의 판독은 다음과 같다.[46]

前面　古阤 一古[利]村 末[那]　　V
背面　毛[眉]次尸智 稗石　　　Λ

*범례: V은 깎아서 만든 홈을 표시. 이하 동일

古阤郡이 管轄하는 一古利村의 末那 區域에 사는 毛眉次尸智가 穀物인 稗 1石을 납부했다는 내용이다. 모미차시지는 그가 속한 戶의 戶主일 것이다. 그에게 稅物을 告知하고 제대로 납부가 이뤄졌는지 확인하기 위해서는 그의 本籍地(居住地), 戶口의 構成과 戶主 여부, 財産 狀況 等에 대한 파악이 前提되어야 한다.

함안 성산산성 목간은 대부분이 "地名 - 人名 - 穀物 - 分量"의 순서로 기재되어 있다. 국가가 수취한 곡물이니 그 납부자는 어떤 家戶의 戶主일 것이다. 목간은 이들 촌락 주민을 대상으로 하여 그보다 상위의 城·村 단위에서 작성되었다. 地方官과 村主가 가호별로 賦稅額을 정하고 제대로 납부가 이뤄졌는지 확인할 때 수취 관련 문서를 근거로 했을 것이다. 신라 사회에서 늦어도 6세기 후반에는 호적이나 경제 상황을 집계한 計帳과 같은 문서가 존재했음이 분명하다.

성산산성에서는 題籤軸形 木製品이 3점 출토되었다. 제첨축은 종이 文書 끝에 붙이고 이를 축으로 삼아 두루마리 형태로 말아 보관하도록 하는 목간이다. 그 上部에 문서의 標題를 써서 두루마리를 풀지 않고도 문서를 구분할 수 있게 했다.[47] 성산산성 목간의 製作 年代는 논란이 있으나 대략 6世紀 後半이라고 추정된다.[48] 신라는 이 시기에 戶籍을 작성한 경험과 法制를 갖추고 있었다. 제첨축형 목제품이 地方의 山城에서 사용될 정도였다면 王京이나 地方 行政區域의 治所에서 호적과 같은 중요 문서는 종이에 기록하여 만들었으리라 생각된다. 여하튼 戶籍制를 토대로 하여 성산산성 목간에서 보듯이 收取 對象者를 確定하고 납부 여부를 확인할 수 있었다.

신라의 호적에 戶主를 비롯한 戶口의 內譯이 들어있었음이 분명하다. 초기에는 人名, 性別, 妻·子 등의 親族關係 정도가 표시되었을 것이다. 그러나 6세기 중엽 이후가 되면 적성비, 성산산성 목간을 통해 드러나듯이 親族과 함께 隸屬民이 포함되고 年齡等級이 적용되어 인민 파악이 한층 상세해졌다. 6세기 후반 고구려가 三等戶制를 바탕으로 戶租를 걷었고 中代 이후 「新羅村落文書」에 보이듯 九等戶制가 실시되었으므로 7세기 전반 무렵에는 신라에서 戶等制가 실시되어 호적에 戶等이 표기되었을 가능성이 높다. 호등을 정하기

45) 국립가야문화재연구소, 2017, 「함안 성산산성 출토 목간의 개요」, 『韓國의 古代木簡Ⅱ』.
46) 金昌錫, 2016, 「함안 성산산성 木簡을 통해 본 新羅의 지방사회 구조와 수취」, 『百濟文化』 54.
47) 이경섭, 2013, 『신라 목간의 세계』, 景仁文化社, pp.179-187.
48) 김재홍, 2019, 「함안 성산산성과 출토 목간의 연대」, 『木簡과 文字』 22.

위해서는 人頭數뿐 아니라 家産이 파악되어야 하므로 家屋, 家畜, 穀物, 土地面積에 관한 정보도 점차 기재되었으리라 보인다. 『三國遺事』 竹旨郎 條를 보면, 善行을 한 侃珍을 포상하여 그 자손이 枰定戶(또는 秤定戶)를 잇도록 했다고 한다. 6세기 후반 무렵에는 百濟와 같이 신라에서도 丁과 戶에 職役이나 役任을 표시하여 구분했을 여지를 보여준다.

『三國史記』 列傳7에 실린 인물을 보면 出身地와 父, 祖父 등 家系에 관한 기록이 맨 앞에 나온다. 驟徒는 兄弟에 관해서, 竹竹, 素那와 같은 地方民의 경우에도 아비의 이름과 官等을 밝혔다. 소나는 아내의 출신까지 기록되었다. 居柒夫, 金庾信, 金陽의 列傳은 오랜 祖上까지 세세히 밝혔다. 열전의 기록은 여러 계통의 1·2차 자료를 典據로 삼았을 터이지만 원천이 된 근본 자료는 族祖 傳承과 같은 家乘이나 戶籍이었으리라 짐작된다.

「牟頭婁 墓誌」에서 보듯 5세기 高句麗 貴族家門은 독자의 가승 자료가 작성·전승되고 있었다. 金庾信家는 下代에 後孫 金長淸이 『金庾信行錄』을 지어 나중에 『삼국사기』 김유신전의 자료로 활용되었다. 戶籍은 이와 달리 政府가 작성 주체였으므로 公的 記錄物이다. 高麗時期의 호적 자료가 흥미롭다. 「驪州李氏 准戶口」를 보면, 호주 夫婦의 本貫과 함께 四祖, 즉 父, 祖, 曾祖, 外祖를 기록했다. 고려의 호적은 世系 기록이 자세하고 본관, 즉 현실에서는 해당자의 本籍地를 기재했다는 점이 唐·宋 및 日本과 다른 특징이다.[49] 四祖戶口式이 완비된 것은 成宗代라고 하더라도 이렇게 주변국과 다른 고려 호적의 특징은 新羅 以來의 傳統으로부터 비롯되었을 것이다.

素那의 아버지 沈那는 아들이 阿達城에서 활약하기 전에 사망했다고 보인다. 따라서 결혼할 정도로 장성한 소나가 새로운 戶主가 되었을 것이다. 그런데 그 열전에 심나가 기록된 것은 이들이 지방민이라는 점을 고려하면 집안의 전승 기록이 있었기 때문이라기보다는 素那의 戶籍에 사망한 父親이 기재되어 있었기 때문이라고 여겨진다. 언제부터인지는 알 수 없으나 늦어도 7세기 무렵에는 支配層의 戶籍에 戶主의 祖上에 관한 사항이 기록되고 있었다고 보인다. 물론 조상의 範圍와 記載 形式은 고려와 달랐을 것이다. 8세기 중엽 「白紙墨書 華嚴經 寫經跋文」에 나오는 同智 大舍 집안의 家門意識은 이러한 호적 작성의 전통에서 비롯되었다고 보인다.

編籍의 방식은 호주의 本籍地를 기준으로 삼아 登載하는 것이 원칙이었다. 호적을 만들게 된 경제적 목적이 收取源을 정확히 파악하고 이를 일정 공간에 固着시켜 수취를 安定化시키는 것이었기 때문이다. 離脫이 확인되면 본적지로의 刷還이 끊임없이 추구되었다. 그러나 婚姻, 申告를 거친 移住 등 合法的인 이주일 경우는 새로운 거주지에 편적되었다.

지방으로 이주한 王京人의 편적은 어떻게 처리했을까? 신라는 5세기 후반부터는 道使와 같은 지방관을 파견했고 法興王 25년(538)에는 지방관이 任地로 부임할 때 가족과 함께 갈 수 있게 했다.[50] 智證王 15년(514) 阿尸村에 小京을 설치하여 六部와 남쪽 지역의 호구를 옮겼다. 이후 소경을 증설하고 왕경인과 가야,

49) 盧明鎬, 1995, 「高麗時代 戶籍 記載樣式의 성립과 그 사회적 의미」, 『震檀學報』 79.

50) 『三國史記』 卷4, 新羅本紀4 法興王 25年 "春正月 敎許外官攜家之任".

백제, 고구려 등 타국인을 이주시켰다. 文武王 14년(674)에는 6부의 眞骨을 5京과 9州에 나가 살게 했다고 한다.[51]

强首는 "中原京의 沙梁部 사람이었다."[52] 중원경 사량부가 강수의 호적에 등록된 本籍이었을 것이다. 그의 집안은 金官伽倻 멸망 후 王京으로 가서 六頭品의 골품을 받은 후 558년에 중원경으로 천사되었다고 보인다.[53] 정부 시책에 의해 지방으로 이주하고 정착하여 강수는 인근에 사는 대장장이의 딸과 혼인까지 했다. 그가 武烈王 때 왕경으로 들어와 활약했으므로 처음 중원경으로 이주한 것은 대략 曾祖父 때일 것이다. 따라서 그때 본적이 왕경의 사량부로부터 중원경으로 바뀌었고 대대로 중원경 사량부의 호적에 편적되었다. 그런데 그 호적에는 강수의 世系가 기록되어 있어 중원경이 본적이더라도 왕경의 6두품 출신이라는 사실을 官吏가 확인할 수 있었던 것이다.

강수처럼 지방으로 합법적으로 이주하여 정착한 경우는 그 지역에 편적되었다고 보인다. 소경으로 강제 이주시킨 것이 대표적이다. 이들 중 왕경인은 본적지는 신거주지로 바뀌었지만 骨品이나 祖上이 기재됨으로써 王京 출신임이 保證되었다. 지방으로 거주지를 옮겨야하는 왕경인에 대한 보상이라 할 수 있고, 小京과 州治에 六部의 행정구역을 둔 것도 이들의 지방 이주와 원래 출신지를 折衝하는 방식이었다. 그러나 地方官으로 파견되는 경우는 달랐을 것이다. 任期가 몇 년이었는지는 알 수 없으나 기간이 지나면 王京으로 歸還하기 때문이다. 이들과 동반 가족은 거주지가 赴任地로 바뀌었으나 王京의 本籍은 유지되고 편적도 왕경의 해당 部 또는 里의 호적에 등재되었다고 여겨진다.[54]

眞骨은 호적 형식이 아니라 다른 방식으로 본적지, 거주지, 호구, 재산 내역 등이 파악·기록되지 않았을까 하는 근본적 회의가 있을 수 있다. 그러나 35개의 金入宅 중 위치가 표시된 것을 보면, 所屬 部·坊은 물론 어떤 사찰 또는 지형을 기준으로 한 方向, 地形이 표시되었다. '金亮宗宅'은 戶主의 이름을 宅號로 쓴 것이며 '財買井宅'은 김유신의 宗宅이었다. 진골이 금입택과 같은 화려한 저택에 살았을 터인데, 위치와 소유주, 조상에 관한 이러한 정보는 역시 戶籍에서 가져왔다고 보인다. 국가가 진골 가문을 파악하는 방식 역시 家戶 單位였고 그것은 재매정택의 경우처럼 그 戶主의 來歷이 함께 기록되고 있었다.[55]

V. 結語

한국은 高句麗, 百濟, 新羅의 삼국시기부터 戶籍 작성을 法制化했다. 고대 호적의 實物이 남아 있지 않은

---

51) 同書, 卷40, 雜志9 外官.

52) 同書, 卷46, 列傳6 强首.

53) 金泰植, 1994,「廣開土王陵碑文의 任那加羅와 '安羅人戍兵'」,『韓國古代史論叢 6』, 駕洛國史蹟開發硏究院, pp.65-66.

54) 하일식, 2011,「신라 왕경인의 지방 이주와 編籍地」,『新羅文化』38.

55) 이상 新羅 戶籍의 記載 事項과 編籍地에 관해서는 김창석, 2019,「7세기의 골품제와 관등제 - 주민의 편적(編籍)과 이주를 중심으로」,『역사비평』127, 역사문제연구소, pp.225-227을 기초로 하여 작성했다.

현실에서 호적을 만들기 위한 基礎資料, 호적을 활용한 文書와 名籍類, 호적 기록을 전제로 한 布告文과 文獻記錄 등을 정리하여 向後 本格 硏究의 土臺로 삼고자 했다.

「廣開土大王陵碑」에 王陵을 守護할 '烟戶'의 내역이 열거되어 있다. 지방에 파견된 관료가 守墓烟을 차출하기 위해서는 각 연호에 소속된 戶口의 숫자와 性別, 年齡 등을 파악하고 있어야 했다. 「集安高句麗碑」에 보이는 '名數'는 高句麗에서 늦어도 광개토대왕 때 호적 또는 名籍이 작성되었음을 보여준다.

고구려 호적제의 起源은 고대 中國에서 찾아진다. 「初元四年銘 樂浪郡 戶口簿」는 漢이 縣別로 호구의 숫자와 1년간의 增減 상황을 集計했음을 보여준다. AD 1세기까지 玄菟郡의 지방관리가 고구려 首長들의 名籍을 갖고 있었다. 고구려는 이러한 歷史的 經驗을 통해서 호적제를 비롯한 漢의 行政技術을 受容했다. 그러나 古朝鮮의 犯禁八條, 夫餘의 法俗에 나타나는 戶口 파악의 전통이 그 바탕에 깔려있었다. 이후 『周書』와 『隋書』의 기록은 호적이 貧民救濟, 處刑, 收取 등을 위한 기초자료로 활용되었음을 보여준다.

『三國史記』 都彌傳, 『日本書紀』 등의 文獻을 통해서 百濟에서 늦어도 5세기 중반에는 호적이 존재했음을 알 수 있다. 6세기 초의 武寧王代가 되면 사료에 구체적인 戶의 숫자가 등장하고, 662년에 劉仁軌가 주도하여 작성했다는 백제 故地의 호적도 백제 정부가 작성해놓은 호적을 바탕으로 한 것이다.

武王 11년(610) 頃 작성된 羅州 伏岩里 木簡 중 호적과 관련된 것이 있어 주목된다. 목간 2에 正丁·中口·小口의 年齡等級, 文丁과 같은 役任, 兄·婦·妹의 親族關係 呼稱이 기록되었다. 이를 통해서 戶 가운데는 擴大家族이 있었고, 點口部와 같은 백제 官府가 연령등급을 이용하여 人口를 장악했음을 알 수 있다. '益' '定'의 용어는 이 목간이 戶口의 變動狀況을 파악하기 위해서 그 현황을 戶別로 조사하고 이를 앞선 기준 연도의 자료와 비교하여 작성되었음을 보여준다. 이를 기초자료로 삼아서 만든 2次 帳簿가 백제의 計帳과 戶籍이었다.

이밖에 扶餘 宮南池에서 출토된 '西部後巷'銘 木簡은 徭役徵發 臺帳의 일부라고 보인다. 이를 이용하여 地方의 水田을 경작하는 데 王都의 人力을 동원했다. 나주 복암리 목간 3과 5도 戶口員의 일부를 差出하여 使役하기 위해 작성된 것이다. 이들은 모두 戶籍資料를 기초로 하여 그 일부를 抽出한 것이다.

新羅는 4세기 중엽~5세기 중엽 고구려의 통제권 아래 있으면서 호적제를 비롯한 여러 선진문물과 제도를 고구려로부터 수용했다. 그러나 5세기 중반 이후는 百濟의 호적제의 영향도 고려해야 한다. 6세기가 되면 점차 年齡等級을 부여하는 등 주민을 정교하게 파악해나갔다. 法興王 7년(520)의 律令 반포는 호적제를 법제화시켜 신라 사회에 정착시키는 데 획기가 되었을 것이다.

「浦項冷水里碑」는 포항의 일부 지역에서 戶口 調査가 이뤄졌을 可能性이 엿보인다. 「丹陽 赤城碑」를 살펴보면, 赤城에 거주하던 戶를 '赤城烟'이라고 표기했다. 人名과 더불어 小女, 小子와 같은 年齡等級이 보인다. 적성에 살던 주민에 대한 戶口 조사가 이뤄졌고, 이를 바탕으로 작성된 戶籍으로부터 該當 人物의 資料를 拔萃했다. 新生兒는 子와 女子로 性別을 구분했고 妻·兄·弟의 친족관계 호칭도 사용되었다.

慶尙南道 咸安郡의 城山山城에서 245점의 木簡이 발견되었다. 그 대부분은 신라 王京과 여러 地方으로부터 物資를 收取하여 성산산성으로 運送할 때 사용된 荷札이다. 납부자는 어떤 가호의 戶主일 것이다. 村主와 지방관이 가호별로 부세액을 정하고 제대로 납부가 이뤄졌는지 확인할 때 수취 관련 문서, 즉 호적이나 計

帳을 기준으로 삼았음이 분명하다. 성산산성에서 題籤軸形 木製品이 사용된 것으로 보아 王京이나 지방 행정구역의 治所에서 호적과 같은 중요 문서는 종이를 이용하여 작성되었다고 생각된다. 신라는 戶籍制를 토대로 하여 성산산성 목간에서 보듯이 收取 對象者를 정하고 납부 여부를 확인할 수 있었다. 그리고 7세기 전반 무렵에는 신라에 戶等制가 실시되어 호적에 호등이 표기되었을 가능성이 높다. 호등을 정하기 위해서는 人頭數뿐 아니라 家産이 파악되어야 하므로 家屋, 家畜, 穀物, 土地面積에 관한 정보도 점차 호적에 기재되었다.

『三國史記』 列傳을 보면, 맨 앞에 해당 인물의 出身地와 父, 祖父 등 家系에 관한 기록이 나온다. 지방민의 경우에도 아비의 이름과 官等을 밝혔다. 素那는 아내의 출신까지 기록되었다. 열전의 기록은 여러 계통의 1·2차 자료를 전거로 삼았을 터이지만 家乘이나 戶籍이 근본이 되었다. 7세기 무렵 지배층의 호적부터 호주의 조상에 관한 사항이 기록되고 있었다고 보인다.

編籍의 방식은 本籍地가 기준이 되었다. 본적지는 호주의 출신지이자 현재 거주지인 경우가 대부분이다. 호주가 婚姻이나 申告를 통해 합법적으로 이주하여 정착한 경우는 이주한 지역에 편적되었다. 小京으로 강제 遷徙되는 경우도 마찬가지이다. 이들 중 王京人은 신거주지에 편적되었지만 骨品이나 祖上이 기재됨으로써 왕경 출신임이 보증되었다. 그러나 地方官으로 파견되는 경우는 달랐다. 이들과 동반 가족은 거주지가 부임지로 바뀌었으나 王京의 本籍은 維持되었다. 편적도 왕경의 해당 部 또는 里의 호적에 등재되었다고 여겨진다.

투고일: 2019. 10. 29. 심사개시일: 2019. 11. 1. 심사완료일: 2019. 11. 26.

참/고/문/헌

『漢書』『三國志』『周書』『隋書』

『三國史記』『三國遺事』

『日本書紀』

國立歷史民俗博物館, 1992, 『正倉院文書拾遺』, 便利堂.

東京帝國大學文科大學 史料編纂掛 編纂, 1901, 『大日本古文書 一』, 東京帝國大學 印刷局.

歷史學硏究會 編, 2005, 『日本史史料 1』, 岩波書店.

http://somoda.media.osaka-cu.ac.jp/shosoin_db/

朴根七, 1996, 『唐代 籍帳制의 運營과 收取制度에 관한 硏究』, 서울大學校 東洋史學科 博士學位論文.

윤선태, 2007, 『목간이 들려주는 백제 이야기』, 주류성.

이경섭, 2013, 『신라 목간의 세계』, 景仁文化社.

주보돈, 2018, 『한국 고대사의 기본 사료』, 주류성.

池田 溫, 1979, 『中國古代籍帳硏究 - 槪觀·錄文』, 東京大學出版會.

국립가야문화재연구소, 2017, 「함안 성산산성 출토 목간의 개요」, 『韓國의 古代木簡Ⅱ』.

김재홍, 2019, 「함안 성산산성과 출토 목간의 연대」, 『木簡과 文字』 22.

金昌錫, 2010, 「新羅 法制의 형성 과정과 律令의 성격 - 포항 중성리신라비의 검토를 중심으로」, 『韓國古代史硏究』 58.

金昌錫, 2016, 「함안 성산산성 木簡을 통해 본 新羅의 지방사회 구조와 수취」, 『百濟文化』 54.

김창석, 2011, 「羅州 伏岩里 출토 木簡 연구의 쟁점과 과제」, 『百濟文化』 45.

김창석, 2011, 「7세기 초 榮山江 유역의 戶口와 農作 - 羅州 伏岩里 木簡의 분석」, 『百濟學報』 6.

김창석, 2015, 「고구려 守墓法의 제정 경위와 布告 방식 - 신발견 集安高句麗碑의 분석」, 『東方學志』 169.

김창석, 2019, 「7세기의 골품제와 관등제 - 주민의 편적(編籍)과 이주를 중심으로」, 『역사비평』 127.

金泰植, 1994, 「廣開土王陵碑文의 任那加羅와 '安羅人戍兵'」, 『韓國古代史論叢 6』, 駕洛國史蹟開發硏究院.

盧明鎬, 1995, 「高麗時代 戶籍 記載樣式의 성립과 그 사회적 의미」, 『震檀學報』 79.

盧明鎬, 1988, 「羅末麗初 親族制度의 변동」, 『又仁金龍德博士停年紀念史學論叢』.

노중국, 2010, 「戶口 파악과 호적의 정비」, 『백제사회사상사』, 지식산업사.

盧重國, 1992, 「迎日 冷水里碑」『譯註 韓國古代金石文 Ⅱ』, (財)駕洛國史蹟開發硏究院.

盧泰敦, 1992, 「廣開土王陵碑」, 『譯註 韓國古代金石文 Ⅰ』, (財)駕洛國史蹟開發硏究院.

朴根七, 1996, 「唐 前期 手實·計帳에 대한 再檢討」, 『魏晉隋唐史研究』 2.
손영종, 2006, 「락랑군 남부지역(후의 대방군지역)의 위치 - 《락랑군 초원4년 현별 호구 다소 □□》 통계자료를 중심으로」, 『력사과학』 2006-2.
吳永善, 2000, 「高麗末 朝鮮初 戶口資料의 形式 分類」, 『韓國古代中世古文書研究(下)』, 서울대학교출판부.
尹善泰, 2006, 「百濟 泗沘都城과 '嵎夷' - 木簡으로 본 泗沘都城의 안과 밖」, 『東亞考古論壇』 2, (財)忠清文化財研究院.
윤선태, 2010, 「나주 복암리 출토 백제목간의 용도」, 『6~7세기 영산강유역과 백제』, 국립나주문화재연구소.
尹龍九, 2009, 「平壤出土 「樂浪郡初元四年縣別戶口簿」 研究」, 『木簡과 文字』 3.
李鎔賢, 1999, 「扶餘 宮南池 出土 木簡의 年代와 性格」, 『宮南池 發掘調查報告書』, 國立扶餘文化財研究所.
李泰鎭, 1986k, 「新羅 統一期의 村落支配와 孔烟 - 正倉院 所藏의 村落文書 再檢討」, 『韓國社會史研究』, 知識產業社.
田中史生, 2019, 「屯倉과 韓國木簡 - 倭國史에서의 韓國木簡의 가능성」, 『木簡과 文字』 22, 韓國木簡學會.
정훈진, 2016, 「부여 쌍북리 백제유적 출토 목간의 성격 - 201-4번지 및 328-2번지 출토 목간을 중심으로」, 『목간과 문자』 16.
朱甫暾, 1992, 「丹陽 赤城碑」, 『譯註 韓國古代金石文 II』, (財)駕洛國史蹟開發研究院.
하일식, 2011, 「신라 왕경인의 지방 이주와 編籍地」, 『新羅文化』 38.
홍승우, 2013, 「扶餘 지역 출토 백제 목간의 연구 현황과 전망」, 『木簡과 文字』 10.

耿鐵華·董峰, 2013, 「新發現的集安高句麗碑初步研究」, 『社會科學戰線』 215.
吉村武彦, 1993, 「倭國と大和王權」, 『岩波講座 日本通史 2』(古代1), 岩波書店.
鈴木靖民, 2002, 「倭國と東アジア」, 『倭國と東アジア』(日本の時代史 2), 吉川弘文館.
李成市, 2010, 「韓國古代社會における羅州伏岩里木簡の位置」, 『6~7세기 영산강유역과 백제』, 국립나주문화재연구소.
李成市, 2019, 「集安高句麗碑から見た廣開土王碑の立碑目的」, 『古代東アジアの文字文化と社會』, 臨川書店.
井上 亘, 2002, 「中國籍帳と御野國戶籍」 『美濃國戶籍の總合的研究』, 東京堂出版.
平川 南, 2010, 「日本古代の地方木簡と羅州木簡」, 『6~7세기 영산강유역과 백제』, 국립나주문화재연구소.

〈Abstract〉

A Study on the Registrar System of the Three Kingdoms Period through the Historical Data of the Household Register

Kim, Chang-seok

In Koguryeo's *Gwangaeto Stele*(414), the details of dwelling unit are listed. The "名數" shown in *Jian Koguryeo Stele* shows that a family registry was created during King Gwanggaeto's reign at the latest in Koguryeo. The origin of Koguryeo's family registry system is found in ancient China. However, it seems that the tradition of grasping population in Old-Choseon and Buyeo was based on that.

In the middle of the 5th century, at the latest, the family register appeared in Baekje. In the early 6th century, specific numbers of dwelling unit appear in the reign of King Munyeong. A wooden tally unearthed from Boggam-ri, Naju(610) indicates that extended family existed, while an administrative office, such as 點口部, took control of population using the age grade.

Silla accepted from Koguryeo a number of advanced culture and institutions, including the family registry system. However, after the mid-5th century, the effects from Baekje should also be considered. By the 6th century, the residents had been identified with a sophisticated way of identifying them by gradually granting them an age rating. Based on this, as shown in wooden tallies from Seongsan Mountain Fortress 城山山城, Haman, in the latter half of the 6th century, individual tax-bearers could be confirmed.

▶ Key words: Three Kingdoms, Registrar System, *Jian Koguryeo Stele*, Boggam-ri Wooden Tallies, Seongsan Mountain Fortress Wooden Tallies

한국 목간에 보이는 "某月中"

戴衛紅 著*
송진영 譯**

〈국문초록〉

백제와 신라 목간에 보이는 "某月中"에서 "某月"뒤에 쓰이는 "中"은 시격을 나타내는 조어가 아니며, "某月中"은 '어느 달에'라는 시격을 나타내는 용법이 아니다. 또한 한국 고대의 이두와도 관계가 없다. 그것은 어느 달의 어느 시점을 가리키는 것으로 하나의 시간을 대략적으로 가리킨다. 백제의 '戊寅年六月中佐官貸食記'에는 좌관이 대식인명, 대식양식수 및 미반환 식량수를 나열해놓았다. 장부에는 상환 일자와 이자가 언급되어있지만 "六月中"만 적혀 있을 뿐 언제까지인지 확실한 날짜는 없는데 이것은 당시의 이율과 관계가 있을 것이다. 가야 2645호 목간 '六月中', 가야 5598호 4면 문서 목간 '三月中'은 모두 어떤 달의 같은 시간을 가리킨다. 문서에서 자세한 날짜를 가리키지 않고 "某月中"이라고만 적었다면 그 이유는 첫째로, 문서의 내용과 관계가 있는 것이다. 그것은 자세한 날짜를 적을 필요가 없거나 적을 수가 없었을 때이다. 둘째는 사용하는 습관과 관련이 있다. "某月中"은 어느 달 중 하나의 시점을 가리키기 때문이다. "某月中"이라는 시간표현은 또한 고구려, 신라, 고려시기의 비각에서도 자주 보인다.

▶ **핵심어: 모월중(某月中), 백제(百濟), 신라(新羅), 목간(木簡)**

---

* 中國社會科學院古代史研究所 研究員
** 북경사범대학교 역사학과 중국고대사 전공 박사과정

I. 서론

2018년 10월 필자가 '한국목간학회 추계학회'에 참석했을 때 한국학자들이 쓴 『韓國古代木簡 II』에서 가야2645호 목간의 "六月中"과 가야 5598호 사면문서 목간의 "三月中"을 보았다. 이러한 시간 표현방식은 필자가 이전에 관심을 가졌던 "戊寅年六月中佐官貸食記"목간에서 보이는 "六月中"과 같은 표현이다.

가야 5598호 사면문서 목간과 관련해 한국학계에서는 9개의 다른 해석이 있다. 이 중 "三月中"의 한자 해석에는 이의가 없지만, 한국어로 번역할 때 8개 견해에서는 "3월에"로 해석한 반면 권인한만 "3월(중)에"로 해석하였다.[1] 한국학자들은 "一中", "一下"를 이두[2]식 표현으로 생각한다. 체사류(體詞類) 후행 "一中", "一下"의 사례에 관해 김병준이 2011년 논문[3]에서 의견을 제시했다. 이후 권인한은 논문에서 중국 한문어법과의 비교를 통해, 이두발전 정도의 방향으로 토론의 초점을 돌렸다.[4] 그러나 2018년의 글에서 그는 가야 5598과 2645번 목간과 가야 2639와 4686번 목간에서 보이는 "-中"을 모두 "某月中"으로 사용했다. 하지만 현재까지는 시간 공간 명사 뒤가 아니라 보통명사 뒤에 쓰인 사례를 아직 찾지 못했다(예: 단양 신라 적성비의 "國法中", 월성해자 149호 목간의 "經中"). 이를 통해 알 수 있는 점은 아직 신라에서는 사용 변화가 없다는 것이다.[5] 이를 토대로 이재환은 그의 논문에서 가야 5598호 목간의 "三月中"은 "3월에"로 번역하였다.[6]

한국에서 출토된 목간 중 "某月中"에 대한 시간표현이 어느 달의 그 시기를 가리키는 것인지 아니면 어느 달의 중순인 것인지, 이두와 관련이 있는 것인지에 대해 이상의 출토자료 및 선현의 연구에 기초하여 본 논문은 이 문제들에 대해 논술할 것이다.

II. 백제의 "戊寅年六月中佐官貸食記"목간

2008년 충남 부여군 부여읍 쌍북리 280-5호 신축창고 공사장에서 6개의 백제 목간이 출토되었는데 이 중 두 점에서 글자가 확인되었고, 판독도 가능했다.[7] 목간 한 점의 제목은 "戊寅年六月中佐官貸食記"였다.

---

1) 권인한, 2018.12, 「신출토 함안 목간에 대한 언어문화사적 연구」, 『木簡과 文字』 21, pp.99-134.

2) 吏讀란 한글 창제 전에 한자의 음과 뜻을 빌려 조선어를 표기하는 특수한 문자형식이다. 신라 신문왕(681~692) 때의 홍유 설총이 창시했다고 전해진다. 조선 태조 이성계가 4년(1395) 발간한 '대명율례직해' 서문에 처음 등장한다. 설총 이전에 이미 많은 초기 이두 비문이 있었다. 설총의 공헌은 역대 이두 문헌을 요약 정리하여 이러한 문자 형식을 보다 체계적으로 정형화한 것이다. 왕씨 고려와 조선 이조 때 이두는 주로 공사문서로 사용되었다.

3) 김병준, 「낙랑군의 한자 사용과 변용」, 『고대 동아시아의 문자교류와 소통』, 동북아역사재단, pp.39-84.

4) 권인한, 「한문 어법의 선택적 수용과 변용」, 『학문장과 동아시아』, 성균관대학교출판부, pp.148-149.

5) 권인한, 2018.12, 「신출토 함안 목간에 대한 언어문화사적 연구」, 『木簡과 文字』 21,pp.99-134.

6) 이재환, 「함안 성산산성 출토 문서목간과 力役 동원의 문서 행정」, 『木簡과 文字』 22, pp.35-56.

7) 朴泰祐·鄭海浚·尹智熙, 2008, 「扶餘 雙北里 280-5番地 出土 木簡 報告」, 『木簡과 文字』 2, pp.179-187.

이 목간은 발견 초기부터 한일 양국 학자들의 관심을 끌었다. 손환은 "佐官貸食記"목간의 분류체계와 서체에 대해 연구하였다. 이용현은 "佐官貸食記" 목간에서 출발하여 백제대식제를 연구했다. 노중국 또한 백제의 구휼과 진대정책, "佐官貸食記"목간을 연구하였다. 洪承佑는 "佐官貸食記"목간에 보이는 백제의 양제와 대식제를 연구하였다. 일본학자 三上喜孝는 한, 일 양국에서 출토된 대식간에서 출발하여 고대 동아시아의 대차제도 또한 연구 진행하였다.[8] 지금까지 판독된 해석문은 다음과 같다.

戊寅年六月中固淳夢三石　　佃麻那二石
止(上)夫三石上四石　　比至二石上一石未二石
佐官貸食記佃目之二石(上二石)未一石　　習利一石五斗上一石未一(石)
(正面)
素麻一石五斗上一石五斗未七斗半　　佃首行一石三斗半上石未石甲弁十九石×
今沽一石三斗半上一石未一石甲刀々邑佐三石與得十一石×
(背面)

이 목간은 길이 29.1㎝, 너비 3.8~4.2㎝, 두께 0.4㎝로 윗부분에 구멍이 뚫어져 있다. 이 목간은 좌관이 열거한 대식인명, 대식식량수 및 미반환 식량수를 기록한 장부 목간이다. 앞면과 뒷면에 각각 57자가 있다. 목간에는 "戊寅年"이라는 간지가 보이는데 백제시대임을 감안하고 연대를 추정해야 한다. "戊寅年"은 威德王5년(508년)과 武王 17년(618년)인데 이는 같이 출토된 도기 등으로 보아 武王 17년 기원후 618년으로 추정해볼 수 있다. 그 후의 "六月中"은 구체적인 일자가 없다. 대차식량과 식량 반환의 총합으로 보건데 백제시대의 대식은 50%의 이자를 납부해야했다. 이것은 삼국 오간 규정의 "斛為息五斗"와 일치한다. 필자는 목간에 언급된 직관, 행정문서 호칭의 변화 및 중국 대식간의 연구를 진행하였다.[9]

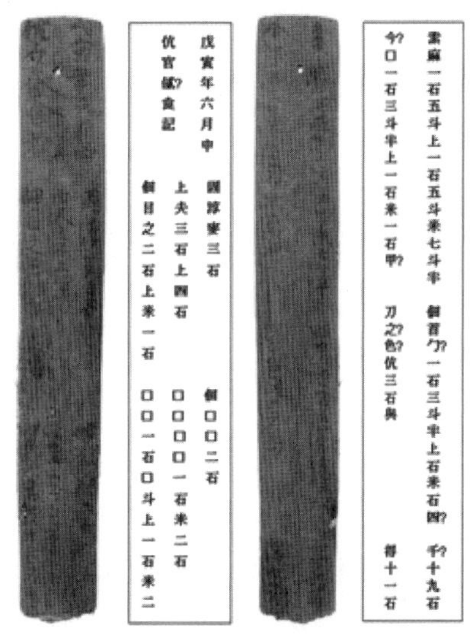
그림 1. 戊寅年六月中佐官貸食記(뒷면)

8) 손환일, 2008, 「百濟 木簡 『佐官貸食記』의 分類體系와 書體」, 『韓國思想與文化』 43輯, pp.97~124; 이용현, 2008, 「「佐官貸食記」와 百濟 貸食制」, 『百濟木簡』, 國立扶餘博物馆; 노중국, 2009, 「백제의 救恤·賑貸 정책과 '佐官貸食記' 목간」, 『白山學報』 83, pp.209-236; 三上喜孝, 「古代東アジア出擧制度試論」, 『東アジア古代出土文字資料の研究』, 雄山閣, 2009, p.267; 정동준, 2009, 「「佐官貸食記」 목간의 제도사적 의미」, 『木簡과 文字』 4, pp.1-10; 홍승우, 2009, 「「佐左官貸食記」에 나타난 百濟의 量制와 貸食制」, 『木簡과 文字』 4, pp.35-57 등.

9) "佐官貸食記"의 "佐官"은 대식인명 수와 미 반환 된 수를 구체적으로 등록하고 있다고 본다. 여기서 '좌관'은 대식관계기관의 관

그러나 이 글에서 필자는 대부분의 학자들과 마찬가지로 "六月中"이라는 시간 개념을 크게 의식하지 않았다. 이 목간의 제목과 내용을 자세히 읽어보면, 여기에서 "六月中"의 "中"은 한국어, 일본어 시간의 격조사 "에", "に"를 의미한다. "六月中"은 또한 "6월에"의 의미가 아니라 6월의 어떤 한 시기를 의미하는 것으로 하나의 시간을 가리키는 것이다.

그렇다면 과연 식량을 빌리고 상환하는 문서에서 대출 받은 것에 대한 이자 언급 및 확정된 납부 일자를 기록하지 않고, "六月中"이라는 표현으로 총칭하여 기록하을까. 혹자는 당시 말단에 있던 백성과 하급관리가 시간에 대한 인식이 모호해서 그랬던 것은 아닌가 궁금증을 갖을지도 모른다. 이에 2002년 부여박물관이 충남 부여군 부여읍 부여 능산리 절터 발굴 때 한 매의 "支藥兒食米記" 사면 고(觚)가 출토가 도움이 된다.

支藥兒食米記初日食四斗二日食米四斗小升三日食米四斗(第一面)
五日食米三斗大升六日食三斗大二升七日食三斗大升二八日食米四斗大(第二面)
食道使家□次如逢小使治豬耳其身者如黑也道使後後彈耶方牟氏牟祋祋(第三面)
又十二石又一二石又十四石十二石又石又二石又二石(第四面)

이 목간은 "支藥兒食米記"라는 제목으로 1, 2면에 支藥兒 초일(1일)부터 8일까지의 식미 수를 각각 기재했다. 이 장부를 통해 백제는 初日과 같은 日에 대한 시간개념의 명확한 경계가 있었음을 분명히 알 수 있다.

그렇다면 대출받은 이자를 다뤘는데 왜 확정된 차관 상환일을 기록하지 않은 것일까. 필자는 당시 금리와 관련이 있을 것으로 추측한다. 다만 남겨진 기록만으로는 백제 차관이율을 수취하는 때가 년 단위인지, 월 단위인지, 아니면 추수와 같이 약속된 시간인지는 알 수 없다.

III. 신라 목간의 "某月中"

2017년에 출토된 『韓國古代木簡 II』에 수록된 가야2645호 목간은 아래와 같다.

六月中□馮城□(看)村主敬曰之鳥(行)□成令之√(第一面)
□□智一伐大□□也功六□大城從人丁六十日√(第二面)

리가 아닌 구체적인 관직의 총칭이다. "記"는 秦漢簡牘과 三國吳簡에서 흔히 볼 수 있는 위에서 아래로 보내거나 아래에서 위로 보내는 공문서 "記"와 달리 인명을 기록하는 장부이다. 이 목간 윗부분에는 秦漢簡牘에 적힌 "簽牌"과 비슷한 종류의 契口가 있는데, 이것은 백성이 정부에게 빌린 뒤 갚은 식량을 주머니 위에 적어 표시를 하는 역할을 한다. 간문 중 "貸食"이라는 두 글자는 秦漢魏晉南北朝 이래의 正體字이고, "貸"자는 秦漢 이래 "代"자의 밑을 길게 쓰는 방법을 전승하고있다. "貝"는 목간의 서법에 보면 里耶秦簡, 三國吳簡의 "貸食"자와 다르지 않다. 戴衛紅, 「中韓貸食簡研究」, 『中華文史論叢』, 2015 第2期.

□□走(石)曰率此□(卅)更□□□√(第三面)

六十日治之人此人(烏)(馮)城(置)不行遣之白√(第四面)

이 목간은 길이 25㎝, 넓이 3.4㎝, 두께 2.8㎝의 四面목간(觚)이다. 한국 학계에서는 이 목간 성격과 내용을 "촌주", "요역"등과 함께 언급하며 이 문제에 대해 심도 있게 논의한다.[10)] 한국학자들은 이 목간의 "六月中"을 "六月에"로 해석한다. 김창석은 이전에 이 목간에서 "某月中—某村主白(白之)—報告內容—白之"라는 부분을 채택하여 논하였다. 이것은 신라 중고시기 지방사회 촌주가 상급기관에 보고서를 제출할 때 사용하는 문서형식이다.[11)] 필자는 김창석의 관점에 동의한다. 하지만 "六月中"이라는 시간표현은 촌주가 상급기관에 보고하는 (白)이라는 공문서에 어느 날까지인지, 즉 구체적 시간 표현인 확정날짜가 없는지에 대한 부분은 사람들이 의문점을 가질 수밖에 없다.

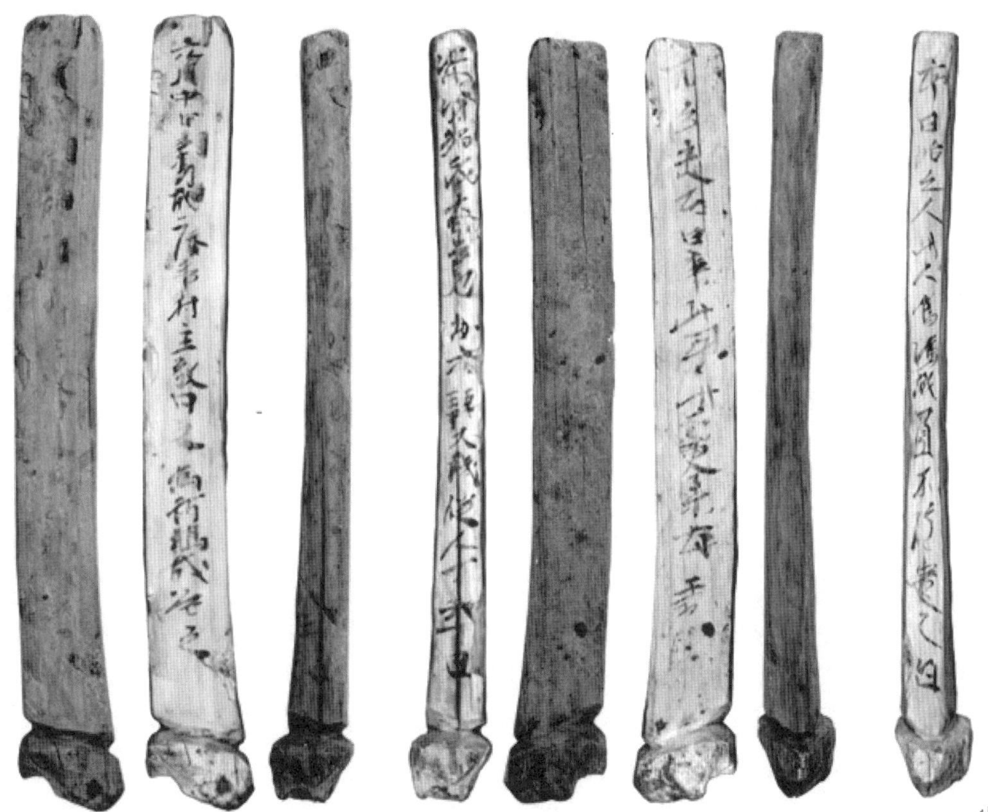

그림 2. 가야 2645호 사면고(觚)(국립가야문화재연구소, 2017, 『韓國古代木簡 II』, pp.356-359)

10) 이재환, 「함안 성산산성 출토 문서목간과 力役 동원의 문서 행정」, 『木簡과 文字』 22, pp.35-56.

11) 김창석, 2017, 「咸安城山山城17차 발굴조사 출토 四面木簡(23번)에 관한 試考」, 『韓國史硏究』 177, pp.140-144.

이것과 짝을 이루는 것으로『韓國古代木簡 Ⅱ』에 우리는 "某月中"으로 시작하는 또 다른 세 점의 목간을 볼 수 있다. 이 중 가야 5598 목간은 길이 34.4㎝, 넓이 1.0~1.3㎝, 두께 1.6~1.9㎝로 사면에 서사되어있는 고(觚)이다. 판독문은 다음과 같다.

三月中真乃滅村主憹怖白(第一面)
□城在彌即尒智大舍下智前去白之(第二面)
即白先節六十日代法稚然(第三面)
伊毛罹及伐尺(寀)言□法卅代告今卅日食去白之(第四面)

이 四面목간(觚)에 대해 한국 학자들이 심도 있게 토론했다.[12] 특히 그 글자의 석독에 대해서는 한국학자들이 적어도 9가지의 다른 의견이 있는데, 그중 "三月中"이라는 판독에는 문제가 없었다. 다만 한국어로번역될 때에는 9가지의 견해 중 8개의 견해가 "3월에"로 번역하고 있고, 권인한 한 명만이 "3월(중)에"로 번역하였다. 권인한 등 한국학자들은 이두와 관련이 있다고 보고 "一之", "一中", "一下"를 중심으로 문법사의 방면에서 이두의 발전 정도를 살펴 당시 이두의 발전 정도를 초기 상태로 결론지었다.[13]

四面목간(觚)의 외형을 보면 가야 2645하부에 뚜렷하게 인공적으로 가공된 홈이 있어 끈을 묶기 편리하다. 가야 5598 四面목간(觚) 하부에는 뚜렷한 홈이 없고, 상부 한쪽 면에만 홈이 하나 있다. 하지만 이것은 고의로 한 것인지 아니면 나중에 마모될 것인지 현재로서는 확실하지 않다.

문서 양식을 보면, 가야 2645와 가야 5598 四面목간(觚)는 모두 "白" 유형의 문서이다. 5598 목간문서 형식은 형식이 보다 명확하고, 제4면과 비교하면 제1면 "三月中真乃滅村主憹怖白" 아래에 최소한 9자의 공백이 있어야 하지만, "白(報告)"의 내용을 작성하지 않다가 제2면에서 나타나기 시작한다. 이 문서격식은 신라 월성해자 2호 목간과 같다. 김병준은 "각 면마다 정확히 써야 하는 내용에는 규정과 요구사항이 다르기 때문에 각 면에 쓴 글자 수는 다르고 끝에 남은 공백도 다르다"고 본다.[14] 가야 5598 목간 제2면에 "(城)在彌即智大舍下智前去白之"가 술회하는 것은 그 전에 대사하지 "白"(报告)에서 그중 "大舍"가『三國史記』에 실린 신라 17관등 중 12등이라는 것이다. 대사하지 보고(백)의내용은, 제3면에 "即白先節六十日代法稚然"라고 쓰여 있고, 제4면은 제2, 제3면의 누군가가 "白"한 후에 지금 취할 조치를 보고하는 것이다. "伊毛罹及伐尺(寀)言□法卅代告今卅日食去白之". 그래서 5598 목간은 앞 뒤 두 개의 "白"(보고)문서를 내포하고 있다.

내용을 보면 가야 2645와 가야 5598의 四面목간(觚)는 모두 "六十日法"에 관한 것으로, 이재환은 윗글에서 신라의 노역과 관련이 있다고 보았다.

12) 권인한, 2018.12,「신출토 함안 목간에 대한 언어문화사적 연구」,『木簡과 文字』21, pp.99-134.

13) 권인한, 2018.12,「신출토 함안 목간에 대한 언어문화사적 연구」,『木簡과 文字』21, pp.99-101.

14) 金秉駿著·戴衛紅譯,「再讀新羅月城垓子2號木簡一與中國出土古代行政文書的比較研究」; 鄔文玲·戴衛紅主編,『簡帛研究二〇一八(秋冬卷)』, 桂林: 廣西師範大學出版社, 2018, pp.358-387.

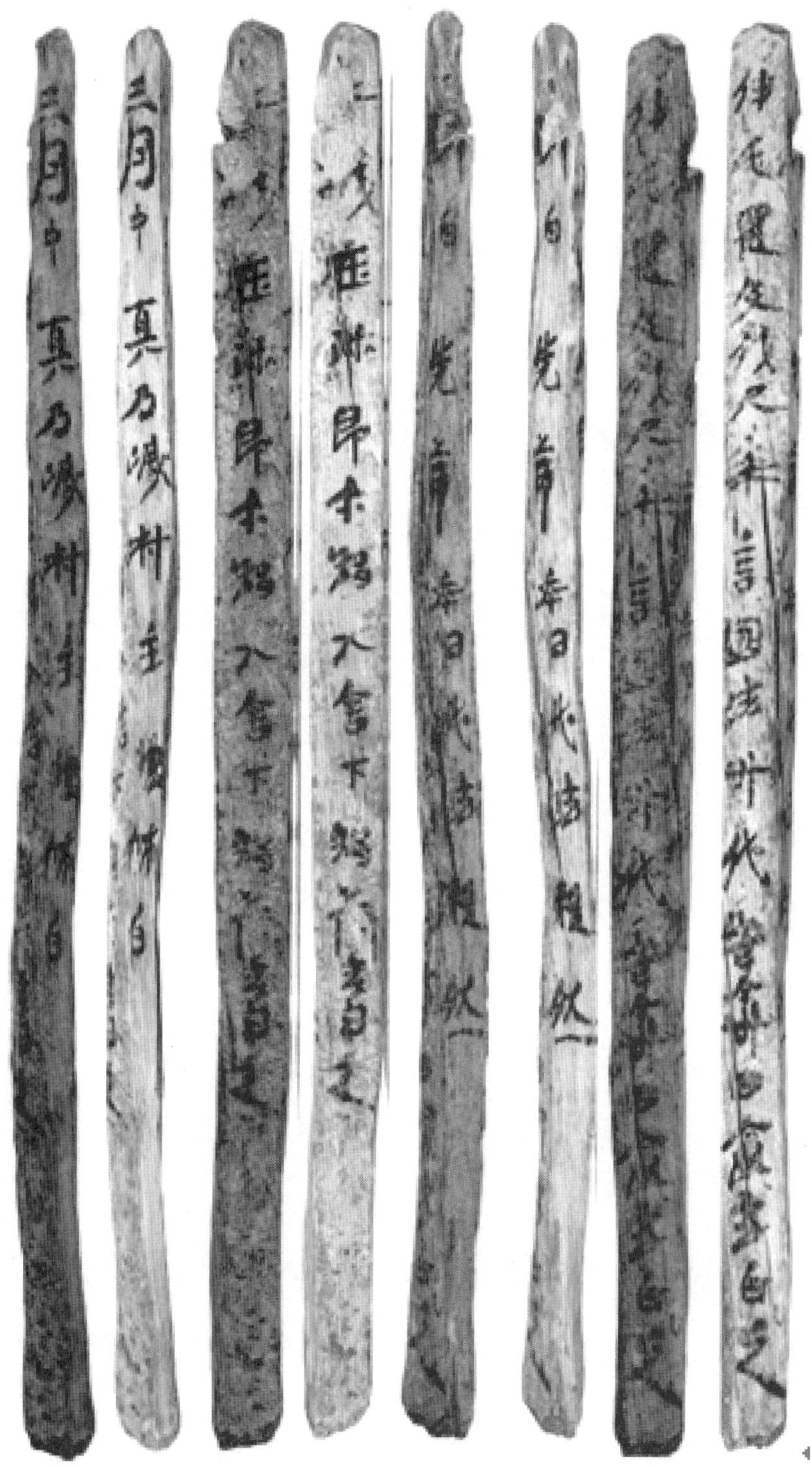

그림 3. 가야5598호 목간(국립가야문화재연구소, 2017, 『韓國古代木簡 II』, pp.418-421)

字跡을 보면 가야2645 "六月中"세 글자는 크기가 비슷하지만, 가야 5598 四面목간(觚) 위 "中"자가 "三月"보다 매우 작다. 이것은 사람들을 "中"의 용법과 의미를 의심하게 한다.

다른 두 개 "某月中"목간 중 하나인 가야 2639호 목간은 길이 20.8㎝, 넓이 1.3㎝, 두께 0.7㎝로 양면에 서사되어 있으며, 판독문은 아래와 같다.

正月中比思伐古尸(次)阿尺夷喙√(第一面)

羅兮(落)及伐尺並作前(瓷)酒四斗瓮(第二面)[15]

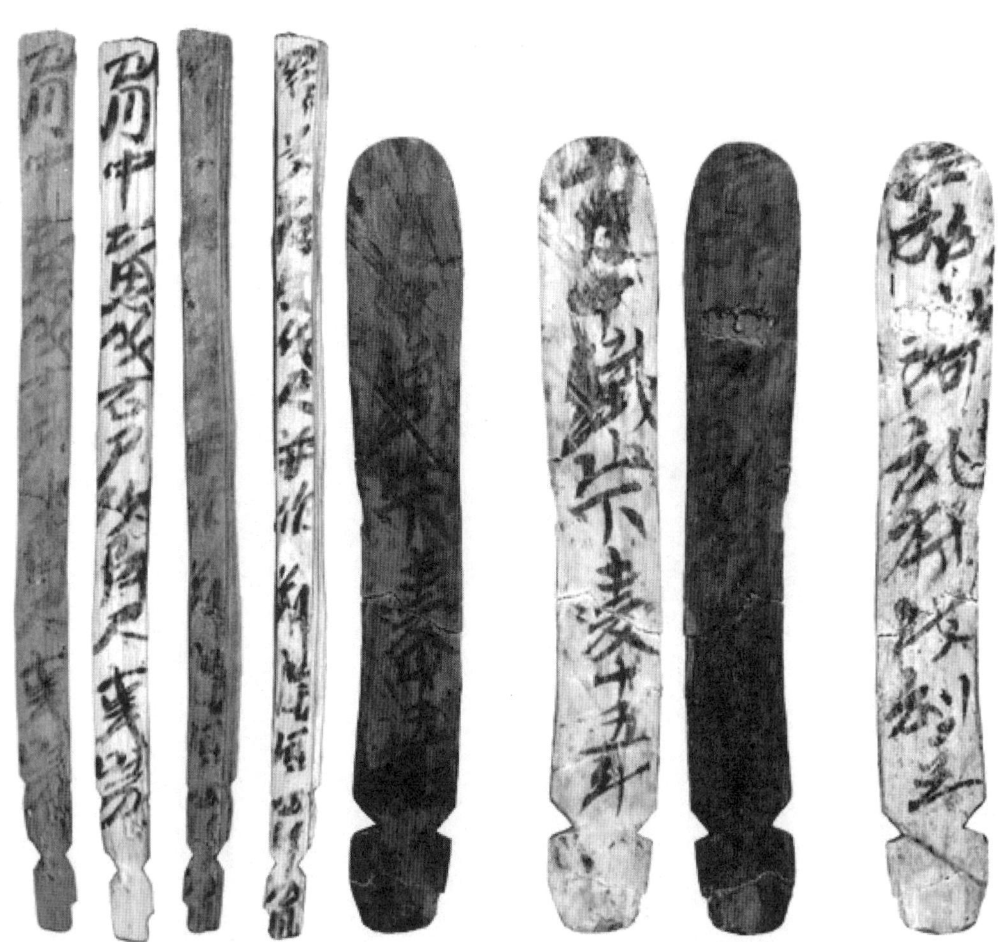

그림 4. 가야2639호 목간, 가야4686호 목간(국립가야문화재연구소, 2017, 『韓國古代木簡 II』, pp.350-351, pp.368-369)

15) 이하 釋文 및 圖片은 개별적인 특별 판독 외에는 모두 국립가야문화재연구소, 2017, 『學術叢書第69輯 - 韓國古代木簡II』, 2017國立加耶文化財研究所이다.

남아있는 하나의 목간은 가야4686호 목간으로 길이 17.3㎝, 넓이2.6㎝, 두께0.4㎝로 양면에 서사되어 있으며, 판독문은 아래와 같다.

三月中鐵山下麥十五斗 √
左旅□河禮村波利足 √

목간형상으로 보면, 이 두 매의 목간은 밑부분 모두 인공적으로 가공한 흔적이 뚜렷하고, 목간의 양쪽에 삼각형의 계구가 있어 끈을 묶기 편하며, 목탁의 전형적인 특징을 가지고 있다. 가야 2639호는 더 길고 가야 4686호는 뭉뚝하다. 이 두 개의 목간은 모두 양면 서사이다.

내용면에서 보면, 앞의 두 四面목간(觚)와는 달리 이 두 점은 상품등록에 더 중점을 둔다. 반면 문서 서사 방면에서 보면, "正月中", "三月中"은 각각 글씨 크기가 같다. 이 네 점목간의 서사 특징과 내용으로 미루어 보아, 가야 5598 四面목간(觚)의 "三月中"의 "中"자는 "三月" 두 글자보다 작지만, 그 용법은 다른 세 점의 목간 "某月中"의 "中"자 용법과 같아야 한다.

위 네 개의 신라 목간에서 보이는 "某月中"에서 "中"은 "某月" 뒤에 쓰여 있지만 이것은 시격을 나타내는 조사가 아니며, "某月中" 또한 "在何月"이 아니다. "在何月"은 시격을 나타내는 용법이다. 한국 고대 이두와도 관계가 없고 어떤 달의 어떤 시간을 가리키는 것이다. 가야 2645호 목간의 "六月中"과 가야 5598호 사면 문서목간의 "三月中"은 모두 하나의 시간을 가리키는 말이다. 문서 작성에 구체적인 날짜를 지정하지 않고 "某月中"이라고 기재하는 것은 첫째로 문서의 내용과 관련이 있는 것인데 이는 날짜를 명시할 필요가 없거나, 구체적인 날짜를 지명할 수 가 없어서이다. 사용 습관과 관련하여 '어느 달 중 하나'를 지칭하는 것이다. 둘째로는 사용습관과의 관계로 "某月中"은 어떤 달의 하나의 시간을 가리키는 말이다.

Ⅳ. 신라 출토 비각에 보이는 "某月中"

"某月中"이라는 시간적 표현방식은 신라 목간뿐만 아니라 한반도에서 출토된 고구려, 신라, 고려, 조선비각에서도 흔히 볼 수 있다. 1913년 평양 석경제리에서 출토된 평양성 석각 제4석에는 "丙戌十二月中漢城下後 卩小兄文達」節自此」西北行」涉之」"[16]이라고 기재되어 있다. 그중 "丙戌"은 학계에서 고구려 평원왕 8년(566년)이라고 추정하고 있다. "丙戌十二月中"은 12월의 대략적인 한 시점을 가리킨다.

---

16) 이하 인용된 新羅 출토 碑刻자료는 모두 韓國金石文 웹사이트를 참고하였다(http://gsm.nricp.go.kr/_third/user/main.jsp). 각각의 자료는 여기서 참고하였음을 알린다.
平壤城 石刻 第4石 - http://gsm.nricp.go.kr/_third/user/viewer/viewer01.jsp.
丹陽 新羅 赤城碑 - http://gsm.nricp.go.kr/_third/user/viewer/viewer01.jsp?ksmno=2757 (한국 계계에서는 554~550년에 제작된 것으로 파악).

1978년 경북 단양군 단양면 하방리 적성에서 단양신라적성비가 발견되었는데, 그 앞 두 줄에 다음과 같은 기록이 있다.

▨▨年▨月中王教事大衆等喙部伊史夫智伊干」
支沙喙部豆弥智佊珎干支喙部西夫叱智大阿干」

한국 학계에서는 시기가 545년 이전이거나 550, 551년 이후일 것으로 추정하고 있다. "□月中"은 10개의 어느 달 중 한 시점을 일컫는 말이다.

延壽元年太歲在卯三月中」
太王教造合杅用三斤六兩」(蓋內)
延壽元年太歲在辛」
三月▨太王教造合杅」
三斤」(外 底)　　　　　　　　　　(1926년 경북 경주시 서봉총에서 출토된 고구려 때 은합잔)

그 중 延壽元年은 고구려 광개토왕 원년 391년이라고 한다. 다른 관점으로는 장수왕 39년 즉 451년이라고도 한다. 덮개와 바깥의 글자로 미루어보아 "延壽元年太歲在辛三月▨"에서 "三月"뒤의 글자는 "中"자일 것이다. 여전히 삼월중의 어떤 시기를 가리키는 것이다. "中"은 격조사가 아니며 "某月中"의 한 시점을 의미한다.

1979년 4월 전주 북도 중원군 가금면 용전리에서 발견된 중원고구려비는 다음과 같이 기록되어 있다.

五月中高麗太王祖王令▨新羅寐錦世世爲願如兄如弟」
上下相和守天東來之寐錦[忌]太子共前部大使者多亏桓
奴主簿貴道[德][ ][類][王][安][聆]▨[去]▨▨到至跪營天(大?, 夭?)太子共[ ]
尙望上共看節賜太霍鄒教(授?)食[在]東夷寐錦之衣服建立處
用者賜之隨▨節▨▨奴客人▨教諸位賜上下[衣]服教東
[夷]寐錦遝還來節教賜寐錦土內諸衆人▨▨▨▨[王]國土

瑞鳳塚 出土 銀合杅 - http://gsm.nricp.go.kr/_third/user/viewer/viewer01.jsp?ksmno=2541.
明活山城 作城碑: http://gsm.nricp.go.kr/_third/user/viewer/viewer01.jsp?ksmno=2758.
中原 高句麗碑: http://gsm.nricp.go.kr/_third/user/viewer/viewer01.jsp?ksmno=2513.
蔚州 川前里刻石一乙丑銘: http://gsm.nricp.go.kr/_third/user/viewer/viewer01.jsp?ksmno=7296.
蔚州 川前里刻石一其他銘: http://gsm.nricp.go.kr/_third/user/viewer/viewer01.jsp?ksmno=7302.
高麗國卒大師三重大匡內史令崔貞肅公(士威)廟誌- http://gsm.nricp.go.kr/_third/user/viewer/viewer01.jsp?ksmno=3156.

大位諸位上下衣服[束(來)]受教跪營之十二月廿三[日]甲寅東
夷寐錦上下至于伐城教來前部太使者多亏桓奴主簿貴
▨▨▨[境]▨募人三百新羅土內幢主下部[拔]位使者補奴
▨疏奴[扌]▨[凶]鬼盖盧共[𠮷]募人新羅土內衆人跓[動]▨▨

비석에는 건립연대에 대한 앞부분이 마모되어 정확한 시점을 알 수 없다. 5세기 전반의 광개토왕대부터 6세기 중후반의 평원왕대(559~590)까지 한국 학계는 다양한 의견을 내놓았다. 최근 몇 학자들이 앞줄의 몇 글자를 다시 해석해 495년(문교명왕 4년)으로 여겼던 것을 비문 중 "十二月三日甲寅"의 간지와 날짜를 고려하여 449년(장수왕 37년)이라는 견해가 폭넓은 지지를 얻었다.[17] 그중 "五月中"도 어느 해 5월의 한 시점을 가리키는 말일 것이다.

1988년 경주시 보문동 56번지 명활산성 성벽에서 발견된 명활산성 성비, 앞의 두 줄에는 이렇게 적혀 있다.

亲未年土□月中作城也上人邏頭夲波部」
伊皮尒利吉之郡中上人烏大谷仇智支下干支」
匠人比智休波日并工人抽兮下干支徒作受長四步」
五尺一寸□文叱兮一伐徒作受長四步五尺一寸㢱尖」
利波日徒受長四步五尺一寸□合高十步長十」
四步三尺三寸□此記者古他門中西南回」
行其作石立記□衆人至十一月十五日」
作始十二月廿日了□積卅五日□□□也」
書寫人□源欣利阿尺」

이 중 신미년은 551년, 신라 진흥왕 12년이다. 둘째, 셋째 줄의 "衆人至十一月十五日作始, 十二月廿日了, 積卅五日"는 시간을 기재한 것인데, 제일 잘 드러낸 것은 비문 첫머리에 "十一月中作城也"이라는 내용이다. 즉, "十一月中"이 포함하는 것은 11월 5일 이후의 일정한 시간을 가리키는 것이다.

1970년 12월 동국대 울산지역불적조사대가 울산광역시 두동면 천전리산 207-3번지에서 발견한 울주 천전리 각석-을축명 앞의 세 줄에는 다음과 같다.

乙丑年九月中沙喙部于西▨」

17) 中原 高句麗碑의 研究에 대해서는 金昌鎬, 2000, 「中原高句麗碑의 建立 年代」, 『高句麗研究』 10과 朴眞奭, 2000, 「中原高句麗碑의 建立年代考」, 『高句麗研究』 10을 참고하면 된다.

夫智佊珎干支妻夫人阿刀郎女」
谷見來時前立人闲▨氣

한국 학자의 연구에 따르면 "乙丑年"은 신라 진흥왕 6년(545)이다.[18] "九月中"은 즉 9월 중의 어느 시점을 가리킨다.

울주 천전리 각석에는 또 다른 "丁酉年二月」十一日明奈」何」""乙未年九月五日道安兮」春談道權伊就等隨」" 간지의 명문 중 세 줄이 사람들의 주목을 끈다.

丙申載五月十一日」慕郎行賜」道谷兄造作」
丙戌載六月十十六日官郎」
辛亥年九月中芮雄妻并行」

이 중 "載"는, 《爾雅·釋天》에 "載, 歲也. 夏曰歲, 商曰祀, 周曰年, 唐虞曰載."라는 기록이 있고, 清시기 郝懿行의 주에 따르면 "年者, 《說文》云: 穀熟也"이다. "《釋名》에 "載, 生物也……取物更始也."라 하였다.[19] 당나라 天寶 3年, 현종 이융기《舊唐書》卷九《玄宗本紀》에 "(天寶)三載正月丙辰朔, 改年為載.[20]라 하였다. 현종 詔書《改年為載推恩制》에 "歷觀載籍, 詳求前制, 而唐虞之際, 煥乎可述. 用是欽若舊典, 以協惟新, 可改天寶三年為載."라 하였다. 744년(甲申), 당 현종은 天寶3년을 天寶三載라고 하였고 이것은 德三載(758년戊戌) 2월까지 이어졌다. 改元은 乾元이므로 改載는 年이다. 그러므로 천전리 석각의 丙戌載는 746년이고, 丙申載는 756년이다. 그러나 뒤의 "辛亥年九月中"은 더 많은 정보가 없어 정확히 어느 해인지는 알 수 없지만 "九月中"이 나타난 것을 보면 여전히 어떤 달의 어떤 시점을 가리킨다고 볼 수있다.

이 같은 "某月中"시간 표기 방식도 고려시대까지 이어져 왔다. 고려국졸대사 삼중대 광내사령 최정숙공(사위)묘지에는 "……戊午年十二月中契丹國兵馬發來入境"이라고 적혀 있다. 이 중 무오년은 현종 9년(1018년)이고 契遼왕조의 丹東平郡 王蕭는 보병출병하여 고려를 공격했다. "十二月中"이라는 시간 표현은 여전히 12월의 어느 시점을 지칭하는 것이다.

이처럼 백제와 신라 목간에 보이는 "某月中"에서 "某月"뒤에 쓰이는 "中"은 시격을 나타내는 조어가 아니며, "某月中"은 '어느 달에'라는 시격을 나타내는 용법이 아니다. 또한 한국 고대의 이두와도 관계가 없다. 그것은 어느 달의 어느 시점을 가리키는 것으로 하나의 시간을 대략적으로 가리킨다. 백제의 '戊寅年六月中佐官貸食記'에는 좌관이 대식인명, 대식양식수 및 미반환 식량수를 나열해 놓았다. 장부에는 상환 일자와 이자가 언급되어있지만 "六月中"만 적혀있을 뿐 언제까지인지 확실한 날짜는 없는데 이것은 당시의 이율과

18) 한국고대사연구회, 1992, 「川前里 書石 乙丑銘의 판독과 소개」, 『한국고대사연구회회보』 25.

19) 郝懿行, 1983, 『爾雅義疏』, 上海古籍出版社, p.748.

20) 『舊唐書』 卷九 玄宗紀下, 北京: 中華書局, 1975, p.217.

관계가 있을 것이다.가야 2645호 목간 '六月中', 가야 5598호 4면 문서 목간 '三月中'은 모두 어떤 달의 같은 시간을 가리킨다. 문서에서 자세한 날짜를 가리키지 않고 "某月中"이라고만 적었다면 그 이유는 첫째로, 문서의 내용과 관계가 있는 것이다. 그것은 자세한 날짜를 적을 필요가 없거나 적을 수가 없었을 때이다. 둘째는 사용하는 습관과 관련이 있다. "某月中"은 어느 달 중 하나의 시점을 가리키기 때문이다. "某月中"이라는 시간표현은 또한 고구려, 신라, 고려시기의 비각에서도 자주 보인다.

V. 결론

이처럼 백제와 신라 목간에 보이는 "某月中"에서 "某月"뒤에 쓰이는 "中"은 시격을 나타내는 조어가 아니며, "某月中"은 '어느 달에'라는 시격을 나타내는 용법이 아니다. 또한 한국 고대의 이두와도 관계가 없다. 그것은 어느 달의 어느 시점을 가리키는 것으로 하나의 시간을 대략적으로 가리킨다. 백제의 '戊寅年六月中佐官貸食記'에는 좌관이 대식인명, 대식양식수 및 미반환 식량수를 나열해 놓았다. 장부에는 상환 일자와 이자가 언급되어있지만 "六月中"만 적혀있을 뿐 언제까지인지 확실한 날짜는 없는데 이것은 당시의 이율과 관계가 있을 것이다.가야 2645호 목간 '六月中', 가야 5598호 4면 문서 목간 '三月中'은 모두 어떤 달의 같은 시간을 가리킨다. 문서에서 자세한 날짜를 가리키지 않고 "某月中"이라고만 적었다면 그 이유는 첫째로, 문서의 내용과 관계가 있는 것이다. 그것은 자세한 날짜를 적을 필요가 없거나 적을 수가 없었을 때이다. 둘째는 사용하는 습관과 관련이 있다. "某月中"은 어느 달 중 하나의 시점을 가리키기 때문이다. "某月中"이라는 시간표현은 또한 고구려, 신라, 고려시기의 비각에서도 자주 보인다.

투고일: 2019. 10. 9.　　심사개시일: 2019. 10. 14.　　심사완료일: 2019. 11. 10.

참/고/문/헌

『舊唐書』, 北京; 中華書局, 1975.

국립가야문화재연구소, 2017, 『韓國의 古代木簡Ⅱ』.

郝懿行, 1983, 『爾雅義疏』, 上海古籍出版社.

이용현, 2008, 「〈佐官貸食記〉와 百濟 貸食制」, 『百濟木簡』, 國立扶餘博物館.

三上喜孝, 2009, 「古代東アジア出擧制度試論」, 『東アジア古代出土文字資料の研究』, 雄山閣.

권인한, 2018, 「신출토 함안 목간에 대한 언어문화사적 연구」, 『목간과문자』 21.

권인한, 2013, 「한문 어법의 선택적 수용과 변용」, 『학문장과 동아시아』, 성균관대학 교출판부.

김병준, 2011, 「낙랑군의 한자 사용과 변용」, 『고대 동아시아의 문자교류와 소통』, 동북아역사재단.

金昌鎬, 2000, 「中原高句麗碑의 건립 연대」, 『고구려발해연구』 10.

金昌錫, 2017, 「咸安城山山城17차 발굴조사 출토 四面木簡(23번)에 관한 試考」, 『한국사연구』 177.

노중국, 2009, 「백제의 救恤·賑貸 정책과 '佐官貸食記' 목간」, 『白山學報』 83.

朴眞奭, 2000, 「中原高句麗碑의 建立年代 考証」『고구려발해연구』 10.

朴泰祐, 鄭海濬, 尹智熙, 2008, 「扶餘雙北里280-5號地出土木簡報告」, 『목간과문자』 2.

손환일, 2008, 「百濟 木簡 『佐官貸食記』의 分類體系와 書體」, 『韓國思想과文化』 43.

이재환, 2019, 「함안 성산산성 출토 문서목간과 力役 동원의 문서 행정」, 『목간과문자 22』.

정동준, 2009, 「「佐官貸食記」목간의제도사적 의미」, 『목간과문자』 4.

홍승우, 2009, 「「佐官貸食記」에 나타난 百濟의 量制와 貸食制」, 『목간과문자』 4.

한국고대사연구회, 1992, 「川前里書石 乙丑銘의 판독과 소개」, 『한국고대사연구회 회보』 25.

金秉駿著, 戴衛紅譯, 2018, 「再讀新羅月城垓子 2 號木簡一與中國出土古代行政文書的比較研究」, 『簡帛研究 二〇一八(秋冬卷)』, 桂林; 廣西師範大學出版社.

戴衛紅, 「中韓貸食簡研究」, 『中華文史論叢』 2015年第2期.

〈Abstracts〉

In the Certain Period of a Month" Seen in Korean Wooden Slips

Dai, Wei-hong

As seen in the wooden slips of Baekje and Silla, "zhong" is used attachedafter "month" instead of the auxiliary word of the time case. " In the certain periodof a month " is not equal tothe use of "in a month", and has nothing to do with the ancient Korean official reading. It refers to a certain period of a month. The reason why the document is written "in the certain period of month" without specifying a specific date is related to the content of the document, whatis unnecessary or impossible to specify a specific date; then is related to the usage habits.Suchthe time expression "in the certain period of a month" is also commonly seen in inscriptions of Goguryeo, Silla and Goryeo period.

▶ Key words: In the Middle of a Month, Baekje, Silla, wooden slips

논문

논 문

禰氏 一族의 백제 이주와 성장

박초롱*

〈국문초록〉

이 글은 묘지명을 통해서 백제 유민 예씨 일족에 대해 살펴본 것이다. 예씨 일족의 출자와 가계, 백제로의 이주에 대해 살펴보고 백제의 국내외 상황과 함께 예씨 일족의 세력기반과 부상에 대해 검토했다.

예씨 일족은 중국계 이주민으로서, 백제 중앙의 필요에 의해 웅천에 정착하였다. 주목되는 시기는 5세기 초·중엽으로, 당시 중국 내부는 북위와 송의 대립 등으로 혼란스러운 상황이었다. 이는 예씨 묘지명의 내용과도 부합되고 있다. 백제 내부에서도 고구려의 남하에 따라 지방세력이나 중국계 이주인물을 활용하는 모습을 살펴볼 수 있었다. 이후 예씨 일족의 세력기반으로 웅천지역에 주목하고, 이를 구체화하기 위해 금강 중상류지역의 고고학적 검토도 시도하였다. 부상요인으로는 위덕왕·무왕대 중국과의 활발한 교섭과 함께 외교·군사적으로 두각을 드러낸 것으로 살펴보았다. 이는 수나라대 예식진의 부친 예선이 래주지역에서 활동하고, 백제멸망기 예식진은 웅진 방령, 예군은 웅진도독부 사마를 역임하는 것을 통해 확인하였다. 더불어 물부순공덕기에 보이는 물부순의 딸이자, 흑치상지의 손녀 사위를 **禰儀**로 판독하였다. 이는 흑치씨와 물부씨, 그리고 예씨까지 당으로 들어간 백제 관료들과 연관 지어 살펴볼 수 있는 자료로서 주목된다.

▶ **핵심어: 백제유민, 예식진, 예소사, 예인수, 예군**

* 공주대학교 사학과 박사과정

I. 머리말

백제 멸망 이후 당으로 간 유민의 행적을 담은 자료는 대개 단편적으로 전한다.[1] 그런데 중국 낙양에서 백제 유민의 일면을 엿볼 수 있는 예씨 일족 묘지 4기가 연이어 발견[2]되어 주목된다. 묘지의 주인은 백제 유민인 예군, 예식진, 예식진의 아들과 손자인 예소사, 예인수로 알려져 있다. 이처럼 3대에 걸친 백제 유민 가족의 묘지를 찾은 예는 없으며, 예씨 일족 묘지는 백제 이주와 멸망 당시의 상황, 중국 내에서의 활동까지도 살필 수 있는 중요한 자료이다.

예씨 일족에 관한 연구는 묘지명이 발견되기 이전 삼국사기 기록을 통해[3] 이루어졌으며, 예식진 묘지의 탁본을 통해 기초적 검토[4]가 진행되었다. 이 후 예군, 예소사, 예인수 묘지명과 함께 예씨 일족의 가계와 출자, 백제에서의 활동 등을 살펴보는 세분화된 연구[5]로 발전되었다. 그중에서도 유민 1세대인 예식진과 예군의 백제 내 활동에 관한 연구[6]는 예씨 일족의 관직과 위상을 살펴볼 수 있어 주목된다. 하지만 멸망 시기로 한정되어 있어, 예씨 일족에 관한 종합적인 논의로 확대되기에는 부족한 측면이 없지 않다. 다음 출자에 관한 연구는 이들을 백제계[7], 혹은 가야계[8] 인물로 상정하기도 한다. 또는 중국[9]에서 이주한 세력으로 보기도 한다. 더 나아가 중국계 백제 관료의 범주로써 예씨 일족을 살펴[10]보기도 하였다. 이는 예씨 일족의

---

1) 현재까지 당으로 간 백제유민에 관한 연구는 약 30여 편이 넘으며, 묘지명을 중점으로 검토되었다.

2) 예씨 일족 묘지 소개는 중국에서 처음 알려졌으며, 다음과 같다(董廷壽·趙振華, 2007, 「洛陽·魯山·西安出土的唐代百濟人墓誌探索」, 『東北史地』 2; 张全民·郭永淇, 2011, 「唐代百济移民祢氏家族墓」, 『2011中国重要考古发现』, 文物出版社, 北京; 王连龙, 2011, 『百济人《祢军墓志》考论』, 吉林人民出版社, 長春; 张全民, 2012, 「新出唐百濟移民禰氏家族墓誌考略」, 『唐史論叢』 14, 唐史學會).

3) 盧重國, 1995, 「百濟 滅亡 後 復興軍의 復興戰爭연구」, 『歷史의 再照明』.

4) 金榮官, 2007, 「百濟 禰寔進 墓誌 소개」, 『新羅史學報』; 李道學, 2007, 「禰寔進 墓誌銘을 통해 본 百濟 禰氏 家門」, 『전통문화논총』 5, 한국전통문화학교 한국전통문화연구소; 拜根兴, 2008, 「百濟와 唐 관계에 관련한 두 문제 -웅진 도독 왕문도의 사망과 예식진 묘지명에 관하여-」, 『百濟研究』 47.

5) 권덕영, 2012, 「백제 유민 禰氏 一族 묘지명에 대한 斷想」, 『史學研究』 105; 金榮官, 2012a, 「中國 發見 百濟 遺民 祢氏 家門 墓誌銘 검토」, 『新羅史學報』 24; 拜根兴, 2012, 「唐代 백제유민 禰氏 家族 墓誌에 관한 고찰」, 『한국고대사연구』 66, 한국고대사학회; 古代東アジア史ゼミナール, 2012, 「祢軍墓誌訳注」, 『史滴』 34; 2013, 「祢寔進墓誌訳注」, 『史滴』 35; 최상기, 2014, 「禰軍 墓誌」의 연구 동향과 전망-한·중·일 학계의 논의사항을 중심으로」, 『목간과 문자』 12, 한국목간학회.

6) 盧重國, 1995, 앞의 책, p.96; 金榮官, 2001, 「滅亡 直後 百濟遺民의 動向」, 『典農史論』, pp.58~64; 권덕영, 2012, 앞의 논문, pp.21~23.

7) 李道學, 2007, 앞의 논문, p.77; 권덕영, 2012, 앞의 논문, p.18; 최상기, 2016, 「백제 멸망 이후 禰氏 일족의 위상 -墓誌銘과 관련 문헌의 종합적 검토를 통해-」, 『역사와 현실』 101, p.101.

8) 강종원, 2007, 「백제 대성귀족의 형성과 금강유역 재지세력」, 『백제와 금강』, p.170.

9) 金榮官, 2012a, 앞의 논문, pp.141~143; 정재윤, 2012, 「중국계 백제관료에 대한 고찰」, 『史叢』 77, pp.24~27; 김영심, 2013, 「墓誌銘과 문헌자료를 통해 본 백제멸망 전후 禰氏의 활동」, 『歷史學研究』 52, p.211; 曺凡煥, 2015, 「중국인 유이민의 백제 귀화와 정착 과정에 대한 검토-陳法子 墓誌銘을 중심으로-」, 『韓國古代史探究』 19, p.23; 이여름, 2018, 「4~5세기 백제 '移住貴族'의 정착과 활동」, 『역사와 현실』 108, 한국역사연구회.

10) 정재윤, 2012, 앞의 논문; 曺凡煥, 2015, 앞의 논문.

출자를 다양한 방향에서 논의해보고, 구체화하기 위한 노력으로 나름의 의미가 있었다.

이상의 연구는 예씨 일족 묘지명의 신뢰성을 검토[11]하고, 가계와 출자, 백제 내에서의 활동, 중국계 백제 관료까지 연구를 확대하였다는 점에서 일정한 성과가 있었다. 더 나아가 묘지명이라는 일차적 자료 검토에 그치는 것이 아니라 백제 유민 연구를 진전시킨데 의의가 있었다고 생각된다. 그러나 대개 출자나 백제멸망기 활동 등 단편적으로만 연구가 이루어져 있어, 예씨 일족만을 집중적으로 조망한 연구가 부족한 점이 아쉽다.

따라서 본고에서는 묘지명을 통해 예씨 일족에 관한 종합적인 검토를 시도해 보고자 한다. 이에 II장에서는 묘지명에 보이는 예씨 일족의 출자와 가계에 대한 기초적 검토를 진행할 것이다. III장에서는 백제의 대내외적인 상황과 함께 예씨 일족의 이주와 정착에 대해 살펴보고자 한다. 마지막으로 IV장에서는 예씨 일족 세력기반의 검토와 함께 부상 요인을 규명하고자 한다.

II. 예씨 일족의 출자와 가계

예씨 일족은 묘지명의 발견과 함께 구체적으로 논의[12]되기 시작하였다. 예씨 일족의 묘지명을 보면, 같은 가계임에도 불구하고 출자, 선조의 이름, 이주시기 등이 다르게 나타나는데, 이를 표로 정리해보면 [표 1]과 같다.

먼저, 선조의 인명 표기 방식이다. [표 1] 선조의 이름 부분을 보면 같은 가계임에도 불구하고, 각기 다르게 표현되고 있다. 이는 같은 백제유민이자 당나라에서 활동한 흑치상지와 그 아들 흑치준 묘지명에서도 비슷한 예가 보인다. 흑치상지의 조부 이름을 '德顯'과 '加亥', 그리고 부친의 이름은 '沙次'와 '沙子'로 다르게 부르고 있는데, 이는 중국식으로 雅化되어 후대에 개명된 것[13]으로 보기도 한다. 혹은 백제의 왕명을 통해 한자식 이름과 백제식 이름이 존재했던 것으로 추론[14]하기도 한다. 다른 가능성으로는 구전에 의해 전해졌을 수 있으며, 이는 한계나 착오 등 사실관계가 변형될 가능성[15]도 염두에 둘 필요가 있다. 묘지명에서도 예식진을 제외하면 선조의 이름이 한 글자로 비교적 통일되는 모습이 살펴지며, 예식진의 형 '예군' 이름이

11) 李成制, 2014, 「高句麗·百濟遺民 墓誌의 出自 기록과 그 의미」, 『한국고대사연구』 75; 李東勳, 2014, 「高句麗·百濟遺民 誌文構成과 撰書者」, 『한국고대사연구』 76.

12) 처음 예식진 묘지명이 소개될 때만 해도 탁본만 전해져 사료적 가치를 의심(現 낙양이공학원 소장중)받기도 하였다. 그러나 묘지명에 대한 연구가 심화되고, 예씨 일족의 묘지가 추가로 발견됨으로써 사료적 가치를 인정받게 되었다. 묘지명은 부족한 사료에 인물 개개인의 행적을 살펴볼 수 있다는 장점이 있지만, 묘주의 입장에서 구성되었기 때문에 사료로 이용할 때는 신중해야 한다. 이에 본 논고에서는 석사학위논문에서 공주대학교 중어중문학과 문종명 교수와 스터디를 통해 해석했던 내용을 기반으로 논지를 전개하였다.

13) 李文基, 1991, 「百濟 黑齒常之 父子 墓誌銘의 檢討」, 『韓國學報』 64, 一志社, p.165; 金榮官, 2012a, 앞의 논문, p.140.

14) 오택현, 2015, 「黑齒俊 墓誌銘」, 『한국고대 문자자료연구 백제(하)-주제별-』, 주류성, p.398.

15) 양종국, 2018, 「흑치상지와 백제부흥운동」, 『한국고대사와 백제 고고학』, p.145.

[표 1] 예씨 묘지명 내용

인물	출신 및 출자	이주시기	선조 이름 및 관직	
예식진 (615~672)	百濟 熊川人 / ?		조부	譽多(좌평)
			부	思善(좌평)
예군 (613~678)	熊津 嵎夷人 / 与華同祖	永嘉 말 (4세기 초)	증조	福(좌평)
			조부	譽(좌평)
			부	善(좌평)
예소사 (?~708)	楚國 琅邪人	탁발과 송공의 전란시기 (5세기 초)	증조	眞(譽)(대방주자사)
			조부	善(래주자사)
			부	寔進(귀덕장군, 동명주자사, 좌위위대장군)
예인수 (675~727)	東漢 平原處士 후예	수나라 말기 (7세기 초)	증조	善(래주자사)
			조부	寔進(좌위위대장, 내원군개국공)
			부	素士(좌위위대장군)

나, 중국 사서에서 '예식'이라는 이름도 보인다. 즉 예씨 일족의 선조도 인명은 다르게 나타나지만, 가리키는 이들은 모두 동일인물로 볼 수 있다. 의도성이 없는 변형의 가능성은 존재하기 마련이므로 묘지명의 조상 관련 기사에 다소 차이가 나타난다고 해도 같은 가계로 보는 데에는 큰 문제가 없다고 생각된다.

다음은 묘지가 발견되면서 가장 많이 논의된 주제로 예씨 일족의 출자이다. 예식진과 예군은 백제에서 활동한 인물임에도 불구하고 예군, 예소사, 예인수 묘지명에 선조대 중국에서 백제로 이주해왔다는 기록이 묘지명에 남아있었기 때문이다. 이처럼 통일되지 않은 출자는 연구자들 간의 혼란을 초래하기도 하였다. 출자부분을 정리하면 다음 사료 A와 같다.

A-1. 공의 諱는 寔進인데, 百濟 熊川人이다.[16)]

-2. 공의 諱는 軍이고 자가 溫이며, 熊津 嵎夷人이다 … 그 선조는 華와 조상이 같고, 永嘉 末에 난을 피해 동쪽으로 갔다.[17)]

-3. 공의 諱는 素士이고 字가 素이며, 楚國琅瑘人이다 … 7대조 嵩이 淮泗로부터 遼陽으로 건너와, 마침내 熊川人이 되었다.[18)]

-4. 隋나라 末에 萊州刺史 禰善이라는 사람이 있었는데, 대략 東漢 平原處士의 후손이었다.[19)]

16) '公諱寔進 百濟熊川人也'(禰寔進 墓誌銘).

17) '公諱軍字溫 熊津嵎夷人也 … 其先 与華同祖 永嘉末 避亂適東 因遂家焉'(禰軍 墓誌銘).

18) '公諱素士字素 楚國 琅瑘人也 … 七代祖嵩自淮泗 浮於遼陽 遂爲熊川人也'(禰素士 墓誌銘).

먼저 사료 A-1 예식진 묘지명의 출신은 백제 웅천인이다. 하지만 출자는 언급하지 않았다. 사료 A-2 예군 묘지명은 출신이 백제인이지만, 선조는 중화와 조상을 같이 한다[与華同祖]고 하여 중국계 출자로 살필 수 있다. 사료 A-3 예소사 묘지명에는 楚國 琅琊人이라 하고, 선조는 '淮泗로부터 遼陽[20]으로 건너왔다'고 언급하고 있다. 마지막으로 사료 A-4 예인수 묘지명은 東漢 平原處士의 후예와 연결하며, 출자를 구체화 시키고 있는 모습이다. 예씨 일족이 平原處士의 후예인지는 이 외에 기록이 남아있지 않기 때문에 확인할 수 없다. 다만 예씨 일족이 중국계 출자이기는 하나, 처음에는 백제에서 활동하다가 중국으로 편입되었기 때문에, 후대로 갈수록 본인들의 뿌리를 찾아가는 하나의 모습으로 살펴볼 수 있지 않을까 한다.

시대가 내려간 예소사, 예인수 묘지명에서는 중국계 출자를 강하게 주장하는 모습이 하나의 특징인데, 이는 당시 당 내부의 상황과도 밀접하게 관련이 있었을 것으로 보인다. 당은 광대한 지역을 기미정책으로 통치하였는데, 당나라의 영토 확대와 개방 정책으로 당에 온 외국인 가운데 그들의 재능에 따라 당의 고위 관직에 올라가는 자도 적지 않았다. 이민족 출신에 대하여 제한을 두기보다는 등용[21]하여 변방을 제어하는 데 이용한 것이다. 당의 정책은 백제 유민들에게도 적용되었다. 백제 유민의 후손으로 당에서 출생한 자들은 藩戶로 편제되지 않고 바로 당의 호적에 편제[22]되었다. 번호로 편제된 백제 유민들은 세금과 역역을 납부하였지만, 종군하여 30일 이상 출정하면 면제[23]받았다. 이러한 이유에 많은 백제 유민들이 종군하였을 것으로 생각되며, 돌궐과 토번의 빈번한 침입은 이들이 무장으로 출세[24]할 기회를 얻었을 것이다. 하지만 후대로 갈수록 이민족에 대한 입지가 점차 떨어지는 모습이 보이는데, 예씨 일족도 이와 같은 당의 정책변화에 따라 그 입지가 변화되었을 가능성을 추정해볼 수 있다. 또한 묘지명 외에도 중국 시와 사서에서 '禰'라는 성씨를 찾아볼 수 있는데, 다음 사료 B에 보인다.

B-1. 後漢인 예형[25]

-2. 재주를 믿고 오만방자하게 굴었으므로 … 황조가 처음에는 존중하며 예우하였으나, 결국에는 분노가 폭발하여 죽이고 말았는데, 이때 예형의 나이 26세였다.[26]

-3. 後漢 사람 예형은 자가 정평이니, 평원의 처사였다.[27]

---

19) '隋末有萊州刺史祢善者 盖東漢平原處士之後也'(禰仁秀 墓誌銘).

20) 漢代에 둔 縣으로 소재지는 遼寧省 遼中縣 남동쪽 偏堡子 古城에 있었다(『漢書』 地理志 下; 『讀史方輿紀要, 山東, 遼東郡指揮使司, 東寧衛, 遼陽城』, 檀國大學校 東洋學硏究所, 2008, 『漢韓大辭典』 13, p.1196). 그러나 여기에서는 한반도 혹은 백제를 가리킨다는 견해(李文基, 2000, 앞의 논문, pp.517~519)에 따라 볼 수 있다.

21) 申採湜, 2009, 『東洋史概論』. 三英社, p.364.

22) 『唐六典』 3, 「尙書戶部」'凡諸國蕃戶內附者 亦定爲九等 … 凡內附後所生者 卽同百姓 不得爲蕃戶也'.

23) 『唐六典』 3, 「尙書戶部」'若夷獠之戶 皆從半輸 輕稅諸州高麗百濟應差征鎭者並令免課役'.

24) 金榮官, 2012b, 「百濟 遺民들의 唐 移住와 活動」, 『韓國史硏究』 158, p.245.

25) 『元和姓纂』 6.

26) 『後漢書』 80下 文苑列傳 禰衡.

27) 『通志』 28 「氏族略」 第4.

-4. 동쪽 교외 봄 풀의 빛깔인데, 말을 몰며 느긋이 가네. 하물며 고향산 바깥임에야, 원숭이 울고 湘江 흐르네. 섬나라 오랑캐 격문 전하고, 강가 관사에서 귀인행차 안부 묻네. 풀 옷 입은 오랑캐 여러 관리되어, 珠江 관리도 본 땅 받들게 하리라. 외로운 꾀꼬리 멀리 농막에 지저귀고, 개살구나무 산기슭 역참에 꽃피웠네. 머지않아 꼭 도아와 戰功 아뢰리니, 남방에서 가을은 겨우 피할 것이네.[28]

먼저 사료 B-1~3은 後漢 시기에 예씨 성을 쓰는 '예형'에 관한 사료이다. 예형이 산동성 출신임을 근거로 예씨의 출신을 산동 일대로 추정[29]하기도 한다. 산동성은 다른 예씨 일족 묘지명에서도 계속해서 언급되는 지역으로 주목되기는 하나, 이 사료만을 가지고 출신지를 확정짓기는 어렵다. 다만 後漢대부터 예씨가 성씨로 쓰이고 있음을 확인[30]할 수 있는 좋은 자료이다. 사료 B-4는 唐나라대 시인 王維(699?~759)가 郎中 禰氏에 보내는 '送禰[31]郎中'이라는 시이다. 왕유는 예인수(675~727)와 동시대를 살았던 인물이지만 여기에서 가리키는 예씨가 누구인지는 구체적으로 알 수 없다. 다만 위의 사료를 통해 唐나라대도 여전히 예씨 성이 존재하고, 활동하고 있음을 충분히 추정해 볼 수 있다.

물론 묘지명 자료의 특성상 각색의 염려가 있고, 묘지명마다 일부 차이가 보여 혼란을 야기할 수도 있다. 하지만 유민 1세대인 예군 묘지명에서조차 중국계 출자를 주장하고 있고, '禰'라는 성씨를 백제에서 찾아보긴 어려우나 중국 성씨로는 일찍부터 唐대까지 확인이 되고 있다는 점에서 중국계 출자로서 가능성을 열어두고자 한다. 더불어 의자왕 항복 과정에 예식진이 唐나라군에게 인도하는 역할을 하는 등 중국과의 접촉에 밀접한 관련이 있는데, 이는 唐나라와 소통할 수 있는 중국계 인물이었기에 가능했으리라고 생각된다.

최근에는 더 나아가 중국 천룡산석굴에서 발견된 「勿部珣將軍功德記[32]」와 예씨 일족을 관련짓는 연구[33]가 제시되어 주목된다. 물부순의 부인은 백제 유민이자 당에서 활동한 흑치상지의 中女로, 일찍부터 물부씨와 흑치씨 사이의 연결고리는 주목[34]되어져 왔다. 그런데 최근 연구는 공덕기 내용에 주목해 물부순의 사위이자 흑치상지의 손녀 사위[35]를 예씨로 보는 것이다. 물부순의 사위에 대한 이름은 그동안 '珍[36]義'이

---

28) '東郊春草色, 驅馬去悠悠. 況復鄉山外, 猿啼湘水流. 島夷傳露版, 江館候鳴騶. 卉服為諸吏, 珠官拜本州. 孤鶯吟遠墅, 野杏發山郵. 早晚方歸奏, 南中纔忌秋'(王維, 「送禰郎中」, 『欽定四庫全書』 御定全唐詩 127).

29) 張全民, 2012, 「唐代百濟禰氏家族墓志葬的發見與世系考証」, 『新發見百濟人「禰氏 墓誌」と7世紀東アジアと「日本」』, pp.16~18.

30) 김영심, 2013, 앞의 논문, p.209.

31) 일부 사료에서는 '徐'로 쓰이기도 하나, 일반적으로 '禰'를 많이 쓴다.

32) 물부순공덕기는 唐 景龍 원년(707) 造像을 주도한 물부씨의 공덕기이다. 천룡산 석굴은 1988년에야 제대로 된 학술조사가 이루어졌으며(李榕群, 1991, 「天龍山石窟調查報告」, 『文物』 1, pp.32~55). 1992년 관련 금석문으로 소개되었다(宋基豪, 1992, 「勿部珣功德記」, 『譯註 韓國古代金石文』 제1권, 韓國古代社會研究所, pp.577~582).

33) 李成市, 2015, 「天龍山勿部珣功德記にみる東アジアにおける人の移動」, 『仏教文明と世辱秩序』, 新川登亀男 編, 勉誠出版, pp.240~260.

34) 윤용구, 2003, 「중국출토의 韓國古代 遺民資料 몇 가지」, 『한국고대사연구』 32, 한국고대사학회, p.315; 朴現圭, 2009, 「天龍山石窟 제15굴과 勿部珣將軍功德記: 선행학자들의 연구동향을 중심으로」, 『서강인문논총』, 서강대학교 인문과학연구소, p.53; 오택현, 2014, 「勿部珣將軍功德記」, 『목간과 문자』 12, 한국목간학회, p.222.

나 '瓕[37]義' 등으로 판독되어져 왔다. 그런데 최근 이를 '祢[38]義'로 새롭게 판독하면서 예씨 일족과 관련한 인물이 등장하고 있어 주목된다. 이에 세부적으로 검토해보도록 하겠다.

우선, 물부순공덕기 '祢[39]義' 앞에 있는 글자는 '天兵中軍 總管'이라고 해서, 뒤의 글자는 자연스레 인명으로 살펴진다. 그러나 '珍義'나, '瓕義' 혹은 '祢義' 모두 역사 속에서는 확인 할 수 없는 인물들이다. 그렇다면 글자의 자형만으로 추정할 수밖에 없을 것이다. 먼저 인명의 첫 번째 글자를 살펴보면, 물부순공덕기에 사용된 서체인 '隸書體'와 [표 2]에서 왼쪽 2개의 비슷한 글자들을 통해 명확하게 '尔'로 살펴볼 수 있겠다. 또한 '尔'자의 왼쪽 편으로 3획이 보이고 있는데, 이는 명확하지 않아 좀 더 신중을 기해야 한다.

[표 2]

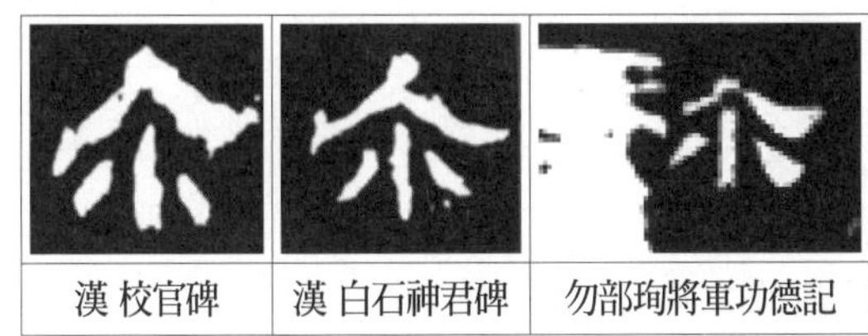

漢 校官碑	漢 白石神君碑	勿部珣將軍功德記

隸書體로 쓰여진 예를 찾아 추정해보면 '祢 '와 같은 자는 아니지만, 비슷한 字로 [표 3]에 '禰'가 눈에 띈다. 앞의 '보일 시[示]' 字가 왼쪽편의 3획과 유사한 모습이다. 따라서 물부순공덕기에 쓰여진 인명의 첫 번째 글자는 '祢'로 볼 수 있지 않을까 한다. 이를 통해 보았을 때, 물부순의 사위이자 흑지상지 손녀 사위의 성은 '祢'로 보는 것이 타당하다고 생각된다.

[표 3]

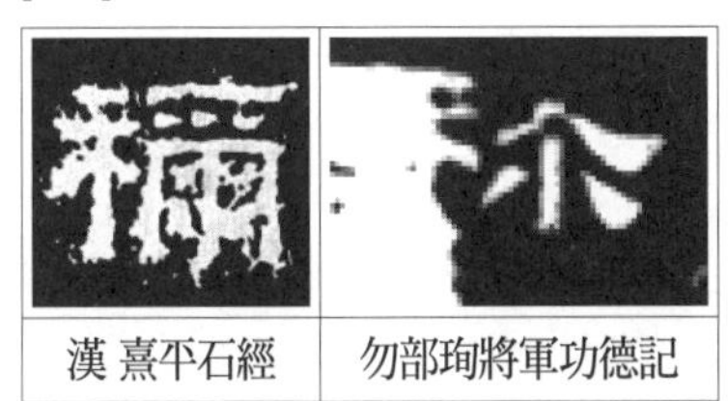

漢 熹平石經	勿部珣將軍功德記

35) '… 公聲天兵中軍摠管瓕義'(『勿部珣功德記』).

36) 윤용구, 2003, 앞의 논문, p.313; 오택현, 2014, 앞의 논문, p.209.

37) 송기호, 1992, 『역주 한국고대금석문』 제1권, p.577; 朴現圭, 2009, 앞의 논문, p.44; 충청남도역사문화연구원, 2016, 『중국 출토 百濟人 墓誌 集成』.

38) 李成市, 2015, 앞의 논문; 2019, 『동아시아 세계론의 실천과 이론-유동하는 고대』, 에디투스, p.109.

39) 禰의 이체자이다.

다음은 인명의 두 번째 글자이다. 아래 [표 4]의 2,3번째를 살펴보면, 義자가 비교적 오른편에 치우쳐져 있다. 또한 위의 '祢'자와 비교해보았을 때, 왼쪽에 공간이 생기는 것을 살펴볼 수 있다. 즉 2/3 지점에 '義'자가 위치하고, 앞 1/3 정도의 공간이 생기는 것이다. 그렇다면 앞에 변이 추가 되어야 자연스러울 것이다. '義'글자를 자세히 살펴보면, 위의 글자가 좁고 아래로 갈수록 위보다 넓은 사다리꼴 형태이다. 그렇다면 왼쪽의 변은 위가 아래보다 넓은 글자가 들어가야 맞을 것이다. 예서체로 쓰여진 글자 중 비슷한 자를 찾아보면, [표 4]에서 사람인 변이 추가된 '儀'가 가장 유사하지 않을까 한다. 하지만 이는 글자가 위의 '祢'자에 비해 명확하지 않기 때문에, 더 신중한 검토가 필요하다.

[표 4]

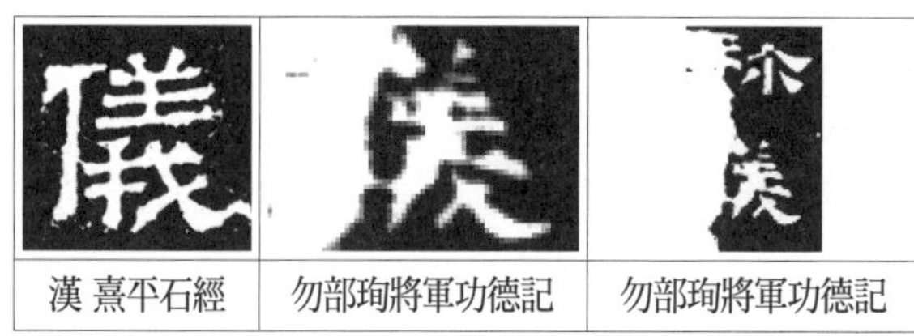

漢 熹平石經	勿部珣將軍功德記	勿部珣將軍功德記

앞서 두 글자의 해석을 통해 흑치상지의 손녀 사위 이름을 '祢儀'로 살펴보았다. 흑치상지의 손녀 사위 祢儀에 대한 내용은 이 외에 알 수는 없지만, 나이대를 계산[40]해보면 예인수의 아들 禰適과 비슷한 나이이다. 하지만 예인수는 슬하에 1남 2녀를 두고, 그중 아들의 이름은 適이라고 불리는 것[41]으로 보아, 예식진 가문의 직계로 보기는 어렵다고 할 수 있다. 예식진의 형인 예군의 가계 혹은 이전 예인수의 아버지 예소사 형제들인 '예인휘·예인걸·예인언·예인준'[42] 가계로 가능성을 열어둘 수는 있다. 현재로서는 자료의 한계로 추정에 불과하며, 다만 이 시기 예씨 가문과 관련성 정도만 언급할 수 있겠다.

이상 예씨 일족 묘지명의 가계와 출자에 대한 논의를 통해 중국계로 살펴볼 수 있었다. 그렇다면 이들이 언제 백제로 이주를 하였을지, 또 어떠한 이유로 이주라는 선택을 하게 되었는지에 대해서 고민해보고자 한다.

40) 예인수 생몰연대는 675~727년이다. 또한 물부순장군의 부인이자 흑치상지 中女의 생몰연대는 알 수 없으나, 형제인 흑치준의 생몰연대는 676~706년으로 알려져 있어, 이들의 나이대를 추정해볼 수 있다.

41) '其子曰適 追報所天 慰玆明靈 志彼幽壤'(『禰仁秀 墓誌銘』.)

42) '子仁秀仁徽仁傑仁彦仁俊等'(『禰素士 墓誌銘』.)

III. 예씨 일족의 백제 이주

앞서 예씨 일족의 출자를 중국계로 살펴보았다. 그렇다면 중국에서 살던 예씨 일족이 언제, 왜 백제로 이주를 해왔을까 궁금하다. 이는 이주의 두 요건인 외부적으로 이주를 할 만한 상황, 즉 혼란스러운 시기에 이주하였을 것이라는 점과, 백제 내부적으로도 이들을 필요로 해야 받아들일 수 있다는 관점[43]에서 살펴보는 것이 가장 합리적일 것이다. 그러면 묘지명을 통해 구체적인 단서를 찾아보자.

C-1. 永嘉 末에 난을 피해 동쪽으로 갔다. 이로 인해 마침내 그 곳에서 가문을 이루었다.[44]
-2. 拓拔이 굳센 기병을 가지고서 남쪽을 침공했고 宋公이 강한 군사로 북쪽을 토벌했다 … 魏氏가 힘차게 날아오르고 宋公이 섭정하니, 들판이 어지러워졌고 현명한 사람들은 물을 건너갔다.[45]
-3. 隋나라 末에 萊州刺史 예선이라는 사람이 있었는데, 東漢 平原處士의 후손이었다. 하늘이 隋의 덕을 싫어함을 알아 작은 뗏목을 타고 바다를 건너 도망가, 마침내 百濟國에 이르렀다.[46]

위의 사료 C-1~3은 차례대로 예군과 예소사, 예인수의 묘지명이다. 이를 보면 백제로의 이주시기와 상황을 언급하고 있는데, 각 묘지명의 내용을 당시 백제의 대내외적인 상황과 함께 면밀히 살펴보도록 하겠다.

먼저 사료 C-1 예군 묘지명에 보이는 4세기 초의 상황이다. 당시 대외적으로는 西晉(265~316년)이 幽州-樂浪·帶方·玄菟의 체계에서 동이교위가 직접 통괄하는 체계로 바뀌게 됨에 따라 樂浪·帶方·玄菟는 중개 기능을 상실[47]하였다. '八王의 난(291~306년)' 등 혼란스러운 상황으로 인하여 樂浪·帶方郡은 급속도로 쇠퇴[48]해져 갔으며, 西晉 말 '永嘉의 난'까지 더해지게 되었다. 한반도에서 고구려는 중국의 영향력이 약화된 틈을 타 군사력을 강화하여 대외정복을 활발히 전개하였다. 311년 서안평을 장악[49]하여 요동과 樂浪·帶方지역의 연결로를 차단하고, 313년과 314년 차례로 樂浪郡과 帶方郡을 공략하였다. 이처럼 한반도 역시 안정되지 않은 상황이므로 예씨 일족이 중국 내륙에서 이주하였다고 보기에는 어려울 것이다. 혹은 永嘉의 난을 시작으로 100여 년에 걸쳐 西晉의 주민 일부가 남쪽으로 이동[50]하였는데, 예씨 일족 역시 이러한 과

43) 정재윤, 2012, 앞의 논문, p.3.
44) '永嘉末 避亂適東 因遂家焉'(禰軍 墓誌銘).
45) '拓拔以勁騎南侵 宋公以强兵北討 … 魏氏雄飛 宋公居攝 郊原版蕩 賢人利涉'(禰素士 墓誌銘).
46) '隋末有萊州刺史祢善者 盖東漢平原處士之後也 知天猒隋德 乘桴竄海 遂至百濟國'(『禰仁秀 墓誌銘』).
47) 林起煥, 2000, 「3세기~4세기 초 魏·晉의 동방 정책-낙랑군·대방군을 중심으로-」, 『역사와 현실』 36, 한국역사연구회, p.25.
48) 林起煥, 2004, 「고구려와 낙랑군의 관계」, 『한국고대사연구』 34, p.156.
49) '秋八月 遣將襲取遼東西安平'(『三國史記』 17 高句麗本紀5 美川王 12年條).

정 중에 이주를 시작하였을 가능성은 고려해 볼 필요가 있다. 다만 정착지가 백제라고 할 수는 없으며, 혼란스러운 상황의 시발점인 '永嘉 말'로 표현한 것으로 생각된다.

다음 사료 C-2에 보이는 5세기 초 상황이다. 묘지명의 魏氏는 北魏, 宋公은 劉裕[51]을 말한다. 北魏가 남쪽으로 세력을 확장하고, 劉裕에 의해 宋이 건국되는 등 혼란스러운 시기를 가리킨 것이다. 이주시기로 5세기 초를 언급하고 있는데, 이는 예씨 묘지명의 혼란스러운 상황을 피해 이주하였다는 내용과 부합되고 있어 주목된다. 사료 C-3은 7세기 초를 말하는 것으로, 예군이 태어난 613년에서 역으로 생각해보면 부친 예선이 이주해 오자마자 백제에서 관직을 맡기에는 매우 짧은 시간이어서 신뢰하기 어렵다. 그런데 후대로 갈수록 출자를 구체화했듯이, 이주시기 역시 점차 늦어지는 경향이 보인다. 각 각 4세기 초, 5세기 초, 혹은 7세기 초에 이주하였다고 한다. 이 역시 예씨 일족이 당에 동화되는 과정을 보여주는 예로도 볼 수 있으며, 후대로 갈수록 자신들이 중국계임을 강조하기 위해서 점차 이주시기가 늦어지는 양상을 보이게 된 것으로 살펴볼 수 있다.

그렇다면 백제 내부에서도 이들을 받아들일만한 여건이 되었는지에 대해 살펴 볼 필요가 있다. 5세기 초는 백제의 阿莘王(392~405)에서 腆支王(405~420)대에 해당한다. 고구려의 廣開土王 즉위 이후 본격적으로 남정이 시작되자 백제 10여 개의 성이 함락되는 등 이전과는 달리 급격히 밀리게 된다.[52] 당황한 백제는 이에 대한 대책으로 아신왕 즉위 후 眞武를 좌장으로 삼아 병마에 관한 업무를 맡기고 있다.[53] 眞武의 좌장임명은 국내기반을 장악하고 대외적으로 활약[54]하려는 阿莘王의 노력으로 볼 수 있다. 그러나 眞武의 좌장임명 후에도 고구려와의 전투에서 연이어 패하며 위기에 처해있다. 이러한 상황에서 아래 사료 D를 주목해 보자.

> D-1. 가을 8월에 임금이 좌장 眞武 등에게 명하여 고구려를 치게 하니, 고구려왕 담덕(광개토왕)이 직접 병사 7천 명을 거느리고 浿水에 진을 치고 대항하여 싸웠다. 우리 병사가 크게 패하여 사망자가 8천 명이나 되었다.[55]
>
> -2. 봄 2월에 眞武를 병관좌평으로 삼고 沙豆를 좌장으로 삼았다.[56]

사료 D-1~2를 보면 백제는 위기를 극복하고자 沙豆라는 새로운 지방 세력을 좌장[57]에 등용하는 모습이

50) 朴漢濟, 1996, 「東晉·南朝史와 僑民 -'僑舊體制'의 形成과 그 發展-」, 『東洋史學硏究』 53, p.4.

51) 金榮官, 2012a, 앞의 논문, p.107.

52) 『三國史記』 25 百濟本紀3 辰斯王 8年條.

53) 『三國史記』 25 百濟本紀3 阿莘王 2年條.

54) 진무는 진씨 세력으로 국내에 강한 기반을 가졌기 때문에 아신왕 초기 왕권확립을 위해 임명했다는 견해(盧重國, 1988, 『百濟政治史硏究』, 一潮閣, p.128).

55) 『三國史記』 25 百濟本紀3 阿莘王 4年條.

56) 『三國史記』 25 百濟本紀3 阿莘王 7年條.

57) 군사를 실질적으로 운용할 수 있는 직위이다(노중국, 1994, 「4~5世紀 百濟의 政治運營 : 近肖古王代-阿莘王代를 중심으로」,

다. 고구려와의 전쟁에서 점차 밀리자 백제 중앙과 일정한 관계를 맺고 있던 지방세력인 사씨[58]를 좌장에 등용하고, 이들이 소유한 군사력을 중앙의 군사조직에 편제하여 대고구려전을 수행[59]하고자 하는 것이다. 즉 거리가 있음에도 불구하고 요충지인 금강유역권을 장악하고 있는 이들과 백제 중앙은 긴밀한 교류를 하고 있음을 살펴볼 수 있는 것이다. 이는 뒤에서 자세히 살펴보겠지만, 금강 중상류지역인 웅천 지역에 기반을 둔 예씨 세력과도 연결지어 살펴볼 수 있는 점으로 주목된다.

阿莘王의 뒤를 이어 즉위한 腆支王대에는 東晉의 安帝가 사신을 보내 왕을 使持節都督百濟諸軍事鎭東將軍百濟王으로 책봉[60]하는 사건이 있기도 하였다. 이는 당시 백제와 중국이 일정 정도 교류관계가 있었을 것으로 볼 수 있다. 중국 군현이 붕괴되자 백제는 북상하여 군현의 지배세력들을 대거 흡수하는데, 이 때 일부 중국계 세력의 귀화가 이루어졌을 것으로 살펴볼 수 있다. 近肖古王대 성장한 중국계 박사 高興[61]을 통해 구체화 할 수 있는데, 중국계 이주민들이 5세기 이전부터 백제중앙에서 활용되고 있는 모습이다. 이를 통해 봤을 때 백제 중앙이 국력을 결집하기 위해 새로운 세력의 영입이 절대적으로 필요했으며, 이 시기 사씨 세력처럼 지방 세력이나 선진문물을 가지고 있는 중국계 이주인물을 통해서 시도하고자 하는 일면으로 살펴 볼 수 있다. 그렇다면 예씨 일족의 이주시기를 중국 내에서는 혼란이 일어나고, 백제 내부에서는 외부세력의 영입을 필요로 한 5세기대가 가장 적기로 보인다. 이를 더 구체화하면 예소사 묘지명에 근거해 5세기 초로 보는 견해[62]가 있으나, 이주는 일순간에 이루어지는 것이 아니고 백제 내에서 예씨 세력의 활약 시기를 고려해 보았을 때 5세기 초~중엽이 가장 적합할 것[63]이다. 그렇다면 백제는 이들을 받아들여 어떻게 활용하였을까?

이는 주변 고구려의 예를 통해서 일면 살펴볼 수 있다. 고구려는 중국 혼란기 중국계 이주민들을 흡수하여 후방의 안정[64]을 공고히 하는데, 이는 安岳 3號墳의 冬壽와 德興里 古墳의 묵서명에 보이는 幽州刺使 鎭

『韓國古代史論叢』 6, pp.148~149).

58) 사씨의 재지기반에 대한 연구는 부여 혹은 그 주변 일대로 보는 설(노중국, 1978, 「百濟王室의 南遷과 支配勢力의 變遷」, 『韓國史論』 4, pp.97~100; 洪思俊, 1971, 「百濟成地研究」, 『百濟研究』 2, p.256; 서정석, 2002, 『백제의 성곽』, 학연문화사, p.118 각주 60; 윤선태, 2007, 「百濟의 文書行政과 木簡」, 『韓國古代史研究』 47, p.214; 유원재, 1996, 「百濟 加林城 研究」4, 『百濟論叢』 5, p.84.)과 금강하구로 보는 설로 크게 나뉜다. 금강하구에서도 서천 일대로 보는 설(강종원, 2007, 앞의 논문, pp.32~33), 익산 지역을 재지기반으로 보는 설(김주성, 2009, 「백제 武王의 정국 운영」, 『대발견 사리장엄! 미륵사의 재조명』, 원광대학교 마한·백제연구소, pp.41~42) 등이 있으나, 최근 군산-익산 일대의 금강하구로 보는 견해(박윤우, 2017, 「백제 沙氏세력에 대한 연구」, 공주대학교 대학원 석사학위논문)도 제시되었다.

59) 姜鍾元, 2007, 「百濟 沙氏勢力의 中央貴族化와 在地基盤」, 『百濟研究』 45, p.21.

60) 『三國史記』 25 百濟本紀3 腆支王 12年條.

61) 『三國史記』 24 百濟本紀2 近肖古王.

62) 김영관, 2012, 앞의 논문, p.144; 曺凡煥, 2015, 앞의 논문, p.8.

63) 정재윤, 2012, 앞의 논문, p.25; 김영심, 2013, 앞의 논문, p.211.

64) 林起煥, 1995, 「4세기 고구려의 樂浪·帶方地域 경영-안악3호분·덕흥리고분의 墨書銘 검토를 중심으로-」, 『歷史學報』 147, p.43. 혹은 중국계 망명인이나 토착유력자들의 관계를 통해 이루어진 지배가 아니라, 4~5세기 고구려의 지방지배의 틀 속에서 타 지역과 공유되는 하나의 지배 유형이었을 가능성이 제기(안정준, 2013, 「高句麗의 樂浪·帶方 故地 영역화 과정과 지배방식」, 『한국고대사연구』 69, pp.155~160)되기도 했다.

이라는 인물을 주목해 볼 수 있다. 먼저 동수[65]는 前燕 慕容氏의 휘하에서 고위관직을 역임하다가 내분에 의하여 336년 고구려로 망명[66]하는 북방계 인물이다. 그런데 고구려로 망명한 그의 묘가 안악지방에서 발견되었다. 이는 단순히 정치적 망명객일 뿐인 그가 독자적으로 안악지방으로 이주하여 세력기반을 형성하였다고 보기 어렵다. 이는 樂浪지역 지배에 그를 활용하려는 고국원왕의 지원이 뒷받침되었을 것으로 보는 견해[67]를 주목해 볼 수 있는데, 고구려 중앙이 중국계 이주 세력을 통해 남진정책을 추구하는 것이다.

幽州刺使 鎭 역시 휘하에 다수의 군태수직과 募府·州府관료가 설치되었는데, 이는 낙랑지역 토착세력이나 중국인 망명객을 편제 통솔하는 기능을 하였을 것으로 볼 수 있다. 평양천도 이후에는 이들 세력들이 고구려 관인사회에 직접 편입되어 국내계 귀족세력과 더불어 정치세력의 한 축을 이루었던 것[68]으로 보기도 한다. 그런데 주목되는 점은 동수가 받은 관직을 살펴보면, 使持節 都督諸軍事 平東將軍 護撫夷校尉 樂浪相 昌黎·玄菟·帶方太守이며, 관작은 都鄕侯이다. 東晉과의 정치적 연관성을 과시하고자 중국의 연호를 사용하였는데, 이는 당시 東晉의 상황과는 일치하지 않는 문제점[69]이 생긴다. 다만 이들의 관직은 昌黎·玄菟·遼東·幽州 등 요동 지역과 帶方·韓 등 한반도에 걸쳐 활동영역과 근거지가 혼합[70]되어 있는데, 이는 고구려의 영향아래 이들의 근거지 혹은 활동했던 곳이 관직으로 드러났을 가능성이 있다. 유주자사 진 역시 小大兄이라는 고구려 관등을 가지고 있으면서, 左將軍 중국식 관제도 사용하는 모습이 보이는데, 이를 중국 내에서 활동했던 관직을 바탕으로 명예직 등으로 차용했을 가능성[71]으로 보기도 한다.

예씨 일족 묘지명에서도 이와 비슷한 맥락이 있는데, 예식진의 아버지 예선이 隋나라 말기 萊州刺史였다고 한다.[72] 그러나 隋나라대 이 지역의 지방관은 麥鐵杖, 牛方谷, 淳於에 불과하며 그 칭호도 隋나라 말에는 東萊郡太守였다.[73] 그렇다면 예선의 래주자사 직함은 어떻게 받아들여야 할까? 이는 고구려 원정에 백제가 협조의사를 표명해 산동과 인연이 있던 예선을 출병 거점인 래주의 자사로 삼았고, 楊玄感이 반란을 일으

65) 안악3호분의 피장자에 대해서는 동수에 관한 묵서명으로 인해 동수가 묘주라는 설(共晴玉, 1959, 「關于冬壽墓的發見和硏究」, 『考古』; 金元龍, 1960, 「高句麗 古墳壁畵의 起源에 대한 硏究」, 『震檀學報』)과, 동수묘설을 반대(리여성, 1995, 「대동강반 한식 유적유물과 〈악랑군치〉설에 대하여」, 『력사과학』)하고 미천왕으로 보는 설(박윤원, 1963, 「안악 제3호분은 고구려 미천왕릉이다」, 『고고민속』), 고국원왕으로 보는 설(김용준, 1958, 「안악 제3호분(하무덤)의 년대와 그 주인공에 대하여」, 『문화유산』)로 나뉘어져 있다(徐永大, 1992, 「安岳 3號墳 墨書銘」, 『譯註 韓國古代金石文』 I, 韓國古代社會硏究所, p.59). 동수설에서 더 나아가 『資治通鑑』 등 기록에서 동수가 중국에서 이주해 왔다는 사실이 기록되어 있는 점, 동수가 칭한 관직이 前燕과 관계되어 있는 점 등을 통해 중국계 볼 수 있다는 설에 따르고자 하였다.

66) 『晉書』 慕容皝載記; 『資治通鑑』 晋紀, 咸康 2年 正月條.

67) 林起煥, 1995, 앞의 논문, p.18.

68) 林起煥, 1995, 앞의 논문, p.44.

69) 孔錫龜, 2003, 「4~5세기 고구려에 유입된 중국계 인물의 동향-문헌자료를 중심으로-」, 『한국고대사연구』 32. p.144.

70) 정재윤, 2012, 앞의 논문, p.26.

71) 林起煥, 1995, 앞의 논문, p.32.

72) '曾祖眞帶方州刺史 祖善隋任萊州刺史…'(『禰素士 墓誌銘』). '隨末有萊州刺史祢善…'(『禰仁秀 墓誌銘』).

73) 萊州를 칭한 것은 唐 武德 4년(621)이다(隋開皇五年(585年)以光州改置, 治掖縣(今山東萊州市). 大業(605~618)初改爲東萊郡. 『隋書』 二十五 地理中; 唐武德四年(621年)複爲萊州, 天寶初又改爲東萊郡. 乾元初又爲萊州. 唐轄境約當今山東省萊州, 即墨, 萊陽, 平度, 萊西, 海陽等市地. 明洪武九年(1376年)升爲萊州府.『新唐書』 二十八 地理二).

키는 등 전국이 혼란스러워지자 다시 백제로 왔다는 견해[74]가 이미 제시된 바 있다. 하지만 刺史는 주에 파견되는 지방관으로 주 등급에 따라 그 품계가 달라지는데 종3품에서 정4품 하[75]까지 임명된다. 이처럼 중요한 직위를 중국계이기는 하나 백제에서 파견된 인물에게 쉽게 임명하고 혼란스러워지자 다시금 이주하였다는 견해는 선뜻 납득하기 어렵다. 허나 군사적으로 부각되었던 예씨가 隋나라 출병지점이자 선조대 근거지인 래주지역에 실무담당자로 파견되었을 개연성 정도는 살펴볼 수 있으며, 이는 후대에 과장되어 나타났을 수 있다.

또한 예소사의 조부인 譽(眞)도 대방주의 자사를 역임했다고 한다. 대방주는 웅진도독부에 속한 7주의 하나로 백제의 옛 영역에 웅진도독부와 7개 기미주 체제가 확립된 663년 전후부터 사용할 수 있는 명칭이다. 시기를 고려했을 때 7세기 초반의 인물인 예소사의 조부 예가 실제로 대방주자사인지 단정하기 어려우며,[76] 백제 유민 2세대인 흑치준 묘지명에서도 증조부 加亥가 자사로 활동했다고 하나, 자사는 백제의 郡將과 같으며[77], 묘지에 나오는 자사는 군장이라고 생각된다. 이는 고구려 동수와 진의 예처럼 대방주자사, 래주자사는 이들의 활동영역이나 근거지를 나타내는 것으로 볼 수 있다. 래주[78]나 동명주[79]는 예식진이 활동했던 범위와도 교차하고 있어 주목되는데, 이는 선조의 활동영역이나 근거지가 혼합되어 나타난 결과로 혼란을 부추긴 것이 아닐까 한다.

더 나아가서 예씨 일족이 중국에서 이주하였다면 어디에서 왔는지 그 기반에 대해서도 살펴볼 필요가 있다. 이는 직접적인 기록은 찾아보기 어렵지만, 앞서 래주자사 역임처럼 활동영역을 살펴볼 수 있는 기록이나, 묘지명을 통해 추정해볼 수는 있다. 예소사 묘지명에 楚國 琅邪 출신이라고 밝히고 있는데, 여기에서 보이는 楚國은 대개 춘추전국시대의 제후국으로 보는 견해[80]가 일반적이다. 하지만 앞서 5세기 초에 이주했다는 시기적 상황과 춘추전국시대의 楚國은 시기상으로 잘 맞지 않는다. 그렇다면 다음과 같은 시기적 차이를 어떻게 봐야할까. 춘추전국시대의 楚나라 이외에도 위진남북조시대에 桓玄(369~404)이 건국한 楚國이 보이고 있는데, 이는 환현이 건국했다고 하여 桓楚라고도 불린다. 환현은 403년 12월 東晉의 安帝에게 선양을 받는 형식으로 스스로 황제의 자리에 오른 인물이다. 주목되는 것은 당시 琅邪 일대가 桓楚의 영역에 속해 있었다는 점[81]이다. 그렇다면 楚國 琅邪人이라는 것도 자연스럽게 납득이 간다. 하지만 얼마 가지

74) 金榮官, 2012a, 앞의 논문, p.121.

75) 『唐六典』, 『舊唐書』.

76) 충청남도역사문화연구원, 2016, 앞의 책, p.231.

77) 『舊唐書』 109, 黑齒常之傳.

78) '咸亨三年五月卄五日 因行薨於來州黃縣 春秋五十有八'(『禰寔進 墓誌銘』).

79) 『三國史記』나 『舊唐書』 등의 기록을 통해 당시 예식진이 웅진 방령으로 활동했음을 알 수 있다.

80) 楚國과 琅琊는 지리적으로 떨어져 있는 것처럼 보이지만, 『史記』에 따르면 楚 威王 7년(B.C 333) 楚가 이 지역의 越을 복속시켰으므로 楚國과 琅琊를 결합해 사용할 수 있다는 견해(张全民, 2012, 앞의 논문, pp.16~18; 金榮官, 2012a, 앞의 논문, p.105).

81) "義熙 5년. 3월에 劉裕가 표문을 올려 南燕을 정벌하고자 하니 … 4월 기사일(11일)에 유유가 建康을 출발하여 水軍을 인솔하여 淮河에서 泗水로 들어갔다. 5월에 下邳에 도착하여 船艦과 輜重을 남겨두고, 걸어서 진군하여 琅邪에 도착하였는데 지나는 모든 곳에 성을 쌓고 군사를 남겨 이를 지키게 하였다."『資治通鑑』; "유유가 이끄는 북부군이 南燕 정벌에 나선 틈을 이용하려

못해 환초정권은 劉牢之 휘하의 장수였던 劉裕가 군대를 일으키면서 3개월 만에 무너지게 되었다.[82] 東晉의 실권을 장악한 劉裕는 직접 제위에 올라 東晉을 멸망시키고 宋나라를 세운다. 그렇다면 예소사의 선조가 北魏가 남쪽으로 세력을 확장하고, 劉裕에 의해 宋이 건국되는 등 혼란스러운 시기에 이주해왔다는 상황뿐만 아니라 5세기 초라는 점도 일치하고 있는 모습이다.

또한 琅邪는 오늘날의 산동성 남동쪽 일대인데, 그의 조상은 '淮泗로부터 떠내려왔다'고 하였다. 淮泗[83]는 淮水[84]와 泗水[85]를 가리키는 것으로, 淮水는 현재의 화이허 강[淮河]의 다른 이름이며, 泗水는 산동성 남동부의 제녕을 관통하여 흐르는 쓰수이 강으로 화이허 강의 수계에 속하고 있다. 산동성 제성시 일대와 화이허 강 모두 北魏와 宋, 각 나라의 영역에 한 번씩 속했을 정도로 치열했던 곳이다. 이주는 일순간에 이루어진 것이 아니라 점진적으로 이루어졌을 가능성이 있기 때문에, 琅邪 혹은 淮泗와 같이 묘지명에서도 혼란스럽게 나타나는 것이 아닐까 한다. 다만 산동일대가 이들의 근거지 혹은 활동영역이었음을 추정해볼 수는 있다. 또한 근거지로 정확한 지점은 알 수 없으나 '혼란을 피해 백제로 왔다'는 예씨 묘지명에 보이는 상황과 공간적, 시간상으로 부합하고 있어 주목된다.

그렇다면 예씨 일족은 백제로 이주해 어디에 정착하였을까. 근초고왕대 활약하는 중국계 인물 高興처럼 중앙에서 활약하였을 가능성, 혹은 백제 중앙 이외의 지역에서 활약하였을 가능성 등이 있다. 이에 대해서는 다음 장에서 살펴보도록 하겠다.

Ⅳ. 예씨 일족의 세력기반과 부상

백제멸망기 예식진은 웅진 방령, 예군은 웅진도독부의 사마 등 예씨 일족이 고위관직을 역임하는 모습을 살펴볼 수 있다. 그렇다면 중국에서 이주해 온 이들이 어디에 정착하여, 언제부터 두각을 드러냈을까.

주목되는 시기는 중국과의 외교관계가 활발하게 급증하는 위덕왕·무왕대이다. 성왕의 관산성 전투 패전 이후 즉위한 위덕왕(554~598)은 약화된 왕권 강화를 위해, 새로운 세력의 등용과 함께 활발한 외교관계

고 하였으나, 남연을 신속하게 무너뜨리고 돌아온 유유의 군대에 패퇴했다. … 하지만 이때 서부군 지휘관이었던 환온의 아들 桓玄이 수도를 압박해왔다. … 실권을 잡은 환현은 유뢰지를 실각시키고 북부군에도 자신의 일족을 배치하여 장악하려 했다. 403년 환현은 안제에게 선양을 받아 楚를 세웠다."『晉書』 帝紀 列傳.

82) 『宋書』 1 本紀3.

83) 淮水와 泗水(『書, 禹貢』 浮于淮泗, 達于河; 『孟子, 勝文公 上』 排淮泗而注之江, 檀國大學校 東洋學硏究所, 2008, 『漢韓大辭典』 8, p.627).

84) 옛 四瀆의 하나. 河南省 桐柏山에서 발원하여 安徽省·江蘇省을 거쳐 바다로 흘러든다. 黃河의 물길이 남쪽으로 이동한 후에 옛 물길을 잃고 洪澤湖로 흘러들어가 三河·邵伯湖를 거쳐 강소성 江都縣 三江營에서 長江으로 흘러간다(『爾雅, 釋水』, 『說文, 水部』, 『書禹貢』, 檀國大學校 東洋學硏究所, 2008, 앞의 책, p.627).

85) 山東省 泗水縣 동쪽 蒙山의 남쪽 기슭에서 발원하여 淮河로 들어간다. 네 곳에서 발원하여 붙여진 이름이다(『水經注, 泗水』·『嘉慶-統志, 兗州府1, 山川』, 檀國大學校 東洋學硏究所, 2008, 앞의 책, p.257).

를 전개하는 모습이 보인다. 위덕왕 14년을 기점으로 9차례 이상 중국 왕조인 陳, 北齊, 北周, 隋와 활발한 외교교섭을 전개한 사실이 기록[86]되어 있는데, 이는 삼국 간의 항쟁에서 우위를 점하고 대내적 체제정비에 필요한 선진 문물 수용을 통해 왕권을 강화·안정시키려는 외교적 노력[87]으로 볼 수 있다. 아래 사료 E는 백제와 중국 간 외교에 등장하는 새로운 인물에 주목하여 본 것이다.

> E-1. 임금이 長史 王辯那를 시켜 수나라에 가서 조공하게 하였다. 임금은 수나라가 遼東에서 전쟁을 일으킨다는 소문을 듣고 사신을 보내 표문을 바치고, 군대의 길잡이가 되기를 요청하였다. … 고구려가 이 일을 알고 병사를 보내 우리 국경을 침범하였다.[88]
>
> -2. 봄 3월 한솔 燕文進을 수나라에 보내 조공하였다. 또 좌평 王孝隣을 보내 공물을 바치고, 아울러 고구려 토벌을 요청하였다. 수 煬帝가 이를 허락하고 고구려의 동정을 엿보라고 하였다.[89]
>
> -3. 봄 3월 수나라에 사신을 보내 조공하였다. 수나라 文林郎 裵淸이 왜국에 사신으로 가면서 우리나라 남쪽 길을 경유하였다.[90]
>
> -4. 봄 2월 수나라에 사신을 보내 조공하였다. 수나라 양제가 고구려를 정벌하려 하므로 임금이 國智牟를 수나라에 보내 군사 일정을 물었다. 양제가 기뻐하며 후하게 상을 내리고 尙書起部郎 席律을 보내와 임금과 상의하게 하였다.[91]

사료 E-1~4는 백제가 隋나라에 사신을 파견하는 모습으로, 威德王대부터 武王대까지 이어진다. 먼저 사료 E-1에서 威德王은 隋가 요동에서 전쟁을 일으킨다는 소식을 듣고, 사신을 보내 정벌군의 길잡이가 되기를 청한다. 이 소식을 들은 고구려는 군사를 보내 국경에 쳐들어와서 약탈을 자행하기도 하였다. 주목할 만한 사건은 민감한 시기에 새로운 세력이자 중국계 백제 관료[92]인 王辯那를 隋나라에 파견한 것이다. 고구려와 隋의 민감한 대립 관계 속에 백제는 중국계 백제 관료인 王辯那를 보냄으로써 외교 관계에 능동적으로 대처[93]하고자 한 것이다. 더욱이 사료 E-2에 중국계 좌평 王孝隣 역시 隋나라로 파견된다. 이를 통해 중국계 인물들이 威德王대부터 武王대까지 활약하는 모습을 직접적으로 살펴볼 수 있다. 관직도 長史에서 佐平으로 변화된다는 점이 눈에 띈다. 앞서 이 시기에 예식진의 아버지인 예선도 중국과의 연관성으로 래주자

86) 『三國史記』 27 百濟本紀5 威德王條.
87) 양기석, 2013, 『백제의 국제관계』, 서경문화사, pp.117~118.
88) 『三國史記』 27 百濟本紀5 威德王 45年條.
89) 『三國史記』 27 百濟本紀5 武王 8年條.
90) 『三國史記』 27 百濟本紀5 武王 9年條.
91) 『三國史記』 27 百濟本紀5 武王 12年條.
92) 양기석, 「위덕왕의 즉위와 집권세력의 변화」, 『사비도읍기의 백제』 백제문화사대계 연구총서5, 충청남도역사문화연구원, p.198.
93) 양기석, 2008, 『百濟史資料譯註集 -韓國篇-』, 충청남도역사문화연구원, p.216 주)767.

사로 활약했다는 사실과 연결지어[94] 살펴볼 수 있다. 이는 중국과의 관계가 긴밀해지자 백제 내부에서도 중국계 백제 관료들의 활용가치가 높아졌을 것으로 추측해 볼 수 있다.

또한 『善隣國寶記』에 기록[95]된 백제 예군의 관직이 좌평인 점과 묘지명에 기록[96]된 조부 譽多와 부친인 思善도 좌평을 역임하였다고 한다. 이를 예씨 일족이 좌평 관등을 세습한 것으로 본 견해[97]도 있으나, 방증할 수 있는 관련 사료나 백제 대성 8족에도 예씨가 드러나지 않는 점을 보아 좌평 가문임을 단정하기는 어렵다.[98] 다만 웅진도독부 체제 이전부터 예군이 백제 중앙에서 활동했음은 충분히 추정해볼 수 있다. 예식진은 백제 멸망 이전 웅진 방령을 역임하며, 이미 중앙 정계에서 활동하고 있다. 처음 등장한 시기는 예식진의 생몰연대를 계산해 보았을 때, 백제 武王대로 상정해 볼 수 있다. 그러나 바로 중앙 정계로 진출하기는 쉽지 않았을 것으로, 선조 대에 진출했을 가능성이 크다고 볼 수 있다. 그렇다면 이들이 활동할 수 있는 원동력이 되었던 세력기반은 어디였을까.

묘지명에서는 예식진 묘지명에 '백제 웅천인'이라고 서술되어 있고, 예소사 묘지명에도 '선조 숭이 웅천인이 되었다'고 하여 웅천[99]에 정착하였다고 한다. 웅천은 백제의 옛 수도로, 신라가 빼앗아 영유하다가 신문왕 6년(668)에 웅천주를 처음 설치하였다. 그 뒤 경덕왕 16년(757) 9주의 이름을 모두 고칠 때 웅주로 되었으나, 그 뒤에도 웅천주의 명칭은 계속 사용되었다. 웅천주는 하나의 소경과 13개 군, 29개의 현을 관장하였으며, 주에 직속된 현은 2개로 기록[100]되어 있다. 웅천의 두 직속 현은 열야산현과 벌음지현으로, 각각 지금의 논산시 노성면과 공주시 신풍면으로 비정[101]된다. 두 직속 현은 웅진 중심부에서 남쪽과 서쪽으로 직선거리 20㎞ 내외에 위치한다. 이 범위를 넓게 상정한다면 웅천은 단순히 공주지역만을 말하는 것이 아니라 공간적으로 범위를 더 넓게 생각할 수 있지 않을까 한다. 이처럼 웅천이 광역적인 공주를 지칭한다면 예씨 일족 묘지명에 쓰여 있는 웅천은 지금의 공주 주변 지역이었을 가능성이 크며, 주변 지역까지 검토[102]해 볼 필요가 있다.

다른 묘지명에서도 웅천과 유사한 지명을 찾아볼 수 있는데, 다음 사료 F와 같다.

F-1. 鯨山과 같이 저 높고 큰 산은 靑丘 동쪽에 솟았고, 많은 熊水는 단저에 임해 남쪽으로

94) 중국계 백제관료가 대중외교를 독점한 것은 아니다. 정책의 결정은 국가 차원에서 되고, 수행하는 책임자 역할을 하였다는 측면에서 이해해야 한다는 견해(정재윤, 2012, 앞의 논문, p.17 주 61)가 있다.

95) 『善隣國寶記』 上 天智天皇 3年條.

96) 『禰寔進墓誌銘』, 『禰軍墓誌銘』.

97) 金榮官, 2012a, 앞의 논문, p.98.

98) 최상기, 2016, 앞의 논문, pp.79~80.

99) 웅진으로도 볼 수 있다. '熊川州 一云 熊津'(『三國史記』 37 雜志6 地理4 百濟 熊川州條).

100) 『三國史記』 36 雜志5 地理3 新羅 熊州條.

101) 정구복, 노중국, 신동하 외, 2012, 「주석편(하)」, 『역주 삼국사기』 4, 한국학중앙연구원, p.306.

102) 주변지역인 연기(現 세종)지역까지 확대하여 천도 이전 중앙과 관련을 맺은 유적에 대해 생각해 볼 필요가 있다는 견해(정재윤, 2011, 「백제의 웅진도읍기 연구현황과 과제」, 『百濟文化』 44, p.43).

흐른다.[103)]

-2. 오래 전의 조상은 漢이 쇠약해진 말년에 큰 바다를 뛰어넘어 거주지를 옮겨서 재앙을 피하였고, 후손은 한에 의지하여 이끌었던 때 熊浦에 의탁하여 가문을 이루었다.[104)]

먼저 사료 F-1 예군 묘지명에 熊水라는 표현이 보인다. 熊水는 熊津의 서남쪽을 흐르는 물줄기[105)]로 『括地志』에서 전하기를, "熊津河(금강)는 원류가 나라 동쪽 경계에서 나오는데, 서남쪽으로 흐르다가, 나라 북쪽으로 백리를 지나, 다시 서쪽으로 흘러 바다로 들어간다. 넓은 곳은 300보이며, 그 물은 지극히 맑다."고 전한다.[106)] 이 기록에 의하면 熊水는 熊川의 동의어[107)] 혹은 이를 포괄하는 강의 넓은 의미로 볼 수 있다.

반면 사료 F-2 진법자 묘지명에서는 선조가 熊浦로 왔다고 전하며, 진법자 역시 중국계 이주 인물이지만 熊水 대신 熊浦로 표현하고 있다. 熊浦의 한자를 보았을 때, 금강과 관련된 곳으로 추정해 볼 수 있지만, 이외에 다른 곳에서는 보이지 않기 때문에 熊水와 같은 곳인지 확정할 수는 없다. 주목할만한 점은 같은 시기인 예식진 묘지명에는 熊水 대신 熊川이라는 지명을 쓰는데, 熊川에 대한 인식이 뚜렷함에도 불구하고 여러 명칭을 사용한다는 점이다. 그렇다면 熊川은 공주를 중심으로 한 광역적인 것으로 보는 것이 맞겠다. 다음은 熊川의 위치를 보다 구체화하기 위해 고고학적 자료도 같이 검토해보도록 하겠다.

먼저 중국계 이주민에 대한 자취를 찾아보려면, 앞서 동수나 진의 예처럼 토착세력의 기반 위에 이들을 활용하여 백제의 지배력을 강화하려고 했을만한 장소를 찾아야 한다. 이는 백제 중앙이 거점으로 활용할만한 가치가 있는 곳이 되어야 할 것이다. 또한 이 지역 지배를 관철시키기 위한 노력으로 중국계 요소가 가미된 이질적인 양상을 띠고 있을 것으로 생각된다.

이에 주목되는 지역은 공주에서 조금 떨어진 현재의 세종 지역, 금강 중상류 유적권이다. 특히 연기 나성리[108)]·송원리 유적은 4세기 말~5세기 말까지 조영된 것으로 보이며, 백제 중앙과의 밀접한 관련[109)]을 맺은 것으로 주목된다. 나성리 유적은 4세기 말~5세기 초 이전까지 이 지역을 기반으로 한 재지세력이 존재하다가 이후 외부 이주 집단에 의해 재지세력의 분묘 공간이 취락 공간으로 탈바꿈하게 된다. 이주 집단의 취

---

103) '若夫巍巍鯨山 跨青丘以 東峙 淼淼熊水 臨丹渚以南流'(『禰軍 墓誌銘』).

104) '遠祖以衰漢末年 越鯨津而避地 胤緒以依韓導日 託熊浦而爲家'(『陳法子 墓誌銘』).

105) '熊水西流, 侶百川百齊驚. 括也[地]志曰, 熊津河源出國東界, 西南流, 經國北百里, 又西流入海, 廣處三百步, 其水至清. 又有基汶河(在國源出其國), 源出其國南山, 東南流, 入大海, 其中水族與中夏同'(「蕃夷部」百濟, 『翰苑』).

106) 동북아역사재단·한국고중세사연구소, 2018, 『譯註 翰苑』, p.272.

107) 金榮官, 2012a, 앞의 논문, p.130.

108) 대형 규모의 구획건물과 주구건물지, 굴립주건물지 등이 확인되었으며, 금강변에 접해 있는 유구에서는 금동식리와 금동과대가 부장된 토광묘가 조사되었다(한국고고환경연구소, 2015, 『燕岐 羅城里 遺蹟』 行政中心複合都市 中央綠地空間 및 生活圈 2-4 區域 內 低濕7·8遺蹟(南쪽)).

109) 권오영, 2012, 「백제 한성기의 도성과 지방도시」, 『고고학』 11, 중부고고학회, p.91; 朴淳發, 2014, 「백제 한성기의 지방도시」, 『백제의 왕권은 어떻게 강화되었나 -한성백제의 중앙과 지방』, 한성백제박물관 백제학연구소; 이현숙, 2014, 「금강 유역 한성기 백제 지방사회의 교류와 지역권」, 『한국고대사연구』 73, p.118; 중앙문화재연구원, 2015, 『燕岐 羅城里 遺蹟』 行政中心複合都市 中央綠地空間 및 生活圈 2-4 區域 內 低濕8遺蹟(北쪽), p.358.

락은 금강 변의 넓은 저지대를 적극 활용하며, 지형조건을 극복하기 위하여 기존의 수혈주거지 형태에서 벗어나 구획구의 개념을 차용하여 지상식의 구획저택과 주구건물지 등을 조성하였다. 또한 기존 재지세력의 분묘와는 다른 횡혈식석실분을 주 묘제로 사용[110]하고 있어 중앙 세력[111]의 이주로 보기도 한다.

송원리 유적은 백제시대 분묘군으로 눈에 띄는 점은 외래적 요소가 보인다는 점이다. 외래적 요소 중에서도 중국계[112] 흔적을 일면 엿볼 수 있는데, 주목되는 유구로 KM-016호분을 들 수 있다. 이는 지하식의 횡혈식석실분으로 구릉 정상부의 남쪽 평단면 해발 70.5m 지점에 위치한다. KM-016호분은 축조방법과 구조속성 등에서 특이한 형태[113]를 띠는데 방형의 현실, 배부름 기법의 사용, 연도를 시설하고 그 위에 또 다시 올린 석축, 경사식 묘도와 긴 묘도 길이, 원형의 돔을 구축하고자 모서리가 서로 맞물려가며 올라가는 모습[114]이 보인다. 송원리는 하나의 예이지만, 한성기 횡혈식 석실분과 중앙과의 관계는 주목될 만하다.

4·5세기대 백제 중앙은 점차 한반도 중서부 일대로 영역을 확장[115]하는 모습이 보이는데, 금강에 연한 익산 입점리, 공주 수촌리, 연기 나성리 등 모두 중앙과 밀접한 관련이 보이는 금동신발 등이 출토되고 있다. 백제 중앙이 금강 중상류를 지나 점차 공주, 부여로 확장하는 모습이다. 이는 중국계 이주민이 백제 중앙의 필요에 의해 금강 중상류지역에 정착하였다면, 안치의 목적 보다는 금강 유역 지배에 의해 활용되었을 가능성으로 볼 수 있다. 백제는 금강 유역 등 지방에 대한 지배력을 관철시키고, 이들을 제어하는 하나의 방법으로 중국계 이주민의 능력을 활용한 것이다. 이 곳에 예씨 세력이 안치되었다고 확정할 수는 없다. 다만 이 시기 웅진지역 주변에 백제 중앙과 밀접한 관련을 맺으면서도, 중국계 요소가 보인다는 점은 충분히 주목해 볼 만 하다. 그렇다면 웅진천도 후 예씨 일족의 활동은 어떠했을까. 이에 대해서는 묘지명뿐만 아니라 백제 멸망 시기 사료에서도 그 흔적을 찾아볼 수 있는데, 다음 사료 G와 같다.

G-1. 그 大將 禰植이 義慈王을 데리고 항복하였다[116]

110) 중앙문화재연구원, 2015, 앞의 책, pp.358~359.

111) 이훈, 2013, 「역사시대의 세종시1(삼국~통일신라)」, 『세종시, 어제, 오늘 그리고 내일』, 호서고고학회; 중앙문화재연구원, 2015, 앞의 책, p.359). 혹은 수장층의 군집 묘제로 본 견해(조은하, 2010, 「송원리고분군 출토 백제토기 연구」, 『선사와 고대』 33, p.73)도 있다.

112) 중국의 축조기술이 직접 송원리 16호분에 도입되었거나 중국계 세력의 등장을 통해 적용되었을 가능성(성정용, 2009, 「중부지역에서 백제와 고구려 석실묘의 확산과 그 의미」, 『횡혈식석실분의 수용과 고구려사회의 변화』, 동북아역사재단)과 그 중에서도 북조와 관련짓는 견해(권오영, 2017, 「성남 판교 백제 고분군의 성격」, 『판교박물관』, p.251; 朴信映, 2019, 「백제 한성기 횡혈식석실묘의 도입과 확산과정」, 『백제연구』 70, p.72). 또 다른 견해로는 낙랑 유민의 남래에 의해 조영된 것으로 보는 견해(吉井秀夫, 2015, 「수용 양상으로 본 삼국시대 묘제의 변화와 그 역사적인 배경」, 『삼국시대 국가의 성장과 물질문화2』, 한국학중앙연구원 출판부, p.114)가 있다.

113) 조동식, 2010, 「횡혈식석실분의 축조(KM-016를 중심으로)」, 『燕岐 松院里 遺蹟』 行政中心複合都市敷地 內 1-1區域, p.488.

114) 朴信映, 2015, 「百濟 穹窿形 石室의 構造와 變遷」, 충북대학교 대학원 석사학위논문, p.98.

115) 4~5세기대 지방 재지 세력의 고분에서 출토되는 금동관모를 통해, 백제의 영향력이 시간적 차이를 두면서 해당 지역까지 점차적으로 진출하여가는 것으로 보기도 하였다(배재훈, 2010, 「마한 사회의 印綬衣幘 사여」, 『역사학연구』 38, 호남사학회, p.28).

116) '其大將禰植 又將義慈來降'(『舊唐書』 83 列傳33 蘇定方).

-2. 그 장군 禰植이 義慈王과 함께 항복하였다.[117]

-3. 7월 18일 義慈王이 태자와 熊津方領의 군사 등을 거느리고 웅진성으로부터 와서 항복하였다.[118]

-4. 隋 말에 萊州刺史 禰善이라는 사람이 있었으니 … 아들 寔進에 이르러서, 世官으로 남의 본보기가 되는 賢人이었다. 唐이 하늘의 명을 받아 도리에 어긋나게 조정에 나오지 않는 나라를 동쪽으로 토벌하니, 곧 그 왕을 인도하여 고종 황제에게 귀의하였다.[119]

사료 G-1~2는 예식이라는 인물이 의자왕을 인도하여 당에 항복하는 모습이다. 사료 G-3에서 의자왕이 웅진 방령의 군사 등과 함께 항복한 일을 연계해 보면 예식이라는 인물이 웅진 방령[120]이었을 가능성이 높다. 사료 G-1~3에 보이는 인물 예식[121]은 예식진으로, 사료 G-4 예식진의 손자 예인수 묘지명에서도 찾아볼 수 있다.

위의 기록을 통해 현재 학계에서는 웅진방령인 예식진이 의자왕을 사로잡아 당에 투항하였다는 견해[122]가 다수를 차지한다. 혹은 당군과 백제 의자왕간의 일종의 타협에 의해 이루어진 것으로 보는 견해[123]나 백제 의자왕이 당시 상황판단을 한 후에 불가항력적으로 항복했을 것이라는 견해[124]가 제시되기도 하였다. 그러나 단순히 예식진의 변심이나 의자왕의 타협으로 항복하였을까?

백제 멸망 당시의 상황을 입체적으로 살펴보도록 하자. 660년 7월 12일 나당연합군이 공격을 시작[125]하여 7월 13일 나성을 점령했고, 7월 13일 밤 의자왕은 부여 효와 함께 웅진성으로 도망했다. 7월 14일 쯤에는 부여 태가 불법적으로 국왕에 즉위하였다. 7월 15일이나 16일경에는 부여 융이 아들 문사와 더불어 사비성을 빠져나와 당군에게 항복[126]하는 모습이다. 그런데 백제 멸망과 동시에 백제부흥운동이 일어나는 등

---

117) '其將禰植與義慈降'(『新唐書』 111 蘇定方).

118) '十八日 義慈率太子及熊津方領軍等 自熊津城來降'(『三國史記』 5 新羅本紀5 太宗武烈王 7年條).

119) '隋末有萊州刺史祢善者 … 洎子寔進 世官象賢也 有唐受命 東討不庭 卽引其王 歸義于高宗皇帝'(禰仁秀 墓誌銘).

120) 반면 예군 묘지명을 분석하여 '杖劍' 표현 및 『三國史記』에서 의자왕이 항복하면서 인솔했다는 '熊津方領軍'을 '웅진방령인 군(예군)'으로 해석한 견해가 제시되기도 하였다(권덕영, 2012, 앞의 논문, pp.21~23). 그러나 고대 국가의 전쟁 수행 방식을 감안하면 웅진성에 주둔한 군사들을 의미한 것이 자연스럽다.

121) 金榮官, 2007, 앞의 논문, p.377. 예식이 예식진으로 이름을 바꾼 이유는 백제에서의 행적을 숨기기 위해서이거나, 당시 唐人의 성명 습관을 고려하여 원래 발음을 기초로 하여 좋은 글자를 첨가하였을 가능성이 제시(拜根兴, 2008, 앞의 논문, p.69)되기도 하였다.

122) 盧重國, 1995, 앞의 책, p.196; 金榮官, 2001, 앞의 논문, pp.58~64; 김주성, 2017, 「660년 7월 8일간의 전투 재구성」, 『백제문화』 56.

123) 李道學, 2008, 「해동증자 의자왕의 생애」, 『백제실록 의자왕』, 부여군 백제신서5, p.54.

124) 양종국, 2008, 「백제 멸망과 유민의 활동」, 『백제실록 의자왕』, 부여군 백제신서5, pp.277~281. 태자 융과 흑치상지를 비롯한 여러 성주들이 의자왕과 함께 항복했다는 것 자체가 의자왕의 항복이 스스로의 결단이었고, 많은 사람들이 그 결단에 따랐다는 방증을 보여주는 것(양종국, 2018, 앞의 책, pp.143)으로 보기도 한다.

125) 『三國史記』 5 新羅本紀4 太宗武烈王 7年條.

126) 『三國史記』 28 百濟本紀6 義慈王 20年條.

군사적 힘이 여전히 남아있었음에도 불구하고, 위 과정에서는 의자왕이 쉽게 항복을 하는 모습이다. 이는 당시 사비도성 내부의 혼란스러운 상황과도 연결지을 수 있는데, 의자왕이 웅진성으로 도망하자 부여 태가 마음대로 국왕에 즉위하게 된다. 즉 의자왕이 부여한 공식적인 임명이 아닌 것이다. 이는 태자의 아들 문사가 못마땅해 성문을 열고 항복했다는 기사를 통해서도 살펴볼 수 있다. 이처럼 내부적인 상황 역시 어려워지자 의자왕도 깊은 고민에 빠졌을 것이다. 이 과정에 앞서 묘지명과 사료에 기록된 예식진의 역할이 개입되었을 개연성이 있다. 웅진방령이기는 하나 백제의 왕을 반란만으로 끌고 가기에는 무리가 있다고 생각된다. 이에 당시 웅진방령인 예식진의 권유로 의자왕도 상황 판단 후에 어쩔 수 없는 항복 아닌 항복을 선택하게 된 것이 아닐까. 즉 의자왕 항복 과정 중에 예식진의 역할이 중대하였음은 인정할 수 있는 것이다. 후에 당으로 건너간 예식진은 도성을 방어하는 좌위위대장군을 역임하고, 귀덕장군에 역임하는 모습을 통해서도 공로가 어느 정도 인정되었다고 볼 수 있다. 그 형인 예군의 백제멸망기 모습이나 묘지명과 사료를 통해 살펴볼 수 있는데, 다음 사료와 같다.

H-1. 가을 7월, 임금은 백제의 잔당이 배반할까 염려하여 大阿湌 儒敦을 웅진도독부에 보내 화친을 청하였으나 도독부는 이에 따르지 않고, 사마 예군을 보내 우리를 엿보게 하였다. 임금은 그들이 우리를 도모하려는 것을 알고 사마 예군을 붙잡아 두어 돌려보내지 않고 병사를 일으켜 백제를 토벌하였다.[127)]

-2. 백제의 사마 예군이 … 밤만 되면 나와서 공격하곤 하였다.[128)]

-3. 임금은 … 웅주도독부 사마 예군, 曾山 司馬 法聰과 병사 170명을 돌려보내고, 아울러 다음과 같은 表를 올려 죄를 빌었다.[129)]

위 사료 H-1~3은 예군의 활동모습을 알 수 있는 사료이다. 670년 전후 웅진도독부의 사마로 활동했고, 신라에 억류되었다가 돌려보내졌음을 알 수 있다. 예군의 관직인 사마는 도독부에서 군사관련 업무 및 長史[130)]와 함께 도독을 보좌하는 주요 직책[131)]으로 웅진도독부 시기에도 예씨 일족의 영향력을 살필 수 있다.

또한 예씨 일족의 기반을 웅천으로 본다면, 대개 중국계 인물 같이 사신의 역할로만 한정짓기 어렵다. 이와 관련해 살펴볼 수 있는 인물이 北燕에서 백제로 이주[132)]한 馮野夫이다. 馮野夫는 사신으로 활동하기 이

127) 『三國史記』 6 新羅本紀6 文武王 10年條.

128) 『三國史記』 6 新羅本紀7 文武王 11年條.

129) 『三國史記』 6 新羅本紀7 文武王 12年條.

130) 병장·우의·거마 검열 등을 포함해 각종 행정 업무를 처리했다(충청남도역사문화연구원, 앞의 책, p.42).

131) 大都督府에서는 종4품하에 정원 2명, 中都督府에서는 정5품하에 정원 1명, 下都督府에서는 종5품하에 정원 1명의 사마가 있었다(충청남도역사문화연구원, 2016, 앞의 책, p.28).

132) 河原正博, 1980, 「隋唐時代の嶺南の酋領馮氏と南海貿易」, 『山本達郎博士古稀記念 東南アジア·イソ\ドの社會文化 I』, 山川出版社, pp.392~412.

전에 北燕의 정치와 군사제도를 활용하여 대고구려전 군사자문 역할을 했을 것으로 보는 견해[133]가 나오기도 하였다. 馮野夫의 예를 봤을 때, 예씨 일족 역시 자신들의 능력을 필요로 한 백제 중앙에 의해 군사적으로 두각을 드러냈을 개연성이 있다. 앞서 묘지명과 관련 기록을 통해 예식진과 예군이 역임한 웅진 방령[134]과 웅진도독부 사마[135] 역시 군사 및 실질적 책임자로서 두각을 나타냈음을 알 수 있다. 백제 멸망 이후 예식진은 당 16위의 하나인 정3품 左威衛大將軍, 예군은 右威衛將軍직 등을 맡는데, 이는 모두 이들의 활동영역과도 관련시켜 볼 수 있다. 이처럼 예씨 일족의 묘지명은 백제멸망기 외에도 선조의 백제 이주부터 백제 중앙에서의 활약, 더 나아가 중국내에서 백제 유민의 모습까지도 살펴볼 수 있는 자료로서 그 의미가 있다.

Ⅴ. 맺음말

지금까지 예씨 일족의 출자와 가계, 그리고 백제로의 이주와 성장에 대해 살펴보았다. 더 나아가 이들이 성장할 수 있었던 세력기반과 백제멸망기 동향에 대해서 주목하였다. 그 결과 예씨 일족은 중국계 이주민으로서, 중앙의 필요에 의해 웅천에 정착하였다. 이 후 외교·군사적으로 활약하여 두각을 드러낸 것임을 알 수 있었다. 이들의 활동은 『三國史記』뿐만 아니라 『舊唐書』와 『新唐書』 그리고 『日本書紀』등 한, 중, 일 사서에서 이들의 행적을 찾아볼 수 있어 그 의미가 크다고 할 수 있다. 본문의 내용을 요약하는 것으로 맺음말을 대신하고자 한다.

Ⅱ장에서는 묘지명에 보이는 예씨 일족의 출자와 가계에 대한 기초적 검토를 진행하였다. 묘지명을 살펴보면 같은 가계임에도 불구하고 예씨 일족의 출자, 선조의 이름, 이주시기 등이 다르게 나타난다. 이는 자연스럽게 당에 동화되어가는 과정으로 이해하였다. 또한 유민 1세대인 예군 묘지명에서도 중국 출자를 주장하고, 후한 시기부터 중국 성씨가 사용되는 것 등을 보아 중국계 출자로서 가능성을 열어두고자 하였다. 더불어 물부순공덕기에 보이는 물부순의 딸이자 흑치상지의 손녀 사위를 祢儀로 판독하였다. 이는 후에 흑치씨와 물부씨 그리고 예씨까지 당으로 들어간 백제 관료들과 연관 지어 살펴볼 수 있는 중요한 자료로써 주목된다.

Ⅲ장에서는 예씨 일족의 백제 이주 상황과 이주시기에 대해서 살펴보았다. 주목되는 시기는 5세기 초·중엽이었다. 당시 중국 내부는 북위가 남쪽으로 세력을 확장하고, 송이 건국되는 등의 혼란스러운 상황이었다. 이는 예씨 묘지명에 혼란스러운 상황을 피해 이주하였다는 내용과 부합되고 있다. 백제 내부에서도 새로운 세력을 편제해 위기를 극복하고자 하는 모습이 보이고 있어 주목되었다. 또한 4세기 말부터 일부

133) 정재윤, 2012, 앞의 논문, p.20.

134) 지방통치의 행정적 책임자인 동시에 군사적 지휘자로 역할 하였으며, 병력은 700~1200명 이하를 통솔했다(『周書』 百濟傳).

135) 법령 및 소속 기관의 군사관련 업무를 담당했고, 특히 도독부에서는 長史와 함께 도독을 보좌하는 주요직책이었다(충청남도 역사문화연구원, 2016, 앞의 책, p.28).

중국계 세력들의 귀화가 이루어졌는데, 이러한 예는 근초고왕대 성장한 중국계 박사 高興의 예를 통해서도 추측해 볼 수 있다. 즉 백제는 국력을 결집하기 위해 새로운 세력의 영입이 절대적으로 필요했으며, 이 시기 사씨 세력처럼 지방세력이나 중국계 이주인물 등 폭넓게 활용하는 것을 살펴볼 수 있었다.

마지막으로 Ⅳ장에서는 예씨 일족의 세력기반과 부상요인에 대해서 살펴보았다. 세력기반으로 웅천지역을 주목하고, 그 범위를 공주지역뿐만 아니라 더 넓게 살펴보고자 하였다. 이를 구체화하기 위해 고고학 자료도 검토하였다. 주목되는 지역은 현재의 세종 지역인 금강 중상류권 이었다. 특히 연기 나성리·송원리는 4세기 말~5세기 말까지 조영된 유적이다. 이곳에 예씨 세력이 안치되었다고 확정할 수는 없다. 다만 이 시기 웅진지역 주변에 백제 중앙과 밀접한 관련을 맺으면서도, 중국계 요소가 보인다는 점은 충분히 주목해 볼 만 하다. 부상요인으로는 위덕왕·무왕대 중국과의 활발한 교섭과 함께 두각을 드러냈을 것으로 보았다. 중국계 이주민인 예씨 일족은 외교와 군사, 그중에서도 군사적으로 더 두각을 드러냈을 것으로 살펴보았다. 이는 隋나라대 예식진의 부친인 예선이 래주지역에서 활동하고, 백제멸망기에는 예식진이 웅진 방령, 예군은 웅진도독부 사마를 역임하는 것을 통해 추정해볼 수 있다.

투고일: 2019.10. 18.　　심사개시일: 2019. 10. 22.　　심사완료일: 2019. 11. 17.

참/고/문/헌

강종원, 2007, 「백제 대성귀족의 형성과 금강유역 재지세력」, 『백제와 금강』.

孔錫龜, 2003, 「4~5세기 고구려에 유입된 중국계 인물의 동향-문헌자료를 중심으로-」, 『한국고대사연구』 32.

권덕영, 2012, 「백제 유민 禰氏 一族 묘지명에 대한 斷想」, 『史學硏究』 105.

권덕영, 2014, 「백제 멸망 최후의 광경」, 『역사와 경계』 93.

권오영, 2012, 「백제 한성기의 도성과 지방도시」, 『고고학』 11, 중부고고학회.

권오영, 2017, 「성남 판교 백제 고분군의 성격」, 『판교박물관』.

권인하·김경호·윤선태 외 2015, 『한국고대 문자자료연구』 백제(하)-주제별-, 주류성.

金榮官, 2001, 「滅亡 直後 百濟遺民의 動向」, 『典農史論』.

金榮官, 2007, 「百濟 禰寔進 墓誌 소개」, 『新羅史學報』.

金榮官, 2012a, 「中國 發見 百濟 遺民 祢氏 家門 墓誌銘 검토」, 『新羅史學報』 24.

金榮官, 2012b, 「百濟 遺民들의 唐 移住와 活動」, 『韓國史硏究』 158.

김영심, 2013, 「墓誌銘과 문헌자료를 통해 본 백제멸망 전후 禰氏의 활동」, 『歷史學硏究』 52.

金昌錫, 2016, 「中國系 인물의 百濟 유입과 활동 양상」, 『역사문화연구』 60.

盧重國, 1995, 「百濟 滅亡 後 復興軍의 復興戰爭연구」, 『歷史의 再照明』.

朴淳發, 2014, 「백제 한성기의 지방도시」, 『백제의 왕권은 어떻게 강화되었나 -한성백제의 중앙과 지방』, 한성백제박물관 백제학연구소.

朴信映, 2019, 「백제 한성기 횡혈식석실묘의 도입과 확산과정」, 『백제연구』 70.

박윤우, 2017, 「백제 沙氏세력에 대한 연구」, 공주대학교 대학원 석사학위논문.

拜根兴, 2008, 「百濟와 唐 관계에 관련한 두 문제 -웅진 도독 왕문도의 사망과 예식진 묘지명에 관하여-」, 『百濟硏究』 47.

拜根兴, 2012, 「唐代 백제유민 禰氏 家族 墓誌에 관한 고찰」, 『한국고대사연구』 66, 한국고대사학회.

拜根兴, 2014, 「중국 학계의 유민 禰氏 家門 墓誌銘 검토」, 『韓國史硏究』 165.

백길남, 2015, 「4~5세기 百濟의 中國系 流移民의 수용과 太守號」, 『東方學志』 172집.

성정용, 2009, 「중부지역에서 백제와 고구려 석실묘의 확산과 그 의미」, 『횡혈식석실분의 수용과 고구려사회의 변화』, 동북아역사재단.

안정준, 2013, 「高句麗의 樂浪·帶方 故地 영역화 과정과 지배방식」, 『한국고대사연구』 69.

안정준·최상기, 2016, 「唐代 묘지명을 통해 본 고구려·백제 遺民 一族의 동향」, 『역사와 현실』 101.

양종국, 2008, 「백제 멸망과 유민의 활동」, 『백제실록 의자왕』, 부여군 백제신서5.

양종국, 2018, 「흑치상지와 백제부흥운동」, 『한국고대사와 백제 고고학』.

오택현, 2014, 「勿部珣將軍功德記」, 『목간과 문자』 12, 한국목간학회.

윤용구, 2003, 「중국출토의 韓國古代 遺民資料 몇 가지」, 『한국고대사연구』 32, 한국고대사학회.
윤용구, 2007, 「중국계 관료와 그 활동」, 『백제의 대외교섭』, 충청남도역사문화연구원.
李道學, 2007, 「禰寔進 墓誌銘을 통해 본 百濟 禰氏 家門」, 『전통문화논총』 5, 한국전통문화학교 한국전통문화연구소.
李成市, 2013, 「禰軍 묘지 연구-禰軍의 외교상 사적을 중심으로」 『木簡과 文字』 12, 한국목간학회.
李成市, 2019, 『동아시아 세계론의 실천과 이론-유동하는 고대』, 에디투스.
李成制, 2014, 「高句麗·百濟遺民 墓誌의 出自 기록과 그 의미」, 『한국고대사연구』 75.
이여름, 2018, 4~5세기 백제 '移住貴族'의 정착과 활동」, 『역사와 현실』 108, 한국역사연구회.
林起煥, 1995, 「4세기 고구려의 樂浪·帶方地域 경영-안악3호분·덕흥리고분의 墨書銘 검토를 중심으로-」, 『歷史學報』 147.
林起煥, 2000, 「3세기~4세기 초 魏·晉의 동방 정책-낙랑군·대방군을 중심으로-」, 『역사와 현실』 36, 한국역사연구회.
정재윤, 2009, 「5~6세기 백제의 南朝 중심 외교정책과 그 의미」, 『百濟文化』 41, 공주대학교 백제문화연구소.
정재윤, 2011, 「백제의 웅진도읍기 연구현황과 과제」, 『百濟文化』 44.
정재윤, 2012, 「중국계 백제관료에 대한 고찰」, 『史叢』 77.
曺凡煥, 2015, 「중국인 유이민의 백제 귀화와 정착 과정에 대한 검토-陳法子 墓誌銘을 중심으로-」, 『韓國古代史探究』 19.
조은하, 2010, 「송원리고분군 출토 백제토기 연구」, 『선사와 고대』 33.
중앙문화재연구원, 2015, 『燕岐 羅城里 遺蹟』 行政中心複合都市 中央綠地空間 및 生活圈 2-4 區域 內 低濕8遺蹟(北쪽).
충청남도역사문화연구원, 2016, 『중국 출토 百濟人 墓誌 集成』.
최상기, 2014, 「「禰軍 墓誌」의 연구 동향과 전망-한·중·일 학계의 논의사항을 중심으로」, 『목간과 문자』 12, 한국목간학회.
최상기, 2016, 「백제 멸망 이후 禰氏 일족의 위상 -墓誌銘과 관련 문헌의 종합적 검토를 통해-」, 『역사와 현실』 101.
한국고고환경연구소, 2015, 『燕岐 羅城里 遺蹟』 行政中心複合都市 中央綠地空間 및 生活圈 2-4 區域 內 低濕 7·8遺蹟(南쪽).
한국고대사회연구소, 1992, 『譯註 韓國古代金石文』 Ⅰ, 駕洛國史蹟開發硏究院.
한국학중앙연구원출판부, 2015, 『중국 소재 한국 고대 금석문』.

古代東アジア史ゼミナール, 2012, 「祢軍墓誌訳注」, 『史滴』 34.
古代東アジア史ゼミナール, 2013, 「祢寔進墓誌訳注」, 『史滴』 35.

〈Abstract〉

Ye Family's Immigration to Baekje and their Growth

Park, Cho-rong

This study investigated the Ye Family, immigrants to Baekje through epitaphs. This study examined the Ye Family's origin and genealogy and immigration to Baekje and reviewed the Ye Family's power base and emergence along with the domestic and overseas situations of Baekje. The Ye Family was Chinese immigrants, who settled themselves in Ungcheon according to the Baekje center's necessity. The period to which attention is paid is the early-to-mid-fifth century, and at the time, China was in a confusing situation, due to the conflict between the North Wei and Sung Dynasties, etc. This corresponds to the information in the epitaphs of the Ye Family. It was found that Baekje, too, utilized provincial powers or Chinese immigrants as Goguryeo moved south. Then, this study focused on the Ungcheon region as the Ye Family's power base and attempted an archaeological review of the mid-to-upstream of the Geumgang River in order to concretize this. As a reason for its emergence, during the reigns of King Wideok and King Mu, along with active negotiations with China, showed diplomatic and military prominence This was confirmed through the fact that Ye Sikjin's father, Ye Seon was active in the Raeju region during the Sui Dynasty and that during the period of Baekje's fall, Ye Sik-jin successively served as Ungjin Bangryeong, and Ye Gun served as Ungjin Dodokbu Sama. Along with this, Mul Bu-sun's daughter and Heukchi Sang-chi's grandson-in-law seen in Mul Bu-sun Gongdeokgi was read as Ye Eui. This attracts attention as a material that can be associated with Baekje bureaucrats, including Heukchi, Mulbu, and Ye, who went to Tang.

▶ Key words: former Baekje people, Ye Sikjin, Ye Sosa, Ye Insu, Ye Gun

百濟 王姓 扶餘씨의 성립과 複姓의 수용

오택현*

〈국문초록〉

百濟에는 大姓八族이라고 불리는 姓氏 집단이 존재했다고 알려지고 있다. 百濟의 大姓八族이 처음 등장한 것은 『隋書』이기에 大姓八族은 6세기 말에서 7세기 초에 형성된 것으로 이해된다. 그렇다면 漢城期 姓氏 집단은 어떻게 등장한 것인지에 대한 기본적인 내용부터 확인할 필요가 있다. 漢城期 姓氏 집단이 『三國史記』 초기에 보인다는 점에서 사료의 신빙성 문제가 거론될 수 있지만 漢城期부터 姓氏가 있었다는 중국의 사례를 통해보면 충분히 가능하다. 물론 시점의 차이는 있을 수 있지만 당시 시대의 흐름을 이해할 수 있기에 漢城期 姓氏 사용 양상과 주변국의 상황을 동시에 검토해야 漢城期 姓氏 집단의 성향을 파악할 수 있을 것이다. 특히 百濟 王姓인 扶餘씨가 어떻게 사용되었는지, 그리고 百濟 姓氏가 가진 독특한 특징이라 할 수 있는 複姓이 어떠한 방식으로 취득하게 되었는지를 살펴봄으로써 百濟 姓氏 受容 과정을 살펴보고자 한다.

▶ **핵심어: 漢城期 姓氏 사용 집단, 姓氏, 扶餘씨, 複姓, 대외관계**

* 동국대학교 서울캠퍼스 역사교육과 일반연구원

I. 서론

百濟에서 姓氏가 언제부터 사용되었는지는 정확하게 알 수 없다. 대외적으로 사용한 시점은 『晉書』에 기록된 近肖古王 시기이지만 『三國史記』에 의하면 그 이전부터 姓氏가 사용된 것으로 나타나기 때문이다. 물론 가계의 소급으로 인해 百濟에서 초기부터 姓氏가 사용된 것으로 기록되었을 수 있지만 정확한 내막을 알 수가 없다.

그래서인지 그동안 姓氏에 대한 연구는 확실한 大姓八族을 중심으로 연구가 진행되었다. 그러나 大姓八族은 『隋書』에 처음 등장하는 것으로 보아 6세기 말에서 7세기에 형성된 것으로 여겨진다. 즉 百濟 후기의 내용을 기록하고 있다는 점에서 百濟 姓氏의 전반적인 성격을 설명하기에는 부족하다. 물론 大姓八族으로 지칭되는 姓氏 집단은 百濟 사회에서 일정 수준 역할을 수행하고 있었을 것이다. 그래서 漢城期에는 大姓八族 중에서 왕비를 배출한 解씨와 眞씨를 중심으로 연구가 진행되었다.[1] 또 후대의 大姓八族으로 표현되는 姓氏 집단인 沙씨와 木씨도 연구가 진행되었는데,[2] 이들 姓氏 집단은 解씨와 眞씨에 비해 비중이 작다는 점에서 군사적인 내용에 초점을 맞춰 설명이 집중되었다.[3] 그러나 후대 大姓八族으로 형성되는 姓氏 집단 이외에도 더 많은 姓氏가 『三國史記』에 의해 확인된다. 百濟 王姓인 扶餘씨가 대외적으로 보이는 372년 보다 이른 시점에도 百濟에서는 姓氏가 사용되고 있던 것이다. 그러나 이들 姓氏 집단이 지속적으로 성장하지는 못하였다. 이들이 모두 大姓八族으로 변모한 것이 아니라는 점에서 姓氏 집단은 끊임없은 성장과 쇠퇴가 반복되고 있기 때문이다. 그렇다면 百濟에서는 어떤 姓氏 집단이 존재했고, 이들은 어떤 방식으로 姓氏을 사용하게 된 것인지 확인할 필요가 있다.

그래서 百濟에서 어떻게 王姓 扶餘씨가 나왔는지,[4] 그리고 동아시아의 정세 속에서 姓氏는 어떠한 역할을 차지하고 있었는지는 살펴보고자 한다. 자료의 부재로 인한 것인지는 몰라도 고구려와 신라에 보이는 賜姓이라는 제도가 百濟에는 보이지 않는다. 오히려 百濟만의 독특한 姓氏 사용방식인 다양한 複姓이 보이고 있다.[5] 물론 高句麗에도 複姓이 보인다. 하지만 百濟의 複姓은 한성기부터 百濟의 멸망까지 꾸준하게 보이며, 고구려에 비해 그 비중이 높기 때문에 百濟 사회에서의 姓氏 취득 방식이 고구려, 신라와 달랐다고 보아도 무리가 없을 듯하다.

이에 百濟 王姓의 등장 배경과 複姓이라는 형태가 어떠한 방식으로 百濟 사회에 자리 잡게 되었는지 살

---

1) 盧重國, 1983, 「解氏와 扶餘氏의 王室交替와 初期百濟의 成長」, 『金哲埈博士 華甲紀念 史學論叢』; 강종원, 1997, 「百濟 漢城時代 政治勢力의 存在樣態」, 『忠南史學』 9; 문동석, 2007, 『백제 지배세력 연구』, 혜안; 정재윤, 2007, 「初期 百濟의 成長과 眞氏 勢力의 動向」, 『歷史學研究』 제29집 등.

2) 노중국, 1994, 「百濟의 貴族家門 研究 -木劦(木)氏 세력을 중심으로-」, 『大邱史學』 48.

3) 강종원, 2002, 『4세기 백제사 연구』, 서경.

4) 노중국, 1985, 「百濟國의 成立과 發展」, 『震檀學報』 60; 조영광, 2017, 「고구려·부여계 유이민의 남하와 백제 부여씨의 등장」, 『先史와 古代』 53.

5) 오택현, 2013, 「백제 複姓(複姓)의 출현과 그 정치적 배경」, 『역사와 현실』 88.

펴보고자 한다. 諸賢의 叱正을 바란다.

II. 百濟의 姓氏 사용과 국제 정세의 변동

百濟 王室은 王姓으로 扶餘씨를 사용했다고 한다. 이는 中國 史書인 『晉書』에 의해 그 실체를 확인할 수 있다.

> A-1. [咸安 2년] 6월(372) 사신을 보내 百濟王 餘句를 鎭東將軍 領樂浪太守로 冊封하였다.[6)]

A-1의 기사에서 百濟의 王은 餘씨를 칭하고 있음을 알 수 있다. 이는 扶餘씨를 축약해 餘씨로 기록한 것으로 보인다. 이와 관련해서는 『宋書』의 기사가 주목된다.

> A-2. 永初 원년(422) (중략) 征東將軍 高句麗王 高璉을 征東大將軍으로 삼았고, 鎭東將軍 百濟王 扶餘映을 鎭東大將軍으로 삼았다.[7)]
>
> A-3. 義熙 12년 百濟王 餘映을 使持節 都督 百濟諸軍事 鎭東將軍 百濟王으로 삼았다.[8)]

A-2~3의 기록은 百濟 腆支王에 대한 기록이다. A-2는 『宋書』 本紀의 기사이며, A-3는 『宋書』 東夷 列傳의 기록으로 여기에 腆支王의 이름이 기록되어 있다. A-3에는 A-1과 마찬가지로 扶餘씨가 축약되어 餘씨로 기록되어 있다. 그런데 A-2는 扶餘氏로 기록되어 있어 주목된다. A-2와 A-3이 『宋書』라는 동일한 사료에 기록되었음에도 불구하고 扶餘씨와 餘씨가 동시에 보인다는 점에서 百濟의 王姓이 扶餘씨였다는 것이 확실하다. 후대의 자료이지만 百濟 멸망기에 보이는 墓誌銘과 기록에 扶餘씨가 자주 보인다는 점에서도 百濟 王室에서는 처음부터 扶餘씨를 사용했음을 확인할 수 있다. 아마도 중국과의 관계에서 複姓인 扶餘氏를 單姓인 餘씨로 축약했었던 것으로 보인다.

A-1에 의하면 늦어도 372년에는 百濟에서 姓氏를 사용한 것으로 보인다. 심지어 『三國史記』에 의하면 372년 이전부터 百濟에서 姓氏를 사용하고 있었다고 한다. 이들 姓氏를 살펴보면 夫餘·高句麗에서 남하한 姓氏집단, 후대 大姓八族으로 성장하는 姓氏 집단, 중국계 유이민 姓氏 집단, 기타 姓氏 집단으로 나눌 수 있다. 우선 夫餘·高句麗에서 남하한 姓氏 집단으로 생각되는 것을 정리하면 아래와 같다.

---

6) 『晉書』 卷9 帝紀9 太宗簡文帝 咸安 2年 6月, "遣使拜百濟王餘句爲鎭東將軍 領樂浪太守"

7) 『宋書』 卷3 本紀3 武帝 下 永初 元年, "永初元年 (中略) 征東將軍 高句麗王 高璉 進號征東大將軍 鎭東將軍 百濟王 扶餘映 進號鎭東大將軍"

8) 『宋書』 卷97 列傳57 夷蠻 東夷 百濟國, "義熙十二年 以百濟王餘映爲使持節 都督百濟諸軍事 鎭東將軍 百濟王"

표 1. 漢城期에 보이는 夫餘 · 高句麗系 姓氏

이름	년도	출전	내용
解婁	23	『三國史記』 卷23 百濟本紀1 溫祚王 41年 1月	右輔 임명
	34	『三國史記』 卷23 百濟本紀1 多婁王 7年 1月	사망
仇頗解	25	『三國史記』 卷23 百濟本紀1 溫祚王 43年 10月	南沃沮 귀순
仇道	190	『三國史記』 卷23 百濟本紀1 肖古王 25年 8月	전쟁
優豆	261	『三國史記』 卷24 百濟本紀2 古尒王 28年 2月	內法佐平 임명
高壽	261	『三國史記』 卷24 百濟本紀2 古尒王 28年 2月	衛士佐平 임명
解仇	312	『三國史記』 卷24 百濟本紀2 比流王 9年 4月	兵官佐平 임명
優福	321	『三國史記』 卷24 百濟本紀2 比流王 18年 1月	內臣佐平 임명
解忠	405	『三國史記』 卷25 百濟本紀3 腆支王 1年	腆支王 맞이
	406	『三國史記』 卷25 百濟本紀3 腆支王 2年 9月	達率 임명
解須	407	『三國史記』 卷25 百濟本紀3 腆支王 3年 2月	內法佐平 임명
	429	『三國史記』 卷25 百濟本紀3 毘有王 3年 10月	上佐平 임명
解丘	407	『三國史記』 卷25 百濟本紀3 腆支王 3年 2月	兵官佐平 임명
	417	『三國史記』 卷25 百濟本紀3 腆支王 13年 7月	城 공사 감독

百濟는 王室을 비롯한 지배 세력 일부가 扶餘나 高句麗로부터 내려왔음을 공식적으로 표방하고 있다.[9] 따라서 이들 姓氏가 夫餘나 高句麗에서 먼저 사용되다가 南下 이후에도 그대로 사용되었을 것으로 짐작된다. 게다가 解婁의 사례와 같이 본래 扶餘 사람임을 명시한 경우도 있다.[10] 仇頗解 또한 20여 家와 더불어 高句麗의 영향 하에 있던 南沃沮로부터 귀순하였다고 하여,[11] 夫餘·高句麗 및 인근 지역으로부터 百濟로의 남하가 꾸준히 이어지고 있음을 보여준다. 그리고 夫餘·高句麗에서 남하하지 않은 것으로 보이는 姓氏 집단도 372년 이전 百濟 사회에서 보이고 있다.

표 2. 漢城期 姓氏(夫餘 · 高句麗系 제외)

이름	년도	출전	내용
屹于	30	『三國史記』 卷23 百濟本紀1 多婁王 3年 10月	戰爭
	34	『三國史記』 卷23 百濟本紀1 多婁王 7年 1月	右輔 임명

9) 『三國史記』 卷23 百濟本紀1 溫祚王

10) 『三國史記』 卷23 百濟本紀1 溫祚王 41年 正月, "四十一年 春正月 右輔乙音卒 拜北部解婁爲右輔. 解婁夲扶餘人也"

11) 『三國史記』 卷23 百濟本紀1 溫祚王 43年 10月, "冬十月 南沃沮仇頗解等二十餘家 至斧壤納欵"

이름	년도	출전	내용
	37	『三國史記』 卷23 百濟本紀1 多婁王 10年 10月	左輔 임명
	48	『三國史記』 卷23 百濟本紀1 多婁王 21年 3月	사망
眞會	37	『三國史記』 卷23 百濟本紀1 多婁王 10年 10月	右輔 임명
茴會	213	『三國史記』 卷23 百濟本紀1 肖古王 48年 7月	사냥
眞果	214	『三國史記』 卷23 百濟本紀1 肖古王 49年 9月	戰爭
眞忠	240	『三國史記』 卷24 百濟本紀2 古尒王 7年 4月	左將 임명
	246	『三國史記』 卷24 百濟本紀2 古尒王 13年 8月	戰爭
	247	『三國史記』 卷24 百濟本紀2 古尒王 14年 1月	右輔 임명
眞勿	247	『三國史記』 卷24 百濟本紀2 古尒王 14年 1月	左將 임명
眞可	261	『三國史記』 卷24 百濟本紀2 古尒王 28年 2月	內頭佐平 임명
惟己	261	『三國史記』 卷24 百濟本紀2 古尒王 28年 2月	兵官佐平 임명
眞義	333	『三國史記』 卷24 百濟本紀2 比流王 30年 7月	內臣佐平 임명
沙白蓋盧	369	『日本書紀』 卷9 神功皇后 49年 春 3月	加羅 戰爭
木羅斤資	369	『日本書紀』 卷9 神功皇后 49年 春 3月	加羅 戰爭
沙沙奴跪	369	『日本書紀』 卷9 神功皇后 49年 春 3月	加羅 戰爭

〈표 2〉에 보이는 인명들 가운데 眞, 沙, 木 등은 나중에 大姓八族의 하나로 등장하므로 姓氏임을 알 수 있다.[12] 단, 夫餘·高句麗나 중국 혹은 북방 유목민족 계통에서 확인되는 성씨는 아니므로, 그 기원은 알기 어렵다. 屹, 茴, 惟, 莫, 豆 등은 후대의 자료들을 통해서는 姓氏로 확인되지 않으며, 이름으로도 흔히 사용되는 글자들이므로, 姓氏인지 단순히 이름의 일부인지 명확하게 판단하기는 어렵다. 단, 성씨로 추정되는 요소들을 갖춘 이름들과 같은 방식으로 나열되고 있다는 점에서,[13] 후대에 유력 집단으로는 이어지지 않는 초기의 성씨 집단으로 볼 여지는 남아 있다.

그런데 중국 측 자료에서 王姓이 사용되는 시점보다 이른 시점의 성씨 사용 자료들이 가지고 있는 문제는 王姓 사용과 비슷한 4세기 중후반 시점의 『日本書紀』에서 확인되는 사례들(沙氏와 木氏)을 제외하면, 모두 『三國史記』 百濟本紀에서만 확인된다.

12) 木羅는 百濟의 將軍이라고 지칭했기 때문에 후대 大姓八族이 되는 인물로 보는데 무리가 없다. 다만 沙白, 沙沙는 이 기록에서만 나오는 인물이라는 점에서 검토의 여지가 있지만, 한반도 남방 정벌과 관련있다는 점, 木羅斤資와 함께 등장하고 있다는 점, 후대 大姓八族 중에서 沙씨가 존재한다는 점, 398년에 沙豆가 처음으로 『三國史記』에 등장한다는 여러 정황 상 沙씨로 보아도 무방할 것으로 보인다.

13) 屹, 茴, 惟, 莫, 豆의 경우도 眞씨와 동일하게 파악한다면 姓氏로 볼 여지가 있으며, 이들 姓氏는 실제로 中國에서 사용되고 있는 姓氏라는 점에서 姓氏로 보아도 무방하다고 생각된다.

『三國史記』 新羅本紀 초기 기록에 보이는 姓氏는 당시 실제 사용을 보여주는 근거라기보다는, 후대의 계보 인식이 반영된 것으로 보는 인식이 일반적이다.[14] 百濟本紀의 초기 기록에 보이는 성씨들 또한 후대의 계보 인식을 반영하여 소급시켰을 가능성을 배제할 수는 없다.

백제 성씨 사용의 첫 번째 계통으로 간주한 夫餘나 高句麗에서 남하한 姓氏들의 경우, 역시 『三國史記』 高句麗本紀의 초기 기사들에서 먼저 나타나고 있다는 점에서 주의를 기울일 필요가 있다. 사실 고구려의 경우에도 중국측 자료나 당대의 金石文 자료를 통해 성씨의 사용이 구체적으로 확인되는 것은 4세기 중반에 이르러서이다.

『後漢書』 卷115 東夷列傳 句麗 條에 '句麗王 宮'이 기록되어 있다. 宮은 高句麗 제6대 王인 太祖王(53~146)인데, 여기에서 주목할 만한 점은 이름은 있지만 姓은 기록되지 않았다는 것이다. 夫餘로부터 남하하여 高句麗의 유력 세력으로 활동하였다는 「牟頭婁 墓誌銘」에도 조상의 이름인 冉牟 등만 확인될 뿐, 姓이 보이지 않는다. 414년에 만들어진 〈廣開土王陵碑〉까지도 王의 계보를 언급하면서 王姓은 명기하지 않았다. 이는 당시 高句麗에서 姓氏를 사용하고 있었다 할지라도 대내·외적으로 姓氏의 표기가 필수적일 만큼 중요한 의미를 가지고 있지는 않았음을 보여준다.

그런데 안악 3호분과 덕흥리 고분에서 흥미로운 점이 발견된다. 안악 3호분과 덕흥리 고분은 中國에서 高句麗로 넘어온 流移民의 무덤으로 보고 있다. 그들이 행한 업적이 墓誌銘으로 기록되어 있지만, 이에 대한 해석은 분분하다. 안악 3호분의 冬壽를 『資治通鑑』에 기록된 佟壽로 본다면 姓이 冬이고 이름이 壽가 된다. 실제로 중국에 冬(佟)씨가 존재한다는 점이 이러한 추론을 뒷받침한다. 또 평양에서 발견된 낙랑시대 塼築墳에서 "永和九年三月十日遼東韓玄菟太守領佟利造"라고 쓰인 塼이 출토되었다. 이는 "永和 9年 3月 10日 遼東·韓·玄菟太守領인 佟利가 조영했다"라고 해석되므로 佟씨의 존재를 여기에서도 확인할 수 있다.

덕흥리 고분에는 묘주의 이름이 '△△鎭'으로 기록되어 있는데 △△을 성씨로 鎭을 이름으로 보는 것이 일반적이다.[15] 안악 3호분의 佟壽와 덕흥리 고분의 △△鎭은 고구려 금석문에서 처음으로 姓氏를 확인할 수 있는 사례인데 이들은 모두 中國에서 高句麗로 이주했다는 공통점을 가지고 있다.[16] 고구려에서 초기부터 姓氏 사용하지 않았다고 볼 수는 없지만, 묘지명과 같은 공식적인 기록에서 성씨의 표방을 중요시하는 경향이 중국에서 온 流移民으로부터 시작되고 있음은 주목할 만하다. 고구려 왕의 王姓이 대외적으로 명확하게 기록되는 것이 故國原王부터라는 점은 이러한 흐름의 연장선이라 할 수 있다.

---

14) 이순근, 1980, 「新羅時代 姓氏取得과 그 意味」, 『韓國史論』 6.

15) △△을 慕容씨로 보는 견해도 있다. 하지만 글자 자획이 명확하지 않아 慕容씨로 확정하는 것은 문제가 있다. 다만 여기에서는 複姓을 가지고 있는 인물이 안악3호분의 묘주였다는 점만 확인하고자 한다. 이는 中國에서 複姓을 가지고 있는 인물이 高句麗로 넘어간 사례가 되기 때문이다.

16) 중국에서 이주했다는 견해가 대부분이지만 안악 3호분의 경우 북한에서는 고국원왕 혹은 미천왕으로 보는 견해도 있다. 평양이라는 지역의 특수성과 무덤의 규모, 벽화고분이 있다는 점에서 나타난 견해이지만, 집안시대의 왕이었던 고국원왕과 미천왕이 평양으로 와 무덤을 축조했다는 점은 이해하기 어렵다. 당시 집안에는 왕의 무덤이 상당 수 있고, 평양으로 와 무덤을 축조한 다른 사례가 없기 때문에 북한의 견해는 받아들이기 힘든 실정이다.

百濟에서도 실질적인 姓氏의 표방에 있어서 중국의 영향을 중요시하지 않을 수 없다. 百濟와 관련이 있는 中國系 인물로 연대를 알 수 있고, 활동 기록이 남겨진 인물만 정리하면 〈표 3〉과 같다.

표 3. 漢城期 中國系 姓氏 사용 사례

이름	년도	출전	내용
張威	424	『宋書』 卷97 列傳57 夷蠻 東夷 百濟國 少帝 景平 2年 『南史』 卷79 列傳69 夷貊下 (百濟) 少帝 景平 2年	使臣
馮野夫	450	『宋書』 卷97 列傳57 夷蠻 東夷 百濟國 元嘉 27年 『南史』 卷79 列傳69 夷貊下 (百濟) 元嘉 27年	使臣
張茂	472	『三國史記』 卷25 百濟本紀3 蓋鹵王 18年	表文

中國系 流移民 집단의 활동은 한성기 외에도 百濟에서 꾸준하게 보인다.[17] 후대이기는 하지만 사비기에 작성된 것으로 보이는 부여 宮南池에서 출토된 木簡에 '部夷'라는 표현이 보인다.[18] 이는 部에 외국인 출신 주민이 編籍되어 있었음을 의미한다. 이러한 방식은 漢城期에도 동일했을 것으로 보인다.[19]

특히 西河太守 馮野夫의 경우 百濟에서는 馮씨의 사례가 1건 보이지만 『三國史記』 蓋鹵王이 보낸 敎書에 의하면 馮씨 집단에 대한 설명이 보이고 있다. 北燕의 馮씨는 北燕이 붕괴한 뒤 中國을 떠나 여러 곳으로 이동한다. 그 중 대부분은 高句麗로 들어갔다.[20] 하지만 百濟에서 南朝에 사신으로 파견될 때 활약한 西河太守 馮野夫,[21] 中國 廣東省으로 이동한 뒤 廣東省 지방을 중심으로 확약한 馮씨[22] 등 다양한 곳에서 馮씨 집단의 활동 양상이 보인다. 그보다 뒷 시기이지만 新羅에서도 馮씨와 관련된 사례가 보인다.[23]

이들이 여러 곳에서 보이는 이유에 대해서 中國이 혼란스러운 5호 16국 시대를 겪으면서 안정적인 곳을 찾기 위해 이동했을 것이라는 견해가 지배적이다. 중요한 점은 이렇게 이동한 馮씨는 기본적으로 五胡十六國 시대를 겪었고, 中國의 文化를 이해하고 받아들인 집단이었단 점이다. 百濟는 유입된 馮씨 집단을 통해 中國 文化가 유입될 수 있었다. 나아가 中國과의 交易까지 당당하면서 馮씨 집단이 새로운 지역에서 활약할

17) 313~14년 이후 樂浪·帶方郡이 몰락하면서 姓氏를 사용하고 있던 識字層들이 百濟 사회에 유입된 결과로 보인다. 뒤에서 살펴볼 것처럼 熊津期 중국에 보낸 표문에도 다양한 姓氏 사례가 보인다. 이후 513년에는 五經博士 段楊爾(『日本書紀』 卷17 繼體天皇 7年 6月), 段楊爾와 교체한 漢高安茂(『日本書紀』 卷17 繼體天皇 10年 9月) 등도 中國에서 유입된 인물이지만 日本으로 넘어가 문화를 전파한 것으로 파악된다.

18) 宮南池 1호 뒷면 "1행 : 西 卩後巷巳達巳斯丁 依活[ ][ ][ ]丁/ 2행 : 帰人中口四 小口二 邁羅城法利源水田五形"

19) 백길남, 2015, 「4~5세기 百濟의 中國系 流移民의 수용과 太守號」, 『東方學志』 172, p.16.

20) 서영교, 2004, 「북위(北魏) 풍태후(馮太后)의 집권과 대(對) 고구려 정책」, 『고중세사연구』 11집. 이들은 일련의 사건 속에서 숙청되는 일이 발생하기도 한다.

21) 『宋書』 卷 97 夷南傳 第 57 百濟에 보인다.

22) 河原正博, 1980, 「隋唐時代の嶺南の酋領馮氏と南海貿易」, 『山本達郎博士古稀記念東南アジア·イソドの社會文化』 I (오택현, 2019, 「隋唐時代의 嶺南 酋領 馮氏와 南海무역」, 『한국고대사탐구』 31집에 그 번역본이 게재되어 있다).

23) 남무희, 1999, 「圓測의 氏族淵源과 身分」, 『北岳史論』 6.

수 있었다. 이는 앞서 살펴본 廣東省에서 활약한 馮씨도 中國 南海 貿易을 담당하면서 그들 세력을 확장했다는 점에서도 비슷한 양상을 찾아볼 수 있다.[24]

이러한 상황 속에서 百濟의 상황을 다시 살펴보면 中國 史書에 등장하는 372년 A-1의 기사는 큰 의미를 가진다고 볼 수 있다. 百濟와 高句麗는 中國과 교역을 진행하였고, 그 결과 百濟와 高句麗 王은 자신의 姓과 이름을 중국에 알려주었다. 기록으로 본다면 百濟는 372년, 고구려는 355년의 일이다. 비슷한 시점에 百濟와 高句麗는 中國에 자신의 姓과 이름을 알려준 것인지, 이에 대해 4세기 무렵의 동아시아 정세를 주목해볼 필요가 있다.[25]

4세기 중국은 五胡十六國 시대로 혼란스러웠다. 그래서 中國에서 東夷지역을 관리하기 위해 설치한 東夷校尉에도 많은 변화가 생겼다.[26] 『後漢書』에 처음 보이는 東夷校尉는 鮮卑를 위무하기 위해 만들었다고 한다.[27] 그러나 실제로 東夷校尉의 실체 및 담당관과 관련된 구체적인 기록이 나타나는 것은 『晉書』에 의해서이다. 특히 266년부터 291년 사이의 東夷校尉는 東夷와의 잦은 교섭을 진행하였다.[28]

東夷校尉와 東夷 간의 교류 기록은 266년부터 291년에 몰려있다. 이 시기는 西晉의 武帝가 집정하던 시기다. 전체 교섭 기사는 총 37건이며, 東夷校尉는 東夷의 다양한 국가와 여러 차례 교류를 진행했다는 점을 확인할 수 있다. 무제가 죽은 뒤, 무제의 다섯 번째 아들이 2대 惠帝(291~306)로 즉위했지만 東夷校尉와 東夷와의 관계는 보이지 않는다. 아마도 惠帝 시기에는 八王의 亂(291~306)이 영향을 미친 듯하다. 八王의 亂이 진정된 후 3대 懷帝(306~313)가 즉위하였다. 懷帝는 匈奴의 침입에 대비하였지만, 연이어 永嘉의 亂(307~312)이 발생하게 된다. 2번의 亂을 겪으면서 西晉의 세력은 급격하게 위축된다. 永嘉의 亂은 평정되었지만,[29] 쇠약해진 西晉은 변화의 흐름을 버티지 못하고 4대 愍帝 代인 316년에 멸망에 이른다.

東夷校尉와 東夷 간의 교류가 266년부터 291년에 집중된 이유는 亂이 발생했기 때문에 西晉이 東夷와 원활한 관계를 맺을 수 없던 것으로 생각된다. 東夷校尉와 東夷 간의 교류가 원활하게 진행되지 못하면서 자연스럽게 中國의 先進文化가 한반도로 들어올 수 있게 하던 창구가 그 역할을 수행할 수 없게 되었다.[30]

---

24) 河原正博, 1980, 앞의 논문.

25) 고구려의 불교는 소수림왕 2년(372)에 前陳왕 符堅이 사신과 함께 順道를 보내 불상과 佛經을 전한 뒤, 2년 뒤(374)에 阿道가 사찰을 세웠다고 한다. 백제의 불교 수용이 침류왕 1년(384) 인도의 승려 摩羅難陀가 東晉에서 百濟로 전래했다고 한다. 이 시점이 대외관계를 시작한 시점과 멀지 않은 시점이라는 점에서 불교의 수용과정도 이러한 일련의 상황 속에서 진행되었을 가능성도 있다.

26) 東夷校尉와 관련된 연구성과는 정지은, 2019, 「3~4세기 백제(百濟)의 대중(對中)교섭과 동이교위(東夷校尉)」, 『역사와 현실』 112, pp.136-138.에 그 내용을 정리해 놓았다.

27) 『後漢書』 志28 百官5 烏桓校尉, "護烏桓校尉一人比二千石本注曰主烏桓胡【應劭漢官曰擁節長史一人司馬二人皆六百石並領鮮卑客賜質子歲時胡市焉晉書曰漢置東夷校尉以撫鮮卑】"

28) 관련 기록은 윤용구, 이승호에 의해 정리된 바 있지만 최근 정지은, 2019, 「3~4세기 백제(百濟)의 대중(對中)교섭과 東夷校尉」, 『역사와 현실』 112, pp.146~147.에서 앞의 내용을 토대로 서진(西晉)-동이(東夷) 관계기사 일람표(265~291년)를 재정리하였다. 이 표들을 참조.

29) 永嘉의 亂이 평정된 이듬해 남흉노의 족장인 劉淵에게 패한 뒤 유연의 넷째아들인 劉聰의 군사에게 잡혀 시해되었다.

30) 316년 서진이 멸망한 뒤 東晉이 성립되었음에도 불구하고 중국의 혼란스러운 상황은 지속되었다. 동진은 내부적인 안정이

게다가 中國에서 일어난 2번의 亂과 西晉의 혼란스러움은 313~314년에 樂浪·帶方郡의 붕괴에도 영향을 준다.[31)]

A-4. 고이왕(古爾王) 13년(246) 가을 8월, 위(魏)의 유주자사(幽州刺史) 관구검(毌丘儉)이 낙랑태수(樂浪太守) 유무(劉茂), 대방태수(帶方太守) 왕준(王遵)과 함께 고구려를 쳤다. 왕이 그 틈을 타서 좌장(左將) 진충(眞忠)을 보내 낙랑 변방의 주민들을 습격하여 빼앗았다. 劉茂가 이를 듣고 노하자 왕은 침공을 받을까 염려하여 그 사람(民口)들을 돌려주었다.[32)]

A-5. 환제(桓帝)와 영제(靈帝) 말기에 한(漢)과 예(濊)가 강성해 군현(郡縣)을 제대로 통제하지 못해, 많은 주민들이 한국(韓國)에 흘러 들어갔다.[33)]

A-6. 영제(靈帝) 말 한(漢)과 예(濊) 모두 강성해 군현(郡縣)을 제대로 통제하지 못해, 백성들이 고난(苦亂)하여 한(韓)으로 유입해 도망하는 자들이 많았다.[34)]

A-7. 그 선조는 중화(中華)와 조상을 같이 하며, 영가(永嘉)(의 亂) 말에 난(亂)을 피해 동쪽(한반도, 백제)으로 나아가니 이로 인해 마침내 가문을 이루었다.[35)]

A-4~7의 기록은 樂浪·帶方郡뿐만 아니라 中國의 사람들이 주변의 국가로 유입되는 사례가 많았다는 것을 보여준다. 특히 A-7에 따르면 禰軍의 조상은 영가의 난으로 인한 혼란스러움을 피하여 한반도로 이주했다고 한다. 이 묘지명에 기록된 내용이 실제로 일어난 일인지 아닌지에 대해서는 좀 더 연구가 진행되어야 하겠지만, 적어도 중국에서 한반도로 난을 피해 넘어오는 양상이 존재했고 이를 인지하고 있었기에 이 같은 기록이 남겨질 수 있었다고 생각한다.

A-8. [건흥(建興) 원년(313)] 요동(遼東)의 장통(張統)은 낙랑(樂浪)·대방(帶方) 2군(郡)을 점

최우선 과제였기 때문에 동이교위와 선비에 대해서 신경을 쓸 수 없었다. 이 과정에서 선비 慕容皝이 337년에 燕王을 칭하고, 이후 慕容儁이 皇帝를 칭하면서 345년에 동진으로부터 독립하였다. 동이교위는 폐쇄되지 않고 계속 유지되었지만 더 이상 동진에서 관리자를 파견할 수 없었다. 慕容廆 시기에는 동이교위에 측근을 임명하여 선비의 입장을 대변하게 하다가, 慕容儁 시기에 이르면 직접 동이교위의 후계자를 임명하기에 이른다. 이때부터 동이교위는 중국에서 외부의 이민족을 통제하던 기구에서 선비 내부의 이민족을 관리하는 기구로 성격이 바뀌게 된다(윤용구, 2005, 「고대중국의 동이관(東夷觀)과 고구려」, 『역사와 현실』 55). 이로 인해 東夷校尉를 통한 교섭의 기능은 더 이상 찾아보기 어려워졌다.

31) 물론 樂浪·帶方郡의 붕괴의 직접적인 원인이 八王의 亂과 永嘉의 亂, 西晉의 붕괴라고 말할 수는 없지만 그 영향이 한반도에 미쳤음은 확실하다.

32) 『三國史記』 卷24 百濟本紀2 古爾王 13年 8月, "秋八月 魏幽州刺史毌丘儉與樂浪太守劉茂帶方太守王遵 伐高句麗 王乘虛 遣左將眞忠 襲取樂浪邊民 茂聞之怒 王恐見侵討 還其民口"

33) 『三國志』 卷30 韓, "桓靈之末 韓濊彊盛 郡縣不能制 民多流入韓國"

34) 『後漢書』 卷85 韓, "靈帝末 韓濊並盛 郡縣不能制 百姓苦亂 多流亡入韓者"

35) 「禰軍墓誌銘」 2행 12열~28열, "其先与華同祖 永嘉末避亂適東 因遂家焉"

> 거하고, 고구려(高句麗) 왕(王) 을불리(乙弗利)와 서로 공격하였으나, 해가 이어져도 해결되지 않았다. 낙랑(樂浪)의 왕준(王遵)이 [장(張)]통(統)을 설득하여 백성 천 여가를 이끌고 [모용(慕容)]외(廆)에게 귀부하니, [모용(慕容)]외(廆)가 그들을 위해 낙랑군(樂浪郡)을 설치하고, [장(張)]통(統)을 태수(太守)로, [왕(王)]준(遵)을 참군사(參軍事)로 삼았다.[36]

그렇기에 A-8과 같이 樂浪·帶方郡이 붕괴된 뒤 樂浪·帶方郡의 사람들도 여러 지역으로 이주할 수 있던 것이다. 이렇게 사람들의 이주가 容易할 수 있었던 이유는 그들이 가지고 있는 인적·물적 인프라 때문일 것이다. 대량의 이주는 文化 유입의 원동력이 되었다.

> A-9. (近肖古王 30년, 375) 古記에서 말하기를 "百濟는 開國 이래 文字로 國家의 일을 기록한 적이 없었는데, 博士 高興을 얻어 비로서 '書記'가 있게 되었다.[37]

'書記'를 百濟의 역사서로 이해하는 경향도 있지만 당시 中國 문화의 유입이라는 측면, 樂浪·帶方郡의 붕괴로 인한 流移民의 유입과 관련해서 생각해 본다면 '書記'는 문서기록이라는 의미로도 해석할 수 있을 것이다.[38] 博士 高興이 어떠한 인물인지는 모르지만 문서행정을 체계적으로 시작한 인물일 가능성이 높으며, 이러한 문서행정 체계는 樂浪·帶方郡이 붕괴되면서 한반도로 지식인이 대량 유입되면서 가능했을 것이다. 즉 문서행정은 한반도로 유입된 지식인을 통해 中國의 선진문화를 받아들일 수 있었기 때문에 가능한 것으로 여겨진다.

이러한 현상은 중국의 혼란스러운 五胡十六國 상황, 八王의 亂과 永嘉의 亂의 발발, 樂浪·帶方郡 붕괴와 같은 일들이 연속적으로 일어나면서 더욱 가속화되었으리라 짐작된다. 百濟 王室에서 姓氏를 대외적으로 공식 표방하기 시작한 것도 이로부터 멀지 않은 시점의 일이다.

특히 百濟와 高句麗 王의 姓과 이름이 기록된 두 기사의 공통점은 姓과 이름을 사용했다는 것 외에도 책봉을 받는다는 점에서도 큰 의미가 있다. 東夷校尉의 변질로 인한 교섭 기능 상실과 樂浪·帶方郡의 붕괴로 인해 새로운 교역 루트를 찾고 있던 百濟와 高句麗는 새로운 동아시아 질서인 조공책봉 관계 속으로 들어가야 했다. 그러면서 百濟와 高句麗는 중국에 朝貢을 바치고 中國으로부터 冊封을 받는 시스템을 받아들이게 되었고, 그 과정에서 國家의 명칭과 王의 姓과 이름이 본격적으로 필요하게 되었다. 이 과정에서 王姓의 표기가 처음 나타나게 되었고, 百濟와 高句麗에서도 그리 멀지 않은 시점에 中國과의 조공책봉 관계 속에서

---

36) 『資治通鑑』 卷88 진기10 孝愍皇帝 上 建興 元年, "遼東張統據樂浪帶方二郡 與高句麗王乙弗利相攻 連年不解 樂浪王遵說統帥其民千餘家歸廆 廆爲之置樂浪郡 以統爲太守 遵參軍事"

37) 『三國史記』 卷24 百濟本紀2 近肖古王 30年 11月, "古記云, 「百濟開國已來 未有以文字記事 至是得博士高興 始有書記.」 然高興未嘗顯於他書 不知其何許人也."

38) 書記를 문서기록으로 해석한 견해는 이근우, 2007, 「역사서 편찬」, 『백제의 문화와 생활』, pp.299~305. 참조.

姓과 이름이 동시에 기록될 수 있던 것이다.

이처럼 백제 왕실의 왕성 표방에 있어서 중국과의 관계와 중국 성씨 사용의 영향이 중요한 역할을 하였을 것으로 짐작된다. 그런데 백제에서 채택한 왕성은 중국에서 흔히 사용하던 성씨가 아닌, 여씨 혹은 부여씨였다. 그렇다면 백제가 여씨 혹은 부여씨를 왕성으로 채택한 까닭은 무엇이었을까? 이 점을 살펴보도록 하겠다.

III. 百濟 王姓 扶餘씨와 複姓의 사용

百濟 王姓인 扶餘씨는 『三國史記』에서는 보이지 않는다. 中國 史書인 『晉書』에 처음으로 보이고 있다. 그리고 이 기록에 의하면 百濟 王 餘句(近肖古王) 鎭東將軍 領樂浪太守로 책봉하고 있다. 이 기사는 百濟 王姓이 처음으로 확인된다는 점 이외에 中國에 의한 冊封의 첫 사례라는 점에서도 중요한 의미를 가진다. 이후 中國 기록에 나타난 百濟 王의 이름은 모두 中國에서 百濟에 官爵을 제수한 기록들에서 살펴진다.

앞서 『宋書』를 통해 百濟 왕실에서 扶餘씨를 餘씨로 축약했다는 것을 확인했다. 그런데 부여씨는 직접적으로 중국에서 사용되던 성씨가 아니다. 게다가 기존에 존재하고 있던 국가명이었다. 또 지금과는 다르게 姓氏를 한 글자가 아닌 두 글자로 이루어진 複姓을 百濟에서는 사용하고 있다. 백제는 어떠한 계기로 기존의 국가명이자 複姓인 '扶餘'를 왕성으로 채택하게 되었던 것일까?

먼저 주목해 볼 만한 점은 百濟에서는 한반도의 高句麗와 新羅와 달리 複姓이라는 존재가 다수 확인된다는 사실이다. 『中國姓氏事典』은 中國에 남겨진 姓氏의 史的起源을 정리한 책이다. 『中國姓氏事典』에 기록된 982개의 姓氏 중에서 305개의 姓氏가 複姓인데, 이들은 모두 변방에 위치한 집단이다. 마찬가지로 후대의 기록이기는 하지만, 『萬姓統譜』에는 당시 변방의 주변민족들에게 單姓이 아닌 複姓을 사용하게 함으로써 이름을 통해 中國 중심부민들과 주변부민들을 구분하였다는 언급이 남아 있다. 그 결과 『萬姓統譜』 姓氏篇에는 東夷와 西戎에 거주하고 있는 민족들이 複姓을 사용하고 있었고, 이를 새로운 篇目으로 따로 기술함으로써 姓氏를 통한 중심과 주변의 차별을 행하고 있었다.

複姓을 사용하던 집단은 複姓을 사용하게 된 이유를 기록했다. 그 기록을 분석한 결과 자신의 지역(分封 및 거주 지역 등) 혹은 특정 출신 성분을 姓氏로 삼고 있었다. 그래서 中國 주변부민들 중 複姓을 사용하는 집단에서는 흔히 나타나는 현상이다.[39]

한반도와 가까운 동북지방에서 複姓을 사용하는 사례를 검토해보니 한반도와 연관이 있는 慕容·乞伏·禿髮·拓跋의 姓氏가 이에 해당된다. 이들은 3세기 중엽 慕容·乞伏·禿髮·拓跋 등 출신 지역이나 자신의 소속 집단 명칭을 姓氏로 삼은 것이다.

---

39) 日中民族科學硏究所篇, 1978, 『中國姓氏事典』, 國書刊行會에 수록된 複姓을 가진 성씨집단을 살펴보면 複姓을 칭한 이유가 자신의 地域名을 따서 사용했다는 사례가 상당 수 있다.

이 외에도 東晉시기 匈奴족 중 하나인 呼延씨는 呼衍지방에서 中原으로 들어오면서 그들이 살고 있던 部落의 이름을 토대로 呼延씨를 姓으로 채택했다. 鮮卑의 하나인 蔚遲씨도 자신의 部落 이름인 蔚遲를 姓氏로 정했으며, 역시 鮮卑의 일파인 萬俟씨도 마찬가지로 東晉시기에 中原 지역으로 이동하면서 部落 이름인 萬俟를 취하여 姓氏로 삼았다.[40]

이처럼 複姓을 사용하는 姓氏 집단은 그들이 分封 받은 지역 혹은 예전부터 거주하고 있던 지역(地域名), 자신의 출자 등을 토대로 姓氏를 취득하였던 것이다. 그와 같은 姓氏 채택 방식은 당시 中國 東北지방에서 널리 행해지고 있었다. 앞서 살펴본 바와 같이 이들 중 일부는 백제로 흘러들어갔다. 百濟가 複姓이자 地域名인 扶餘를 王姓으로 채택하게 된 데는 이러한 영향을 생각해 볼 수 있는 것이다.

그렇다면 구체적으로 地域이나 部族名, 혹은 출자 의식으로써 百濟에서 굳이 扶餘를 선택한 이유는 무엇이었을까? 여기에 『三國史記』에서는 東明廟에 拜謁함으로써 백제 스스로가 夫餘와 관련 있음을 나타내고 있다. 百濟는 高句麗, 나아가 夫餘와도 관련 있다는 것을 알려준다. 東明王에게 제사를 지내는 것으로 보아 百濟와 高句麗는 같은 출자의식을 공유하고 있다고 볼 수 있기 때문이다. 나아가 百濟는 그 근원이 扶餘임을 강조하고 있다는 점에서[41] 百濟에서 王姓으로 扶餘씨를 채택한 것은 기본적으로 이와 같은 출자의식에 기반한 것이라 하겠다.

한편 이미 餘씨를 칭하고 있는 이들이 중국에 알려져 있었다는 점 또한 百濟가 扶餘씨를 姓氏로 삼는데 영향을 주었을 수 있다.

> B-1. [夫餘는] 武帝 시기에 빈번히 朝貢하러 왔다. 太康 6년(285)에 이르러, 慕容廆에게 습격당해 패하니, 그 왕 依慮는 자살하고, 자제들은 沃沮로 달아나 [목숨을] 보전하였다. 武帝가 다음과 같이 조서를 내렸다. "夫餘의 王은 대대로 忠孝를 지키다가 추악한 오랑캐[惡虜]에게 멸망당했으니 심히 애석하게 생각한다. 만약 그 유족 중에 나라를 다시 세울만한 이가 있다면, 마땅히 방책을 만들어 [夫餘를] 存立시키도록 하라."하니, 有司가 아뢰기를 護 東夷校尉 鮮于嬰이 夫餘를 구하지 않아 때에 맞는 계책[機略]이 틀어졌다고 했다. [武帝가] 詔書를 내려 [鮮于]嬰을 파면시키고 何龕으로 [東夷校尉를] 대신하게 하였다.[42]
>
> B-2. 散騎侍郎 餘蔚 등이 扶餘, 高句麗 및 上黨의 質子 500여명을 이끌고 밤에 城門을 열어 [苻]堅의 병사를 받아들었다. [慕容]暐와 [慕容]評이 수천의 기병을 이끌고 昌黎에 왔다.[43]

40) 閔載泓, 2009, 「중국인의 성씨(姓氏)와 시대별 이름 짓기(命名)의 특징」, 『중국문화연구』 15, pp.585-586.

41) 『三國史記』 卷25 百濟本紀3 蓋鹵王 18年 表, "臣與高句麗 源出扶餘"

42) 『晉書』 卷97 東夷 扶餘傳, "武帝時, 頻來朝貢. 至太康六年, 爲慕容廆所襲破, 其王依慮自殺, 子弟走保沃沮. 帝爲下詔曰 : 「夫餘王世守忠孝, 爲惡虜所滅, 甚愍念之. 若其遺類足以復國者, 當爲之方計, 使得存立.」 有司奏護東夷校尉鮮于嬰不救夫餘, 失於機略. 詔免嬰, 以何龕代之."

B-3. 【太和 5년(370) 11월】 戊寅 , 燕의 散騎侍郞 餘蔚이 扶餘, 高句麗 및 上黨의[43] 質子 500 여명 거느리고 밤에 業城의 北門을 열어 前秦의 병사를 받아들였다.[44]

B-2와 3은 다른 史書의 기록이지만 B-2과 3은 같은 사건을 별개의 史書에 기록한 것이다. 여기에서 餘씨인 餘蔚이 보이는데, 이 인물은 前燕의 사람으로 前燕이 멸망할 때 夫餘·高句麗·上黨의 質子를 거느리고 業城의 北門을 열어 前秦軍을 받아들인 인물이었다. 餘蔚은 4세기 후반 慕容씨에 포로로 잡혀간 夫餘系 유력인물들 중 한 명으로 보고 있다.[45] 370년 11월에 해당하는 B-2와 3의 기록은 百濟 王姓이 처음으로 확인되는 372년보다도 이른 시기라는 점에서 주목된다. 百濟에서 王姓으로 扶餘씨를 사용했다고 하지만 A-1의 기록이 나타나기 전까지 百濟의 王姓 扶餘씨의 구체적인 사용 사례는 보이지 않는다. 그런데 B-2와 3에서 확인되는 것처럼 夫餘系의 유력자들도 이미 餘씨를 사용하고 있었던 것이다.

그렇다면 百濟는 어째서 당시 이미 쇠락한 扶餘라는 출자를 대외관계에서 王姓으로 적극 표방한 것인지에 대해서는 의문이 든다. B-1는 285년의 일로써, 이때 慕容鮮卑의 공격으로 夫餘의 수도가 함락되자 夫餘王 依慮가 자살하고 子弟가 沃沮로 도망갔다. 夫餘는 이 시기 慕容씨의 侵攻으로 인해 완전히 쇠락한 것이다.[46] 346년에 慕容皝이 夫餘를 공격해 夫餘王과 포로를 잡아 夫餘를 前燕의 신하로 만들면서 夫餘는 멸망에 이르렀다.[47]

하지만 이전 시기 扶餘는 상당히 강력한 세력으로 인식되고 있었다. 夫餘가 멸망하기 전까지는 모든 史書에서 夫餘가 가장 먼저 기록되고 있었다. 『三國志』 東夷列傳은 序-夫餘-高句麗-東沃沮-挹婁-濊-韓의 순으로, 『後漢書』 東夷列傳은 序-夫餘-挹婁-高句麗-東沃沮-濊-韓 순으로 기록하였다. 『晉書』에는 夫餘가 독립된 항목으로 설정되어 있지만,[48] 고구려는 그렇지 않다. 또 B-1에서 보이는 것과 같이 夫餘가 위험에 처하자 夫餘를 存立시키고자 하는 움직임도 확인된다. 이처럼 夫餘는 꽤 강력한 세력으로서 中國에게는 가장 가까운 존재 및 우호적인 국가로 인식되고 있었음을 알 수 있다. 그러나 285년 이후 夫餘는 쇠락의 길을 걷게 되고, 멸망에 이르게 된다.

百濟 王室에서 扶餘를 王姓으로 표방한 것은 夫餘의 옛 영광을 인식하고 부여계의 대표로서 그 계승을 자임한 것으로 해석할 수 있다. 부여계의 한 갈래로 南下하여 한강유역에 자리 잡은 百濟는 꾸준히 성장을

43) 『晉書』 卷111 載記11 慕容暐載記, "散騎侍郞餘蔚等率扶餘, 高句麗及上黨質子五百餘人, 夜開城門以納堅軍, 暐與評等數千騎奔于昌黎.

44) 『資治通鑑』 卷102 太和 5年(370) 11月 戊寅, "戊寅, 燕散騎侍郞餘蔚帥扶餘, 高句麗及上黨質子五百餘人, 夜, 開鄴北門, 納秦兵, 燕主暐與上庸王評, 樂安王臧, 字襄王淵, 左衛將軍孟高, 殿中將軍艾朗等奔龍城.

45) 여호규, 2001, 「百濟의 遼西進出說 再檢討」, 『震檀學報』 91, p.19, 표1 참조. 표1에는 4세기 후반 부여계 인물의 활동양상을 '인명-연대-국가-활동내용-전거'를 기록하고 있으며, 이를 통해 포로로 잡혀간 부여계 유력인물들 중에서 이미 부여씨가 존재하고 있음을 확인할 수 있다.

46) 盧泰敦, 1999, 「扶餘國의 境域과 그 變遷」, 『國史館論叢』 4, pp.43-48.

47) 이정빈, 2017, 「모용선비 전연(前燕)의 부여·고구려 질자(質子)」, 『동북아역사논총』 57.

48) 『晉書』에는 夫餘-馬韓-辰韓-肅愼로 되어 있어 高句麗와 百濟가 개별 방목으로 정리되어 있지 않다.

거듭하여 3세기 후반 馬韓지역의 패자가 되어 있었다. 馬韓의 56 小國 중 하나에 불과했던 단계를 넘어, 쇠락한 夫餘 王室을 대신해 夫餘系의 대표를 표방할 수 있을 만한 조건이 갖추어졌던 것이다. 이후에도 百濟 王室은 夫餘系의 적통이라는 인식을 유지하여 熊津(지금의 공주)에서 泗沘(지금의 부여)로 도읍을 옮길 때 처음에 南扶餘라고 칭했던 것이다.[49]

그런데 中國에서는 單姓을 쓰는 것이 일반적이었고, 複姓은 中國에서 四夷, 즉 오랑캐 집단에서 사용하는 것으로 여겨지고 있었다. 이러한 상황 속에서 百濟는 扶餘씨를 표방하면서도 中國과의 교역에서는 複姓인 扶餘씨를 전면에 내세우지 않고, 單姓인 餘로 축약하여 사용했던 것이다. 단순한 姓氏의 축약이라기보다는 百濟가 中國의 문화를 이해하고 있었음을 보여준다고 할 수 있다. 『宋書』의 기록에서 보이듯이 百濟는 이미 扶餘씨를 餘로 축약하는 사례를 인지하고 있었고, 이를 행하고 있었다.

이처럼 百濟에서는 中國의 혼란스러운 상황을 극복하고자 流移民 집단을 통해 직접교역을 시도했다. 그 과정에서 中國과의 조공책봉 관계를 받아들이게 되었고, 百濟 王室에서는 姓氏사용의 필요성을 느끼게 되었다. 百濟 王室은 자신의 출자의식을 반영해 부여계의 대표라는 의미에서 扶餘씨를 성씨로 사용한 것으로 보인다.

Ⅳ. 결론

百濟에서는 다양한 姓氏가 있음에도 불구하고 近肖古王 시기에 들어와 대외적으로 姓氏를 사용하게 되었다. 百濟에서는 姓氏가 夫餘·高句麗에서 남하한 집단 및 中國에서 들어온 집단, 百濟 지역에서 원래부터 존재하던 집단이 姓氏를 가지고 있던 것으로 보인다. 그렇지만 姓氏가 본격적으로 사용되기 시작한 것은 中國과의 대외교류를 위한 王室에 의한 것으로 보인다. 八王의 난, 永嘉의 난, 樂浪帶方郡의 붕괴, 西晉의 붕괴, 東夷校尉의 성격변화 등 百濟를 둘러싼 동아시아의 변화는 中國 문화의 百濟 유입에 걸림돌이 되었다. 이에 百濟는 中國의 朝貢冊封 체재 속에 편입되어 中國 문화 유입을 원했고, 이러한 내용이 『晉書』에 기록되었던 것이다.

그렇다면 百濟가 扶餘씨를 姓氏로 표방한 이유는 무엇인가. 이는 출자의식을 반영한 姓氏 취득 방식을 이용한 것으로 보인다. 자신이 출자를 통해 姓氏를 취득하는 것은 中國 동북부 지방, 東夷지역에서 많이 행하는 姓氏 취득 방식이다. 中國의 혼란을 틈타 百濟로 이주한 유이민들에 의해 이러한 姓氏 취득 방식이 百濟에 전달되었고, 백제는 출자의식을 반영해 扶餘씨를 칭했던 것이다. 게다가 扶餘씨는 이미 夫餘에서 사용되고 있던 성씨였고, 과거 夫餘는 찬란한 문화를 영유하고 있던 국가였기에 百濟에서는 이를 계승한다는 의미에서 扶餘씨를 사용한 것이다. 이렇게 百濟 王室에서 출자에 기반한 姓氏를 사용하게 되면서 출자 및 지역명을 사용해 姓氏를 사용하는 사례가 늘어나게 되었고, 그 결과 百濟에서는 다양한 複姓이 남겨질 수

49) 『三國史記』 卷26 百濟本紀 4 聖王 16年, "十六年 春 移都於泗沘【一名所夫里】國號南扶餘"

있게 된 것이다. 이처럼 百濟는 주변국과는 다른 양상으로 姓氏를 취득 및 확산이 되었던 것이고 그 결과 다양한 姓氏 사용집단이 남겨질 수 있던 것이다.

투고일: 2019. 10. 31. 심사개시일: 2019. 11. 4. 심사완료일: 2019. 12. 1.

참/고/문/헌

『三國史記』『三國遺事』

『後漢書』『三國志』『晋書』『宋書』『資治通鑑』

『日本書紀』

강종원, 2002, 『4세기 백제사 연구』, 서경.

강종원, 1997, 「百濟 漢城時代 政治勢力의 存在樣態」, 『忠南史學』 9.

남무희, 1999, 「圓測의 氏族淵源과 身分」, 『北岳史論』 6.

盧重國, 1983, 「解氏와 扶餘氏의 王室交替와 初期百濟의 成長」, 『金哲埈博士 華甲紀念 史學論叢』.

노중국, 1985, 「百濟國의 成立과 發展」, 『震檀學報』 60.

노중국, 1994, 「百濟의 貴族家門 硏究 -木劦(木)氏 세력을 중심으로-」, 『大邱史學』 48.

盧泰敦, 1999, 「扶餘國의 境域과 그 變遷」, 『國史館論叢』 4.

문동석, 2007, 『백제 지배세력 연구』, 혜안.

閔載泓, 2009, 「중국인의 성씨(姓氏)와 시대별 이름 짓기(命名)의 특징」, 『중국문화연구』 15.

백길남, 2015, 「4~5세기 百濟의 中國系 流移民의 수용과 太守號」, 『東方學志』 172.

서영교, 2004, 「북위(北魏) 풍태후(馮太后)의 집권과 대(對) 고구려 정책」, 『고중세사연구』 11.

여호규, 2001, 「百濟의 遼西進出說 再檢討」, 『震檀學報』 91.

오택현, 2013, 「백제 複姓(複姓)의 출현과 그 정치적 배경」, 『역사와 현실』 88.

윤용구, 2005, 「고대중국의 동이관(東夷觀)과 고구려」, 『역사와 현실』 55.

이근우, 2007, 「역사서 편찬」, 『백제의 문화와 생활』.

이순근, 1980, 「新羅時代 姓氏取得과 그 意味」, 『韓國史論』 6.

이정빈, 2017, 「모용선비 전연(前燕)의 부여·고구려 질자(質子)」, 『동북아역사논총』 57.

정재윤, 2007, 「初期 百濟의 成長과 眞氏 勢力의 動向」, 『歷史學硏究』 29.

정지은, 2019, 「3~4세기 백제(百濟)의 대중(對中)교섭과 동이교위(東夷校尉)」, 『역사와 현실』 112.

조영광, 2017, 「고구려·부여계 유이민의 남하와 백제 부여씨의 등장」, 『先史와 古代』 53.

日中民族科學硏究所篇, 1978, 『中國姓氏事典』, 國書刊行會.

河原正博, 1980, 「隋唐時代の嶺南の酋領馮氏と南海貿易」, 『山本達郎博士古稀記念東南アジア·イソドの社會文化』 I.

〈Abstracts〉

The process of expropriation of the surname of Baekje

Oh, Taek−hyun

It is said that there was a group tribes consisting powerful group which have 8 family(大姓八族). However, it was 『隋書』 that first appeared in tribes consisting powerful group which have 8 family(大姓八族). However, he understood that tribes consisting powerful group which have 8 family(大姓八族), which is believed to have been formed in the late 6th and early 7th centuries, appeared from the beginning, and based on this, he tried to find a group using Hanseong period(漢城期) within tribes consisting powerful group which have 8 family(大姓八族). Of course, Hanseong period(漢城期)'s use of family name(姓氏) could have been created from the beginning due to the retrospective of households. However, the evidence is very poor to deny the use of pubs itself. In order to understand the trend of the times, we will examine the usage patterns and the situation in neighboring countries. Later, I would like to examine the Baekjae(百濟) process by looking at how Baekjae(百濟) Booyeo(扶餘) was used externally and how a family name composed of two Chinese characters(複姓), which is a unique characteristic of family name(姓氏), was acquired.

▶ Key words: Hanseong period(漢城期) family name using group, family name(姓氏), Booyeo(扶餘), a family name composed of two Chinese characters(複姓), foreign relations

공산성 출토 칠갑 명문 해석

– 이현숙·양종국의 백제 제작설에 답하여 –

이태희[*]

〈국문초록〉

2019년 4월 공주대학교박물관은 공산성 출토 칠갑의 보존처리 결과를 공개했다. 추가로 확인된 자획과 파편의 접합을 통해 명문의 실체에 다가갈 수 있는 길이 열렸다. 공주대학교박물관 이현숙·양종국은 새롭게 밝혀진 명문을 바탕으로 다시 백제 제작설을 제기하였다. 이에 명문의 전모를 해석하고 백제 제작설을 검토해 보았다.

이현숙·양종국은 칠갑의 명문을 고구려 원정 중인 태종에게 갑옷을 선물하는 '국가적 의례'를 치르고 이를 기록한 것으로 보았다. 그러나 개주의 설치 일자(645년 6월 3일)에 대한 고려 없이 칠갑의 일자(645년 4월 21일)를 근거로 익주를 개주로 판독한다거나 육안으로 확인할 수 있는 '[illegible]'(下裳)을 郡이나 群의 이체자로 파악하는 오류를 범하였다. 그리고 당에는 황칠 철갑을 보내고 그 기록을 옻칠 피갑에 남겼다는 것이나, 주장대로라면 당과의 우호 관계를 보여줄 수 있는 갑옷임에도 마치 종묘의 기물인 듯 항복 시점에 폐기하는 의례를 치르고 감추었다는 것은 이해하기 어려운 설정이다. 이밖에도 백제가 자국의 기록물에 당의 연호를 사용했다거나 백제에서 행수법을 실시했을 수 있다는 가정은 지금까지의 백제사 연구 결과와도 부합하지 않는다.

* 국립중앙박물관 학예연구사

칠갑 명문은 당령 규정에 근거한 제작 주기이며, 내용은 제작지, 제작소, 제작 담당자, 감독관, 갑옷의 구조, 일자이다. 제작지는 익주이며, 담당관의 관명은 모두 당의 관제로 일개 도독부의 문서행정 계통에 따라 기입되었다. 아울러 산관·직사관·훈관의 병렬방식이나 행수법의 적용 등은 당의 관제가 아니고서는 이해할 수 없는 부분이다. 그리고 연호 역시 당의 연호이다. 따라서 칠갑의 제작지는 당일 수 밖에 없다.

명문은 칠갑이 당의 제작품이라는 것을 알려준다. 칠갑의 가치는 정확한 이해에 기초해야 하며, 명문의 정확한 해석은 그 출발점이다. 명문의 석독은 도외시한 채, 백제 갑옷으로 전제하고 끼워 맞추기식의 가설을 제시하는 것은 오히려 칠갑이 지닌 가치의 발견과 연구의 진전을 가로막는 장애물이자 발굴성과를 무색케 만드는 일이 될 것이다. 남아있는 칠갑의 명문 전모가 확인된 만큼 이제는 유구로 칠갑의 국적을 규명할 때가 아니라 칠갑으로 유구를 해석할 시점이라고 생각한다.

▶ **핵심어: 공산성, 옻칠, 갑옷, 칠갑, 피갑, 칠피갑옷, 백제, 당, 익주**

I. 서론

필자는 공산성 출토 칠갑이 당의 제작품이며, 명문은 제작 이력을 기록한 것임을 주장한 바 있다.[1] 그러나 그때까지는 명문의 전체가 공개되지 않은 상황이었던 탓에 많은 부분을 추정으로 남겨둘 수밖에 없었다. 발굴을 주도한 공주대학교박물관은 지난 4월 보존처리를 마무리하고 명문의 전모를 공개하였다. 이번에 새로 확인된 글자는 단편적이었던 기존의 자간을 메워주었으며 추정으로만 남겨두었던 여러 부분에 결정적인 단서를 제공해 주었다. 이현숙·양종국은 전체 문자의 현황이 이제야 파악된 만큼 명문에 대한 종합적인 검토가 필요하다고 지적하는 한편 새로 밝혀진 명문을 근거로 다시 백제 제작설을 제기하였다.[2] 이에 완비된 명문을 해석하고 그것이 가진 의미를 살펴봄으로써 앞서 주장했던 내용을 보완하고 이현숙·양종국의 주장에 답하고자 한다. 칠갑과 관련된 선행연구는 앞서 정리한 바 있으므로 본고에서는 생략하고 바로 본론으로 들어가겠다.

II. 명문의 검토

칠갑의 명문은 크게 주칠명, 묵서명, 선각으로 구분된다. 이 중 칠갑의 성격을 규명하는 데 가장 중요한 단서를 제공하는 것은 주칠 명문이다. 기존 명문에 더하여 새로 확인된 것을 정리하면 다음과 같다.

---

1) 졸고, 2018, 「公山城 出土 漆甲 銘文 再考」, 『고고학지』 24, pp.91~120.

2) 이현숙·양종국, 2019, 「公山城 출토 칠피갑옷 銘文資料의 재검토」, 『목간과 문자』 22, pp.159~196.

연번	명문	비고
①	益州□□▨□▧□□□□□□	*2매로 구성 / ▨: 者로 추정(이현숙), 都의 잔획일 수 있음. / ▧: 土로 추정(이현숙)
②	匠趙良□□□	*近은 匠으로 읽어야 함(최연식 지적)
③	王武監大口典	
④	費▨□□□□	
⑤	緒	
⑥	□□作陪戎副	
⑦	尉瞿禮專當官	
⑧	人叅軍事元文	
⑨	徹(?)士曺叅軍事	
⑩	□□支二行左	*이현숙은 기존 논고에서 支를 "七人"으로 판독한 반면 필자는 졸고에서 '支'로 보아야 한다고 주장했다. 이현숙도 최근 글에서 '支'로 수정하였으나 기존 견해를 수정한 까닭은 언급하지 않았다.
⑪	右頰各四行後	
⑫	□□□□大夫	
⑬	行司馬李肇銀	
⑭	靑光祿大夫行長	
⑮	史護軍張	
⑯	䢵四行貞觀十	*이현숙은 䢵을 '帥', '郡'으로 추정
⑰	九年四月卄一日	
⑱	▨▨	

□: 남아 있지 않지만 글자가 있을 것으로 추정
▨, ▧: 잔획이 남아있지만 어떤 글자인지 알 수 없는 것
*2019년 새로 공개한 명문은 위에 점을 찍어 구분하였다.

(1) 지역: ① 益州/□□▨□/▧□□□□□□

지명으로 '益州'가 있다. 당은 618년 수의 蜀郡을 익주로 개명하고 摠管府를 설치했다. 620년에는 총관부를 없애고 西南道行臺를 두었다. 서남도행대의 책임자는 당시 秦王이었던 李世民이었다. 당은 통일 이후 서남도행대를 혁파하고 626년 都督府를 설치하였다.

최근 양종국·이현숙은 익주를 '개주'로 읽어야 한다고 주장하였다.[3] 요약하면 지금까지 '益'으로 판독했

던 글자는 '蓋'의 이체자로 볼 수 있는 만큼 '蓋州'로 읽을 수 있고, 개주는 당의 고구려 원정의 산물이며 이 전쟁에 백제의 갑옷이 사용되었다는 기록이 있으므로 백제의 것으로 볼 수 있다는 것이다. 그럼 이하 해당 주장을 검토해보자.

> (정관19년) 여름 4월 李勣의 군대가 遼河를 건너 蓋牟城을 공격하여 빼앗고 그 성을 蓋州로 삼았다.[4)]

위에서도 볼 수 있듯 개주는 당이 고구려의 개모성을 빼앗고 그 자리에 설치한 주이다. 다수의 사서는 개모성의 함락과 개주의 설치를 645년(정관19) 4월의 일로 기록하였다. 이는 칠갑 명문의 기년, 즉 '貞觀十九年四月'과 일치한다. 양종국·이현숙의 가설도 여기에서 출발한다. 그럼 당이 개모성을 함락한 날짜는 언제일까?

> (4월) 癸亥(26일), 遼東道行軍大摠管 英國公 李勣이 개모성을 공격해 격파했다.[5)]

> (4월) 壬子(15일), 李世勣과 江夏王 李道宗이 고려의 개모성을 공격했다. 丁巳(20일), 車駕가 北平에 도착했다. 癸亥(26일) 이세적 등이 개모성을 점령하고 2만 명과 양곡 10여만 석을 얻었다. …(중략)… (6월) 己亥(3일), 개모성을 개주로 삼았다.[6)]

이적[7)]이 개모성을 공격하기 시작한 것은 4월 15일이었다. 그리고 약 열흘간의 전투 끝에 26일 개모성을 함락했다. 개모성의 함락 시점은 『자치통감』과 『신·구당서』 모두 일치한다.[8)] 그런 점에서 개모성 함락 일자에는 논란의 여지가 없다. 그러나 앞서 인용한 『태평어람』은 개모성 함락과 개주의 설치를 연이은 조치로 기술한 반면, 『자치통감』은 한 달여 차이를 두고 이루어진 것으로 기록하였다. 이적·이도종이 개모성에서 전투를 치르고 있을 때, 태종은 막 北平에 도착했다. 州의 설치를 황제의 재가 없이 行軍大摠管이 자의적

---

3) 이현숙·양종국, 앞의 논문, pp.175~178.

4) 『太平御覽』 卷783 「四夷部」 '高麗'. "夏四月, 李勣軍渡遼, 進攻蓋牟城, 拔之, 以其城置蓋州."

5) 『舊唐書』 卷3 太宗本紀, p.57. "癸亥, 遼東道行軍大總管, 英國公李勣攻蓋牟城, 破之."

6) 『資治通鑑』 卷197 「唐紀」13, pp.6219~6220, "(夏四月)壬子, 李世勣·江夏王道宗攻高麗蓋牟城. 丁巳, 車駕至北平. 癸亥, 李世勣等拔蓋牟城, 獲二萬餘口, 糧十餘萬石."
『資治通鑑』 卷198 「唐紀」14, p.6223, "(六月) 己亥, 以蓋牟城爲蓋州."

7) 李勣(594~669)의 본래 이름은 徐世勣이다. 당에 귀화 후 이씨성을 하사받아 李世勣이 되었고, 후일 太宗이 즉위하자 피휘하여 李勣이라고 하였다. 사료에는 이적, 이세적으로 나오나 혼란을 피하기 위해 본문에서는 이적으로 통일한다.

8) 필자는 기존 원고에서 '4월 계해'를 13일로 착각하였다. 여기서 26일로 바로잡는다. 날짜 확인은 다음을 참고하였다.
陳垣, 『二十史朔閏表』(中華書局 影印本, 1962), p.86.

으로 결정했다고 이해하기 어려운 만큼 개주의 설치는 태종이 요동에 도착하여 전황을 파악한 뒤 시행한 조치로 보는 것이 타당하다. 따라서 『태평어람』의 기사는 개모성 함락과 개주의 설치를 축약하여 기술한 것으로 개주의 설치 일자는 『자치통감』에 기록된 대로 6월 3일임이 분명하다.[9] 이현숙과 양종국은 지난 목간학회 발표에서 명문의 '四月卄一日' 즉 4월 21일을 공산성에서 칠갑을 완성한 날짜로 보았으나[10] 최근 논고에서는 요동에 있는 태종에게 칠갑을 전달한 시점으로 수정하였다.[11]

먼저 '요동에 있는 태종에게 칠갑을 전달한 시점'이라는 주장부터 살펴보자. 앞서 살펴본 바와 같이 이적이 이끄는 당의 선봉군은 645년 4월 15일 개모성을 공격하기 시작했고 4월 26일에 함락했다. 즉 칠갑 명문의 '4월 21일'까지 개모성은 여전히 고구려의 수중에 있었다. 그리고 태종은 4월 20일 북평에 도착했으며, 20일 뒤인 5월 10일에서야 요하를 건넜다. 다시 말해 이현숙·양종국이 태종에게 갑옷을 전달하는 의식이 있었다고 추정한 4월 21일에는 '개주'라는 지명이 존재하지 않았으며 태종도 요동에 없었다.

그러면 칠갑 명문의 4월 21일을 제작일로 보는 것은 타당할까?

> 이때 백제가 금칠 갑옷[金髹鎧]을 바치고, 또 검은 쇠로 만든 무늬 갑옷[文鎧]을 만들어 바치니 군사들이 입고 따랐으며, 황제와 이세적이 만났는데 갑옷의 광채가 태양에 빛났다. 남풍이 세게 불어오니 황제가 정예 병졸을 보내 衝竿 끝에 올라가 성의 서남 망루에 불을 질러 성안으로 불길이 번져 타 나가자 장수와 병졸을 지휘하여 성으로 올라갔다.[12]

위 기사는 이현숙·양종국이 645년 5월 백제가 요동에 있는 태종에게 갑옷을 전달했다고 본 근거가 되는 기사이다. 그럼 다음 사료를 살펴보자.

> 丁丑(5월 10일), 車駕가 요수를 건넜다. 다리를 철거하여 사졸의 마음을 다졌다. 갑사 6만이

---

9) 다음 사료도 개주의 설치를 6월로 언급하였다. 『冊府元龜』 卷117 帝王部 親征2. "6월丁酉(1일) 이적이 白巖城을 서남쪽을 공격했다. 태종이 서북쪽에 다다르자 성주 孫代音이 항복을 청했다. 성을 巖州로 삼았다. 이날 개모성에 개주를 설치했다(六月丁酉, 李勣攻白巖城西南, 太宗臨其西北. 城主孫伐音請降, 以城爲巖州. 是日於蓋牟城置蓋州.)." 단, 각기 6월 1일과 6월 3일로 이틀의 차이가 있는데, 이는 문서행정 상 반포 시점과 현지에서의 시행 시점 간의 차이로 판단된다.

10) 이현숙·양종국, 목간학회 발표문(4.20.), 미발간 원고.

11) 이현숙·양종국, 앞의 글, p.190. "명문의 '貞觀 19年 4月 21日'은 이 명문을 갑옷에 쓴 날짜로 볼 수도 있겠지만, 백제가 당 태종에게 갑옷들을 전달한 행위가 완료된 후 기록된 貞觀 19年 5月의 『삼국사기』 고구려 보장왕본기의 내용으로 눈을 돌려보면, 갑옷을 만들어 관련 행위를 한 날짜를 표기했다고 보아야 맞을 것 같기도 하다. 앞으로 구체적인 검토가 필요한 '四行'과 '二行'의 문제도, 이 과정에서 이루어진 '軍禮'의 가능성을 함께 검토할 수 있다. 따라서 "貞觀 19年 4月 21日"은 명문을 갑옷에 쓴 날이 아니라 갑옷을 활용하여 행위를 완료한 날에 대한 기록일 가능성을 살필 수 있다. 즉 만들어진 갑옷을 요동지역의 당 태종에게 전달하기 위한 국가적인 사업을 소정의 계획에 따라 완료한 뒤, 이와 관련된 내용을 기념비적으로 칠피갑옷에 써넣지 않았을까 판단되기도 한다."

12) 『三國史記』 卷9 「高句麗本紀」. "時百濟上金髹鎧, 丈以玄金爲文鎧, 士被以從. 帝與勣會, 甲光炫日. 南風急, 帝遣銳卒, 登衝竿之未, 爇其西南樓, 火延燒城中, 因揮將士登城."

> 馬首山에 진을 쳤다. 애초에[初] 태종이 백제로 사신을 보냈더니 (백제에서는) 그 나라에서 채취한 금칠을 철갑에 발랐다. (칠은) 모두 황자색으로 햇빛을 받자 금처럼 빛났다. 또한 五綵를 玄金에 칠해 산문갑을 만들었다. (이것을) 장군들에게 입혀 열을 지어 따르게 하였다. 甲申(17일), 태종이 친히 갑옷 입은 기병 만여 기를 이끌자 (갑옷의) 금빛이 햇빛에 번쩍였다. 성 아래서 이적의 군대와 만나자 일제히 징이 울리며 깃발이 성 주위로 수백 리를 둘러쌌고 사졸의 함성소리로 하늘과 땅이 진동하였다.[13)]

태종은 5월 10일 요하를 건넜다. 그 뒤에는 마수산에서 먼저 온 군대와 합류하여 그간 전투의 공과를 확인하고 장수들에 대한 신상필벌을 실시하였다. 태종이 요동에 당도했을 때, 이적은 요동성 공격을 지휘하고 있었다. 위의 기록에 따르면 태종과 이적이 조우한 날은 5월 17일이다. 그리고 태종 휘하의 장령이 백제의 갑옷을 입고 위용을 보인 날 역시 이날이다. 만일 백제의 사신이 요동까지 찾아와 태종에게 칠갑을 전달하는 '국가적 사업'을 수행했다면 태종이 요동에 진입한 5월 10일부터 이적의 군대와 합류한 17일 사이에 이루어졌어야 한다. 그러나 4월 21일 공주에서 갑옷을 제작한 뒤 서둘러 선적했다 해도 한 달도 못 미치는 기간에 고구려의 연안항로를 피해서 요동까지 도착할 수는 없을 듯하며 백제의 사신이 노정에서 태종의 이동 정보를 파악하며 요동까지 따라가 갑옷을 전달했다는 것 역시 불가능에 가깝다. 특히 위 사료는 삼국사기 기사와 달리, 백제의 갑옷을 수령한 시점을 '애초'로 기록하고 있다. 따라서 이때 당의 장령들이 착용한 백제 갑옷은 원정 이전에 준비된 것일 수 있다. 그리고 무엇보다도 '국가적 사업'이 이뤄졌다고 추정한 그 기간에도 '개주'란 명칭은 존재하지 않았다. 따라서 이 가설 역시 성립할 수 없다.

해당 글자를 개주로 읽을 수 없는 이유는 단지 글자 판독의 문제만이 아니다. 명문 전체의 맥락을 고려할 때 성립될 수 없기 때문이다. 이현숙·양종국의 주장이 설득력을 갖기 위해서는 '당의 고구려 원정(역사적 정황)-개주(명문의 지역)-정관19년 4월 21일(명문의 일자)-칠갑(실물)'사이의 교집합이 확인되어야 한다. 그러나 "貞觀十九年四月卄一日"과 "蓋州" 사이에는 어떤 호응 관계도 발견할 수 없으며, 이를 통해 유추했다는 역사적 정황, 즉 645년 4월 또는 5월 백제의 사신이 요동으로 가서 태종에게 갑옷을 전달했다는 것 역시 사실로 인정하기 어렵다. 칠갑 명문 어디에서도 '당이 고구려 원정에 사용한 백제 갑옷'이라는 단서는 찾아볼 수 없다. 명문의 날짜와 개주는 양립할 수 없다. 따라서 익주를 '개주'로 읽는 것은 불가능하며 백제의 제작품이라는 견해도 수용하기 어렵다. 칠갑 명문의 글자는 '익'이며, 익주를 가리키는 것이 분명하다.

이현숙·양종국은 지금까지 '益'으로 읽었던 글자를 '불명확한 문자'로 치환하고 이체자를 들어 '蓋'의 가

---

13) 『冊府元龜』 卷117 帝王部 親征2. "丁丑, 車駕渡遼. 撤橋梁, 以堅士卒之心, 甲士六萬營於馬首山. 初太宗遣使於百濟, 國中採取金漆, 用塗鐵甲, 皆黃紫, 引曜色邁兼金. 又以五綵染玄金, 製爲山文甲. 竝從將軍. 甲申, 太宗親率甲騎萬餘, 金光曜日, 與李勣會於城下, 金鼓齊震, 旌旗圍其城者數百里, 士衆之聲, 駭天聒地." 宋代에 편찬한 『玉海』에도 위와 동일한 내용이 있다. 『玉海』는 본 기사의 출전을 '實錄'이라고 밝혔다. 따라서 위 기사도 『太宗實錄』의 佚文으로 판단된다.(『玉海』 卷151 「兵制」 '鎧甲', "[實錄] 貞觀十九年五月丁丑, 營于馬首山. 初太宗, 遣使於百濟, 取金漆塗鐵甲, 色邁兼金, 又以五采染玄金, 製爲山文甲. 甲申, 太宗親率甲騎萬餘, 金光曜日, 與李勣會遼東城下, 旌旗數百里.")

능성을 제기[14]하는 한편 '익주'는 칠갑과 아무런 관계도 없다고 주장하였다. 그러나 익주는 칠의 명산지로 秦漢 이래 관영수공업 작방이 운영되었던 곳이다. 뒤에 다시 언급하겠지만 칠갑의 도료도 익주의 특산품인 옻칠이지 백제의 특산품인 황칠이 아니다. 익주에서는 갑옷이나 무기 제작 관련 기록을 찾을 수 없다고 한 것도 사실과 다르다.

> 황상은 성품이 검약하였다. 한번은 楊勇이 문양이 있는 蜀鎧를 입자 황상이 이를 보고 주의를 주었다. "예로부터 제왕 가운데 사치를 좋아하고 잘 된 이들은 없었다. 너는 후사를 이을 사람이니 절약하는 것을 우선으로 해야 한다. 그래야 능히 종묘를 받들 수 있을 것이다." … (후략)[15]

위는 隋 文帝와 태자 양용의 일화이다. 문제는 양용이 촉개를 입은 모습을 보고 검약을 당부하였다. 그러면 이때 양용이 입은 촉개는 무엇일까? 胡三省은 촉개에 다음과 같이 주를 달았다.

> 촉개는 蜀人이 제작한 것이다. 촉인은 기술이 뛰어나 그들이 만든 갑옷은 정교하고 화려했는데 (양)용은 그 위에 문양까지 넣었다.[16]

촉개의 촉은 촉군 일대를 의미한다. 촉군은 당대 익주로 개명하였으니 촉개는 익주 일대에서 생산되었던 갑옷이다. 촉개는 당의 중앙군 十二衛 중 左右衛가 조회 시 착장했던 갑옷이기도 하다.[17] 출토된 칠갑이 촉개인지 여부는 알 수 없지만 갑옷 기술과의 관계를 말한다면 익주로 읽지 못할 이유가 없다.

(2) 관서명: ③ 王武監大口典

관서명으로 王武監, 大口典이 있다.

---

14) 이현숙·양종국은 고화소 촬영 결과 '益' 또는 '蓋' 자로 추정되는 글자 상단에 '艹'로 보이는 부분이 있어 '益'으로 읽기는 어렵다고 하였다. 그러나 제시한 사진에서도 볼 수 있듯 상부가 '艹'인지 '益'의 상단 부분인지 구분할 수 있을 정도로 명확하지 않다(이현숙·양종국, 앞의 글, p.176. 〈도 5〉).

15) 『資治通鑑』 卷179, 隋紀3, p.5571, "上性節儉. 勇嘗文飾蜀鎧, 上見而不悅, 戒之曰, 自古帝王未有好奢侈而能之長者. 汝爲儲後, 當以儉約爲先. 乃能奉承宗廟."

16) 위의 책, 같은 곳, "蜀鎧, 蜀人所作也. 蜀人工巧, 所作鎧甲已精麗, 以勇又文飾之."

17) 『新唐書』 卷23上 「儀衛」上 pp.484~485, "또한 夾轂隊가 있다. 廂으로 각기 6대가 있고 각 대는 30명이 있다. 胡木鍪·毦·蜀鎧·懸鈴·覆膊·錦臂鞲·白行縢·紫帶·鞋韈·持矟·楯·刀를 착용한다.(又有夾轂隊, 廂各六隊, 隊三十人, 胡木鍪·毦·蜀鎧·懸鈴·覆膊·錦臂鞲·白行縢·紫帶·鞋韈·持矟·楯·刀.)"

중국이나 백제, 어느 쪽 기록에도 "王武監"이란 官制는 보이지 않는다. 그렇지만 백제의 경우 임시기구였든 상설기구였든 이러한 부서가 공주 웅진성에 있었고, 이곳에서 공산성 출토 칠피갑옷과 같은 고급갑옷들이 만들어지고 관리되었다는 사실을 이 칠피갑옷의 명문이 우리에게 알려주고 있지 않나 싶다.[18)]

백제의 기구로 입증할 사료가 없음에도 불구하고 명문의 '왕무감'을 공주에 있다고 전제하고 다시 그것이 '백제의 것'이라는 것을 알려준다는 것은 일종의 순환논법으로 합리적 추론으로 보기 어렵다. 이현숙·양종국이 왕무감을 백제의 제도로 주장하며 제시한 유일한 논거는 "중국은 왕이 아니라 황제"였기 때문에 관서 이름 제일 앞에 "왕"자가 들어있는 만큼 백제의 기구로 볼 수밖에 없다는 것이다.

京兆, 河南의 수령(牧), 大都督, 大都護는 모두 親王이 요령한다.[19)]

당 전기 京兆尹과 河南尹, 대도독, 대도호는 친왕, 즉 황제의 형제나 아들이 역임했다. 劍南道의 중심지로 대도독부였던 익주도 예외는 아니었다.

吳王 恪은 태종의 세 번째 아들이다. 무덕3년 蜀王에 봉하고 益州都督을 제수하였다. 나이가 어려 임지로 가지는 않았다.[20)]

蜀王 愔은 태종의 여섯 번째 아들이다. 정관5년 梁王에 봉했다. 7년 梁州刺史를 받았다. 10년 촉왕으로 改封되고 익주도독에 올랐다.[21)]

한대이래, 황제의 형제와 아들, 공신 다수가 왕에 분봉되었다. 시대마다 이들이 갖는 권한은 상이하였지만 중국 내에도 여러 왕들이 존재했다. 단순히 당-황제, 백제-왕이라는 이분법적인 논리로 왕무감의 '왕'을 백제왕으로 단정할 수는 없다.[22)]

(3) 장인과 관인

칠갑의 국적을 판단하는데, 가장 결정적인 단서를 주는 것은 지명이 아니라 관직이다. 새로 확인된 명문

---

18) 이현숙·양종국, 앞의 글, pp.189~190.

19) 『新唐書』 卷49下 「百官4」下, p.1310, "京兆·河南牧·大都督·大都護, 皆親王遙領."

20) 『舊唐書』 卷76 「太宗諸子傳」, p.2650, "吳王恪, 太宗第三子也. 武德三年, 封蜀王, 授益州大都督."

21) 위의 책, p.2659, "蜀王愔, 太宗第六子也. 貞觀五年, 封梁王. 七年, 授襄州刺史. 十年, 改封蜀王, 轉益州都督."

22) 당의 (분봉)왕과 관련된 시설이라는 추정은 이도학이 제기한 바 있다(李道學, 2012, 「公山城 出土 漆甲의 性格에 대한 再檢討」, 『인문학논총』 28, p.335).

은 단편적으로 남아있던 관직을 명확하게 이해할 수 있도록 해주었다.

② 匠趙良□□□

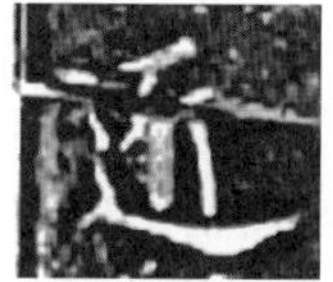
[도 1] '匠' 확대

'匠(장)'은 2014년 공개 시 近으로 읽었다. 이번에 복원된 부분을 살펴보면, '斤'자 위에 '斤'자와는 구분되는 가로 획이 있는 것을 확인할 수 있다. 따라서 이 글자는 匠으로 보아야 한다.[23] 따라서 趙良(□)은 장인의 성명이다.

⑥ ~ ⑦ □□作 陪戎副尉 瞿禮

배융부위는 당의 무산관 종9품하이며 구례는 인명이다. 그러나 양종국·이현숙은 '구례'와 바로 뒤의 '전당관'을 붙여 '구례전당관'이라는 백제의 관직[別職]을 새롭게 제시했다.[24] 그리고 단서로 『禮記』의 구절과 『弇山堂別集』 '會元三品'의 '瞿禮侍'를 들었다.

첫 번째로 구례를 관직명을 이해하게 된 『예기』 「檀弓」상 구절을 검토해보자.

> 막 돌아가셨을 때는 비탄한 마음(充充)이 이루 다할 수 없을 것 같고, 빈소를 차리면 '놀라 허둥대는 마음(瞿瞿)'에 찾는 것이 있어도 발견할 수 없는 지경에 이르고, 장례를 치르면 황망한 마음(皇皇)에 바라보아도 하나도 시야에 들어오지 않는 듯 하다. …(하략)[25]

이 구절은 부모님이 돌아가셨을 때 喪葬 절차마다 변화하는 자식의 심경을 언급한 것이다. 여기서 '瞿瞿'는 형용사로 '너무 놀라 시선을 한곳에 두지 못하는 모습'을 말한다. 양종국·이현숙은 백제가 외관직의 명칭을 『주례』와 『예기』에서 차용한 사례가 있다며 "구례"를 뒤의 "전당관"과 연칭하여 관직명으로 판단했다. 여기서 사례로 든 외관직은 구체적으로 司徒部·司空部·司寇部를 가리킨다. 사도, 사공, 사구는 그 자체로 관직명으로 여러 선진문헌에 두루 보이며, 전국시대 이후 당대에 이르기까지 여러 왕조에서 실제 관직으로 사용되었다. 따라서 해당 관직의 용례를 『주례』와 『예기』에서 찾을 수 있다고는 말할 수 있어도, 백제가 해

23) 본 글자의 판독은 목간학회 토론회(2019.4.20.)에서 최연식 선생님의 가르침이 있었음을 밝힌다. 이현숙·양종국은 '近'자는 받침의 하면이 배가 부르고, '匠'자는 받침의 상면이 배가 부른 형태로 구분하였으나 가장 중요한 기준은 斤 상부의 종획 유무이다. 이는 이현숙·양종국이 제시한 사진(조선시대 용례, 하단 참조)에서도 확인할 수 있다(이현숙·양종국, 앞의 글, p.174, 각주28).

近(근)의 용례	匠(장)의 용례

24) 이현숙·양종국, 앞의 글, p.180.

25) 『禮記』 「檀弓」, "始死充充如有窮, 旣殯, 瞿瞿如有求而弗得, 旣葬, 皇皇如有望而弗至,"

당 문헌을 근거로 관직을 제정했다고 단언할 수 없다. 무엇보다도 사도 사공, 사구는 관직명 자체로 어느 특정 구절에서 유추한 것이 아니다. 반면 '구구'는 '부모님의 빈소를 차린 자식의 마음'을 가리키는 형용사로 관직명도 예제 절차를 뜻하는 단어도 아니다. 南朝와 지속적으로 교류하며 중국식 정치질서와 유교지식을 습득한 백제가 이와 같은 방식으로 관직명을 제정했다고 보기는 어렵다.

두 번째로 '구례'의 용례를 찾았다는 『엄산당별집』을 살펴보자. '회원삼품'은 '會試에서 壯元을 하고 벼슬이 三品까지 오른 이들'을 가리킨다.

> 洪武, 太常卿黃子澄, 前侍郎劉文安公, 及成化費禮侍誾, 儲吏侍瓘, 弘治 董禮侍玘, 正徳 邵太僕銳, 嘉靖李太僕舜臣, 瞿禮侍景淳, 胡太常卿正蒙, 田禮侍一儁, 凡十人.

이상을 번역하면 다음과 같다.

> 홍무연간 태상경 황자징, 전시랑 유문안공, 성화연간 예부시랑 비은, 이부시랑 저관, 홍치연간 예부시랑 동기, 정덕연간 태복 소열, 가정연간 태복 이순신, 예부시랑 구경순, 태상경 호정몽, 예부시랑 전일준 모두 10명이다.

'구례시경순'은 '성+관직+이름'의 구조이다. 이런 표현은 중국은 물론 우리 기록에서도 어렵지 않게 찾아볼 수 있다. 여기서 '예(례)시'는 예부(좌·우)시랑의 약칭이다. 즉 가정23년(1544) 회시에서 장원을 하고 훗날 예부좌시랑에 오른 瞿景淳(1507~1569)을 지칭한 것이다. '구례시경순'의 '구례시'를 관청명으로 파악하거나 '구례전당관'을 백제의 의례담당관에 비정한 것은 문헌검색시스템의 오용과 석독 미숙에서 비롯된 오류로 생각된다. '구례'는 배융부위의 이름이며, '전당관'은 ⑧번 미늘의 서두에 나오는 '인'과 붙여 읽어야 한다. 이상 명단은 공장의 제작자, 관리자를 기록한 것이다.[26]

⑦, ⑧ 專當官人

'담당관인'이란 뜻으로 공정 담당자와 감독관을 구분하는 부분이다.

⑧, ⑨ 參軍事元文徹

'참군사'는 관직이고 '원문철'은 인명이다. 당의 관제에서 앞에 두함이 붙지 않는 참군사는 三都(경조부,

26) 당의 관제를 수용한 고려의 예를 보면 군기감 장인에게 하급 무산관을 수여한 예를 볼 수 있다. 후대의 사례로 근거로 삼기는 어려우나 참고로 부기한다. 『高麗史』, 卷80, 食貨3, "軍器監. 米十石.【皮甲匠指諭一, 牟匠指諭一, 和匠指諭一】 七石.【皮甲匠行首指諭副承旨一, 牟匠行首宣節校尉一, 和匠行首校尉一, 白甲匠行首副尉一, 長刀匠行首陪戎副尉一, 角弓匠陪戎校尉二】 六石.【漆匠左右行首校尉二, 鍊匠左右行首二】 稻十五石.【白甲行首大匠一, 長刀行首副匠一, 弩筒副匠一, 旗畫業行首校尉一】 十二石.【箭匠左右行首校尉二, 箭頭匠行首副尉一】 十石.【皮匠指諭校尉·行首大匠各一】"

하남부, 태원부), 친왕부, 도독부, 주 등에 소속된 관직이다. 품계는 소속에 따라 정8품하부터 종9품하까지 각기 상이하다. 참군사는 '출장, (안건) 조사, 빈객 인도 등을 담당한다.' 단, '儆'은 판독이 명확하지 않다.

⑨, ⑩ 士曺叅軍事□□(□)

'사조참군사+인명'이다. 사조참군사는 당의 관직으로 삼도, 친왕부, 대도독부와 중도독부의 七曹 가운데 하나인 사조의 장이다. 사조참군사는 나루와 교량, 배와 수레, 사택, 공인의 기술에 관한 일을 관장하며 품계는 소속에 따라 정7품상부터 종7품상까지 각기 상이하다.[27] 사조참군사가 설치된 곳은 앞에 열거한 경조와 하남, 친왕부, 대도독부와 중도독부뿐이다. 사조는 소속 내 공장의 운영과 공인의 생산을 관장하는 조직인 만큼 칠갑 제작을 감독하는 역할도 포함되었을 것이다. 사조참군사는 백제의 관제에서는 찾아볼 수 없는 관직이다. '曺'는 '曹'의 통가자로 서로 혼용된다. '叅'과 '參' 만큼이나 흔한 용례로 따로 설명이 필요 없을 듯하다.

⑫, ⑬ (□)□大夫行司馬李肇

'(□)□大夫'는 산관이며 사마는 직사관이다. 대부는 문산관으로 종2품 光祿大夫부터 종5품하 朝散大夫까지 두함에 따라 각기 다른 품계를 갖는다. 사마는 친왕부, 대도독부와 중도독부에서 별가, 장사와 함께 장관(수장)을 보좌·대리하며 업무를 총괄하는 역할을 하였다. 품계는 소속에 따라 종4품하부터 정5품하로 각기 다르다. 아울러 대부와 사마 사이의 '行'은 行守法이 적용된 예이다. 행수법은 실직(직사관품)이 본품(산품)보다 높은 경우 守를, 낮은 경우 行을 실직의 앞에 붙여 官階의 조응을 표시하는 제도로 정관11년(637) 改令부터 실시되었다.[28] 이현숙·양종국은 '백제시대에 행수법이 있었는지에 대한 기록이나 관련 자료는 확인된 바 없으나 이 칠피갑옷에서 그 흔적을 엿볼 수 있을 것 같다'고 하였다.[29] 그러나 당시 양국 간 관계 등 제반 상황을 고려할 때, 백제가 637년부터 실시된 당의 제도를 전격 수용했다고 보기 어렵다. 더구나 행수법의 적용은 관품과 이에 조응하는 산계가 전제되어야 함에도 지금까지 확인된 백제의 문헌자료나 출토자료 어디서도 이를 입증할 만한 증거는 찾아볼 수 없다. 따라서 백제가 행수법을 실시했다는 주장은 칠갑을

27) 下都督府는 法曹參軍士가 士曹를 겸임한다. 아울러 上州에는 士曹參軍事 대신 司士參軍事를 두었다. 中州 및 下州는 司法參軍事가 司士參軍事의 직무를 겸하였다.

28) 『唐六典』 卷2 「尙書吏部」, pp.161~164. "무릇 관직을 주의 함에 있어 산관계[본품]는 낮은데 (수여하기로) 의정한 관직(의 품계)가 (산관계보다) 높을 경우 '수'라 하고 산관계는 높은데, (수여하기로) 의정한 관직(의 품계)이 (산관계보다) 낮을 경우 행이라 한다.(凡註官階卑而擬高則曰守, 階高而擬卑則曰行)"

『通典』 卷34 「職官」16, "武德令은 '직사관이 높은 자는 산관에서 해면하고 1계 차이로 (직사관품에) 이르지 못한자는 '兼'을 붙이고 직사관이 낮은 이는 산관에서 해면하지 않는다.'고 하였다. 정관11년 개령에서는 '직사관이 높은자는 '守'가되고 직사관이 낮은 자는 '行'이 되는데, 1계 차이로 부족한 경우는 옛 제도와 같이 '겸'을 붙인다. (관이) 계보다 높거나 같을 경우 모두 산관에서 해면한다. 관계가 같은 경우는 행도, 수도 붙이지 않는다.'고 하였다(武德令: 職事高者解散官, 欠一階不至者, 爲兼, 職事卑者, 不解散官. 貞觀十一年改令, 以職事高者爲守, 職事卑者爲行. 其欠一階依舊爲兼, 與當階者皆解散官. 官階相當, 無行無守.)."

29) 이현숙·양종국, 앞의 글, p.180, 각주57.

백제의 제작품으로 유추하고자 무리하게 덧붙인 억측에 불과하다. '(□)□大夫行司馬'와 이하 명문의 '산관+직사관'은 모두 당의 관직이다.

⑬, ⑭, ⑮ 銀青光祿大夫行長史護軍張(緖)

은청광록대부는 산관이며, 장사는 직사관, 호군은 훈관이다. 은청광록대부는 문산관 종3품이다. 장사는 별가, 사마와 함께 장관을 보좌한다. 친왕부의 장사는 (사마와 함께) "친왕부의 속료들을 통령하고 직무에 기강을 세우는 일을 관장하며" 도독부의 장사는 (별가, 사마와 함께) "부의 차관으로서 모든 사무를 관리하고 각조를 통판하는 일을 관장하며 연말에 번갈아 가며 입경하여 (회계와 고과를) 보고"하였다. 대도독부는 친왕이 임지로 부임하지 않는 경우도 적지 않아 장사가 실질적인 장관의 역할을 하기도 하였다. 『당육전』에 따르면 대도독부의 장사는 종3품, 중도독부의 장사는 정5품상, 친왕부의 장사는 종4품상이다. 호군은 훈관 9전으로 종3품에 비견된다.

여기서 장사의 품계는 앞에 '행'을 붙였기 때문에 종3품 은청광록대부와 같거나 높을 수 없으므로 익주 대도독부의 장사가 될 수 없다는 문제를 제기할 수 있다. 그러나 『당육전』 주에 '대도독부의 장사는 예로부터 정4품하였으나 개원 초에 증질했다'는 기록이 있다. 따라서 칠갑의 제작 시점인 645년에는 정4품하로 은청광록대부보다 낮았으므로 '행'을 붙이는 것이 당연하다. 이처럼 칠갑에 기록된 관직은 정관연간 당의 관제를 고스란히 반영하고 있다.

> 부인은 南陽 사람이다. 증조 (張)萬은 隋의 九門·汾西 두 현의 縣令을 역임했다. 조부 (張)緖는 당대 幷州, 益州 두 주의 長史를 역임하고 金紫光祿大夫에 올랐다.[30]

위는 뤄양[洛陽] 千唐誌齋 소장 당대 묘지명 중 하나이다. 주인공인 장씨는 邛州司馬 楊氏의 처로 734년(개원22) 57세로 사망했다. 따라서 생년은 678년이다. 전근대 사회의 한 세대를 30년±10년으로 볼 때, 그리고 그녀의 증조인 張萬이 수대의 관력만 가지고 있는 것으로 볼 때, 그녀의 조부 장서가 정관연간(627~648) 후반 익주장사를 역임했다고 봐도 무리는 없을 듯하다. 단, 장서의 산관은 금자광록대부(정3품)로 칠갑 명문의 은청광록대부(종3품)와 차이가 있지만, 생전의 증직이나 사후 추증을 고려하면 이 역시 문제 될 것 없다. 향후 과학적 분석이 필요하겠지만 '緖' 한 글자만 남은 단편(⑤)은 ⑮의 하단부일 수 있다.

(4) 칠갑의 구조와 날짜

⑩ □□□支二行左

---

30) 『唐代墓誌彙編(下)』, p.1499. 開元499 「大唐故邛州司馬楊公夫人張氏墓誌銘幷序」, "夫人南陽人也. 曾□萬, 隋九門汾西二縣令. 祖緖, 皇朝幷, 益二州長史, 金紫光祿大夫. …(하략)"

⑪ 右頰各四行後

⑯ 帬四行貞觀十

⑰ 九年四月卄一日

[도 2] '帬' 확대

해당 내용은 칠갑의 구조와 제작일자를 표기한 것이다. 중간에 글자가 더 있는지 알 수 없지만, '支'는 지체로, 팔 또는 다리 부분을 의미하며, '行(행)'은 미늘의 열을 의미하는 것으로 생각 된다.[31] '頰'은 볼, '눈과 귀 사이[耳目之間]'를 의미하는 단어이지만 전하여 양측면으로도 이해할 수 있다.[32] 그리고 이현숙·양종국은 '帬'을 '帥' 또는 '郡'으로 보았지만 육안으로도 君과 巾이 병렬된 것을 확인할 수 있다.[33] 이 글자는 '帬'이다. '帬'은 '帬'의 이체자로 '下裳'을 의미한다.[34] 이현숙·양종국은 칠갑 명문의 의례 행렬로 추정하였지만[35] 앞의 글자가 '帬'임을 고려할 때, 이상의 추론은 무리가 있다. 따라서 명문 ⑩, ⑪과 ⑯, ⑰은 연이어져 있었던 것으로 보이며 내용은 칠갑 각 부부분에 몇 열의 미늘이 들어갔는지를 주기한 것이다. 이미 언급했듯 '貞觀十九年四月卄一日'은 제작일자로 645년 4월 21일이다.

(5) 새김 글씨 '孔奴'

주칠 명문은 아니지만 칠갑에 남은 글자로 긁어 새긴 '孔奴'라는 글씨가 있다. '공'의 판독은 추가 검토가 필요하다고 판단된다. 이현숙은 '공노'를 백제 장인이 새긴 익살스런 낙서라고 추정[36]했고, 이도학은 '포로가 된 唐將을 조롱하는 의미에서 새긴 것'으로 보았다.[37] 이현숙은 칠갑이 백제의 것으로 당에 보냈던 것과 동일한 견본이며, 어느 시점에 의례 절차에 의해 매납된 것이라고 주장했다. 의례에 사용할 정도로 귀중한 갑옷에 장인이 '공노'를 새길 수 있었을까?

이현숙·양종국은 새김 글씨의 예로 익산 미륵사지 출토 청동합을 들었다.[38] 청동합의 명문 '上部達率目近(상부달솔목근)'은 해당 물품의 공양자를 기록한 것이다. 따라서 글씨를 새기는 방법은 유사하지만 명문의 위상은 전혀 다르다. 이현숙은 복잡한 작업과정 탓에 장인의 사적인 주기가 가능했다고 추정하였지만 글자의 의미를 고려한다면 앞서 주장했던 의례용, 혹은 국가적 사건을 기념한 모본이라는 주장과도 양립하기 어렵다.

---

31) 영선령에서도 '行鏁'으로 표기하였다.

32) 『釋名』, "頰, 夾也, 两旁称也."

33) 帬은 帥 또는 郡의 이체자로 볼 수 없다.

34) 『集韻』 卷2, "帬·裠, 『說文』 '下裳也.' 或从衣, 亦書作帬·裙"

35) 이현숙·양종국, 앞의 글, p.181.

36) 이현숙, 2018, 「공산성 출토 칠피갑옷의 조사성과와 향후과제」, 『(백제 칠피갑옷의 고증을 위한 국제학술 포럼) 백제 칠피 갑옷의 비밀』, 공주대학교박물관, p.17.

37) 이기환, 「공노(孔奴)'… "백제인의 익살 담긴 공주 공산성 옻칠갑옷의 낙서였다"」, 『경향신문』(2018.8.28.).

38) 이현숙·양종국, 앞의 글, pp.173~174.

이현숙은 칠갑이 실제 사용되었던 것은 아니라고 주장하였다. 그러나 칠갑의 전체 형태를 알 수 없는 상황에서 사용 여부를 단정하는 것은 불가능하다.[39] 단지 일부 미늘이 연결된 (열을 이룬) 상태로 발견되었다고 해서, 또는 갑옷 표면에 명문을 주기했다고 하여 사용하지 않았다고 볼 수는 없다. 오히려 다른 명문하고 구분되는 새김 글씨야말로 명백한 사용 흔적으로 보아야 한다.

III. 명문의 구성

지금까지 공개된 내용을 바탕으로 명문의 전체를 살펴보면 다음과 같다.

(Ⅰ그룹) // 益州□□▨□▧□□□□□□ // 王武監大口典 //
(Ⅱ그룹) // 匠趙良□□□ // □□作陪戎副尉瞿禮, 專當官人, 叅軍事元文徹, 士曺叅軍事▦▦,
▦▦大夫行司馬李肇, 銀青光祿大夫行長史護軍張緖(?) //
(Ⅲ그룹) //□□支二行左右頰各四行後 // 𨛦四行貞觀十九年四月卄一日
(Ⅳ그룹) //費//▨▨

각 그룹의 순서는 바뀔 수 있고 //의 사이에 명문이 더 있을 수 있다. 그러나 그룹 내에서 글자의 순차에는 변동이 있을 수 없다.

(Ⅰ그룹)은 제작지와 제작소를 가리킨다. 현재 판독할 수 있는 글자는 익주, 왕무감, 대구전 뿐이다. 앞서 보았듯 지명은 익주로 볼 수밖에 없다.

(Ⅱ그룹)은 전체 명문의 절반 이상을 차지하며, 끝의 '緖'는 필자의 가설로, 이 부분을 제외한다 해도 '作陪戎副尉'부터 '張'까지 결락 없이 연결되어 있다. 이를 구분해 살펴보면 [표 2]와 같다.

칠갑 명문에 나오는 관직 가운데 사조참군사는 삼국, 당, 일본 가운데 당의 관제에서만 확인되며, 그 가운데서도 경조·하남부, 대도독부, 중도독부, 친왕부뿐이다. 경조·하남부는 장사, 사마가 없다. '전당관인' 이하 관직을 직사관 중심으로 살펴보면 참군사-사조참군사-사마-장사로 이어진다. [도 3]은 대도독부의 조직도이다.

39) 송지애, 2018, 「공산성 출토 옻칠갑옷의 보존처리과정과 성과」, 『(백제 칠피갑옷의 고증을 위한 국제학술 포럼) 백제 칠피 갑옷의 비밀』, 공주대학교박물관, p.22. "갑옷은 2×3m에 걸쳐 출토되었으며 일부분만 갑옷의 배열을 확인할 수 있었을 뿐 대부분 편들은 흩어져 있었다."

표 2. 칠갑 명문의 관인 명단

산관		직사관		훈관		이름	비고
호	품	호	품	호	품		
陪戎副尉	종9하						
		參軍事	정8하			元文徹	
		士曹參軍事	정7하				
(▦)▦大夫		司馬	종4하			李肇	
銀青光祿大夫	종3	長史	정4하	護軍	정3	張緖(?)	

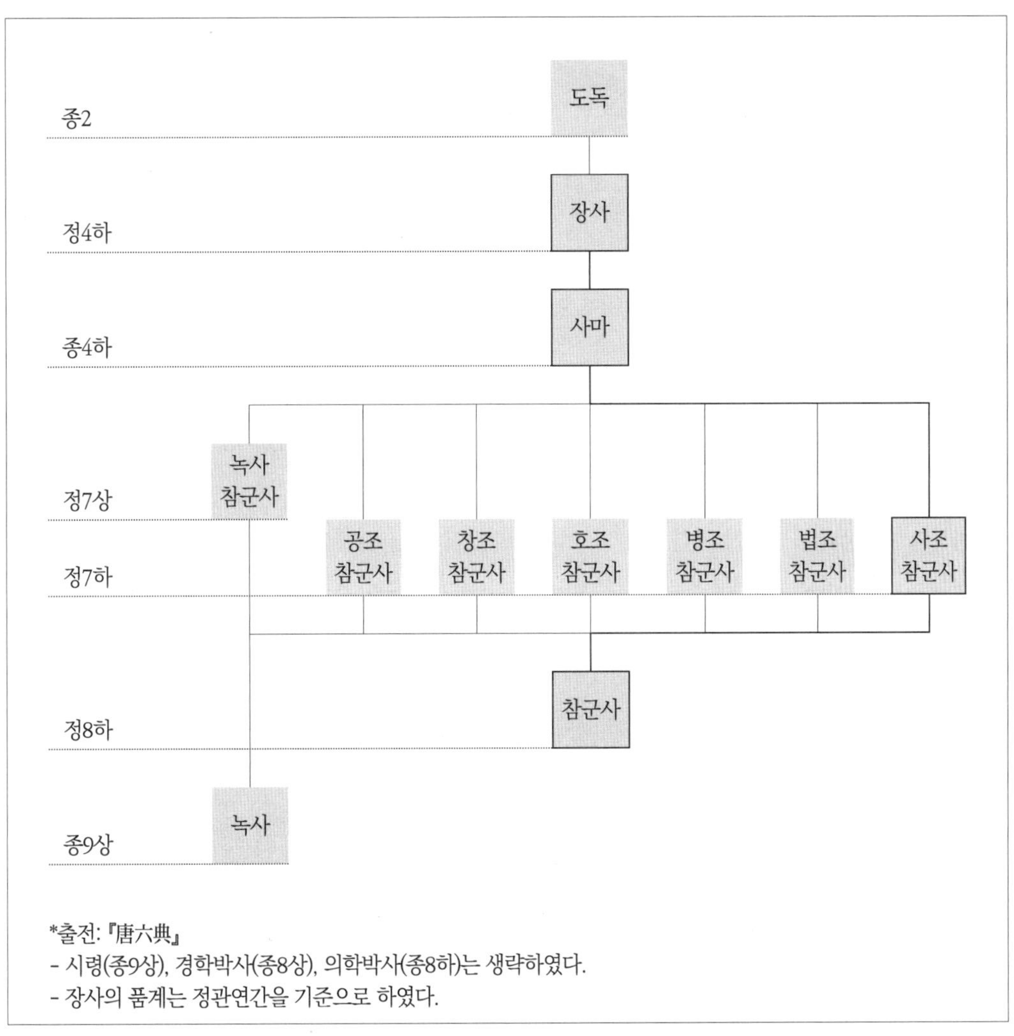

*출전: 『唐六典』
- 시령(종9상), 경학박사(종8상), 의학박사(종8하)는 생략하였다.
- 장사의 품계는 정관연간을 기준으로 하였다.

[도 3] 당 전기 대도독부 조직도

칠갑 명문에서 볼 수 있는 직사관의 관명과 순서는 위 도독부의 관제를 그대로 반영하고 있음을 알 수 있다. 따라서 칠갑 명문의 관인 명단은 일개 도독부 소속으로 칠갑 생산의 감독 체계가 반영된 것이다.

관직명 다수가 당의 관제라는 문제 제기에 이현숙은 칠갑 명문의 관직 다수를 백제의 관제로 보면서도 결론 부분에서는 기존 주장을 일부 수정하여 당의 관료일 수 있다는 가능성을 열어두었다.

> 아마도 이 칠피갑옷을 모델로 하여 만든 갑옷들을 고구려 정벌 중인 당 태종에게 전달하는 행사에 관여한 사람들의 정보가 아닐까 싶다. 중국 황제를 만나 갑옷을 전달하는 중요한 국가적 외교행사이므로 ①중국과 잘 통할 수 있는 백제의 중국계 관료들에게 기존에 백제의 대중국 외교관계에서 적용하였던 부관호와 관직을 이용해 임무를 부여하는 형식으로 일을 처리했을 수도 있고, 명문에서 확인된 직책이 대부분 산관·훈관으로 實職이 아닌 점으로 볼 때, ②백제에 우호적인 당나라의 문관이나 무관들에게 도움을 요청해 이들이 행사에 직접 참여해 도움을 주었을 수도 있다.[40]

첫 번째로 7세기 중반 백제가 중국식 관직을 이용해 임무를 부여했다는 것은 불가능하다. 백제가 남조에 보낸 사신이 중국식 관직을 갖고 있었던 것은 백제왕이 '도독제군사'에 임명되었기 때문이다. 남북조시대 지역의 군정장관이었던 도독은 속관을 자율적으로 임명할 수 있었다. 백제왕은 백제의 통치자이자 형식적으로는 남조의 도독이었던 까닭에 사신에게 도독부의 속관인 장사, 사마, 참군의 직함을 부여했던 것이다. 그러나 이상의 제도는 수의 통일 이후 변모한다. 592년 수의 文帝는 지방장관의 속료 임명 권한을 축소하여 품관은 모두 중앙(이부)에서 직접 임명하도록 하였다. 백제도 589년 王辯那를 마지막으로 사신에게 중국식 관호를 부여한 예가 없다. 태종은 고창국 원정에 앞서 고창왕 麴文泰의 죄를 열거하며 "조공을 거르고, 번신의 예를 갖추지 않고 설치한 관호는 모두 천조[당]와 같다(朝貢脫略, 無藩臣禮, 所置官號, 皆準天朝)"고 하였다.[41] 수당시대 조공책봉체제는 남북조시대와는 다른 모습이었다. 梁은 武寧王에게 使持節都督百濟諸軍事 寧東大將軍을 주었지만 唐은 무왕에게 柱國 帶方郡王을 주었다. 당이 백제왕을 (사지절)도독(제군사)에 임명하지 않았다는 것은 중국식 관직을 사서할 수 있는 권한도 주지 않았다는 것을 의미한다. 그런데도 백제가 당에 보내는 사신에 중국식 관직을 부여했다면 당의 입장에서 해당 관직은 天子의 권한을 함부로 행사한 '僞官'이 된다. 아울러 본품인 산관, 군공에 의해 수여되는 훈관, 그리고 본품과 관품의 조응을 목적으로 한 행수법의 적용 등은 모두 당의 제도로, 백제가 관직을 사서하며 직사관 외에 산관과 훈관을 부여하고 행수법까지 적용했다고 보는 것은 불가능하다. 따라서 백제가 중국계 관료들에게 중국식 관직을 이용해

40) 이현숙·양종국, 앞의 글, p.190.

41) 필자는 고창국이 당의 관제를 사용한 것이 고창국 원정의 이유였다고 적시한 바 없다. 단지 위의 『자치통감』의 기록을 근거로 빌미를 제공했다고 하였을 뿐이다. 이현숙·양종국은 이 부분을 "중국식 관호를 사용하면서도 번신의 예를 갖추지 않았다"고 하였으나 이는 오역이다.

임무를 부여했다는 가정은 성립할 수 없다.

두 번째로 백제와 가깝게 지내던 당의 관료가 행사에 참여해 도와주는 모습 또한 쉽게 상상할 수 없다. 당대 외국 사신의 관리는 鴻臚寺가 주관했으며 황제를 알현하고 선물을 바치는 것은 예제에 따라 실시되었다. 그러나 본 명문에서 관직은 취사선택된 관직이 아니라 지방통치 군정 기구인 도독부 소속이며 외교 사무와 관련된 관직은 하나도 찾아볼 수 없다. 아울러 당시 당-백제 관계를 고려할 때 당 조정 내에 친백제 관료가 존재했을까도 의문이며 설령 그런 관료가 존재했다고 해도 그들이 도움을 주고자 참석자가 지정된 의례에 동석했다고 보기도 어렵다.[42)]

(Ⅲ그룹)은 칠갑의 구조와 제작일자이다. 제작일자는 명문의 마지막 부분에 해당한다. 칠갑의 구조는 앞서 상세히 언급했으므로 부언할 필요는 없을 듯하다. 단, 여기서 연호의 사용에 대해 다시 검토해 보고자 한다. 백제는 중국의 연호를 자국의 기록에 사용하지 않았다. "송의 元嘉曆을 사용하고 해를 기록할 때는 다른 호 없이 간지로 순차를 계산한다"는 『翰苑』의 기록은 현재까지 확인된 백제의 기년 자료와도 일치한다. 그런 까닭에 이도학을 비롯하여 칠갑을 당의 것으로 주장했던 여러 연구자도 연호의 사용에 문제를 제기하였다.[43)] 이에 대해 이현숙·양종국은 七支刀와 東城王의 국서를 예로 들며 외교 활동 시에는 중국의 연호도 병용하였다고 주장하였다. 그러나 이것으로 칠갑에 정관연호가 사용된 것을 설명할 수는 없다. 이현숙·양종국은 칠갑을 '요동지역의 당 태종에게 전달하기 위한 국가적인 사업을 소정의 계획에 따라 완료한 뒤, 이와 관련된 내용을 기념비적으로 기록'하여 '보관'한 것이라고 하였다. 그렇다면 칠갑은 외교적 사안을 담고 있지만 내부 기록물로 외교활동에 사용한 것이 아니다. 칠지도나 동성왕의 국서에 중국의 연호를 기록한 것은 단지 외교 기록이어서가 아니라 '외교활동에서 사용한' 다시 말해 수수 대상이 존재했기 때문이었을 것이다. 또한 이와 같은 기록물에 당의 연호를 사용했다면 이는 백제가 신라보다 앞서 당의 正朔을 수용했다는 의미가 된다.

> 겨울에 邯帙許로 하여금 당에 조공케 하였다. [당의] 태종이 御史를 시켜서 물어보기를 "신라는 신하로서 大國의 조정을 섬기면서 어찌하여 따로 연호를 칭하는가?"라고 하였다. [한] 질허가 대답하기를 "일찍이 天子의 조정에서 正朔을 반포하지 않았기 때문에 선조 法興王 이래로 사사로이 紀年을 가지고 있는 것입니다. 만일 대국의 조정에서 명이 있었다면 작은 나라가 어찌 감히 그렇게 하겠습니까?"라고 하였다. 태종도 이해하였다.[44)]

---

42) 고구려 원정 직전인 644년 겨울 백제의 사신 扶餘康信은 의자왕이 결코 두 마음을 품지 않았다고 태종에게 직접 해명해야 했다(『文館詞林』 卷664 貞觀年中撫慰百濟王詔, pp.250~251). 이런 상황을 보면 당시 당 조정 내에 외교관계를 조율할 정도의 친백제 관료가 존재했다고 보기 어렵다.

43) 李道學, 앞의 논문, p.333.

44) 『三國史記』 卷5 「新羅本紀」, "冬, 使邯帙許朝唐. 太宗勅御史問, 新羅臣事大朝, 何以別稱年號. 帙許言, 曾是天朝未頒正朔, 是故先祖法興王以來, 私有紀年. 若太朝有命, 小國又何敢焉. 太宗然之."

648년 태종은 신라의 사신 한질허에게 왜 중국의 연호를 사용하지 않느냐는 질문을 받았다. 이에 한질허는 당의 명이 없었기 때문이며 만일 당이 요구하면 수용하겠다고 답했다. 그러나 신라가 당의 연호를 채택한 것은 태종의 사후인 650년부터였다. 위 기사는 태종이 동아시아 각국에 자국 연호의 사용을 강제하지 않았음을 시사한다. 당시 대당외교에 주력했던 신라조차 사용하지 않았던 당의 연호를 백제가 수용했을까?

연호의 채용은 정치적 함의를 담고 있는 만큼 동시기 백제-당 양국 간의 관계 속에서 살펴보아야 한다. 백제는 621년 처음으로 당에 사신을 파견한 이래 우호적인 관계를 유지하고자 노력했다. 당은 백제가 신라와 더불어 고구려를 견제할 수 있는 세력이 되기를 희망했고 따라서 양국 간 상호협력을 요구했다. 그러나 백제는 신라와의 공방전을 멈출 수 없었고 당의 질책과 관계 개선 요구에 형식적인 사죄로 일관할 수밖에 없었다. 당의 고구려 원정 직전인 644년 말 백제는 扶餘康信을 사신으로 파견했다. 태종은 부여강신에게 백제의 연이은 신라 침입을 질책하며 고구려와 일당이 아닌지 의심한다며 불쾌감을 드러냈다. 이에 부여강신은 백제는 결코 고구려의 阿黨이 아니며 고구려 원정에도 참전할 뜻을 갖고있다며 의자왕을 변호하였다. 그러자 태종은 전공 포상을 약속하며 백제군은 수군사령관인 張亮의 지휘를 받도록 하였다.[45] 그러나 이 사행을 마지막으로 다음 황제인 高宗이 즉위하기 전까지 백제는 당에 사신을 보내지 않았다. 오히려 고구려 원정에 참전하는 대신 신라의 7성을 탈취하는 것으로 화답하였다.[46] 645년은 백제-당 관계의 분기점이었다. 태종이 사망하기 전까지 당에 사신 파견을 중단했던 것은 태종과의 약속을 지킬 수 없었기 때문이었음이 분명하다.

이와 같은 상황으로 볼 때 백제가 당의 연호를 채택하여 자체 기록물에 사용했다는 것은 사실로 보기 어렵다. 게다가 요동까지 갑옷을 전달하고 그것을 '국가적인 사업'의 기념물로 여겨 소중하게 보관했다는 설정은 역사적 맥락과도 부합되지 않는다.

---

45) 『文館詞林』 卷664 貞觀年中撫慰百濟王詔, pp.250~251. "황제가 柱國 帶方郡王 百濟王 扶餘義慈에게 말한다. …(중략)… 옛 고구려왕 高武는 일찍이 조정의 덕화를 받들어 조공을 거르지 않고 번국의 예를 다하였다. 그의 신하 莫離支 蓋蘇文은 간사하고 흉악한 마음을 품고 돌연히 왕을 시역하니 원한이 멀리까지 맺히고 슬픔이 중국까지 미쳤다. 짐이 하늘로부터 명을 받아 부모가 되어 이 일을 듣고 매우 서글펐다. 만일 放伐하지 않는다면 세상의 엄정함은 사라질 것이니 지금 먼저 大摠管 特進 太子詹事 英國公 李勣에게 군사를 거느리고 요동으로 향하게 하고 大摠管 刑部尙書 鄖國公 張亮에게 전함을 지휘하여 평양으로 가도록 하였다. 그리고 짐도 친히 遼·碣로 나가 저들의 백성을 어루만지고 흉악한 역도를 주살하여 천하에 위엄과 은덕을 펴고자 한다. 이로써 三韓 五郡의 영역을 바로잡고 영원히 평안을 누리도록 할 것이다. 전에 신라의 표를 보니 왕[의자왕]과 고구려가 매번 군사를 일으켜 조정의 뜻을 어기고 함께 신라를 공격한다기에 짐은 왕이 고구려와 협약을 맺은 것이리라 의심하였다. 왕의 표를 살펴보며 康信에게 묻자 (강신은) 왕은 고구려와 같은 무리가 아니며 할 수 있다면 옳은 일을 하고 싶다고 하였다 들었다. 또한 강신은 왕의 뜻이라며 군사를 일으켜 관군과 함께 흉악을 정벌하겠다고도 하였다. 짐이 이제 군사를 동원하는 것은 군주를 죽인 적도를 주살하고자 함이다. 왕의 뜻이 충정에 있고 태도 또한 간절한 바 이는 짐의 뜻과도 같기에 이루 말할 수 없이 흡족하다. 발동한 군대는 장량의 처분을 받도록 하라. 적을 토벌하는 날에는 능히 공훈을 세울 터, 왕이 기록하여 보고하면 합당한 포상을 내리리라. …(중략)… 강신이 이제 돌아가니 (그 편에) 뜻을 전하고 왕에게 따로 물건을 전한다."

46) 『三國史記』 卷28 「百濟本紀」, "(의자왕) 5년 여름 5월 왕은 태종이 직접 고구려를 치면서 신라에서 군사를 징발하였다는 소식을 듣고, 그 틈을 타서 신라를 습격하여 7성을 빼앗으니, 신라에서 장군 유신을 보내 공격하였다."

(Ⅳ그룹)은 '費' 한 글자만 남은 편과 현재 두 글자의 잔획만 남은 편으로 명문 문장에서의 위치나 의미를 규명할 수 없다.

다음은 위치를 파악할 수 없는 (Ⅳ그룹)을 제외한 명문 전체를 해석한 것이다.

> 익주(益州) // 왕무감(王武監) 대구전(大口典) // 장인 조량(趙良) // 제작, 배융부위(陪戎副尉) 구례(瞿禮), 담당관인, 참군사(叅軍事) 원문철(元文徹), 사조참군사(士曺叅軍事) □□(□)[성명], (□)□대부(大夫) 행사마(行司馬) 이조(李肇), 은청광록대부(銀青光祿大夫) 행장사(行長史) 호군(護軍) 장서(張緒), // … 지(支) 2행, 좌우 양 옆(胅) 각 4행, 뒤 // 하상[䪝] 4행, 정관(貞觀) 19년 4월 21일

필자는 졸고에서 칠갑은 당령 규정에 따라 주기한 것으로 보았다. 그러면 다시 天聖令 營繕令(이하 '영선령'이라 함.)을 보자.

> 무릇 군사 기물의 제작은 모두 견본에 따라야 하고 製作年月, 匠人, 담당관의 이름 및 제작한 州와 監을 명기한다. [각궁은 뿔(로 만든 활짱)의 표면에 새기며, 갑옷은 몸통 갑옷[身甲], 하체 갑옷[裙], 어깨 갑옷[覆膊]에 명기한다. 모두 사용한 미늘[行鍱]의 수를 기록한다.] 주기 글자는 모두 주칠을 사용한다. (제작 사항을) 새길 수 없는 경우에는 이 영을 적용하지 않는다.[47)]

영선령 규정에 따르면 제작연월, 장인, 담당관, 제작한 주와 감, 미늘의 수를 갑옷에 주칠로 주기한다고 하였다. 칠갑 명문의 내용은 물론 서사 재료(주칠)까지 영선령 규정과 정확하게 일치한다. 이현숙·양종국은 명문을 제작주기로 보면서도 내용은 의례의 서사 등을 담고 있다고 보았다. 그러나 명문 대부분이 확인된 지금, 명문 어디에서도 의례나 어떤 사건의 서사로 볼 수 있는 부분은 없다.

칠갑 명문이 당 영선령 규정과 일치한다는 필자의 주장에 이현숙·양종국은 반론을 제시하였다. 첫 번째는 명문의 양이 제작주기로 보기엔 너무 길다는 것이다.

> 居攝三[年], 蜀[郡]西工[造, 乘]輿髹汭畵紵黄釦果盤. 髹工廣, 上工廣, 銅釦黄塗工充, 畵工廣, 汭工豊·清工平·造工宜造, 護工卒史章, 長良, 守丞巨·掾親·守令史嚴主.(거섭3년 촉군 서공(공장) 제작 승여휴주화저황구과반, 휴공 광, 상공 광, 동구황도공 충, 화공 광, 주공 풍, 청공 평, 조공 의 제작 호공졸사 장, 장 량, 수승 거, 연 친, 수령사 엄 감독)

47) 『天聖令』 卷28 「營繕令」, p.512. "諸營造軍器, 皆須依樣, 鐫題年月及工匠·官典姓名, 及所造州·監[角弓則題角面, 甲則題身裙覆膊, 並注行鍱數.] 其題並用朱漆, 不可鐫題者, 不用此令." 필자는 졸고에서 '鐫'을 '鑴'로 오기하였다. 원문을 확인하고 수정한다.

위는 평양 석암리 9호묘에서 출토된 新의 옻칠 果盤 명문이다. 명문 내용은 기년, 제작지 및 공장, 기명, 제작 공정에 참여한 장인, 감독관의 직위와 이름으로 구성되어 있다. 글자 수는 모두 61자로 칠갑 명문보다는 짧다. 그러나 산관, 직사관, 훈관 등으로 길어진 관직명을 고려하면 칠갑 명문의 글자 수가 2배가 넘는 것은 당연해 보인다. 문제는 명문의 길이가 아니라 내용이다.

두 번째로 영선령 영문에 사용된 단어를 문제 삼았다. 영선령의 문장 중 '鐫題'는 금속기물에 새기는 것을 의미하고 표기 위치도 표면이 아닌 보이지 않는 곳에 새기는 것인 만큼 칠갑의 명문을 영선령 규정에 따른 주기로 볼 수 없다는 것이다.[48] '鐫'은 돌·금속 등에 글자를 새긴다는 의미를 지니고 있지만 '銘'과 마찬가지로 전하여 (물건이나 마음에) 기록한다는 뜻도 지니고 있다. 따라서 영선령에서도 서사 재료를 주칠로 언급한 것이다. '전제'는 명기한다는 뜻이지만 특별히 어느 특정 부분에 새긴다(기록한다)는 의미는 없다. 그러면 이런 정의는 어디에서 나온 것일까? 이현숙·양종국은 당대 영선령 규정을 살펴볼 수 있는 실물자료가 없다며 명대 칠기를 제시하고, 명대 칠기 명문의 내용과 위치가 칠갑의 그것과는 다르므로 칠갑의 명문은 영선령의 주기일 수 없다고 주장하였다. 그러나 당대의 규정이 명대 기물에 적용되었을 리 만무하다. 따라서 칠갑의 주기 내용이 명대 칠기의 주기 내용과 다르다고 하여 당대 영선령의 규정에 따른 것으로 볼 수 없다는 주장은 적절한 논리 전개로 볼 수 없다.

세 번째는 칠갑 명문이 영선령에서 규정한 순차, 즉 제작연월, 장인, 담당관, 제작한 주와 감, 미늘의 수와는 다르다는 점이다. 순차에는 차이가 있어도 명문은 영선령 규정 내용을 충실히 담고 있다. 한대 乘輿 칠기 명문에서도 제작연도를 선행한 것과 후행한 것이 섞여 있음을 볼 수 있다. 순차는 상이하지만 칠갑 명문은 영선령에서 기록하도록 한 주기사항을 준수하고 있다. 한편 이현숙·양종국은 사택지적비의 구조, 즉 '연월일-현재의 상황-감정의 상태'에 주목해야 한다고 주장하였다. 그러나 위에서 살펴보았듯 칠갑 명문에서는 현재 상황이나 감정 상태를 엿볼 수 있는 대목은 없다. 사택지적비문은 순차뿐 아니라 내용면에서 칠갑 명문의 유사 사례로 보기 어렵다.

Ⅳ. 재질과 도료의 문제

필자는 졸고에서 문헌기록에 보이는 백제 갑옷과 칠갑은 재질과 도료가 상이하다는 점을 지적한 바 있다. 다시 관련 사료를 살펴보자.

① (무왕)27년(626) 사신을 당에 보내 明光鎧를 바쳤다.[49]

48) 이현숙·양종국, 앞의 글, pp.185~186. "그러나 일반적으로 확인할 수 있는 제작주기는 명대 '적채팔괘용문합'의 경우 바닥에 '大明嘉靖年製'(1522~1566)로 기록하거나, '흑칠나전인물문장방형접시'(15~16세기)의 경우 병사가 들고 있는 칼에 '甲戌仲冬月吉旦作'이라고 하여 명대 만력 연간의 작품임을 표시하는 등 제작 주기를 일부러 표면에 드러내지는 않는 것을 알 수 있다."

② (정관)11년(637)을 사신을 보내 내조하고 鐵甲과 조각을 새긴 도끼를 바쳤다. 태종이 노고를 가상히 여겨 채백 3,000단과 錦袍 등을 선물로 주었다.[50)]

③ [정관12년(638) 10월] 기해 백제가 사신을 보내 金甲과 雕斧를 보냈다.[51)]

④ [(무왕) 40년(639)] 10월에 다시 당에 사신을 보내 金甲과 雕斧를 바쳤다.[52)]

백제는 수차례 걸쳐 당에 갑옷을 선물했다. 626년에는 명광개를, 637년에는 철갑을, 638년과 639년에는 금갑을 선물했다. 명광개는 철갑에 속하므로[53)] 626년과 637년에 선물한 갑옷의 재질은 모두 철이다. 638년과 639년에 보낸 갑옷은 '金甲'으로 정확하게 어떤 재질이었는지 단언할 수는 없지만 표면에 금빛이 나는 갑옷임에 틀림없다. 이상에서 645년 이전 백제가 당에 선물한 갑옷은 재질이 철이고 표면에 금빛이 나는 갑옷으로 검은 빛을 띠는 출토 칠갑과는 차이가 있음을 알 수 있다. 그러면 다시 고구려 원정에 사용된 백제 갑옷을 확인해보자.

① 이때 백제가 바친 금칠 갑옷[金髹鎧]과 검은 쇠로 만든 무늬 갑옷[文鎧]을 입고 군사들이 따랐는데 황제와 이세적이 만나자 갑옷의 광채가 태양에 빛났다.[54)]

② 일찌기 태종이 백제에 사신을 보냈는데, 그 나라에서는 금칠을 채취해 鐵甲에 칠한다. 모두 황자색을 띠고 햇빛이 비치면 색이 번뜩이는 것이 금과 같다. 또한 五綵로 玄金을 물들여 山文甲을 만들고 (이것을 입고) 모두 장군을 따르게 하였다.[55)]

①의 기록에 따르면 고구려 원정 시 당의 장수들이 입은 백제 갑옷은 金髹鎧로 즉, 금칠 갑옷이다. ②는

---

49) 『三國史記』 卷27 「百濟本紀,」 "二十七年, 遣使入唐, 獻明光鎧."

50) 『舊唐書』 卷199上 「東夷傳」 百濟國, p.5330. "十一年, 遣使來朝, 獻鐵甲雕斧. 太宗優勞之, 賜綵帛三千段并錦袍等."
『三國史記』에서도 동일한 기록을 볼 수 있다.
『三國史記』 卷27 「百濟本紀」, "겨울 12월 사신을 당에 보내 철제갑옷, 조각을 새긴 도끼를 바쳤다. 태종이 노고를 기려 비단옷과 채백 3천단을 주었다(冬十二月, 遣使入唐, 獻鐵甲·雕斧. 太宗優勞之, 賜錦袍并彩帛三千段.)."

51) 『舊唐書』 卷3 「太宗本紀下」, p.49. "己亥, 百濟遣使貢金甲雕斧."

52) 『三國史記』 卷27 「百濟本紀」, "四十年, 冬十月, 又遣使於唐, 獻金甲·雕斧."

53) 『唐六典』 卷16 武庫令, "甲之制十有三: 一曰明光甲, 二曰光要甲, 三曰細鱗甲, 四曰山文甲, 五曰鳥鎚甲, 六曰白布甲, 七曰皁絹甲, 八曰布背甲, 九曰步兵甲, 十曰皮甲, 十有一曰木甲, 十有二曰鎖子甲, 十有三曰馬甲. (중략) (『漢書』曰: 「魏氏武卒衣三屬之甲. 」謂上身一, 髀褌一, 兜鍪一, 凡三屬也. 今明光·光要·細鱗. 山文·鳥鎚·鎖子皆鐵甲也, 皮甲以犀兕爲之, 其余皆因所用物名焉.)"

54) 『三國史記』 卷9 「高句麗本紀」, "時百濟上金髹鎧, 丈以玄金爲文鎧, 士被以從. 帝與勣會, 甲光炫日."

55) 『冊府元龜』 卷117 帝王部 親征2, "初太宗, 遣使於百濟, 國中採金漆, 用塗鐵甲. 皆黃紫, 引日翟色邁兼金, 又以五綵染玄金, 制爲山文甲, 竝從將軍."

고구려 원정 시 사용한 갑옷에 부기한 글이다. 이 글에 따르면 원정에 사용했던 갑옷도 철갑에 금칠을 입힌 것임을 알 수 있다. 이상 백제가 당에 보낸 갑옷을 정리하면 [표 3]과 같다.

표 3. 백제 갑옷의 재질과 도료

연도	명칭	재질	도료	출전
626년	明光鎧	철제		『新唐書』, 『三國史記』
637년	鐵甲	철제		『舊唐書』, 『新唐書』, 『三國史記』
638년	金甲		황칠	『舊唐書』
639년	金甲		황칠	『三國史記』
645년 이전	金髹鎧	철제	황칠	『三國史記』, 『册府元龜』, 『新唐書』

②에서 볼 수 있듯 당은 백제 갑옷의 금색 도료에 관심을 지니고 있었다. 다음 기록 역시 사신을 통해 얻은 정보로 생각된다.

> 나라(백제) 서남해에 세 개의 섬에서 黃漆樹가 자란다. 小榎樹 같지만 크다. 6월에 수액을 채취하여 기물에 칠하면 색이 황금 같아 눈부시게 빛난다.[56]

> 세 개의 섬에서 황칠이 나는데, 6월이면 칼집을 내 채취하며 색이 금과 같다.[57]

백제 갑옷의 특장점은 금색 도료, 즉 황칠이었다. 반면 칠갑의 도료는 옻칠이다. 황칠은 옻칠과 수종도 도료의 성분도 다르다. 황칠나무는 두릅나무과에 딸린 푸른 큰키나무로 한반도 남부해변과 섬의 산록 수림에 서식한다. 반면 옻칠은 옻나무과의 낙엽 교목으로 중국에서 히말라야에 걸친 지역에 두루 분포한다. 도료의 성분 역시 황칠은 세스퀴테르펜 계통이며 옻칠은 우루시올을 주성분으로 한다.

> 기록에서 보이는 백제가 만들어 보낸 갑옷은 금휴개와 문개라는 철제갑옷이지만, 피갑도 지속적으로 제작되었던 갑옷의 유형이었다. 따라서 역사적 정황은 공산성 출토 칠피갑옷 역시 이 당시 백제가 만들어 당에 바친 갑옷들과 연결시켜 백제에서 제작된 것으로 볼 수밖에 없다고 판단된다.[58]

56) 『通典』 卷185 「邊防」1 東夷上(百濟), p.4990. "國西南海中有三島, 出黃漆樹, 似小榎樹而大. 六月取汁, 漆器物若黃金, 其光奪目."
57) 『新唐書』 卷220 「百濟傳」, p.6199. "有三島, 生黃漆, 六月刺取瀋, 色若金."
58) 이현숙·양종국, 앞의 글, p.188.

이현숙·양종국도 문헌상의 백제 갑옷, 즉 황칠 철갑과 칠갑이 다른 유형이라는 것을 인지하고 있다. 그럼에도 '피갑도 지속적으로 제작되었던 갑옷 유형이기 때문에 역사적 정황상 칠갑 역시 백제의 제작품으로 볼 수밖에 없다'고 말한다. 그러나 앞서 보았듯 문헌 기록의 백제 갑옷과 칠갑을 이어줄 만한 '역사적 정황'은 어디에서도 찾아볼 수 없다. 오히려 칠갑의 명문은 당의 제작품이라는 것을 말해준다. 그리고 백제의 황칠 철갑이 당으로부터 호평을 받았다는 것을 근거로 옻칠 피갑을 백제의 제작품이라고 판단하는 것은 한대 蜀郡의 칠기가 유명했으니 당연히 이곳에서 황칠 칠기도 제작했을 수 있다고 주장하는 것이나 마찬가지로 합리적 추론으로 보기 어렵다. 이현숙·양종국이 입론으로 삼은 백제 갑옷 관련 기사는 모두 황칠 철갑에 해당하는 것으로 옻칠 피갑인 공산성 출토 칠갑과는 관련이 없다.

아울러 이현숙·양종국은 칠갑을 당에 갑옷을 제공하고 그중 하나를 남겨 그곳에 제작 이력 등을 기록한 모본이라고 하였지만 당에 보낸 갑옷과 전혀 다른 유형의 갑옷을 모본으로 삼아 이력을 주기했다는 것 역시 납득하기 어렵다.

V. 매장 경위

칠갑을 비롯한 武具는 저수조 안에서 발견되었다. 대부분의 연구자는 어떤 특정 목적에 의한 의도적인 행위의 결과물로 이해한다. 그러나 그 구체적 과정에 대해서는 의례와 인위적 폐기 두 가지 견해로 나뉜다. 먼저 의례설을 살펴보면, 이현숙·양종국은 의자왕이 항복 직전 칠갑을 매납하는 의식을 치렀다고 보았다. 그러나 왕의 항복이라는 국가의 명운을 건 일대 사건을 앞두고 칠갑을 묻는 의례를 치렀다는 것은 쉽게 납득이 되지 않는다. 병자호란 때 健元陵의 제기를 땅에 묻어두었던 사례를 들었지만 國祖 능묘의 제기와 (당에 보내고 그 기록을 명기한) 갑옷을 동격으로 보기는 어렵다. 아울러 그 주장대로라면 칠갑은 당과의 우호 관계를 기억할 수 있는 기념물인데, 항복하는 시점에 굳이 감출 이유가 있었을까도 의문이다. 김길식은 "저수조에 막대한 분량의 무기류만 묻은 건 전의를 다지는 의례 성격을 빼놓고는 설명하기 어렵다"고 하였다.[59] 그러나 이 주장이 설득력을 가지려면 적어도 '전의를 다지는 의례'로 무기를 매납한 사례가 있어야 한다. 그리고 전투를 앞두고 적의 무기라면 모를까 애써 제작한 자국의 무기를 매납하며 전의를 다졌다는 것 또한 동시기 백제 사회의 수준을 고려할 때 납득하기 어렵다. 만일 칠갑이 의례과정에서 매납된 것이라면, 첫 번째, 저수조와 그 주변을 의례 공간으로 볼 수 있는가, 두 번째, 저수조에 칠갑 이외에 다른 의례의 흔적, 예를 들면 기존에 의례를 치렀던 흔적으로서 다른 투기 흔적을 확인할 수 있는가, 그리고 마지막으로 동시기 갑옷 등 무구를 다량으로 투기한 의례로서 비교 사례가 존재하는가 등이 확인되어야 할 것이다. 의례설이 문제 제기 수준을 넘어 가설이 되기 위해서는 이상의 물음에 답해야 한다.

다음으로 인위적 폐기설을 살펴보자. 이훈은 의자왕을 욕보이는 의식을 치르며 갑옷을 벗겨 폐기한 것

59) 노형석, 「'공산성 갑옷'에 숨은 백제 멸망의 비밀은?」, 『한겨레신문』(2019.5.6.).

으로 추정하였다.[60] 해당 갑옷이 의자왕의 착장품인지는 논외로 하고, 공산성 밖으로 나가 항복한 의자왕을 다시 성안으로 끌고와 이런 의식을 치렀다는 것은 상상하기 어려우며, 의자왕을 항복 장소로 인도한 禰寔이 당에 항복하기에 앞서 군주에게 모욕을 주는 행위를 했다는 것도 납득하기 어렵다. 만일 인위적 폐기였다면 다른 시점, 다른 상황에서 이루어졌을 가능성이 높다.

한편, 의례였든 인위적 폐기였든 칠갑을 물에 던졌다는 것은 결과적으로 칠갑의 폐기를 염두에 두고 한 행위로 볼 수밖에 없다. 만일 다시 사용할 생각에 잠시 은닉할 요량이었다면 아무리 옻칠을 했다고 해도 가죽제 갑옷을 물속에 넣지는 않았을 것이다. 이는 해당 주체가 더는 이 물건을 쓸 일이 없는 상황에 처했다는 것을 의미한다.

그리고 여기서 간과하기 쉬운 부분은 결과적으로 폐기된 것이 칠갑, 마갑, 각종 무구 등 출토품만은 아니라는 점이다. 칠갑 위로 볏짚을 덮었던 흔적이 발견되었다. 발굴팀은 무구류를 매납한 뒤 짚단으로 '덮었다'고 하였다. 짚이 물에 뜨는 점을 고려하면 상당히 많은 양의 짚을 투기했음에 분명하다. 그렇다면 이와 동시에 저수조도 기능을 상실했을 가능성이 크다. 공들인 축조 흔적으로 볼 때, 저수조는 공산성의 해당 장소에서 모종의 기능을 수행하고 있었음이 분명하다. 따라서 칠갑 등 무구류를 저수조에 넣었을 때는 저수조의 기능도 더는 필요로 하지 않았던 것을 의미한다. 따라서 칠갑을 묻은 주체는 공산성, 또는 적어도 공산성의 저수조가 기존에 갖고 있던 기능을 유지하는 데는 관심이 없었던 듯 보인다.

이상을 고려할 때, 칠갑은 공산성의 주인이 바뀌는 시점에 묻혔을 것이다. 백제 멸망을 전후한 시기, 공산성의 주인은 백제-당-신라로 거듭 바뀌었다. 그런 만큼 의례나 인위적 폐기의 주체는 이들 가운데 하나였을 것이다. 이현숙·양종국은 당이 645년 전후 백제에 갑옷을 선물했을 리 없다고 하였다.[61] 645년부터 660년 당이 백제 원정에 착수하기까지 양국의 관계는 좋지 않았다. 따라서 해당 기간 당이 백제에 칠갑을 선사했을 리 없다. 그러나 칠갑이 당의 선물이 아니라고 하여 당의 제작품이 아니라고 말할 수는 없다. 660년 당은 백제 원정에 대규모 군사를 동원했다. 당군의 진주와 함께 당의 물자도 다량 유입되었을 것이다. 특히 칠갑의 출토지인 공주는 백제 멸망 후에도 수년간 당군이 주둔했던 곳으로 추정된다. 따라서 이 지역에서 당의 물자가 발견된다고 해도 이상할 이유가 없다.[62]

현재까지 유구에서 추론할 수 있는 부분은 여기까지이다. 칠갑이 어떤 과정을 거쳐 이곳에 묻혔는지는 여전히 미상이다. 의자왕이 항복하기 전, 백제군이 당군과 대치하며 획득한 전리품을 매장한 것일 수도 있고 웅진도독부가 철수하면서 폐기한 물자일 수도 있으며 신라가 진주한 후 남겨진 당의 물자를 정리한 것일 수도 있다. 그러나 이런 이야기는 각기 뒷받침해줄 자료가 발견되기 전까지 상상의 영역에 머무를 수밖에 없다. 학문적 글쓰기의 가설이 되려면 연구 성과의 축적을 기다려야 한다. 향후 유구와 동반 출토품의

---

60) 김상운, 2019, 『발굴로 읽는 역사, 국보를 캐는 사람들』, 글항아리, p.196.

61) 이현숙·양종국, 앞의 글, p.188.

62) 백제 공격에는 익주대도독부 관할지역의 장령도 참가하였다. 정림사터 오층석탑 탑신부 당평제비 각석에 "陵州長史判兵曹 賀遂亮"이 보인다. 능주는 오늘날 쓰촨성 런서우현[仁壽縣]으로 익주대도독부 관할이었다(『舊唐書』卷41 「地理」4 劍南道 成都府, pp.1663-1664. "(貞觀)十年, 又督益·綿·簡·嘉·陵·雅·眉·邛八州, 茂·嶲二都督.").

체계적인 연구가 그 역할을 해줄 것으로 기대한다.

Ⅵ. 결론

이현숙·양종국의 논문은 현재까지 확인할 수 있는 칠갑의 명문 전체를 공개했다는 점에 의의가 있다. 하지만 논문의 결과와 달리 칠갑 명문의 작성 주체가 당이라는 점, 그리고 제작 이력을 주기한 것이라는 기존 논지는 더욱 분명해졌다. 본고의 결론은 다음과 같다.

첫 번째, 명문의 지명은 '익주'이다. 글자 판독뿐 아니라 역사적 상황으로 볼 때 '개주'로 읽을 수 없다. 칠갑 명문의 일자는 645년 4월 21일이며, 개주가 설치된 날은 645년 6월 3일로 1달여의 차이가 있다. 이현숙·양종국은 명문의 4월 21일을 '국가적 의례'가 실시된 날, 즉 백제가 요동에 사신을 파견하여 당에 갑옷을 전달한 시점으로 보았지만, 이때는 태종이 요동에 도착하기 전일 뿐더러 '개주'라는 지명은 존재하지도 않았다. 그리고 4월 21일을 웅진에서 제작한 날로 본다 해도, 그 시점은 5월 10일~17일일 수밖에 없는데, 한 달도 안 되는 기간에 백제의 사신이 고구려의 연안항로를 피해 요동에 있는 태종에게 갑옷을 전달했다고 보기 어려우며, 이때조차도 개주는 설치 전이었다.

두 번째, 이현숙·양종국은 칠갑이 백제가 당에 제공한 갑옷의 모본으로 보았지만 백제가 당에 선물한 갑옷은 황칠한 금속제 갑옷으로 출토 칠갑과는 재료도, 도료도 상이하다. 따라서 칠갑과 문헌상의 백제 갑옷은 전혀 다른 유형으로 서로 연관지어 설명할 수 없다.

세 번째, 명문에 등장하는 관직은 모두 당의 관직이다. 명문의 관직에는 동시기 삼국에서는 볼 수 없는 산관, 직사관, 훈관이 존재하며 행수법이 적용되었다. 그리고 명문에 나오는 각각의 관직명도 당의 대·중도독부, 또는 친왕부 관제의 문서행정 상 위계에 따라 기입되었다. 따라서 명문의 주체는 당일 수밖에 없다. 이에 대해 이현숙·양종국은 5세기 남조와의 외교 관계에서 등장하는 '장사', '호군' 등을 들며 백제의 관제라고 주장하는 한편 백제 사신이 요동에 도착하여 황제에게 갑옷을 전달할 때 참여한 중국계 백제관료 또는 당의 친백제 관료일 수 있다며 이중적인 입장을 취했다. 그러나 백제가 당의 관제를 사서했다는 것, 예식 절차가 규정된 공물의 접수나 황제의 인견에 친백제 관료가 동석해 도움을 주었다는 것 등의 가설은 당의 제도 전반을 고려할 때 성립될 수 없다.

네 번째, 연호 앞의 행은 갑옷의 구조를 기록한 것이다. 이현숙·양종국은 행을 의장행렬로 해석하였으나, 이는 함께 나오는 '頰', '支'를 모두 설명할 수 없다. 무엇보다 새로 확인된 명문에서 下裳을 의미하는 '帬'이 확인된 만큼 갑옷의 구조를 언급한 것으로 보아야 한다.

다섯 번째, 명문 내용은 제작지[州], 관청과 공장[監·典], 匠人과 담당관의 이름, 미늘(열) [行鏁]의 수, 제작일자로 제작주기에 해당하며, 주칠로 기록하였다. 이는 당 영선령 규정의 갑옷 제작 후 주기사항과 일치한다.

여섯 번째, 칠갑의 제작지는 명문 해석의 산물이다. 공산성을 둘러싼 당시의 국제적 관계를 고려할 때,

유구로 칠갑의 제작지를 판별할 수 없다. 7세기 중반 공산성은 백제, 당, 신라로 여러 차례 주인이 바뀌었다. 따라서 단지 공산성 유적에서 발견되었다는 것만으로 백제의 것으로 단정하는 것은 무리이다. 그리고 유구가 매납 과정에 단서를 줄 수 있을지 몰라도 제작지를 판별하는 근거가 될 수는 없다. 따라서 칠갑의 제작지를 밝히기 위해서는 칠갑 자체에 주목해야 하며 그 일차적 출발점은 칠갑에 주기된 명문이다.

지금까지 살펴본 바, 칠갑을 백제의 제작품으로 보는 것은 불가능하다. 일부 백제의 관호가 보인다던가, 혹은 의례의 일면이 담겨있는 서사라는 가정은 명문의 정확한 석독과 맥락을 고려하지 않은 채 '백제의 것을 전제하고' 자료를 취사하여 만든 견강부회일 뿐이다.

더구나 칠갑을 백제 제작품으로 주장하기 위하여 제시한 여러 가설, 오독의 결과물인 '瞿禮傳當官'은 논외로 한다고 해도, 백제가 자국의 기록물에 당의 연호를 사용했다는 것, 백제가 요동까지 사신을 보내 당의 고구려 원정을 지원했다는 것, 그런 외교활동을 '국가적 사건'으로 기념하여 기록물을 제작했다는 것, 백제 특산인 황칠을 옻칠과 동일시 한 것, 백제에서 행수법을 실시했다는 것 등등은 지금까지의 백제사 연구 결과와도 부합하지 않는다.

칠갑 명문은 유구의 상태로 달리 해석될 여지가 있는 것이 아니며, 고고학과 문헌사학의 학문적 접근 방법에 따라 다른 결과가 도출될 수 있는 대상도 아니다. 비교 자료의 출토를 기다리지 않더라도 칠갑이 당의 제작품이라는 것은 분명하다. 칠갑의 가치는 정확한 이해에 기초해야 하며, 명문의 정확한 해석은 그 출발점이다. 명문의 석독은 도외시한 채, 백제 갑옷으로 전제하고 끼워 맞추기식의 가설을 제시하는 것은 오히려 칠갑이 지닌 가치의 발견과 연구의 진전을 가로막는 장애물이자 발굴성과를 무색케 만드는 일이 될 것이다. 남아있는 칠갑의 명문 전모가 확인된 만큼 이제는 유구로 칠갑의 국적을 규명할 때가 아니라 칠갑으로 유구를 해석할 시점이라고 생각한다.

투고일: 2019. 10. 9. 심사개시일: 2019. 10. 14. 심사완료일: 2019. 11. 7.

참/고/문/헌

『三國史記』(국사편찬위원회 한국사데이터베이스).

『高麗史』(국사편찬위원회 한국사데이터베이스).

『舊唐書』(中央研究院 漢籍電子文獻資料庫).

『新唐書』(中央研究院 漢籍電子文獻資料庫).

『唐六典』(김택민 주편, 譯註 唐六典, 신서원, 2005).

『天聖令』(김택민·하원수 주편, 천성령 역주, 혜안, 2013).

『通典』(中央研究院 漢籍電子文獻資料庫).

『唐會要』(標點本, 上海古籍出版社, 2006).

『文館詞林』(羅國威 整理, 『文館詞林校證』, 2001).

『冊府元龜』(위키문헌).

『太平御覽』(위키문헌).

『資治通鑑』(위키문헌).

『說文』(中國哲學書電子化計劃)

『集韻』(中國哲學書電子化計劃).

『釋名』(中國哲學書電子化計劃).

陳垣, 1962, 『二十史朔閏表』, 中華書局.

周紹良, 1992, 『唐代墓誌彙編』, 上海古籍出版社.

김상운, 2019, 『발굴로 읽는 역사, 국보를 캐는 사람들』, 글항아리.

송지애, 2018, 「공산성 출토 옻칠갑옷의 보존처리과정과 성과」, 『(백제 칠피갑옷의 고증을 위한 국제학술포럼) 백제 칠피 갑옷의 비밀』, 공주대학교박물관.

이도학, 2012, 「公山城 出土 漆甲의 性格에 대한 再檢討」, 『인문학논총』 28.

이현숙·양종국, 2019.6., 「公山城 출토 칠피갑옷 銘文資料의 재검토」, 『목간과 문자』 22.

〈Abstract〉

The Inscription on the Lacquered Leather Armor from Gongsanseong Mountain Fortress
– Reply to Lee, Hyun–sook, Yang, Jong–kook

Lee, Tae–hee

In April 2019, the Kongju National University Museum disclosed the result of its preservation treatment of the lacq uered leather armor unearthed from Gongsanseong Fortress. The additional verification of the strokes in the Chinese characters and rearrangement of the fragments have enabled researchers to move one step closer to completing th e interpretation of the inscription. Lee Hyun–sook and Yang Jong–kook from the museum re–expressed their view that the armor was made in Baekje based on the newly added inscription. Their paper meant the release of new material, but the conclusion was somewhat problematic.

This paper suggests confronting their view, especially on the nationality of the armor and question the adequacy of their usage of historical data. The inscription on the lacquered leather armor was made according to Tang's regulations(唐令). It includes such information as the names of the place and workshop where it was made, the names of the producer and the supervisor, the armor's structure, and the date of production. The place of production was not "Gaizhou(蓋州)" but "Yizhou(益州)". Gaizhou was not established by the date of the inscription(April 21, 645). The positions of the supervisors were written down according to the administration system of the office of governer(都督府) of Tang. Also, the regnal year put on the inscription was not adopted in Baekje. In addition, the armor is different from the Baekje armor on the historical record in terms of materials and paints.

The inscription reveal that the lacquered leather armor was made in Tang. The value of the armor should be judged based on an in–depth understanding of the situation, for which an accurate interpretation of the inscription is the starting point. Any attempt to present a hypothesis simply by putting unmatched things together based on the presupposition that the armor was made in Baekje, leaving aside the need for an interpretive reading of the inscription, will impede efforts to discover the real value of the armor and hinder progress in the relevant research. Now that the entire contents of the inscription have been ascertained, it is only right to interpret the site based on what is known about the armor, rather than trying to define where it was made based on information about the site.

▶ Key words: Gongsanseong, lacquered leather armor, Baekje, Tang, Yizhou

논 문

扶餘 雙北里 論語木簡에 대한 몇 가지 생각*

權仁瀚**

〈국문초록〉

이 글은 2018년 7월에 공개된 부여 쌍북리 출토 논어목간에 제기된 쟁점 사항들에 대한 필자의 생각을 제시함과 아울러 이 목간이 지닐 수 있는 동아시아 문자문화사적 의의들을 정리한 것이다.

2장에서는 이 목간에 제기된 쟁점 사항들에 대한 검토를 행하였다. 목간의 제작 시기에 대하여 사비백제 말기까지를 염두를 두고서 657년 전후로 추정하였고, 1면 제1자의 정체에 대하여 인면화 가능성을 앞세우되, 合字(「習+＿」)로 볼 가능성도 병기함으로써 이 목간의 성격을 '경전 학습용 습·낙서 목간'으로 규정하였다. 또한 백제에 유통된 『논어』 텍스트의 실체에 대해서는 3점의 일본 효고현 출토 목간들과 비교하여 『논어집해』일 가능성을 제기하였으며, 구절 단위의 띄어쓰기 양상으로 보아 백제 구결의 존재 가능성을 완전 부정하지는 않았다.

3장에서는 이 목간이 지닐 수 있는 동아시아 문자문화사적 가치들을 본고의 결론을 겸하여 정리하였다. 高昌國 문서나 일본 습서목간들과의 비교를 통하여 『논어』 텍스트 면에서의 정확성을 이 목간의 첫 번째 가치로 꼽았으며, 일본에서 14세기 초에 필사·교점된 淸原家本 『논어집해』의 句點과 이 목간의 띄어쓰기가 완전 일치한다는 점에서 백제의 『논어』 문화가 일본에서의 『논어』의 수용과 발전에 밀접한 영향을 끼쳤을

* 본고는 한국목간학회 제32회 정기발표회 "출토자료로 본 백제 사비기의 문화와 동아시아"(2019년 11월 2일, 한성백제박물관 대강당)에서 발표한 원고를 수정·보완한 것이다. 발표회 당시 지정 토론을 맡아주신 김영욱 교수님을 비롯하여 격려와 조언을 아끼지 않으신 여러 선생님들께 감사의 말씀을 드린다.

** 성균관대학교 국어국문학과 교수

것으로 추정하였다.

▶ **핵심어: 부여 쌍북리 논어목간, 목간 제작 시기, 인면화, 『논어집해』, 띄어쓰기, 일본의 『논어』 문화, 清原家**

Ⅰ. 자료 소개

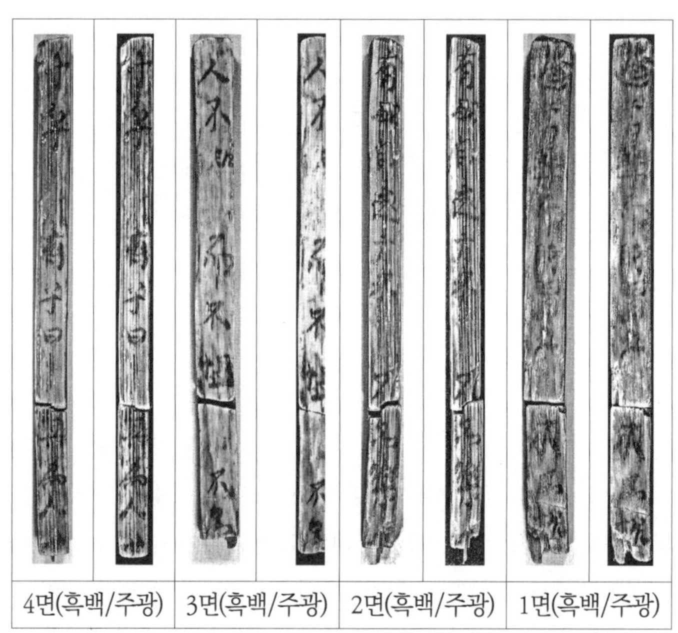

4면(흑백/주광)	3면(흑백/주광)	2면(흑백/주광)	1면(흑백/주광)

사진 1. 부여 쌍북리 56번지 사비한옥마을 조성부지 유적 출토 논어목간[1)]

•出土 槪要: 부여군 부여읍 쌍북리 56번지 부여 사비한옥마을 조성 부지 유적에서 총 17점의 목간이 출토된 바, 유적 층위상 백제의 泗沘 後半期 文化層에 해당되는 上層에서 출토된 12점 중 하나(일부분만 조사된 下層에서 5점이 출토됨).

•木簡 特徵: 형태_막대형 4면목간, 크기_28.0×2.5×1.8㎝(길이×너비×두께), 출토 위치_15트렌치 동쪽 地表에서 收拾, 내용_『論語』 學而篇 제1장+제2장 일부 서사(띄어쓰기 有).[2)]

1) 『목간과 문자』 21, 화보 2~3면에 실린 사진을 편집한 것이다.

2) 김성식·한지아(2018), p.342, pp.344-347 종합.

II. 쟁점 사항들에 대한 검토와 논의

앞서 소개한 논어목간은 1,400여년 전 泗沘百濟의 후반기 유교경전 문화의 실제를 보여주는 실물로서 획기적인 발굴 성과로 주목을 받고 있다.[3] 지금까지 나온 이 목간에 대한 논의로는 김성식·한지아(2018), 李成市(2019)가 거의 전부인 듯하므로 이들을 중심으로 쟁점 사항들에 대하여 살펴보고자 한다.

1. 木簡의 制作 時期

이 목간이 제작된 시기는 언제일까? 이에 대해서 김성식·한지아(2018: 344)에서는 사비백제 후반기라는 의견을 제시한 반면, 李成市(2019: 122)에서는 "이 『논어』목간은 '정사년 10월 20일(丁巳年十月二十日)'이라고 적힌 목간과 함께 출토되어, 그 연대는 657년으로 추정하고 있다."라고 말한 바 있다. 여기에서는 李成市 선생이 함께 출토된 '丁巳年' 목간의 연대와 연관시켜 가장 구체성을 띤 견해를 제시한 점에 주목하여 이에 대한 필자의 의견을 보태기로 한다.

목간 등 고대 유물의 연대 추정을 위해서는 발굴자 측에서 제공한 共伴 遺物, 出土地 情報 등을 꼼꼼히 따

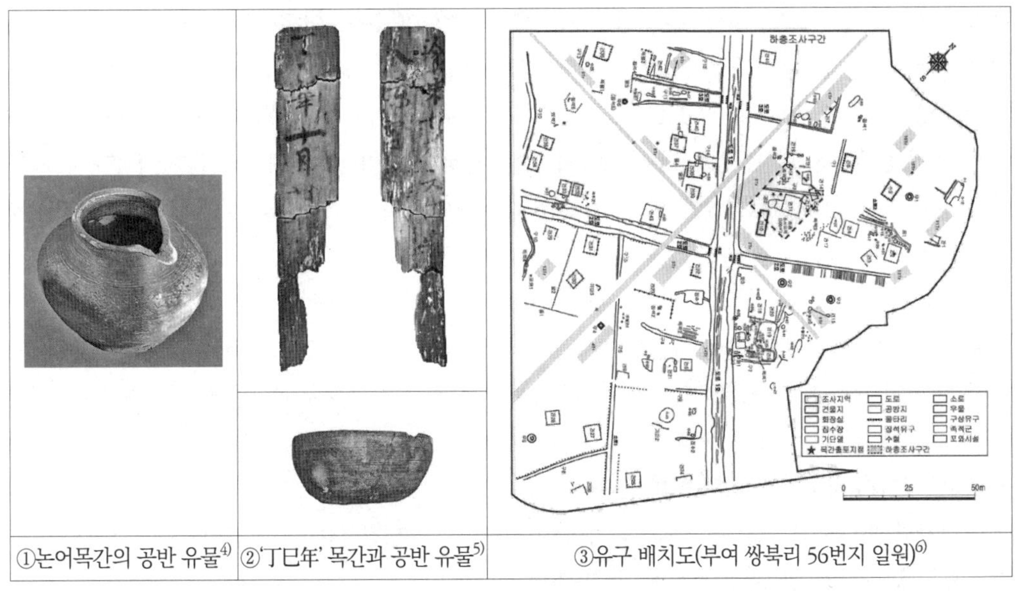

①논어목간의 공반 유물[4] ②'丁巳年' 목간과 공반 유물[5] ③유구 배치도(부여 쌍북리 56번지 일원)[6]

3) 한겨레신문 2018년 7월 12일자 기사 "1400년전 '논어' 구절·궁궐명 적힌 백제목간 나왔다" 참조.

4) 김성식·한지아(2018: 346)의 사진 1.

5) 김성식·한지아(2018: 348)의 사진 4.

6) 김성식·한지아(2018: 343)의 도면 1.

져서 작업에 임해야 함은 아무리 강조해도 지나침이 없을 것이다.

이런 점에서 논어목간의 연대 추정을 위해서는 ①에 제시된 논어목간의 공반 유물인 높이 5.7㎝ 정도의 硬質 회색토기(小形壺)의 편년 정보와 함께 이 목간이 ③의 유구 배치도상 도로1, 2호의 교차점(=都心)의 右上 北東쪽 끝자락에 가까운 15트렌치(trench)의 동쪽 地表에서 收拾된 점이 고려되어야 함은 물론이다. 그러나 李成市 선생의 연대 추정에서는 논어목간의 공반 유물 및 출토 지점에 대한 고려가 보이지 않는 대신, 동일 층위에서 출토된 '丁巳年' 목간에 대한 발굴자 측(=김성식·한지아(2018))의 추정을 존중하고 있을 뿐임이 아쉽다고 할 수밖에 없다.

한편, '丁巳年' 목간의 연대 추정과 관련하여 김성식·한지아(2018: 348)에서는 "본 유적에서 출토된 목간 중 유일하게 干支가 기록된 목간으로 출토위치는 37호 건물지의 남서쪽으로 4m 정도 떨어진 지점에서 地表收拾되었다. 출토 당시 灰色硬質碗과 함께 출토되었다./ 판독: 〈앞면〉 1열 8자가 남아 있다./ '丁巳年十月卄(七)日'/ "丁巳年"은 泗沘期에 해당하는 연도가 597년(威德王 44), 657년(義慈王 17)이 있으며 목간과 동일한 층위에서 출토된 유물의 編年을 참고하면 657년이 유력하다"라고 말하면서 각주를 통하여 판독회와 한국목간학회 2018년 하계워크숍(2018. 7. 12, 가야문화재연구소) 등을 통해 필체가 武寧王陵 墓地石과 유사하여 597년일 가능성도 있다는 의견도 제시된 바 있음을 덧붙이고 있다.

여기서 필자가 문제로 삼고 싶은 것은 '丁巳年' 목간의 연대 추정을 그대로 논어목간의 연대와 동일시할 수 있느냐 하는 점이다. 왜냐하면, 두 목간의 공반 유물인 灰色 硬質壺(논어목간)와 灰色 硬質碗('丁巳年' 목간)의 編年이 동일한 것인지가 불확실할뿐더러[7] 두 목간의 출토 지점이 다르다는 점이다. 앞의 ③유구 배치도상 '丁巳年' 목간의 출토 지점은 도로1, 2호의 교차점의 左上 北西 중심 건물지 주변 6트렌치(trench)의 지표에서 수습에서 되었는데, 두 목간의 출토 지점은 거리상 50m 이상 떨어져 있을 뿐만 아니라, 두 지점 사이에는 도로1호가 가로 막혀 있다는 점에서 과연 두 목간이 동일 연대의 유물일지에 대하여 疑問符를 表示할 수밖에 없을 것이기 때문이다.

그럼에도 불구하고 현재의 필자로서는 李成市 선생의 연대 추정을 존중하되, 657년으로 斷定하기 보다는 논어목간이 지표에서 수습되었다는 점에서 사비백제의 말기로까지도 염두에 둔 연대 추정이 이루어져야 할 것이라는 점에서 "657년 전후" 정도로 신중하게 추정함이 좋을 것으로 판단한다.[8]

2. 1면 제1자의 正體와 木簡의 性格

이 목간의 판독에 대해서는 두 논의간의 차이는 크지 않다. 먼저 김성식·한지아(2018: 346~347)에서 제시된 판독문과 필자의 판독문을 보이면 다음과 같다.

7) 토기들의 색상과 경도가 비슷하다는 점에서 동일 시기의 유물일 가능성은 있을 듯하다. 그러나 불행히도 필자는 이를 판단할 참고 논저들을 알지 못하는 바, 고고학 또는 미술사학자들의 도움이 절실하다.

8) 따라서 필자가 2019년 9월 6~8일 北京에서 개최된 "제1회 한·중·일 출토 간독 연구포럼"에서 발표한 원고에서 특별한 근거없이 7세기 초엽으로 시기 추정한 것을 여기서 바로잡는다.

•기존 판독: Ⅰ_習子曰學而時習之 不亦悅[9](乎)

Ⅱ_有朋自遠方來 不亦樂(乎)

Ⅲ_人不知 而不慍〔墨痕〕不亦(君)

Ⅳ_子乎 有子曰 其爲人也

•필자 판독: Ⅰ_[人面畵]/「習+⻌」子曰學而時習之 不亦悅(乎)

Ⅱ_有朋自遠方来 不亦樂(乎)

Ⅲ_人不知〔墨痕〕而不慍〔墨痕〕不亦(君)

Ⅳ_子乎 有子曰 其爲人也

위의 두 판독문을 비교해보면, 兩者間의 가장 큰 차이점은 1면 제1자를 어떻게 보느냐에 있음을 알 수 있다. 물론 김성식·한지아(2018: 346)에서 "첫머리는 학이편 제1장의 도입부인 "子曰…"의 앞에 "習"으로 추정되는 글자의 밑에 책받침(⻌)이 돌아가는 형식의 글자가 확인되는 듯하며 다른 글자들과 달리 크게 적었다. 언뜻 보면 첫 번째 묵서는 人面을 그린 것처럼 보이기도 한다."라고 함으로써 인면화일 가능성을 완전히 접은 것은 아니지만, 「習」자로 推讀함에 무게를 두고 있다.

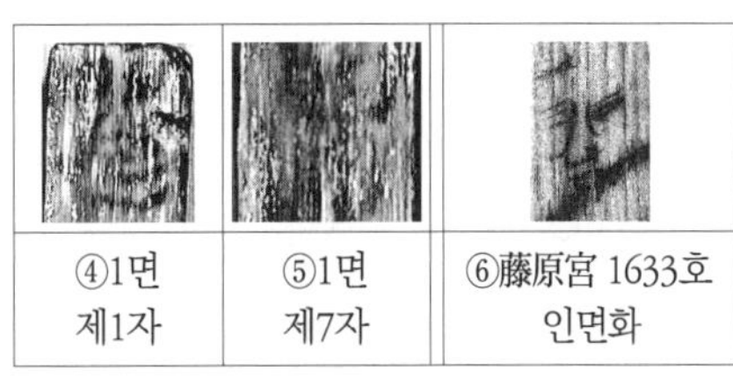

④1면 제1자	⑤1면 제7자	⑥藤原宮 1633호 인면화

이 문제와 관련하여 제1자(④)를 제7자(⑤)와 비교해볼 때, 제1자는 「習」자로 판독되기는 어렵다고 판단된다. 제1자의 상부 '羽'획 부분은 크기가 작을 뿐만 아니라, 오히려 두 눈과 흡사한 모양을 하고 있기 때문이다. 더욱이 그 아래의 '白'획 부분도 제1획 삐침획(丿)이 불확실할뿐더러 책받침(⻌)으로 추정된 획도 / (扶餘 陵山里寺址 295호/ 陵9호 목간) 등에서의 사례와 비교해볼 때, 아랫 부분이 둥글게 표현되고 있어서 책받침(⻌)으로 보기 어려운 대신 얼굴의 下顎線에 가까워 보인다는 점에서 한국목간학회 2018년 하계워크숍 석상에서 김병준 교수와 필자가 공동으로 문제 제기한 바와 같이 인면화로 보는 의견을 유지하고 싶다. 여기에 참고가 되는 자료로는 ⑥에 제시한 일본 藤原宮[10] 출토 1633호에서의 인면화 사진인 바([부록1]의 사진도 함께 참조), 인면의 눈 부분을 '羽'획과 유사하게 표현하는(특히 左側部) 畵法이 있음으로써 발굴자/판독자들로 하여금 「習」자로 추독케 한 것이 아닌가 한다. 이상의 논의가 사실이라면, 1면 제1자는 인면화에 가까운 것으로 결론지어야 할 것이다.

그런데 인면화로 보려고 할 때 문제점이 없는 것은 아니다. 그것은 제1자의 중단부에 있어야 할 코 부분이 분명치 않을 뿐만 아니라, 팔자(八) 수염처럼 보이는 부분의 우측은 사진상 못 등에 긁힌 자국임이 분명

9) 李成市(2019: 122)에서는 이 글자를 「說」자로 제시되어 있다. 자세한 설명이 없으나, 전후 사정상 「悅」자로 제시하고자 하였으나 모종의 착오를 일으킨 것이 아닐까 한다.

10) 각주 8)에서 소개한 포럼 발표원고에서 "藤原京 1633號" 목간으로 소개한 것은 착오이므로 여기서 바로잡는다.

하다는 점에서 再考의 餘地가 없지 않기 때문이다. 혹여 팔자 수염처럼 보이는 좌측 부분까지를 '羽'의 좌측 획으로 보고, 그 아랫 부분 전체를 '白+◡'의 획으로 볼 수는 없을까 하는 것이 필자의 또다른 생각이다. 말하자면 推讀字 習 아래에 반원 모양의 획으로써 본문과의 경계를 그은 것으로 볼 수도 있겠다는 생각인 셈이다. 다만, 상단 '羽'의 우측 획이 불분명하다는 점, 제7자와 비교하여 글자의 짜임새가 균형을 잃고 있다는 점에서 인면화 가능성보다는 크지 않을 것으로 판단한다.

결국 1면 제1자에 대해서는 '인면화'일 가능성을 앞세우되, 「習+◡」(추독자 「習」자 아래에 半圓 모양의 境界線이 합쳐진 것)으로 볼 가능성도 並記하는 선에서 필자의 판독안을 마무리하고자 한다.

이렇게 되면 이 목간의 성격은 1면 제1자에 의하여 규정될 수 있을 듯하다. 그것은 인면화로 대표되는 낙서적 성격과 추독자 習자로 암시되는 습서적 성격의 복합으로 이 목간의 성격을 규정할 수 있을 것으로 보는 것이다. 말하자면 佐藤信(1997)에서 분류한 '習書(落書)' 또는 '落書(習書)'의 部類에 속한다고 할 것이다. 다만, 일본에서 출토된 논어목간들과는 달리 글자의 반복이나 誤字의 출현 등(3.1. 참조) 습서 또는 낙서의 전형적 특징이 보임이 없이 『논어』 텍스트를 정확히 서사하고 있음은 경전 학습의 의도가 매우 철저했으리라는 점에서 보면, '典籍 學習用 習·落書木簡'으로 그 성격을 규정하는 편이 더 정확할지도 모르겠다.

3. 『論語』 텍스트의 實體

1,400여 년전 백제에서 유통된 『論語』의 텍스트는 어느 계통의 것일까? 이를 밝힐 수 있는 단서는 1면 하부의 "不亦悅(乎)"의 「悅」자에 달려있다고 해도 過言이 아니다. 현행본 『논어』의 "不亦說乎"와의 用字 差異로 인해 발굴 초기부터 주목의 대상이 되어온 글자이기 때문이다.

學而篇 제1장의 첫 구가 「說」자가 아닌 「悅」자 쓰여져 있는 『논어』 텍스트는 古本 系統[11]의 『論語集解』(魏 何晏 등)나 『論語義疏』(梁 皇侃)임은 周知의 事實이다.[12] 이로써 백제의 『논어』 텍스트는 고본 계통임이 분명한데, 문제는 위의 두 텍스트 중 어느 것에 더 가까운 것이냐에 있다. 이와 관련하여 일본 효고현兵庫縣에서 출토된 『논어』 관련 목간 세 점이 주목된다.

우선 시바유적柴遺跡에서는 아래에서 보는 바와 같이 『논어』 학이편 제1장의 첫 구가 「悅」자로 서사되어 있는 목간이 출토된 점(⑦), 다음으로 하카자유적袴狹遺跡에서는 "論語序何晏集解"로 서사되어 있는 T22號簡(平安前半)과 『논어』 公冶長篇의 일부가 서사되어 있는 T21號簡(奈良~平安初期)이 출토된 점(⑧)이 그것이다. 이들 논어목간은 고대한국의 논어목간들과 놀랍도록 類似한 特徵을 공유하고 있다는 점에서 주목할 만하다. 그것은 부여 쌍북리(學而篇), 인천 계양산성·김해 봉황동(公冶長篇) 목간과 『논어』의 篇名이 정확히 일치한다는 점에서 한·일간 전적문화상의 밀접한 관련성을 암시해주거니와,[13] 이런 점에서 하카자유

11) 『논어』는 제(齊)나라에서 유통된 '제론'(齊論), 노(魯)나라에서 유통된 '노론'(魯論) 그리고 공자의 옛 집안에서 발견된 '고론'(古論)의 세 계통으로 나누어진다. 그동안 '제론'의 정체가 드러나 있지 않았는데, 2017년 江西省 海昏侯 고분에서 1,800년 전 '제론' 죽간들이 발굴되어 세간의 이목을 끈 바 있다.

12) 이 구절이 「說」자로 서사된 것은 『論語註疏』(宋 邢昺) 이후의 일이다.

13) 효고현은 북쪽으로는 동해, 남쪽으로는 세토내해(瀨戶內海)와 접하고 있을 뿐만 아니라, 교통이 매우 편리하여 각종 도로와

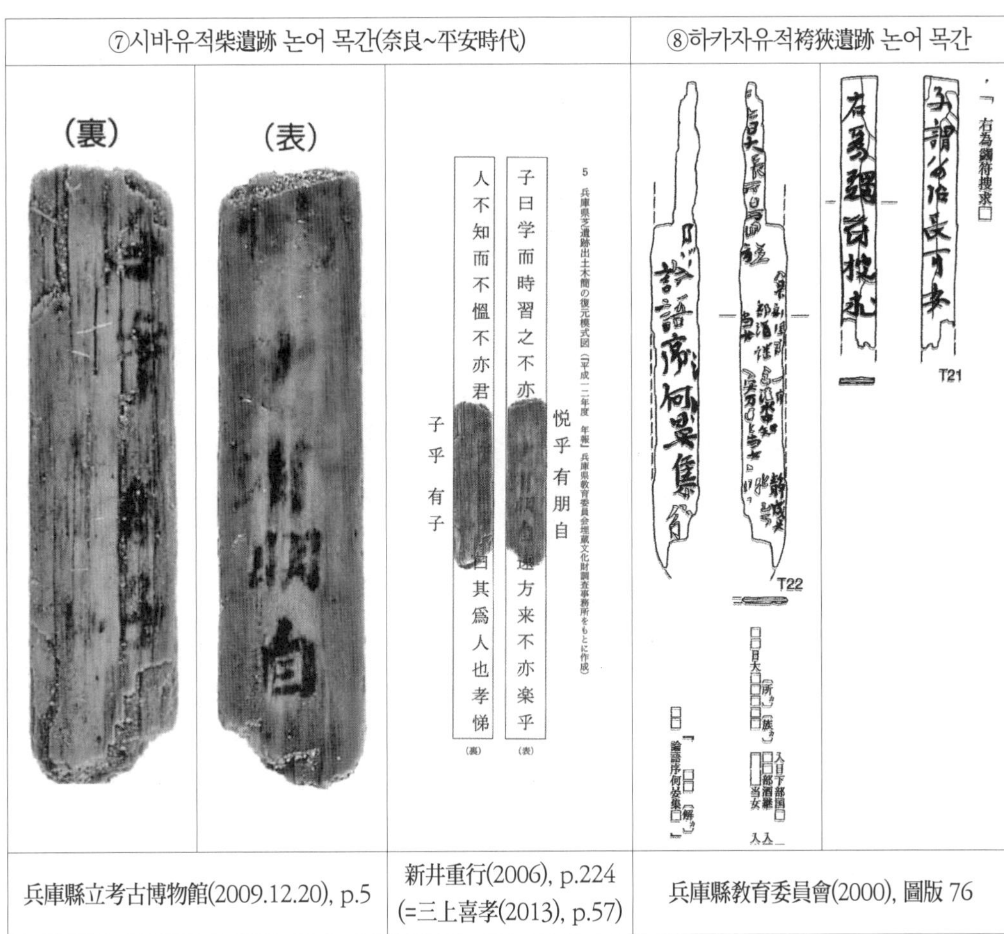

⑦시바유적柴遺跡 논어 목간(奈良~平安時代)
⑧하카자유적袴狹遺跡 논어 목간
(裏)
(表)
T21
T22
兵庫縣立考古博物館(2009.12.20), p.5
新井重行(2006), p.224
(=三上喜孝(2013), p.57)
兵庫縣教育委員會(2000), 圖版 76

사진 2. 효고현 출토 논어 목간들

적 T22號簡에 何晏의 『論語集解』가 등장하고 있음은 부여 쌍북리 출토 논어목간의 텍스트도 이와 동일한 것이었을 가능성을 보여준다고 해도 무리가 없을 것이다.

실제 ⑨의 텍스트와 비교해보아도 부여 쌍북리 논어목간은 『論語集解』의 大文(=白文; 협주

論語學而第一　　何晏集解凡十六章

○子曰：「學而時習之，不亦悅乎？ 馬融曰：❶「子者，男子之通稱，謂孔子也。」王肅曰：❷「時者，學者以時誦習之。誦習以時，學無廢業，所以爲悅懌。」有朋自遠方來，不亦樂乎？ 苞氏曰：❸「同門曰朋也。」人不知而不愠，不亦君子乎？」 愠，怒也。凡人有所不知，君子不愠也。 ○有子曰： 孔安國曰：❹「弟子有若。」❺「其爲人也孝悌，而好犯上者，鮮矣。 鮮，少也。上，謂凡在己上者。言孝悌之人必有恭順，好欲犯其上者少也。 不好犯上，而好作亂者，未之有也。 君子務本，本立而道生。 本，基也。基立而後可大成也。 孝悌也者，其仁之本與？」 先能事父兄，然後可乃仁成也。

⑨ 『論語集解』 學而篇 1, 2章(『≪儒藏≫精華編第104册』, 北京大學出版社, 2007, p.109)

철도들이 효고현의 주요 도시와 오사카, 교토 등 인근 대도시들을 연결하는 요충지이다. 따라서 효고현은 고대 한반도계 도래인들의 중간 기착지(또는 통과지)였을 가능성은 충분할 듯하다.

(또는 표점)을 제외한 大字 本文)과 한 치의 誤差 없이 정확히 일치한다는 점에서도 중요한 의의를 찾을 수 있다.

4. 띄어쓰기(=空隔)의 樣相과 그 意義

이 목간의 중요한 마지막 특징으로는 본문 곳곳에 띄어쓰기가 되어 있다는 점이다. 이에 대하여 李成市(2019: 122)에서는 "그 특징은 …… 章句의 節目(≒句節)에 빈 칸을 두어서 나누어 썼다는 점이다. 빈 칸으로 문장의 節目을 표시한 예로는 신라의 〈壬申誓記石〉이 알려져 있다."라고 말한 바 있다. 또한 김성식·한지아(2018: 347)에서 "(※3면의) '人不知'와 '而不慍' 사이를 띄어쓴 부분의 우측 가장자리에는 판독은 불가능하나 묵서가 확인되고 있어 口訣 方式이 적용된 부분으로 판단된다."라고 함으로써 백제 구결의 존재 가능성까지 암시하고 있음도 주목된다.

따라서 본문의 띄어쓰기 및 墨痕으로 알 수 있는 당시 백제인들의 『논어』 학습의 구체적인 양상을 파악할 수 있을 것으로 기대해도 좋을 것이다.

우선 본문의 띄어쓰기가 의미하는 바를 알아보기 위해서는 앞선 목간 판독문(1면 제1자 제외)를 각 句別로 ⑨의 본문 표점들(현행)과 비교해볼 필요가 있다.

•목간 章句: ○子曰學而時習之∨不亦悅(乎)」
有朋自遠方来∨不亦樂(乎)」
人不知∨而不慍∨不亦(君)」子乎∨○有子曰∨其爲人也……
•집해 章句: ○子曰: 學而時習之, 不亦悅乎?[협주]
有朋自遠方来, 不亦樂乎?[협주]
人不知而不慍, 不亦君子乎?[협주]○有子曰: [협주]其爲人也……
(※ '○': 章初, '∨': 띄어쓰기, '」': 行末(목간), ■: 일치, ■: 불일치)

위의 비교를 통하여 부여 논어목간에서의 띄어쓰기 양상을 정리해보면, "人不知而不慍" 부분을 제외하고는 일정한 규칙성이 찾아짐이 주목된다. 즉 각 句(≒文章sentence)가 하위 節(≒分句clause)들의 합이라고 할 때,[14] 각 절의 끝에 띄어쓰기 즉, 空隔을 둠을 원칙으로 하되, 句末과 목간의 行末이 일치할 때는(제1장 1, 2구) 띄어쓰기를 생략하는 대신, 다른 곳과 비교하여 分節上의 均衡을 잃은 곳이라도 有標的인[15] 夾註

14) 여기에서의 '章chapter', '句sentence', '節clause' 등의 용어는 현행 학교문법에서의 그것과 차이가 남을 밝혀둔다. 학교문법상으로는 '구+구…→ 절+절…→ 문장+문장…→ 단락+단락…→ 문'의 체계이므로 '구'와 '절'의 위치가 반대로 되어 있기 때문이다.

15) 제1장 1구의 "子曰"과 제2장 1구의 "有子曰"은 협주의 내용으로 보아 확실히 분절상의 불균형을 보이는 곳이라고 하기 어려운 측면이 있다. 왜냐하면 제1장 1구의 "子曰" 뒤에도 원칙적으로는 "[馬融曰: 子者, ……, 謂孔子也.]"라는 협주가 들어가는 편이 제2장 1구 "有子曰"의 경우와 비교하여 오히려 균형적이라 할 수도 있기 때문이다. 이렇게 된 원인은 "子曰"보다는 "有子

가 있는 경우에는(2장 첫 부분 "有子曰" 다음) 띄어쓰기를 하는 것으로 정리할 수 있을 것이다. 이렇게 볼 때, 제1장 3구의 "人不知∨[묵흔]而不慍" 부분은 有標的인 逆接接續詞 '而'의 화제 전환 기능을 의식하여 해당 절을 좀더 細分한 分節 능력을 보여주는 띄어쓰기라는 점에서 주목의 대상이 될 수밖에 없을 것이다.

요컨대 부여 논어목간에서의 띄어쓰기는 『논어집해』의 白文의 書寫 樣相을 따르면서도 각 구절 안에서는 좀더 세밀한 분절 능력을 보여줌으로써 전체적으로 『논어』 본문에 대한 당시 백제인들의 학습시에 실현되었을 끊어 읽기의 실제를 보여준다는 점에서 이 목간이 지니는 最高의 意義라고 해도 과언이 아닐 것이다.

한편, 이 목간의 일부(특히 3면) 공격 자리에는 작은 글씨로 추정되는 묵흔들이 남아 있어서(오른편 사진 참조) 주목의 대상이 되었던 바, 초기 판독자들의 의견을 받아들여 김성식·한지아(2018: 347)에서 백제 구결의 존재 가능성까지 제시하기에 이르렀다.

필자의 초기 생각은 솔직히 이 견해에 대하여 부정적이었다. 그 가장 큰 이유는 이 목간에 나타난 공격들이 지니는 의의를 미쳐 파악하지 못하였을 뿐만 아니라 발굴자 측이 인정하듯이 해당 묵흔들에 대한 판독이 불가능하다는 데에 있었다. 그러나 공격들이 당시 백제인들이 『논어』 학습시에 실현되었을 끊어읽기 양상을 구체적으로 보여준다는 데에까지 생각이 미친 이상, 백제 구결의 존재 가능성을 완전 부정하기는 어렵다는 점에 동의하기에 이르렀다. 판독 기술력의 비약적 발달 또는 유사 목간의 추가 발굴 등이 이루어져 이 가능성이 기적적으로 소생되기를 희구할 뿐이다.

III. 동아시아 문자문화사적 가치: 결론을 겸하여

지금까지 필자는 부여 쌍북리 출토 논어목간에 대하여 그간의 논의들에서 나타난 쟁점 사항들을 중심으로 몇 가지 문제들을 생각해보았다. 그 결과 1면 제1자에 대한 판독안을 바탕으로 이 목간의 성격을 전적 학습 목간으로 규정한 점, 출토 지점 및 공반 유물 등의 정보를 고려하여 목간 제작 시기를 657년 전후로 다소 폭넓게 잡은 점, 일본 효고현 출토 목간들과 비교하여 이 목간의 텍스트가 何晏 등의 『論語集解』 본문의 白文을 충실하게 옮겨적은 것임을 밝힌 점, 이 목간에 나타난 띄어쓰기는 당시 백제인들의 『논어』 학습시 실현되었을 끊어읽기의 실제를 보여줄 뿐만 아니라 空隔 속의 묵흔도 이런 점에서 백제 구결의 존재를 알려줄 가능성이 있음을 말한 점 등으로 요약될 수 있겠다.

이러한 논의를 통하여 이 목간이 동아시아 문자문화사적으로 지닐 수 있는 가치들에 대한 拙見을 정리하는 것으로 이 글을 마무리하고자 한다.

曰"이 유표적인 표현이기 때문일 것이다.

1.『論語』 텍스트 면의 價値

앞서 Ⅱ장 3의 末尾에 부여의 논어목간이 『論語集解』의 白文과 한 치의 오차 없이 정확히 일치함을 말한 바 있다. 실제로 중국이나 일본에서 발굴된 자료들과 비교해보면 이것이 사실임이 드러난다.

⑩은 高昌國 Astana阿斯塔那 169호 묘에서 출토된 『논어』 학이편 제1장의 일부를 습서한 문서로 거의 最古의 자료로서 주목을 받고 있다(558년 이전으로 추정).[16]

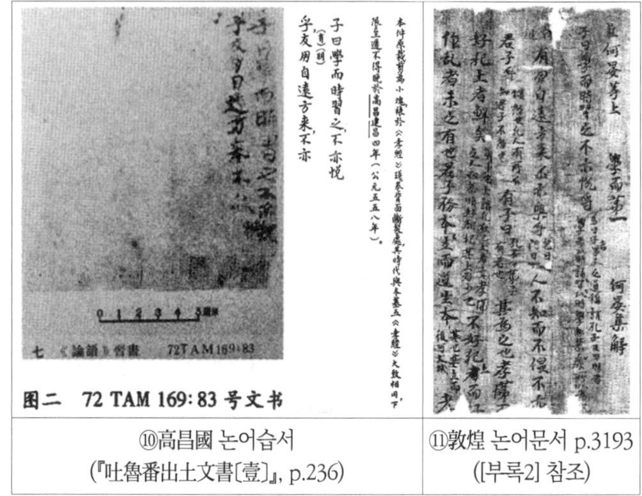

⑩高昌國 논어습서 (『吐魯番出土文書〔壹〕』, p.236)	⑪敦煌 논어문서 p.3193 ([부록2] 참조)

그런데 이 습서에는 왼편의 판독문에서 알 수 있듯이 제1장 2구의 "有朋"을 "友用"으로 서사된 오류를 보이고 있다(단, 「用」은 돈황 이체자일 듯. ⑪의 3행 "有朋"의 자형 참조).

⑪은 유명한 펠리오Pelliot 3193호 문서로서 『논어집해』의 序 및 學而篇의 일부가 서사되어 있고, 8~10세기의 유물로 추정되는 바, 여기에도 몇 가지 오류가 보인다. 제1장 3구 "人不知而不慍→縕?…", 제2장 1구 "其爲人→之也…" 등.

일본에서 출토된 學而篇 遺物로는 德島縣觀音寺 유적에서 출토된 목간(7세기 2四半期)이 대표적인데, 본문이 매우 조잡하게 묵서되어 있다(三上喜孝(2013), p.37 참조).

- ▪子曰 学而習時不孤□乎□自朋遠方来亦時樂乎人不知亦不慍 〈右側面〉
- ▪□□□□乎 〈背面〉

이상에서 보듯이 중국이나 일본에서 발굴된 초기의 『논어』 자료들에서는 부여 논어목간과는 달리 텍스트의 정확성 면에서 상당한 오류들을 확인할 수 있다. 따라서 『논어』 텍스트 면에서의 정확성을 부여 논어목간이 지니는 첫 번째의 가치로 꼽아도 좋을 것이다.

2. 標點 관련 價値

앞서 Ⅱ장 4의 末尾에서는 이 목간에 나타난 띄어쓰기가 당시 백제인들의 『논어』 학습시 실현했을 끊어

16) 필자가 이 자료를 알게 된 것은 9월 북경 국제연구포럼에서의 賈麗英 교수(河北師範大學 歷史文化學院)의 발표를 통해서였다. 귀국 후에 賈 교수로부터 이메일을 통하여 이 문서의 사진을 전달받았음을 밝혀 賈 교수께 深深한 謝意를 表하고자 한다. 다만, 여기에 제시된 사진은 성균관대학교 도서관 소장본을 필자가 촬영한 것임을 밝혀둔다.

읽기의 실제를 보여줌을 특히 강조한 바 있는데, 이는 후대의 표점 발달로 이어지는 첫 단계라는 점에서 先驅性과 함께 이와 동일한 표점 자료가 중국에서 찾아지지 않는다[17]는 점에서 獨創性을 지닌다고 할 수 있다. 현재까지 이와 동일한 표점본으로 필자가 찾아낸 것은 다음에 보인 14세기초 일본의 『논어집해』 필사본이다.

⑫는 東洋文庫에 소장되어 있는 最古 善本의 『論語集解』의 하나로서 正和4년(1315)에 書寫되고, 正慶2년(1333)에 朱點과 墨點으로 校點된 筆寫本이다. 사진에서 보듯이 여기에는 朱點으로 된 句讀點, 聲點, 오코토

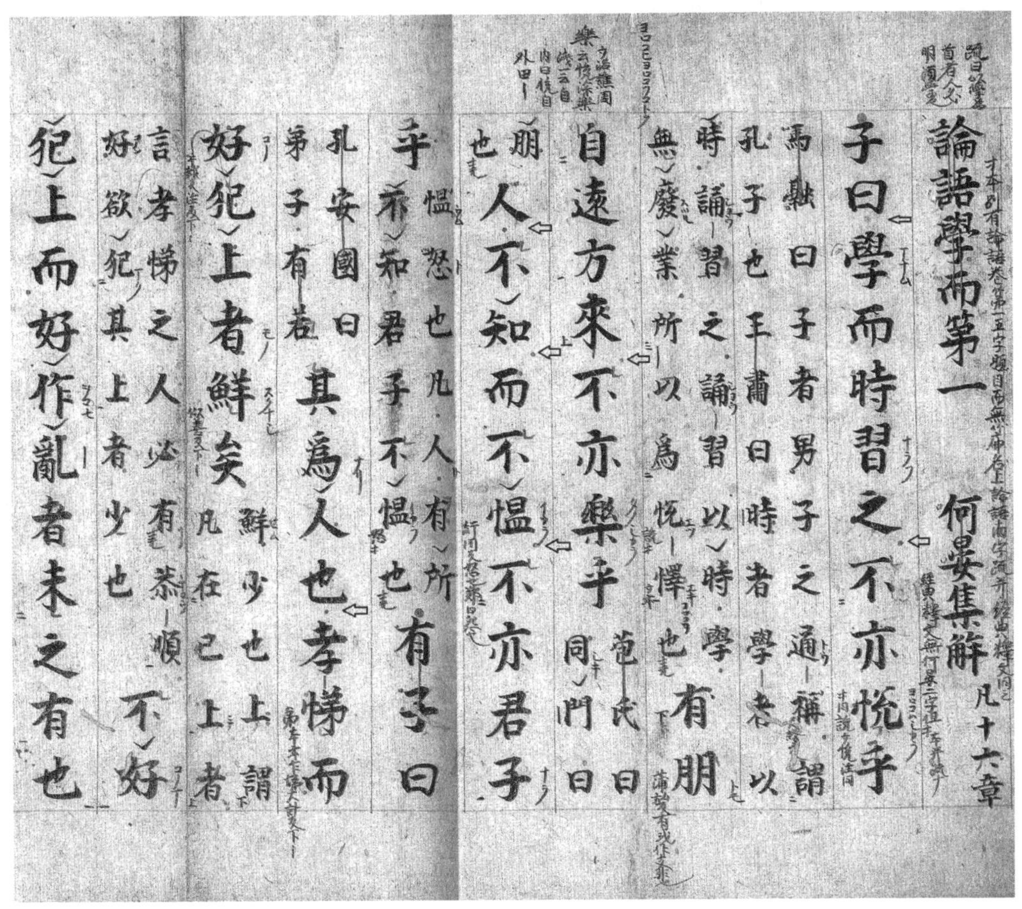
論語學而第一 何晏集解 凡十六章
子曰學而時習之不亦悅乎
馬融曰子者男子之通稱謂
孔子也王肅曰時者學者以
時誦習之誦習以時學無有朋
無廢業所以為悅懌也包氏曰
自遠方來不亦樂乎同門曰
朋人不知而不慍不亦君子
也慍怒也凡人有所
乎不知君子不慍也有子曰
孔安國曰弟子有若
其為人也孝悌而
好犯上者鮮矣鮮少也上謂凡在己上者
言孝悌之人必恭順不好
好欲犯其上者少也
犯上而好作亂者未之有也

⑫東洋文庫 善本 『論語集解』 필사본(『重要文化財 論語集解[正和四年寫]』, 勉誠出版㈱, 2015)

17) 앞선 사진⑪ 참조. 이와는 별도로 Stein 문서(S.0800(5); [부록3] 참조)에서 보면 "子曰" 다음에도 句點을 두는 등 부여 논어목간과는 다른 표점법을 행하였을 가능성이 높다. 다만, "人不知而不慍" 부분의 띄어쓰기로 한정한다면, 중국의 문고판 『(中華經典藏書) 論語』(張燕嬰 譯注, 中華書局), 『(法漢對照 大中華文庫) 論語』(楊伯峻 今譯/楊逢彬 前言/董强 法譯, 北京: 外國教學與研究出版社, 2010) 등에서 부여 논어목간과 동일한 표점이 보이므로 중국의 역대 문헌 중에서도 이와 동일한 표점 양상을 보이는 『논어』 관련서가 있을 가능성을 배제할 수 없음을 보충해야 할 듯하다. 楊伯峻 선생의 표점법은 林東錫 譯註(2004)에 그대로 수용되어 있다. 중국의 표점 자료 확인에는 박진호 교수의 도움이 컸음을 밝혀 감사의 뜻을 전한다.

(ヲコト)점 등과 함께 墨點으로 된 訓點, 音點, 逆讀點, 각종 註釋 등으로 가득차 있다. 이 자료는 특히 일본의 『論語』 古寫本 중에서 卷1이 현존하는 가장 오래된 사본으로서 기요하라가淸原家 계통의 중요 자료이다.[18]

여기서 필자가 주목한 것은 朱色의 句讀點(회색의 ⇦ 표시 부분들)인 바, 句點(=마침표)과 讀點(=쉼표)[19] 중에서 전자 즉, 句點이 부여 쌍북리 논어목간에서의 띄어쓰기와 정확히 일치한다는 사실이다.

○子曰學而時習之∨不亦悅(乎)」
有朋自遠方来∨不亦樂(乎)」
人不知∨而不慍∨不亦(君)」子乎∨○有子曰∨其爲人也……
● 子曰(·)學而時習之˚不亦悅乎」
有朋」自遠方来˚不亦樂乎
人 · 不知˚而不慍˚不亦君子」乎 ●有子曰」其爲人也·孝悌而」好犯上者鮮矣……
(※‘●’: 章初, ‘˚’: 句點, ‘·’: 讀點, ‘」’: 行末)

위에서 보면 앞서 불일치가 나타났던 “人不知而不慍” 부분까지도 부여 논어목간에서의 空隔들과 이 자료에서의 句點이 정확히 일치함을 확인할 수 있다. 두 자료 간 시간상의 격차가 700년에 가깝다는 점에서 이러한 일치 양상은 凡常치 않은 듯이 느껴질 수밖에 없을 것이다.

3. 일본의 『論語』 受容史的 價値

이상의 논의를 바탕으로 이 목간이 『논어』의 일본 전래와 어떤 관련성은 없을지에 대하여 생각해보고자 한다. 이러한 생각은 앞서(Ⅱ장 3) 효고현兵庫縣 시바유적柴遺跡에서 출토된 논어목간에 부여의 논어목간과 동일하게 「悅」자로 쓰여져 있다는 점과 위에서(Ⅲ장 2) 확인한 바처럼 700년 가까운 시간적 격차에도 불구하고 부여 논어목간에서의 空隔과 正和4年寫 『論語集解』에서의 句點 사이에 주목할 만한 일치를 보인다는 점에서 출발한 것이다.

위의 두 단서만으로도 일본에 전래된 『논어』[20]와 백제 목간에 등장한 『논어』 사이에 모종의 관련성이 있

---

18) 오미영(2008), p.40에 제시된 〈일본 論語 古寫本 일람〉을 참조.
이에 따르면 『論語集解』 卷1이 현존하는 본으로는 淸原家 계통의 正和本(1315), 嘉曆本(1327), 建武本(1337/42), 永正本(16세기 후반)과 中原家 계통의 貞和本(1347)이 있음을 밝히고 있다.

19) 이 자료에서 두점(讀點)은 두 글자 사이의 가운데에, 句點은 두 글자 사이의 우측에 위치하여 구분된다. 두점은 앞에서 말한 節의 내부에 위치해 있는 반면, 구점은 해당 句의 내부에 위치해 있다(단, 句末 및 行末 위치에서는 생략). 제1장 1구의 “子曰” 아래에는 두점이 지워진 흔적도 보인다.

20) 주지하듯이 일본의 『논어』 전래에 대해서는 『古事記』 오진應神紀(201[321]~310[430])에 “백제의 照古王(近肖古王)이 和邇吉師(王仁)를 통하여 『論語』 10권과 『千字文』 1권을 貢進하였다.”라고 기록되어 있다. 한때 이 기록을 있는 그대로 믿을 것인가를 두고 논쟁이 되기도 하였으나, 최근에는 한국에서나 일본에서나 『論語』 관련 자료들이 7세기 이후에나 등장한다는 점에서

지 않을까 하는 호기심을 자극하기에 충분하거니와, 필자가 또하나 주목하고자 하는 점은 正和4年寫『論語集解』가 기요하라가清原家에서 대대로 전해 내려온 訓點으로 加點되어 있을 뿐만 아니라 清原家의 祖上이 百濟系로 推定될 수도 있다는 점에서 더욱 우리의 호기심을 불러일으키게 된다.

일본의 明經道[21] 博士家[22]의 양대산맥 중의 하나인 清原家의 氏姓인 기요하라마히토清原眞人에 대한『新撰姓氏錄』의 左京皇別條 기록은 다음과 같다.

大原眞人

出自諡敏達孫百濟王也. 續日本紀合.

桑田眞人

大原眞人同祖.

清原眞人

桑田眞人同祖. 百濟親王之後也. 〈佐伯有清(1962/1972: 151-152)〉

위에서 보면, 清原眞人은 百濟親王(=왕자)의 後孫으로서 敏達天皇의 孫인 百濟王에서 出自된 오하라마히토大原眞人 및 구와타마히토桑田眞人[23]와 조상이 같은 것으로 되어 있다. 清原氏의 氏祖인 清原夏野(←繁野王)은 天武天皇의 5世王로서 804년(延曆 23) 親族 山河王과 함께 清原眞人이라는 姓을 下賜받았는데, 渡來系 百濟人(?)의 後孫으로 추정된다. 그의 주요 官歷을 보면, "內舍人(803) → 大舍人大允(807) → 從五位下(811) → 從四位下(823) → 右大臣(832) → 從二位(833) → 贈正二位(837)"으로 渡來人 중 고위직에 오른 인물에 해당된다. 그의 死後인 仁壽 4년(851)에 그의 딸인 清原春子가 淳和天皇의 後宮에 오른 점에 미루어 清原氏는 후대에도 황실의 고위직을 유지하면서 자연스럽게 明經道 博士家의 중심 세력이 될 수 있었던 것으로 보아 큰 무리는 없을 것이다.[24]

앞서 말한 바와 같이 明經道 博士家의 중심 세력은 清原家와 中原家인데, 두 家門은 박사가로서 유지를 위해서는『論語』의 경전 해석에 있어서 치열한 경쟁을 했을 것으로 추정하여 무리가 없을 것이다. 실제 사례를 통해서도 이것이 사실에 가까움을 확인할 수 있는 듯하다.

다음의 사진에 보인 中原家『論語集解』의 標點이나 訓點을 앞서 보인 ⑫의 清原家본과 비교해보면, 양자

실제『논어』의 전래는 이보다 훨씬 후대에 이루어진 것으로 보느 경향이 강하다고 할 수 있다.

21) 일본 律令制下의 大學寮(당시 式部省(人事 담당) 直轄下의 官僚育成 機關)에서 儒學을 研究·教授한 學科. 明經道는 中原家와 清原家에서 담당하였다.

22) 平安中期 以後 大學寮 등에서 博士의 職을 世襲한 家門을 말한다.

23) 桑田氏의 本鄕은 丹波國 桑田郡 桑田鄕인데, 이 지역은 현재 京都府 북서부와 兵庫縣 동부에 해당되는데, 앞서 본 효고현 시바유적 출토의 학이편 목간이 바로 이 丹波國에서 나온 것임은 의미심장하게 다가온다. 桑田氏는 清原·大原氏와 함께 백제 枕流王系로 보기도 한다는 점에서(「8세기 일본 지배층 출신 계보」〈https://blog.naver.com/joyro35/40024082010〉 참조) 백제와의 관련성을 생각하기에 충분한 근거의 하나로 삼을 수 있을 것이다.

24) 이상 wikipedia의 "清原氏", "清原夏野" 항목 등을 종합.

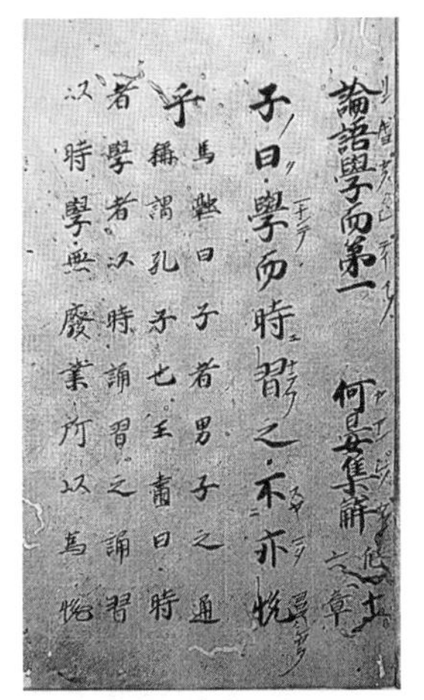
論語學而第一 何晏集解

子曰學而時習之不亦悅

乎 馬融曰子者男子之通

稱謂孔子也王肅曰時

者學者以時誦習之誦習

以時學無廢業所以爲悅

⑬中原家『論語集解』(부분)
(文化廳(監修)(1998), p.335)

간에 일치를 거의 찾아보기 어려울 정도로 상당한 차이를 보이고 있음이 그것이다. 이러한 차이를 낳게 한 요인은 여러 가지로 생각할 수 있겠으나, 그 유력한 것으로는 參考書의 차이로 보고 싶다.

標點 양상을 중심으로 볼 때, 淸原家本(⑫)은 백제목간과 동일함에 비하여 中原家本(⑬)은 [부록3]의 敦煌本과 유사하다는 점이 그 근거이다(더 많은 中國의 사례에 의한 보완은 향후 과제). 여기서 바로 부여 쌍북리 논어목간으로 대표되는 백제의 『論語』 문화가 일본에 있어서 『論語』의 수용과 발전에 모종의 밀접한 관련성이 있었으리라 보고 싶다. 이것이 바로 필자가 현재까지 생각하는 부여 논어목간이 지니는 또다른 가치인 셈이다.

이상의 논의를 통하여 2018년 7월 공개된 부여 쌍북리 출토 논어목간에 제기된 쟁점 사항들에 대한 필자의 생각을 제시함과 아울러 이 목간이 지닐 수 있는 동아시아 문자문화사적 의의들을 정리하고자 하였다.

2장에서는 이 목간의 제작 시기에 대하여 사비백제 말기까지를 염두를 두고서 657년 전후로 추정하였고, 1면 제1자에 대하여 인면화 가능성을 앞세우되, 合字(「習+ᆢ」)로 볼 가능성도 병기함으로써 이 목간의 성격을 '경전 학습용 습·낙서 목간'으로 규정하였다. 또한 백제에 유통된 『논어』 텍스트의 실체에 대해서는 일본 효고현 출토 목간들과 비교하여 『논어집해』일 가능성을 제기하였으며, 구절 단위의 띄어쓰기 양상으로 보아 백제 구결의 존재 가능성을 완전 부정하지는 않았다.

3장에서는 高昌國 논어 습서문서나 일본 습서목간들과의 비교를 통하여 『논어』 텍스트 면에서의 정확성의 가치와 더불어 일본에서 14세기 초에 필사·교점된 淸原家本 『논어집해』의 句點과 이 목간의 띄어쓰기의 일치를 통하여 일본에서의 『논어』의 수용과 발전사 면에서의 새로운 가치도 찾아보고자 하였다. 아낌없는 질정을 바라마지 않는다.

투고일: 2019. 10. 21.	심사개시일: 2019. 10. 23	심사완료일: 2019. 11. 12.

참/고/문/헌

≪儒藏≫編纂中心(編), 2007,『≪儒藏≫精華編 第104冊』, 北京大學出版社.

賈麗英, 2019,「韓國木簡"論語觚"小研究」,『論文集』(首屆中日韓出土簡牘研究國際論壇), 中國·北京 2019年 9月 6-8日.

권인한, 2015,「출토 문자자료로 본 신라의 유교경전 문화」,『구결연구』35.

권인한, 2019,「습서와 낙서, 그리고 부호」,『문자와 고대 한국2: 교류와 생활』, 주류성.

김성식·한지아, 2018,「부여 쌍북리 56번지 사비한옥마을 조성부지 유적 출토 목간」,『목간과 문자』21.

東洋文庫(監修), 2015,『重要文化財 論語集解 正和四年寫』, 東京: 勉誠出版㈱.

李方(錄校), 1998,『敦煌≪論語集解≫校證』, 南京: 江蘇古籍出版社.

李成市, 2019,「신라·백제 목간과 일본 목간」,『문자와 고대 한국2 : 교류와 생활』, 주류성.

林東錫 역주, 2004,『사서집주언해 논어』, 학고방.

文物出版社 外(編), 1992,『吐魯番出土文書〔壹〕』, 北京: 文物出版社.

文化廳(監修), 1998,『國寶·重要文化財大全』7(書籍 上卷), 東京: 每日新聞社.

兵庫縣教育委員會, 2000,『出石郡出石町 袴狹遺跡 [本文編]/[寫眞圖版編]』(兵庫縣文化財調査報告書 第197冊), 66-71/圖版74-92.

兵庫縣立考古博物館, 2009.12.20,『ひょうごの遺跡』(兵庫縣埋藏文化財情報) 73.

三上喜孝, 2013,『日本古代の文字と地方社會』, 東京: 吉川弘文館.

上海古籍出版社·法國國家圖書館(共編), 2002),『法國圖書館藏敦煌西域文獻』, 上海古籍出版社.

宋·朱熹(集註), 1984,『四書集註』, 台北: 學海出版社.

新井重行, 2006,「習書·落書の世界」,『文字と古代日本5』(文字表現の獲得), 東京: 吉川弘文館.

오미영, 2008,「日本의『論語』수용과 번역」,『중국어문논역총간』23.

오미영, 2014,『일본 논어 훈점본의 해독과 번역 上』, 숭실대학교 출판국.

佐藤信, 1997,「習書と落書」,『日本古代の宮都』, 東京: 吉川弘文館.

佐藤信, 1999,「習書と戲畫」,『古代の遺跡と文字資料』, 東京: 名著刊行會.

佐伯有淸, 1962/1972,『新撰姓氏錄の研究: 本文篇』, 東京: 吉川弘文館.

https://ja.wikipedia.org, https://kotobank.jp, https://myoji-yurai.net 등.

〈Abstracts〉

Some Thoughts on the Analects Wooden Document excavated at Ssangbuk-ri at Buyeo

Kwon, In-han

This article aims to express the author's thoughts on the issues raised in the Analects Wooden Document excavated at Ssangbuk-ri at Buyeo(AWDSB) released in July 2018, and outline the historical significance of East Asian Sinographic culture that AWDSB can carry.

In Chapter 2 the issues raised on this Wooden Document(WD) was dicussed. With regard to the period of AWDSB's production, it was estimated around A.D. 657. On the nature of AWDSB, it was defined as 'WD for lerning scriptures' on the basis of possibility of 1st character of AWDSB being a human face painting or Sinographic Ligature of "習+◡"(presumptive lettering of 習+haak line ◡). As for the actual text of the Analects distributed in the Baekje Kingdom being the *Lunyu-jijie*[論語集解] in comparison to three WDs of Hyogo Prefecture[兵庫縣] in Japan. And I did not deny the possibility of existence of the old Kugyol[口訣] in Baekje because of the spacing words of AWDSB.

In Chapter 3, as of this article's conclusion I have arranged the historical values of East Asian Sinographic culture that this WD could hold. Through the comparison between Tanggan[高昌國] document, Japanese Analects WDs and AWDSB, correctness in terms of Analects texts of this WD is estimated as the first value. And with the agreement of spacing words in AWDSB and marking point of the *Lunyu-jijie*[論語집해] of Kiyohara family book[淸原家本] in the early 14th century, it was estimated that the acceptance and development of the Analects culture in Japan may have a close relation to that of Baekje's.

▶ Key words: Analects Wooden Document excavated at Ssangbuk-ri in Buyeo(AWDSB), period of AWDSB's production, human face painting, *Lunyu-jijie*[論語集解], spacing words, the Analects culture in Japan, Kiyohara family[淸原家]

[부록 1] 藤原宮 1633호 목간(『藤原宮木簡 三』, 奈良文化財研究所, 2012, PL. 62 SD170)

1633

その他　墨書木製品・墨画板

[부록 2] P.3193호 논어 문서(『法國國家圖書館藏敦煌西域文獻 22』, 上海古籍出版社, 2002, 卷頭 圖版)

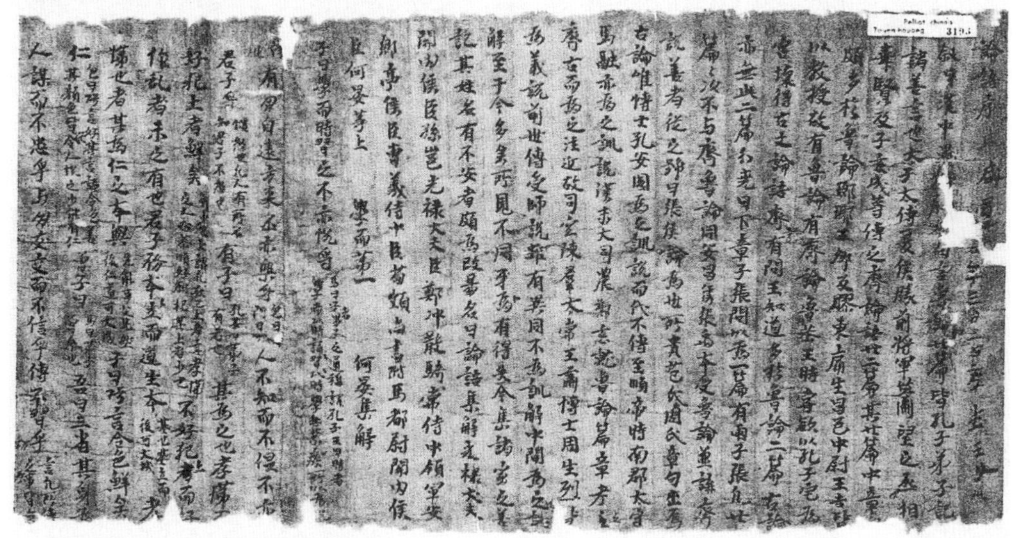

三　法 Pel.chin.3193　何晏論語集解巻第一

[부록 3] S.0800(5)호 논어 문서(『敦煌≪論語集解≫校證』, 江蘇古籍出版社, 1998, 卷頭 圖版)

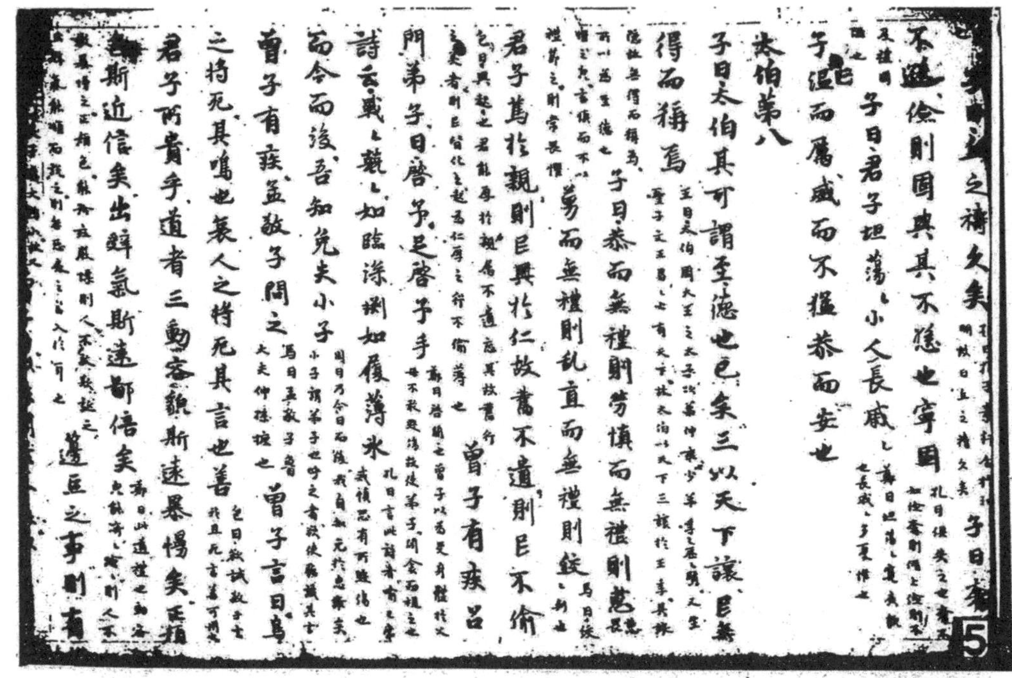

斯〇八〇〇(五) 太伯第八

[부록 4] 中原家 『論語集解』(文化廳(監修)(1998), p.335)

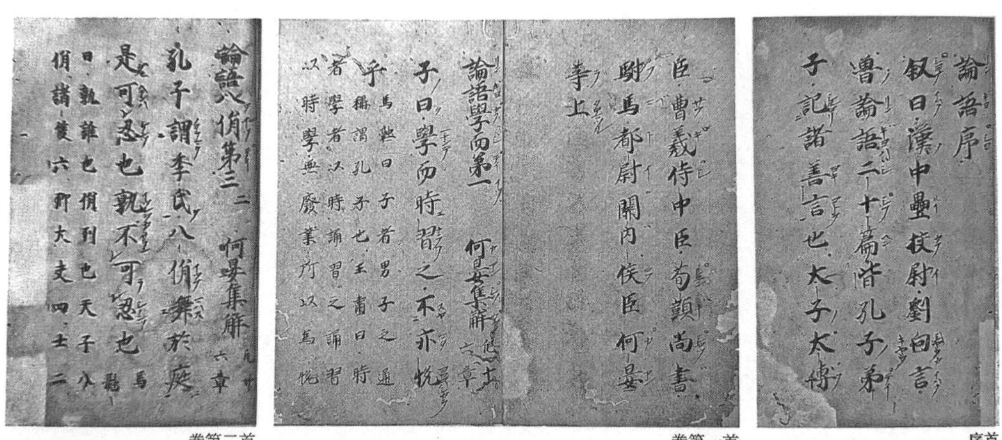

27 **論語集解**（ろんごしっかい） 10冊 愛知 名古屋市
粘葉装 各縦22.4㎝ 横15.2㎝
鎌倉時代 元応二年(1320)九月僧教円書写奥書

中原家本系統の完存本として、東洋文庫の清原家本完存本とともに注目されるもので、豊前国吉田庄で書写した旨の奥書がある。

논 문

통일신라 金生의 서예*

-〈太子寺郎空大師白月栖雲塔碑〉에 근거하여-

정현숙**

〈국문초록〉

신라의 명필 金生의 글씨로 확실한 것은 고려 초의 집자비인 〈太子寺郎空大師白月栖雲塔碑〉(954)와 목판본인 〈田遊巖山家序〉다. 전자는 결구 중심이지만 원의가 살아 있고, 후자는 번각본이므로 원의가 많이 사라졌다. 따라서 김생 글씨 연구의 기준작이면서 그의 필의를 생생하게 느낄 수 있는 집자비를 통해 김생의 서예를 살펴보았다.

崔仁渷과 純白이 지은 〈낭공대사비〉는 김생의 해서와 행서로 집자되었다. 또 행서 필의가 있는 해서, 해서 필의가 있는 행서도 혼용되어 해서와 행서 사이를 자유로이 오간 김생의 출중함을 보여 준다. 그의 해서는 웅강무밀한 북위풍이 주를 이루고 부분적으로 동시대 당나라의 안진경풍, 이전의 고신라풍도 있다. 북위 해서에 근거한 그의 힘찬 행서는 유려한 왕희지 행서와는 구별된다.

이 비는 신라에서 6세기 말부터 사용된 북위풍 해서가 7세기를 거쳐 8세기 김생에 의해 무르익었음을 알려 주고, 김생은 8세기부터 신라에서 유행한 왕희지 행서를 배웠겠지만 그것을 뛰어넘어 자신만의 독창적 서풍을 창조했음을 말해 준다. 따라서 서성 왕희지와 해동서성 김생은 차별성을 말할 수 있을지언정 우열을 논할 수는 없다.

▶ **핵심어: 김생, 최인연, 순백, 태자사낭공대사백월서운탑비, 전유암산가서**

* 이 논문은 2017년 대한민국 교육부와 한국학중앙연구원(한국학진흥사업단)의 한국학분야 토대연구지원사업의 지원을 받아 수행된 연구임(AKS-2017-KFR-1230009).

** 원광대학교 서예문화연구소 연구교수

I. 머리말

김생(711-791 이후)은 김부식(1075-1151)의 『삼국사기』에 전이 기록된 유일한 서예가로, 글씨의 뛰어남이 서성 왕희지에 견줄 만하여 '海東書聖'으로 불린다. 진적이 많았을 고려 초에 시작된 김생 글씨의 집자는 조선까지 계속되었다. 조선 중기에 밭에서 발견된 〈태자사낭공대사백월서운탑비〉(954)(이하 〈낭공대사비〉)가 김생의 집자비로 알려지면서 중국에서 더 많은 관심을 가졌다. 임진왜란 때 원군으로 온 명나라 장수와 군인들이 비의 탁본 수천 부를 가져가 중국에서도 유명해졌다. 이후 명나라 사신이 진상품으로 비의 탁본을 요구했으니, 그 인기를 짐작하고도 남음이 있다.[1)]

비의 발견 전부터 김생 글씨에 대한 고려와 조선 문인들의 품평이 이어졌으니, 兩朝까지 그의 글씨가 전해진 것으로 보인다. 고려 말의 이규보(1168-1241)는 '한국 서예사의 神品四賢[2)] 중 김생이 제일'이라 했고, 조선 후기의 이광사(1705-1777)는 '동국필체는 김생을 宗으로 한다'고 했다. 조선 중기의 허목(1595-1682)은 '비단에 쓴 진적이 너무 닳았다'고 했고, 이광사는 '진적이 거의 없다'고 했으니, 조선 후기에는 주로 복제본으로 김생의 글씨가 애호되었음을 알 수 있다.

고려 초에 집자된 〈낭공대사비〉가 현재까지 김생 서예 연구의 기준작이지만 그에 대한 역대 품평을 증명할 만한, 이 비에 대한 심도 있는 연구는 진행되지 않았다. 따라서 필자는 이 비에 나타난 김생 글씨의 참모습을 살피고 그 연원을 찾아보고자 한다. 비의 글자를 살피기 전에 먼저 그에 대한 기록과 필적을 알아보자.

II. 김생에 관한 기록과 필적

『삼국사기』에는 "김생은 부모가 미천하여 가문의 내력을 알 수 없다. 711년(景雲 2)에 태어났는데 어려서부터 글씨를 잘 썼다. 그는 평생 다른 기예는 닦지 않았으며 80세가 넘어서도 붓을 놓지 않았다. 예서[3)], 행서, 초서 모두 입신의 경지여서 지금까지도 더러 그의 진필이 남아 있는데 학자들이 보배로 여겨 전하고 있다. 崇寧 연간(1102-1106)에 학사 洪灌이 進奉使를 따라 송나라에 들어가서 汴京(지금의 開封)에 묵고 있었는데, 이때 翰林待詔 楊球, 李革 등이 황제의 칙서를 받들고 사관에 와서 그림 족자에 글씨를 썼다. 홍관이 그들에게 김생이 쓴 행초 한 권을 보여 주니 두 사람이 크게 놀라 말하기를 "오늘날 왕우군(왕희지)의 친필을 보게 될 줄 몰랐다"고 했다. 홍관이 말하기를 "아니오. 이것은 신라인 김생이 쓴 것이오?"하니 두 사람이

1) 허정욱, 2010, 「조선시대 김생 서예의 계승」, 『역사문화논총』 6, 역사문화연구소, p.7.
2) 신품이라 불릴 만큼 글씨가 빼어난 경지에 이른 네 사람, 즉 신라의 김생, 고려의 柳伸, 坦然, 崔瑀다. 그중 송광사에 유신의 〈보조국사비〉, 청평사에 탄연의 〈문수원기〉만 남아 있다.
3) 당나라에서는 당시 유행한 해서를 예서라 불렀다. 따라서 여기의 예서는 지금의 해서다.

웃으면서 말하기를 “천하에 왕우군 말고 어찌 이런 묘필이 있겠소?”라고 했다. 홍관이 여러 번 말했지만 그들이 끝내 믿지 않았다”[4]고 기록되어 있다.

역사에서 김생이 언급된 시기는 〈낭공대사비〉 건립 이후부터다. 고려 문인 이인로(1152-1220)는 “신라인 김생의 글씨는 초서도 아닌 듯 해서도 아닌 듯 매우 신기로우니 멀리 57종의 여러 명서가들의 체세로부터 나왔다”[5]고 하면서 김생의 필법이 기묘하여 위진 사람들이 발돋움하여 바라볼 수 없을 정도라고 극찬했다. 그는 김생이 옛 명서가들의 글씨를 두루 섭렵한 후 행서와 초서에서 자신만의 풍격을 얻은 것으로 보았다. 신품사현 가운데 김생을 으뜸으로 친 이규보는 “아침 이슬이 맺히고 저녁연기가 일어나며 성낸 교룡이 뛰고 신령스러운 봉황이 난다. 김생과 왕희지는 몸은 비록 다르나 솜씨는 같다. 마음과 손이 서로 응하고 천연이 붙은 것이다. 신기하고 기이하여 말로 전하기 어렵다”[6]고 칭찬했다. 그는 김생의 글씨와 왕희지의 글씨를 동등한 수준으로 보았다.

원나라의 조맹부(1254-1322)는 「昌林寺碑跋尾」를 보고 “신라 승려 김생이 쓴 것이다. 그 나라 〈창림사비〉는 자획이 깊고 전형이 있어 비록 당나라 사람의 유명한 비석이라도 이것을 크게 뛰어 넘지는 못한다”[7]고 극찬했다.

조선 초기의 서거정(1420-1488)은 “우리나라 필법은 김생이 제일이며, 학사 요극일, 승려 탄연과 영업이 그 다음인데, 모두 왕희지를 법으로 삼았다”[8]고 했다. 성현(1439-1504)은 “우리나라에 글씨 잘 쓰는 이는 많지만 해범을 가진 이는 대략 적다. 김생은 작은 글씨를 잘 쓰면서 털끝만한 것도 정밀하다”[9]고 하여 김생이 소해에도 능통했음을 말했다.

조선 중기의 허목은 “김생은 해인사에서 옛 경을 썼는데, 지금까지 천여 년 동안 진적이 많이 전해져 내려왔다. 일찍이 일가인 시랑 허옥여의 집에서 서적을 열람하다가 김생의 진적을 얻어 보았다. 그 글씨의 변동이 신과 같아 필력으로 될 수 없는 것이었다”[10]고 말했다. 이는 17세기까지 김생의 진적이 있었고, 허목이 본 진적은 신품의 경지에 이르렀음을 말한 것이다.

조선 후기의 이서(1662-?)는 “김생은 偏僻하면서 詭僞하고 왕희지의 아들 헌지처럼 지나친 데가 있으나 우리나라 서예가 중 제일이다”[11]라고 했다. 서거정과 일치하는 품평이다. 이광사는 “우리나라 필법은 김생

---

4) 『三國史記』 卷第48 列傳 第8 「金生」. 국립문화재연구소, 2011, 『한국 역대 서화가 사전』, pp.376-380.

5) 李仁老, 『破閑集』 券上. “鷄林人金生用筆如神 非草非行 逈出五十七種齊諸家體勢.”

6) 李奎報, 『東國李相國集』 後集 券11 「東國諸賢書訣評論書幷贊」. “神品四賢名贊 金生曰 朝露結兮夕煙霏 怒虯拏兮靈鳳騰 金生耶羲之耶 身雖異兮手則同焉 心手相應 付之者天 神哉異哉 言所難傳.”

7) 『東國輿地勝覽』 慶州 古蹟條. “新羅僧金生所書 其國昌林寺碑 字劃深有典型 雖唐人名刻 未能遠過之也.”

8) 徐居正, 『筆苑雜記』 券1. “我東國筆法 金生爲第一 姚學士克一僧坦然靈業亞之, 皆法右軍.”

9) 成俔, 『慵齋叢話』. “我國善書者雖多 而有楷範者蓋寡 金生能書細 而忽皆精.”

10) 許穆, 『眉叟記言』 別集. 券10. “金生書海印寺古經 至今千餘年 其親墨蹟多傳之 嘗於許沃汝侍郎閱書籍 得見金生眞籍 其書變動如神 殆非筆力可爲者.”

11) 李溆, 『筆訣』 「評論書家」 正字行書法. “鍾繇質 獻之文 金生僻 唐太宗浮 惟羲之得中.” 「草法」. “張芝質 獻之文 惟羲之得中 張芝正 獻之金生魯公詭 張旭蕩 懷素狂.” 「論前朝」. “金生·靈業·坦然·禪坦·文公裕 金生·靈業·坦然·禪坦學右軍 文公裕雜晉蜀 金生爲第一.” 김상숙·이삼만·이서·이광사 원저, 김남형 역주, 2002, 『옛날 우리나라 어른들의 서예비평』, 한국서예협회, pp.61-70.

을 宗으로 여기지만, 오늘날 그의 진적은 전하는 것이 전혀 없다. 榻本에도 奇偉하고 법이 있어 고려 이후 사람들이 미칠 바가 아니다"[12]라고 칭찬했다. 김생을 祖宗으로 한다니 서거정, 이서와 같은 의견이다. 홍양호(1724-1802)는 "김생은 동방 서가의 시조다"[13]라고 했다. 서거정, 이서, 이광사의 품평과 일치한다. 이삼만(1770-1847)은 "김생이 소가 산에 있는 밭을 가는 것을 보고 붓은 마땅히 이와 같이 움직여야 한다는 것을 깨달았다. 그 글씨 가운데 뛰어난 곳은 왕희지보다 나은 것이 많다"[14]고 하여 김생이 밀고 나가야 하는 용필법을 터득했음을 말하면서 왕희지 위에 두었다. 또 "우리나라 김생의 글씨는 웅혼하기 짝이 없어 산이 흔들리고 바다가 들끓는 듯하니, 조맹부가 〈창림사비〉를 보고 말하기를 '글자의 획이 매우 법도가 있어 비록 당나라 사람의 유명한 비석이라도 이보다 뛰어날 수는 없다'고 했다"[15]고 기록했다. 이처럼 한국은 물론 중국에서도 김생이 동방 제일이며, 심지어 왕희지보다 뛰어나다고 품평했다.

김생은 이처럼 고려 초부터 신품제일로 극찬을 받았지만 믿을만한 필적은 〈낭공대사비〉와 〈田遊巖山家序〉(이하 〈산가서〉)뿐이다.[16] 〈산가서〉를 제외한 김생의 필적은 대부분 〈낭공대사비〉에서 집자했으므로[17] 김생의 진적이 후대까지 많이 전해지지는 않은 것으로 보인다.

행서와 초서로 쓴 목판본인 〈산가서〉는 당나라 전유암(670년경)의 「산가서」를 쓴 단독 각첩으로, 서문과 오언율시 형식의 序詩가 이어진다. 말미의 "報德寺 金生 書"는 김생이 보덕사에 있을 때 썼음을 말해 준다. 1443년(세종 25) 안평대군 이용(1418-1455)이 편집한 《匪懈堂集古帖》[18]에 이것이 처음 실렸으니 그때 또는 이전에 새겨졌음을 알 수 있다. 〈산가서〉는 〈낭공대사비〉보다 더 활달하고 과감한 필치의 행초로 쓰여 더욱 노련하며, 필세와 풍격이 〈낭공대사비〉와는 조금 다르다.[19] 그러나 율동미와 변화미를 지닌 〈산가서〉의 독창적 미감은 〈낭공대사비〉의 일부 행초 글자에서도 보인다. 이것은 비록 원의에서는 멀어졌으나 친필이기 때문에 김생의 서풍을 총체적으로 살필 수 있는 유일한 자료다.

〈창림사비〉가 김생의 글씨라는 기록은 있으나 실물이나 탁본이 전하지 않는다. 그러나 8세기에 김생의 비들이 존재했기에 10세기 중반에 〈낭공대사비〉를 집자할 수 있었을 것이다. 이밖에 김생의 전칭작들이

12) 李匡師, 『書訣』 後篇 下. "東國筆法 以新羅金生爲宗 今絶無眞跡之傳 榻本亦奇偉有法 非高麗以後人可及." 김상숙·이삼만·이서·이광사 원저, 김남형 역주, 위의 책, pp.262-263.

13) 洪良浩, 『耳溪集』 卷7 「題白月寺碑」. "夫金生東方書家之祖也."

14) 李三晩, 『書訣』. "昔新羅金生 見牛耕山田 覺行筆當如是 其書絶處優於右軍者多矣." 김상숙·이삼만·이서·이광사 원저, 김남형 역주, 앞의 책, p.313.

15) 李三晩, 『書訣』. "我東金生書 雄渾絶倫 岳撼海沸 趙孟頫見 昌林寺碑 曰字劃深有典型 雖唐人名刻 不能遠過之也." 김상숙·이삼만·이서·이광사 원저, 김남형 역주, 위의 책, p.318.

16) 서동형, 2002, 「金生의 書法-백월서운비와 전유암산가서의 서체미 비교」, 『성신한문학』 6, 한국한문고전학회 참조.

17) 이완우, 1998a, 「金生과 太子寺郎空大師白月栖雲塔碑」, 『옛 탁본의 아름다움, 그리고 우리 역사』, 韓國의 名碑古拓 論文集, 예술의전당.

18) 중국의 閣帖 등의 휘첩에서 역대 제왕과 魏·晉 이후 名家의 필적 및 신라 이후 명필의 유적을 모아 자신의 당호인 비해당을 붙여 만든 법첩이다.

19) 이완우, 1998b, 「統一新羅 金生의 筆蹟」, 『선사와 고대』 11, 한국고대학회, p.274.

여럿 있으나 근거가 확실하지 않다. 집자비는 한 번의 모각 과정만 거쳤기 때문에 비교적 원의에 가까워 글자의 참모습을 살피기에 모자람이 없다.[20] 이제 〈낭공대사비〉 글자의 결구와 필법을 통해 김생의 서예를 살펴보자.

III. 〈낭공대사비〉로 본 김생의 서예

1. 〈낭공대사비〉의 개관

한국의 집자비는 통일신라에서 시작된 왕희지 글씨의 집자에서 비롯되었다. 당나라에서 성행한 왕희지 행서 집자의 유행이 신라에도 전해져 8세기부터 집자비가 건립되기 시작했고, 이런 사조는 고려와 조선까지 지속되었다. 중국에서 왕희지 글씨의 집자와 각은 주로 승려들이 담당했는데, 한국도 이 전통을 계승했다.

고려 때부터는 한국 서가의 집자비가 세워지기 시작했는데, 최초의 것이 김생의 〈낭공대사비〉다.(그림 1)[21] 통일신라 효공왕과 신덕왕의 국사인 낭공대사 行寂(832-916)을 기리기 위해 입적 이듬해인 917년 경명왕(재위 917-924)의 명으로 崔仁渷(868-944)이 비문을 지었는데, 나말의 혼란스러운 정치 상황 때문에 건비가 미루어졌다. 고려 초에 문하 법손 純白이 후기를 짓고 승려 端目이 집자하고 승려 嵩太, 秀規, 淸直, 惠超가 새겨 954년에 비가 건립되었다.

자경 2-3㎝인 비문은 총 3,416자인데, 序와 詞인 전면은 30행 2,387자, 후기인 후면은 22행 791자, 追記인 좌측면은 5행 238자가 새겨져 있다.[22] 서에는 행적의 가계와 탄생 연기, 출가와 수행, 당나라 유학, 귀국 및 교화, 입적 및 입비 과정이 기록되어 있다.

속성 최씨인 행적은 832년(흥덕왕 7) 12월 30일 출생했으며, 가야산 해인사 宗師에게 출가했다. 24세인 855년(문성왕 17) 福泉寺에서 具足戒를 받고, 이후 굴산사 通曉大師 梵日의 제자가 되었다. 渡唐하여 石霜慶諸의 법을 잇고 돌아와 효공왕의 초빙도 받고 김해 호족인 김율희의 귀의도 받았다. 세수 85세, 승랍 61년인 916년(신덕왕 5) 2월 12일 입적했고, 17일 가매장했다. 이듬해인 917년 11월 개장한 후 제자들의 청으로 경명왕이 탑명과 시호를 내렸다.

좌측면의 추기에 의하면 비는 954년(顯德 원년) 경북 봉화군 명호면 태자사에 세워졌는데, 1509년(조선 중종 4) 8월 당시 榮川郡守 李沆(1474-1533)이 경북 영주군 영천면 휴천리 字民樓 아래로 옮기고 직접 추기

---

20) 목판본과 비각본의 차이와 문제점은 정세근, 2003, 「김생의 서예와 그 집자비의 문제」, 『중원문화연구』 7, 충북대학교 중원문화연구소 참조.

21) 본고의 실물과 첩본(그림 3)은 경주시 왕경사업부가 2017년 8월 31일 국립중앙박물관에서 촬영한 것이다. 동 박물관에는 근래의 첩본(구 5816)도 있는데, 거기에는 후기 대신 추기가 있다.

22) 한국사연구회 편, 1996, 「太子寺郎空大師白月棲雲塔碑」, 『譯註 羅末麗初金石文(上)』, 혜안 참조.

그림 1. 김생, 태자사낭공대사백월서운탑비 전면 · 좌측면 · 후면 · 우측면, 최연연 · 순백 찬, 단목 집자, 954, 203×97×24㎝, 보물 제1877호, 국립중앙박물관

를 짓고 朴訥이 글씨를 썼다.[23] 일제강점기인 1919년 경복궁으로, 1986년 박물관 수장고로, 2005년 용산 국립중앙박물관으로 옮겨져 상설 전시 중이다. 비의 발견과 이전 경위를 적은 추기는 당시 비의 위상을 말해 준다.

> 내가 어릴 때 김생의 필적을 《匪懈堂集古帖》에서 얻었다. 용이 뛰고 호랑이가 누워있는 그 기세를 좋아했으나, 세상에 전하는 것이 많지 않음을 한탄했다. 영주에 와서 이웃 읍인 봉화현에 비가 홀로 옛 절의 남은 터에 있다는 말을 들었는데, 김생의 글씨였다. 나는 그 세상에 드문 보배가 잡초 사이에 매몰될까 안타까웠고 지키는 사람이 없어 들소의 뿔에 부딪힐까, 목동이 지른 불에 그을릴까 모두 염려되었다. 마침내 군 사람인 전 叅奉 權賢孫과 같이 이전을 모의하여 자민루 아래에 안전하게 옮기고 난간을 두르고 출입문을 단단히 잠갔다. 탁본하는 사람이 아니면 출입을 금했고, 함부로 만지고 침범할까 두려웠다. 이로 인해 김생의 필적이 세상에 널리 전해졌고, 양반의 호사가들이 앞을 다투어 감상하러 왔다. 아! 천백

23) 『蓮潭李先生文集』 附錄에 전하는 李沆의 『洛西軒遺稿』, 南九萬의 『藥泉集』, 한국국학진흥원의 『韓國金石文集成』에도 기록되어 있다.

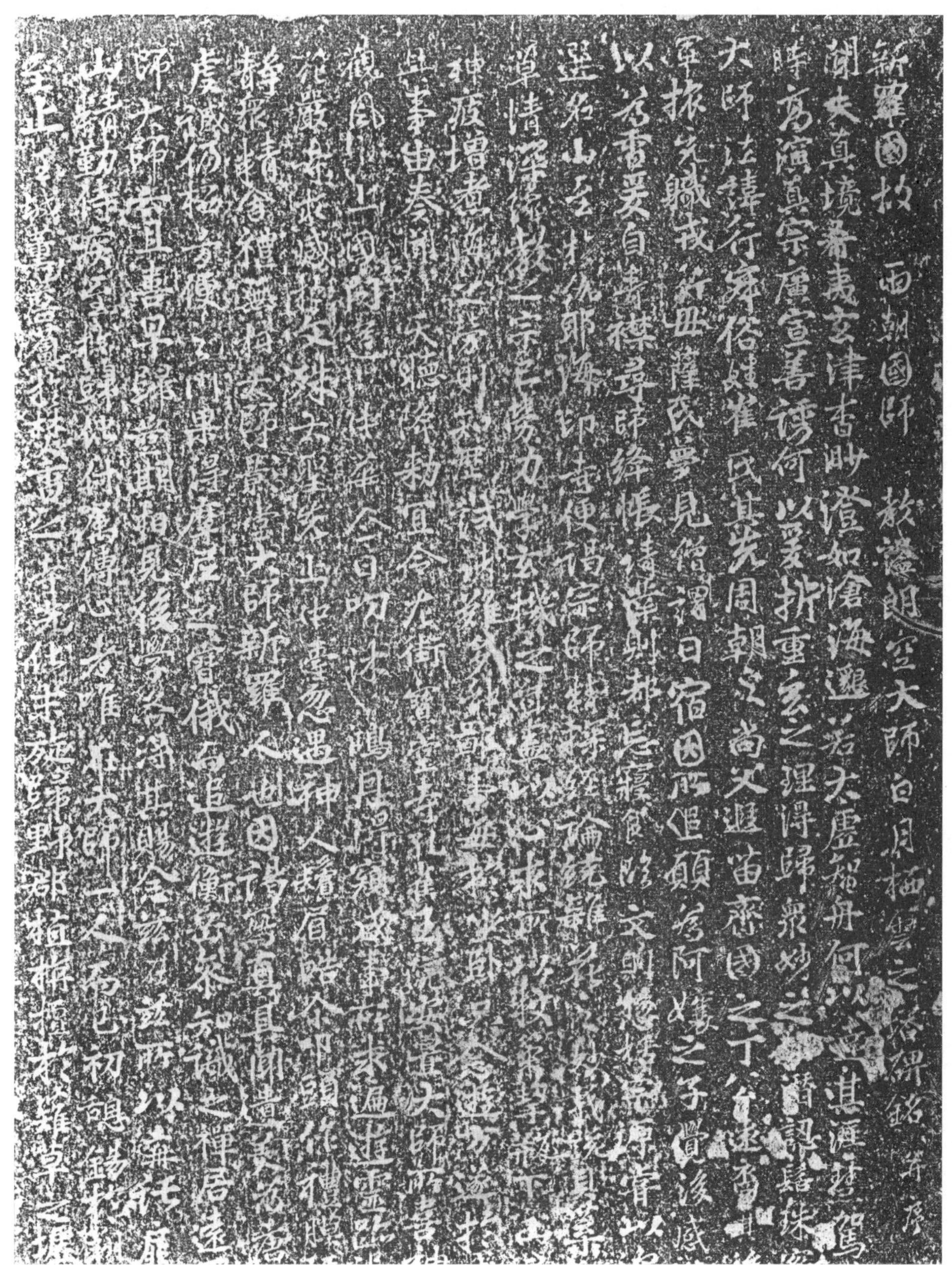

그림 2. 태자사낭공대사백월서운탑비 전면 탁본

년 동안 으슥한 골짜기에 버려진 돌이 하루아침에 큰집으로 옮겨져 세상의 보물이 되었으니, 대저 물건의 나타나고 숨겨지는 것 또한 그 운수가 있나 보다. 나는 비록 재능이 없어 昌

藜(韓愈)의 박식하고 우아함에는 미치지 못하지만 이 물건을 우연히 만나 완상하게 된 것은 진실로 岐山의 石鼓[24]와 다르지 않으니, 어찌 우연한 일이겠는가.[25]

이처럼 추기는 〈낭공대사비〉가 세상의 보물임을 말하는데, 양면의 약 3,180자를 통해 그것을 확인해 볼 수 있을 것이다. 비의 여러 탁본[26]이 전하는데, 그중 상태가 가장 양호한 국립중앙박물관본(그림 3)으로 김생의 글씨를 살펴보겠다.

2. 〈낭공대사비〉의 서체와 서풍

이 비는 왕희지풍에 바탕을 둔 행서비로 알려졌지만[27] 그 면면을 살펴보면 해서와 행서가 혼용되어 있음을 알 수 있다. 이것이 행서비로 알려진 것은 글자를 일일이 분석하기보다는 첫머리가 행서로 시작되고 운필의 범위가 넓은 행서가 주로 눈에 띄었기 때문인 듯하다.

『삼국사기』는 '예서, 행서, 초서가 모두 입신의 경지에 이르렀다'고 했는데, 선행 연구는 왕희지 글씨와 비견된 일화 때문에 행서와 초서에만 초점을 맞추었고, 예서(지금의 해서)는 주목하지 않았다. 이 비가 행서비라는 인식에 갇혀 거기에 해서가 존재한다는 사실을 미처 인지하지 못한 것이다. 따라서 이 비에 쓰인 행해와 해행이 혼재된 해서와 행서를 더 세밀히 살펴보면 김생 글씨의 진면목을 파악할 수 있다. 김생 글씨의 특징이 분명히 밝혀진 후라야 왕희지 글씨와의 비교나 우열을 논하는 것이 더욱 유의미할 것이다.

김생은 행서 이전에 분명 해서를 익혔을 것이고, 이 비에 그것이 어떤 해서인지 보여 주는 글자들이 대거 등장한다. 또 글자의 좌변이나 우방, 위나 아래에 해서와 행서를 혼합한 글자들도 많아 행해, 해행 등 모든 서체를 자유로이 구사하는 탁월한 솜씨를 보여 준다. 특히 순백이 지은 후기의 글씨는 더 노련하고 능숙하여 김생 글씨의 정수라고 할 수 있다. 그리고 좌측 또는 상부가 행서로, 우측 또는 하부가 해서로 쓰인 글자들과 그 반대인 글자들도 많다. 이것이 집자로 인한 것이 아닌 김생의 원래 글자라면 그는 행서에서 해서로, 해서에서 행서로 구애됨이 없이 오갈 수 있는 노련함을 지녔음이 분명하다. 이제 〈낭공대사비〉의 글자들을 서체별로 나누어 그 특징을 살펴보겠다.

먼저 해서를 보자(표 1). 〈낭공대사비〉의 해서에는 세 가지 서풍이 있다. 첫째, 북위풍이다. 기필과 수필, 그리고 획간에 행서의 필의가 있어도 해서로 분류되는 글자들은 가로획이 많은 일부 글자 이외에는 대부분

24) 북 모양의 돌에 새긴 10개의 비갈인 〈석고문〉을 말한다. 중국 最古 각석으로 주나라 宣王이 기양에 사냥 갔을 때 그 업적을 칭송한 시다. 서체가 대전과 소전의 중간이므로 초학자들의 입문서다.

25) 이지관, 1994, 『校勘譯註 歷代高僧碑文』 高麗篇1, 가산불교문화연구원출판부; 한국사연구회 편, 1996, 『譯註 羅末麗初金石文(下)』, 혜안 참조.

26) 성인근, 2007, 「〈白月棲雲塔碑〉의 전래과정과 전승유형」, 『서예학연구』 10, 한국서예학회.

27) 이완우, 1998b, 앞의 글, p.272. 김생의 글씨에 대한 연구는 이호영, 1998, 「金生의 墨痕과 足跡에 대하여」, 『선사와 고대』 11, 한국고대학회; 박맹흠, 2010, 「김생의 〈太子寺郎空大師白月栖雲塔碑〉 서풍 연구」, 원광대학교 동양학대학원 석사학위논문; 김수복, 2015, 「김생 서예의 형태미 연구」, 대전대학교 대학원 석사학위논문 참조.

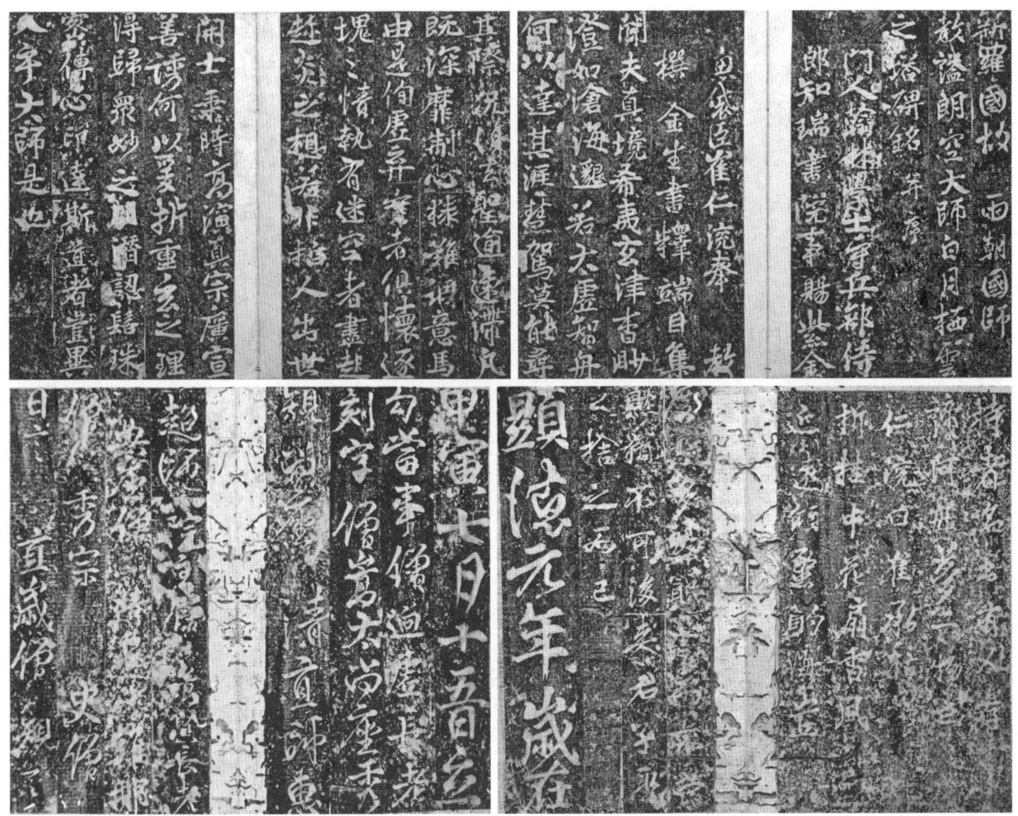

그림 3. 태자사낭공대사백월서운탑비 첩본 전면(상) · 후면(하), 국립중앙박물관(1916년 입수)

정방형 또는 편방형을 띠고 있어 장방형인 唐楷와 구별된다. 또 필획은 굵으면서 역동적 기운이 넘쳐 가늘면서 딱딱한 당해 필획과 상이하다. 이처럼 웅강무밀한 북위풍이 이 비 해서의 대부분을 차지한다.

方筆과 圓筆을 겸비한 북위풍 글자들은 다양한 서풍을 보여 주는데, 주로 석비, 묘지, 용문조상기의 글씨와 닮은 점이 많다. '引'은 〈孫遼浮圖銘記〉, '慈'는 용문석굴 자향동의 〈慈香慧政造像記〉(520) 글자와 유사하다. 특히 후기에서 '是'의 하부, '屬'의 尸에 쓰인 과감한 운필은 하부를 안정적으로 쓰는 보편적 결구를 넘어선 구애됨이 없는 파격적 운필이다. 마치 북위의 원필인 〈石門銘〉(509)이나 방필인 〈張猛龍碑〉(522) 후면을 보는 듯하다.

신라에서 연대가 확실한 북위풍 해서는 〈남산신성비제10비〉(591)가 처음이며, 이성산성 출토 〈'무진년' 목간〉(608)에서도 행서의 필의가 가미된 웅건한 북위풍이 사용되었다. 또 6세기 후반부터 7세기 전반에 걸쳐 작성된 경주 월성해자, 함안 성산산성 목간에도 북위풍이 사용되었다.[28] 그리고 김생으로 인해 북위풍

28) 정현숙, 2016, 『신라의 서예』, 다운샘, p.134; 2018, 『삼국시대의 서예』, 일조각, pp.399-402; 2018c, 「고대 동아시아 서예자료와 월성 해자 목간」, 『목간과 문자』 20, 한국목간학회, p.309.

해서가 8세기에 이르러 절정에 달했음을 알 수 있다. 김생은 8세기에 이미 신라에 정착한 당해가 아닌 6세기 후반부터 신라에 전해진 북위 해서를 공부했음을 〈낭공대사비〉를 통해 확인할 수 있다.

둘째, 안진경풍이다. 초당 해서와는 상반되는, 김생과 동시대 서예가 顔眞卿(709-785)의 풍후한 서풍도 보인다. '千', '十', '阿', '文' '早'의 가로획, '宇'의 둘째 가로획, '美'의 셋째 가로획의 수필은 붓을 아래로 꾹 눌렀다 회봉하는 안진경의 필법이다. '國', '項'은 向勢로 쓰였는데 이것도 안진경 필법 중 하나다. 역시 왕희지를 터득한 안진경은 집안이 장안이었기에 그 글씨의 웅강함은 북비의 영향을 받은 것인데, 김생의 해서가 웅강한 북비풍을 지닌 것과 일치한다. 이는 동시대 당풍이 신라에 실시간으로 입수되었음을 보여 주는데, 〈성덕대왕신종명〉(771)에 부분적으로 보이는 안진경풍이 이를 증명한다.[29)]

셋째, 고신라풍, 즉 6세기 신라비의 서풍이다. 상부의 人과 하부의 口가 독특한 '舍'는 〈단양적성신라비〉와, '身'은 〈황초령신라진흥왕순수비〉와 흡사하다. 김생은 북위풍과 당대의 안진경풍을 배웠지만, 당연히 이전의 신라 글씨도 공부했을 것이다. 이 세 가지 서풍을 지닌 김생 해서의 다양한 모습과 필법은 동일자 분석을 통해 더 상세히 살필 것이다.

전체적으로 필세의 웅강무밀함, 운필의 노련함, 결구의 다양함, 변형의 파격미를 지닌 김생의 해서는 북위풍과 안진경풍을 넘어 자신의 서풍을 구사하고 있으니, 이는 김생 글씨의 독창성이라 할 수 있다. 일찍이 옥동 이서가 김생의 해서를 '편벽되다'는 의미를 지닌 '僻'이라 평한 것은 이를 두고 한 말인 듯하다. 해서의 면면을 살펴보면 실로 김생은 '치우치다', '지나치다'는 표현이 적절하다고 여길 정도로 과감한 필법을 구사했다.

표 1. 〈낭공대사비〉의 해서 글자

29) 정현숙, 2018b, 「통일신라 범종 명문의 서풍 변화」, 『서예학연구』 33, 한국서예학회, pp.22-23.

다음으로 행서를 보자(표 2). 〈낭공대사비〉의 행서는 유미하고 절제된 왕희지 행서보다 구애됨이 없는 왕헌지 행서에 가깝고, 힘찬 안진경의 행초와 유사한 점도 있다. 그 과감함과 역동성은 후기에서 더욱 두드러진다. 후기의 '龍'은 용이 꿈틀거리면서 승천하는 듯한 모습이며, '翥'는 역동적 오름을 연상시킨다. 통상적 결구에 반하는 글자가 많은 것도 김생 행서의 특징 중 하나다. '道', '遺', '遊' 등에서 부수인 辶의 파책을 길게 써 안정된 결구를 취하는 보편적 필법과는 달리, 파책을 짧게 써 상부가 강조되고 글자가 불안정한 것이 그 예다.

이처럼 〈낭공대사비〉는 김생의 해서와 행서 글자로 집자되었으며, 해서에는 행서 필의가, 행서에는 해서 필의가 있다. 따라서 이 비가 행서비라는 주장은 수정되어져야 한다. 이것이 전체적으로 왕희지의 행서로 집자된 〈집자성교서〉와 구별되는 점이다.

표 2. 〈낭공대사비〉의 행서 글자

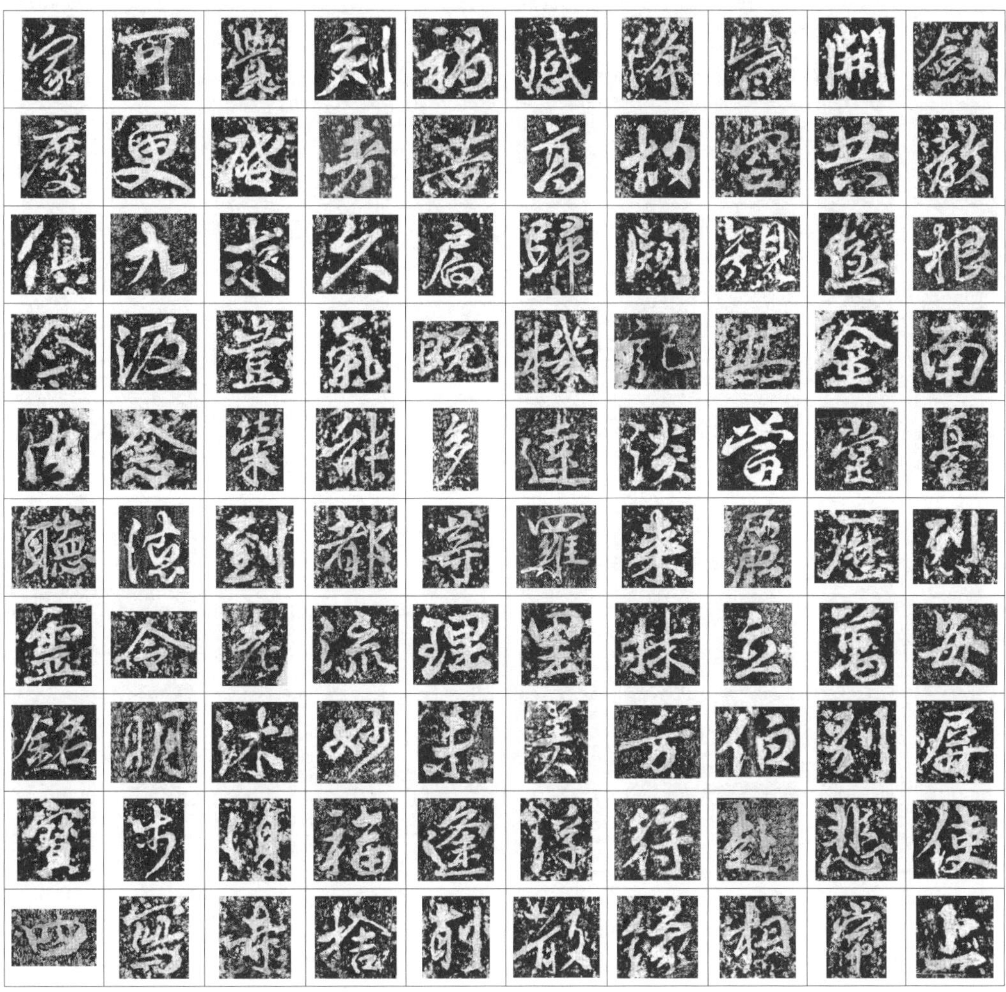

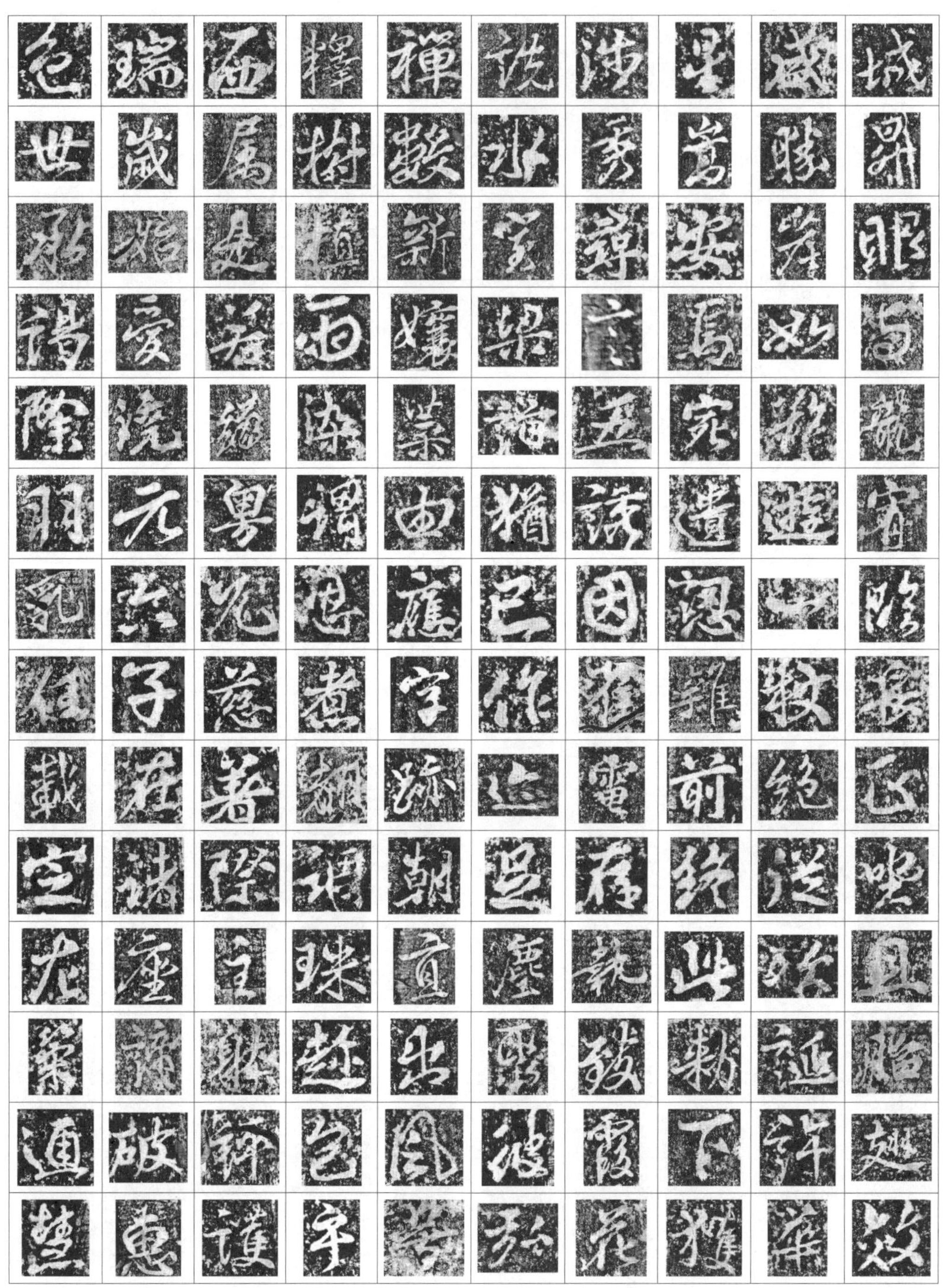

3. 〈낭공대사비〉의 동일자 비교

이제 비문의 동일자 비교를 통해 김생이 쓴 해서와 행서의 특징을 좀 더 구체적으로 살펴보자. 비의 양면에서 5번 이상 사용된 60여 자의 결구, 운필, 필법, 필세 등을 통해 김생 글씨의 미감을 생생하게 느끼게 될 것이다. 살펴 볼 글자는 가나다순이다.

첫째, '乾' 자다(표 3). 총 5번 중 비문(전면)에 1번, 후기(후면)에 4번 나온다.[30] 모두 북위풍 해서며, 행서의 필의가 강한 후기 글자들은 획간이 더 무밀하면서 노련하다. 획의 경사와 위치, 획간의 여백에 약간의 변화가 있을 뿐 전체적으로 힘찬 분위기가 느껴진다. 비문의 글자보다 후기의 글자들이 더 능숙하고 노련하다.

표 3. '乾' 자

해서	행해(후)	행해(후)	행해(후)	행해(후)

표 4. '高' 자

행서	행서	행서	행서	행서(후)	행서(후)

둘째, '高' 자다(표 4). 총 6번 중 비문에 4번, 후기에 2번 사용되었다. 모두 행서지만 해서 필의가 있는 것과 흘림이 강한 것으로 나눠지는데, 이는 왕희지의 〈集字聖教序〉(672)나 〈興福寺斷碑〉(721)와 유사하다. 그러나 후기에서 하단으로 가기 위해 유난히 둥근 곡선을 구사한 것은 왕희지에게는 없는 김생만의 역동적이면서 독특한 운필이다.

셋째, '敎' 자다(표 5). 비문에만 5번 쓰였는데, 모두 행서다. 좌측 상단의 土 부분의 굵기와 각도를 조금씩 달리하여 변화를 주었다. 우측 부분은 대체로 비슷한 형태와 필법을 사용했다. 다만 좌우 사이의 여백은 조금씩 달라 疏密을 동시에 표현했다.

표 5. '敎' 자

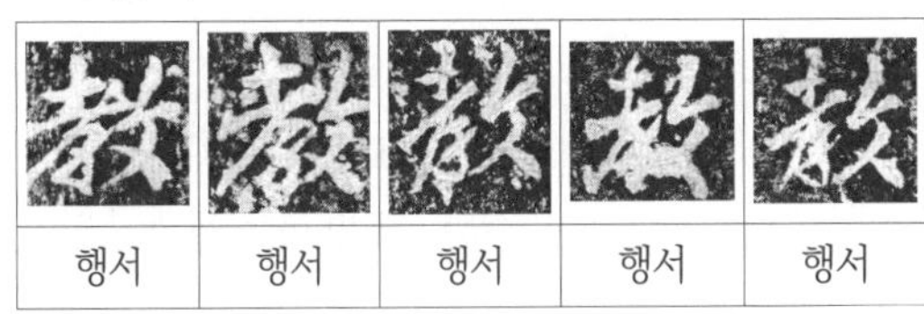

행서	행서	행서	행서	행서

30) 이하 각 글자의 횟수는 허흥식, 1984, 『韓國金石全文』 中世上를 참고한 것이다.

표 6. '求' 자

해서	행해	행서	행서	행서	행서

넷째, '求' 자다(표 6). 비문에만 6번 쓰였는데, 대부분 행서고 해서에도 행서의 필의가 있다. 첫 획인 가로획이 해서보다 행서에서 훨씬 길어 해서는 장방형이고, 행서는 정방형이다. 또 행서는 첫 획과 둘째 획이 만나는 곳의 상부 획의 길이가 더 길다. 마지막 글자는 起筆부터 收筆까지 모두 連筆로 구사하여 行氣가 가장 강하다.

다섯째, '國' 자다(표 7). 총 21번 중 비문에 7번, 후기에 14번 나온다. 해서와 행서가 고루 쓰였는데, 후기에 해서가 많다. 행서는 향세가 강한데 이는 왕희지, 안진경과 닮은 점이다. 첫 획을 ㅣ 또는 ㄴ으로 표현하여 변화를 주었는데, 전자는 안진경의 〈忠義堂帖〉에, 후자는 왕희지의 글씨에 보인다.

표 7. '國' 자

행서	행서	행서	해서(후)	해서(후)	해서(후)	해서(후)	해서(후)	해서(후)	해서(후)	행서(후)	행서(후)

표 8. '其' 자

해서	해서	해서	해서	해서	해서	행해	행해	행해	행해	행해(후)

여섯째, '其' 자다(표 8). 총 21번 중 비문에 18번, 후기에 3번 나온다. 모두 해서인데, 그중 절반은 속의 두 가로획을 행기가 있는 점으로 이었다. 상부가 크고 강하며, 하부의 두 점은 상대적으로 약하여 불안정하다. 주로 첫 가로획은 원필로, 둘째 가로획은 방필로 썼다. 두 가로획의 길이가 비슷한 것과 차이가 있는 것, 둘째 가로획의 필세가 仰勢인 것과 平勢인 것, 하단의 두 점 간격이 좁은 것과 넓은 것의 변화가 있어 매 글자가 조금씩 다르게 느껴진다. 여섯째, 일곱째 글자의 둘째 가로획 수필에서 꾹 누르고 回鋒하는 필법이 안진경과 닮았다.

일곱째, 우측에 隹가 쓰인 '難', '雖', '唯' 자다(표 9). 각각 6번, 4번, 4번 사용되었다. 隹는 첫 글자를 제외하고 모두 행서 필법이다. 둘째 글자처럼 해서에 행서의 隹가 사용된 것은 특이하다.[31] 행서에서는 왕희지,

왕헌지, 당 현종의 隹와 유사하지만 김생의 운필이 더 과감하고 투박하다. 왕희지에게는 없는, 후기 '難' 자 좌측의 파격적·생동적 필법은 李漵가 김생의 행서를 왕헌지, 안진경과 더불어 '詭'(기괴함)로 표현한 평에 부합한다.

표 9. '難 · 雖 · 唯' 자

해서	해서	행해	행해	행서	행서(후)	해서	행서	행서	해서	행서

표 10. '年' 자

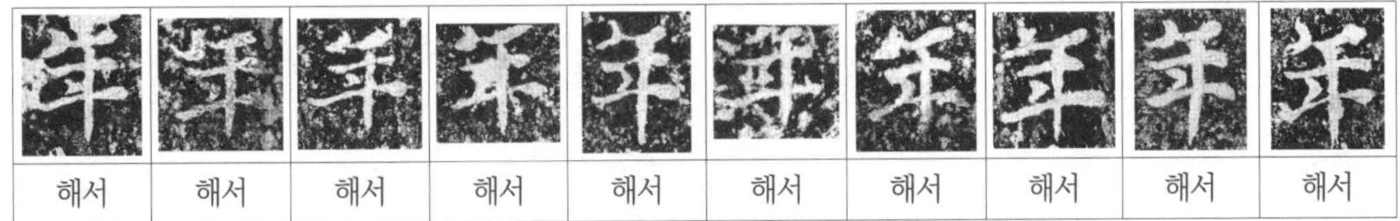

해서	해서	해서	해서	해서	해서	해서	해서	해서	해서

여덟째, '年' 자다(표 10). 총 17번 중 비문에 13번, 후기에 4번 나오는데, 모두 해서로 쓰였다. 가로획이 길어 정방형 글자가 많은 것은 북위 해서의 특징 중 하나다. 대부분 仰·平·俯勢를 취해 전체적으로 힘차다.

아홉째, '大師', '大王', '國師'다(표 11). 낭공대사를 칭하는 '大師'는 가장 빈번하게 쓰인 글자로 총 31번 중 비문에 27번, 후기에 4번 나온다. 한 글자씩 보면 '大'가 44번, '師'가 56번 등장한다. '大'는 해서와 행서로, '師'는 행서로만 쓰였다. '大'는 셋째 획이 파책인가, 점인가에 의해 해서와 행서로 대략 구분되어지고, '師'는 행기가 적은 행서와 많은 행서 등 다양한 모습인데 두 글자를 상하에 적절하게 두어 반복되는 '大師'에 변화를 주었다. '國師'에서도 '國'은 해서와 행서, '師'는 행서로만 쓰였는데, 이 비에는 해서 '師'가 없다.

'大王'에서는 '大師'처럼 '大'는 해서와 행서를 혼용했지만 '王'은 '大師'에서 '師'를 행서로만 쓴 것과는 반대로 해서로만 쓰였다. 그렇다고 사용된 모든 '王'이 정방형의 해서는 아니다. 표 36에서 보듯이 장방형의 행서로 쓰기도 했다.

31) 隹에서 행서가 주로 쓰인 것은 김생의 원래 글자일 수도, 좌우를 따로 모은 집자승 단목의 선택일 수도 있다. 어느 것이든 결과적으로 좌우의 서체 조합이 다양하여 같은 글자에 변화를 주고자 한 의도가 있다.

표 11. '大師 · 大王 · 國師' 자

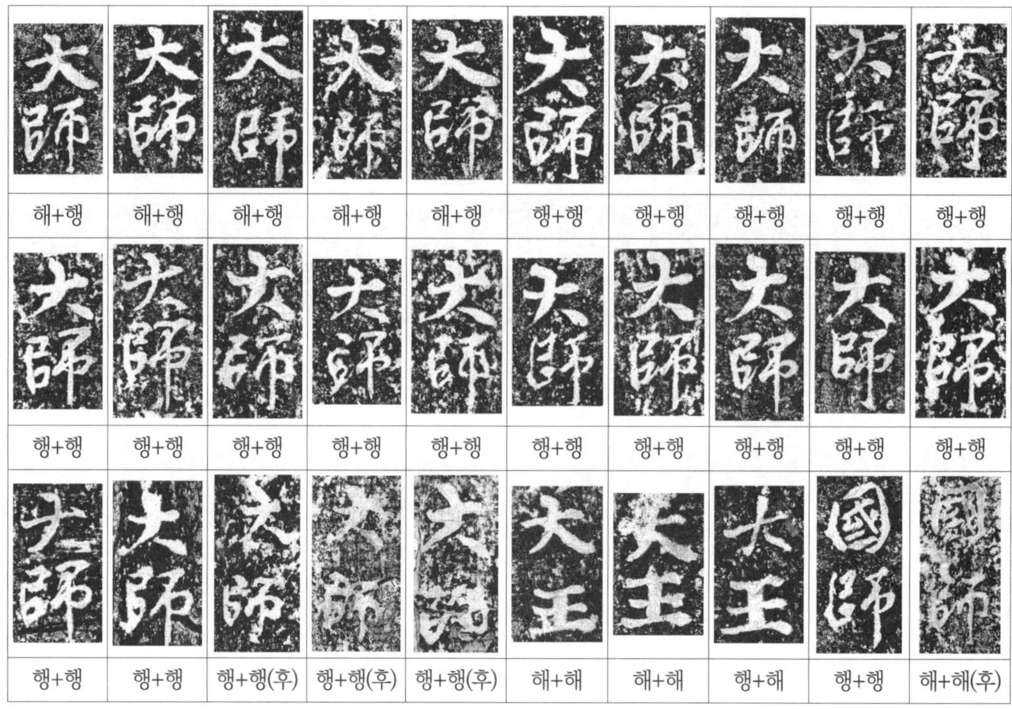

해+행	해+행	해+행	해+행	해+행	행+행	행+행	행+행	행+행	행+행
행+행	행+행	행+행	행+행	행+행	행+행	행+행	행+행	행+행	행+행
행+행	행+행	행+행(後)	행+행(後)	행+행(後)	해+해	해+해	행+해	행+행	해+해(後)

열째, '道' 자다(표 12). 비문에만 13번 나오는데, 대부분 행서로 쓰였다. 첫 글자는 辶의 파책을 首의 셋째 획인 가로획과 비슷하게 뻗어 안정적으로 보이지만, 둘째 글자는 首를 크게, 辶을 짧게 구사하여 필획이 절제되긴 했으나 안정감이 부족하다. 辶도 다양한 모습으로 변화를 주었다. 首의 셋째 획인 가로획의 경사도 평세부터 앙세까지 다양한데, 첫 글자와 마지막 글자에서 그 극명한 변화를 시도했다. 그리고 정방형의 북위풍인 첫 글자는 장방형인 구양순의 '道'와는 확연히 다르다. 구양순의 '道'처럼 辶의 파책을 首보다 길게 뻗어 하부를 받쳐주는 안정적 모습이 보편적 결구인데, 김생은 그것을 따르지 않고 자신만의 파격적 결구를 취했다.

표 12. '道' 자

해서	해서	행서	행서	행서	행서	행서	행서	행서	행서

표 13. '同' 자

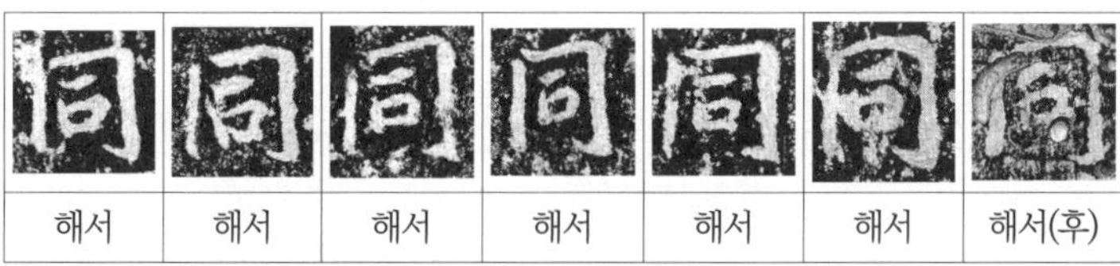

해서	해서	해서	해서	해서	해서	해서(후)

열한째, '同' 자다(표 13). 총 7번 중 비문에 6번, 후기에 1번 나온다. 모두 북위풍 해서로 쓰였다. 넷째 글자만 장방형이고 나머지는 모두 정방형이며, 둘째, 넷째 글자의 口 첫 획에만 連筆로 인한 행서의 필의가 조금 있지만 전체적 분위기는 유사하다.

열두째, '來' 자다(표 14). 총 11번 중 비문에 9번, 후기에 2번 나온다. 모두 連筆이 드러나는 완연한 행서로 쓰였다. 한 글자 안에서도 획의 굵기에 변화가 많지만, 각 글자에도 변화가 많아 같은 서체지만 웅건함과 날카로움이 공존한다. 첫 자와 끝 자에 이런 차이가 극명하다.

표 14. '來' 자

해행	해행	행서	행서	행서	행서	행서	행서	행서(후)

표 15. '名' 자

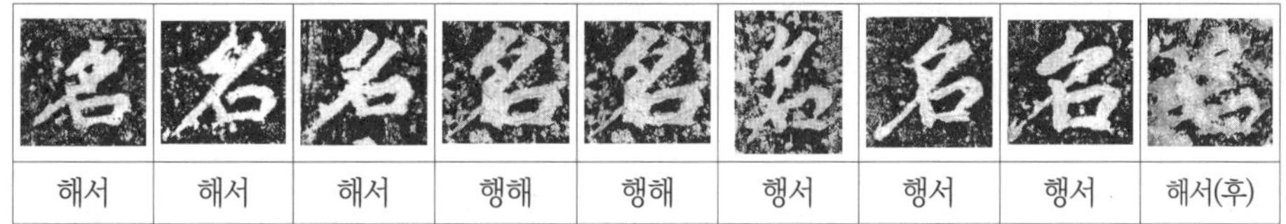

해서	해서	해서	행해	행해	행서	행서	행서	해서(후)

열셋째, '名' 자다(표 15). 총 9번 중 비문에 8번, 후기에 1번 나오는데, 해서와 행서가 혼용되었다. 획의 굵기에 차이는 있지만 기본적으로 결구가 비슷해 전체적 분위기가 닮았다. 둘째 획인 삐침과 口의 위치가 비슷하거나 口가 삐침보다 더 높은 것은 북위 해서의 특징이다.

열넷째, '無' 자다(표 16). 비문에만 9번 사용되었다. 대부분 행서로 쓰였는데, 각 글자가 모두 다른 결구와 운필을 취해 다양한 모습을 보여 준다. 둘째, 셋째 글자에 행서의 필의가 있으나 북위 해서에 이미 이런 글자들이 많이 등장한다. 행서에서도 흘림의 정도, 획의 굵기, 획간 연결 정도, 획의 생략 정도가 다 달라 같은 서체에서도 각기 다른 분위기를 연출했다. 전체적으로는 해서에서 행서로 변하는 과정을 알 수 있다.

표 16. '無' 자

해서	행해	행해	행서	행서	행서	행서	행서	행서

표 17. '門 · 問 · 聞' 자

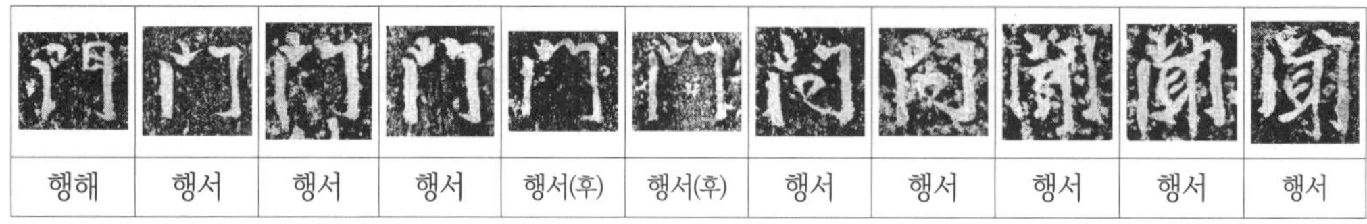

행해	행서	행서	행서	행서(후)	행서(후)	행서	행서	행서	행서	행서

열다섯째, 門이 사용된 '門', '問', '聞' 자다(표 17). 각각 14번, 2번, 6번 등장하는데 투박한 김생 행서의 특징이 잘 드러난다. 행서의 필의가 있는 해서로 쓴 첫 글자 '門'은 북위 〈원흠묘지〉와 닮았다. 필획의 굵기, 획간의 연결에서 변화를 줘 같은 글자지만 각기 다른 느낌이다. '問'의 口가 역삼각형인 것이 특이한데 이는 〈단양적성신라비〉(550년경), 〈남산신성비제1비〉(591)와 유사하다.[32] '聞'의 耳는 좌측 세로획의 굽은 정도로 변화를 주었는데, 여백이 달라지는 효과가 있다. 전체적으로 웅강무밀하고 역동적이다.

열여섯째, '法' 자다(표 18). 총 10번 중 비문에 7번, 후기에 3번 나오는데, 해서보다 행서가 많다. 氵와 去의 연결 부분에 필흔이 생략된 것과 보이는 것이 있어 단호함과 유연함이 동시에 느껴진다. 후기에는 連筆이 노출되어 있는데, 마지막 글자는 획과 연결 부분의 구분이 없어 곡선미가 돋보인다. 각 글자는 획의 굵기를 달리하여 변화를 주었기에 전체적 분위기도 많이 다르다.

표 18. '法' 자

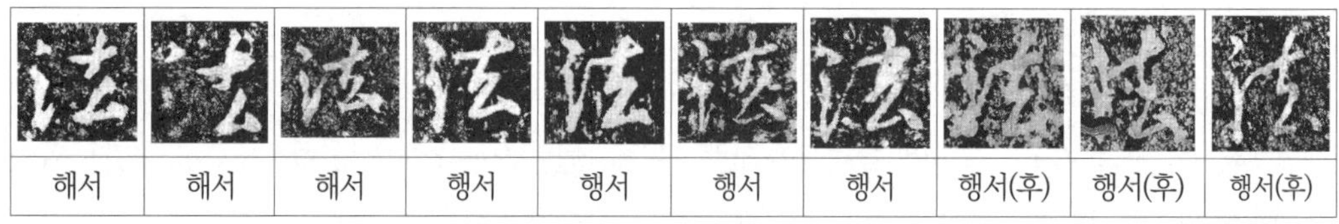

해서	해서	해서	행서	행서	행서	행서	행서(후)	행서(후)	행서(후)

표 19. '不' 자

해서	해서	해서	행서	행서	행서	행서	행서	행서(후)	행서(후)

32) 정현숙, 2016, 앞의 책, p.129, p.132.

열일곱째, '不' 자다(표 19). 총 13번 중 비문에 11번, 후기에 2번 나온다. 행서의 필의를 지닌 해서와 행서로 쓰였다. 정방형에 네 획의 표현이 거의 비슷하여 전체 분위기가 비슷하다. 그러나 첫 획을 평세 또는 앙세로, 세로획을 鉤劃, 垂露 또는 懸針으로 쓰고, 하단 세 획의 높낮이를 조금씩 달리하여 변화를 주었다. 세로획이 유난히 굵어 힘차 보이는데, 북위 〈魏靈藏造像記〉(500-503), 〈鄭羲下碑〉(511), 〈馬鳴寺根法師碑〉(523)와 유사하다.

열여덟째, '碑' 자다(표 20). 총 11번 중 비문에 3번, 후기에 8번 나온다. 첫 글자를 제외하고는 石을 원필의 해서로 썼고 첫째, 둘째 글자 우측 하단의 필획이 나머지 글자들과는 다르다. 후기의 결구에는 큰 차이가 없어 전체적 분위기가 비슷하다. 다만 획의 굵기를 달리하고 田의 轉折을 방필과 원필로 표현하여 변화를 주었다.

표 20. '碑' 자

해서	해서	해서	해서(후)	해서(후)	해서(후)	해서(후)	해서(후)	해서(후)	해서(후)

표 21. '事' 자

행서	행서	행서	행서	행서	행서	행서(후)	행서(후)	행서(후)	행서(후)	행서(후)

열아홉째, '事' 자다(표 21). 총 11번 중 비문에 6번, 후기에 5번 나온다. 모두 비슷한 결구의 행서로 쓰였으나 첫 획의 길이, 방필과 원필로 변화를 주었다. 비슷한 듯하면서 다른 다양한 모습은 김생의 탁월함과 유창함을 여과 없이 보여 준다.

스무째, '山' 자다(표 22). 총 20번 중 비문에 17번, 후기에 3번 나온다. 모두 해서의 필의가 있는 행서로 쓰였고 형태도 비슷하다. 굵은 첫 획은 중앙에서 굳건히 중심을 잡아 주고, 그 아래 좌우 획은 향세를 취한다. 그 사이 가로획은 앙·평·부세를 두루 갖추고 있어 동질감 속에 이질감이 느껴진다. 웅건한 향세의 '山'에는 김생만의 독특함이 있다.

표 22. '山' 자

행서	행서	행서	행서	행서	행서	행서	행서	행서	행서

표 23. '尙' 자

행서	행서	행서(후)	행서(후)	행서(후)	행서(후)	행서(후)

스물한째, '尙' 자다(표 23). 총 8번 중 비문에 3번, 후기에 5번 나온다. 모두 행서로 후기 운필의 과감함과 유창함이 돋보인다. 특히 상부에서 하부로 가기 위한 연결 부분과 하부의 첫 획 사이의 여백은 독특한 공간 조성법이다. 후기의 앞 두 글자처럼 口를 굴려서 힘찬 원으로 쓴 것도 독특하다.

스물둘째, '生' 자다(표 24). 총 12번 중 비문에 10번, 후기에 2번 나온다. 모두 행서로 운필법이 전체적으로 비슷하다. 그러나 첫 획의 길이와 行筆의 각도가 다르며, 중간의 둘째 가로획의 굴림 정도를 달리하여 직선, 반원, 또는 원으로 표현한 것은 단순한 글자에 변화를 주기 위함이다. 이런 다양한 모습에서 김생의 특출한 미감을 엿볼 수 있다.

표 24. '生' 자

행서	행서	행서	행서	행서	행서	행서	행서	행서	행서(후)	행서(후)

표 25. '栖' 자

해서	행서	행서	행서	행서	행서	행서	행서	행서

스물셋째, '栖' 자다(표 25). 비문에만 9번 사용되었는데, 해서보다 행서가 많다. 해서인 첫 자는 꾸밈없이 투박하다. 행서인 나머지 글자들은 전체적으로 비슷한 분위기인데, 거칠면서 역동적인 붓놀림이 자유자재하다. 유려한 왕희지의 행서와는 확연히 구분된다.

스물넷째, '聖' 자다(표 26). 총 11번 중 비문에 6번, 후기에 5번 나온다. 해서보다 행서가 훨씬 많다. 상부 좌측 耳가 모두 행서 필의인 점은 같고 耳 좌측 세로획의 굽은 정도를 조금씩 달리하여 변화를 주었다. 대략 앙·평·부세를 취한 하부의 王은 가로획이 긴 것도 있고 짧은 것도 있는데, 긴 것은 안정감이 있고 짧은 것은 글자의 전체 자형이 역삼각형이다. 왕희지의 〈집자성교서〉에는 역삼각형만 보이는데, 김생은 더 다양한 결구를 구사했다.

표 26. '聖' 자

해서	해서	행서	행서	행서	해/행	행서(후)	행서(후)	행서(후)	행서(후)

표 27. '所' 자

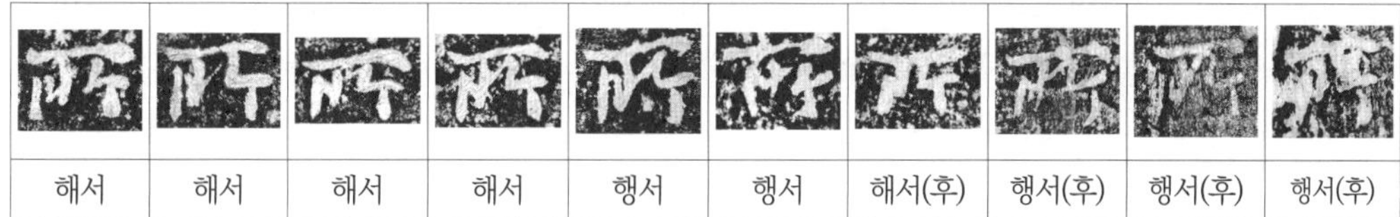

해서	해서	해서	해서	행서	행서	해서(후)	행서(후)	행서(후)	행서(후)

스물다섯째, '所' 자다(표 27). 총 20번 중 비문에 15번, 후기에 5번 나온다. 해서와 행서로 쓰인 글자의 결구가 대략 유사하고, 흘림의 정도에만 차이가 있다. 첫 획을 직선이나 곡선, 그리고 앙·평·부세로 표현하여 변화를 주었다. 후기에 행서의 필법이 더 농후한 것도 양면비에서 보편적으로 일어나는 자연스러운 현상이다.

스물여섯째, '僧' 자다(표 28). 총 11번 가운데 각자승이 6명인 관계로 후기에 8번 사용되었으며, 대부분 행서다. 둘째, 셋째 글자의 曾 가운데 부분의 안을 × 모양으로 쓴 것이 독특하다. 후기에서는 亻의 직선미와 曾의 곡선미가 어우러진 유창한 운필이 돋보인다. 曾의 하부 日에서도 변화를 주어 전체적으로 유사한 형태처럼 보이지만 그 속에 미세한 변화가 감지된다. 이런 과감하면서 대범한 결구도 김생 글씨의 특징이다.

표 28. '僧' 자

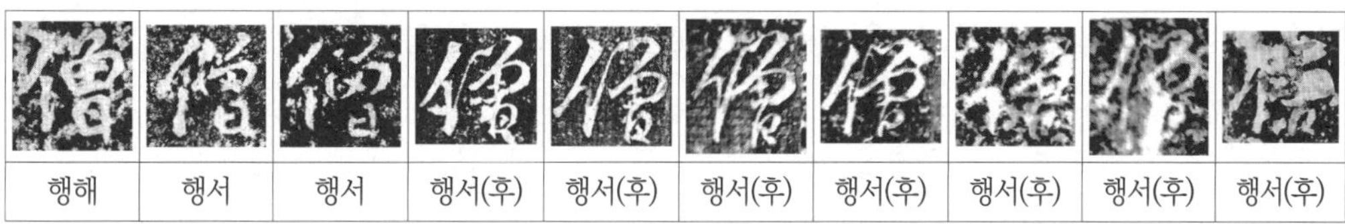

행해	행서	행서	행서(후)	행서(후)	행서(후)	행서(후)	행서(후)	행서(후)	행서(후)

표 29. '時' 자

해서	해서	해서	해서	행서	행서	행서	행서(후)

스물일곱째, '時' 자다(표 29). 총 8번 중 비문에 7번, 후기에 1번 나온다. 행서의 필의가 있는 해서와 행서로 쓰여 해서에서 행서로의 변천 과정을 보여 준다. 좌측 日의 필법에 약간의 차이가 있으나, 우측 상부의 土가 좌측으로 기울어진 것은 공통적이다. 寸에서 점의 위치를 조금씩 달리하여 변화를 주었고, 전체적으로 필법에 얽매이지 않은 자유분방함이 있다. 후기에서 日의 전절의 둥금과 寸의 구획에서 점으로 가는 운필의 둥금이 일체감을 준다.

스물여덟째, '神' 자다(표 30). 총 8번 중 비문에 7번, 후기에 1번 나온다. 좌측 示는 행서로, 우측 申은 원필의 해서로 썼다. 전체적으로 통일감이 있으면서 동시에 위치나 획의 굵기에 변화를 주어 단조로움을 깨트린다. 특히 첫 획과 둘째 획 사이의 여백이 좁은 것에서 점차 넓은 것으로 변화하는 과정을 살피는 것도 흥미롭다. 후기의 글자가 가장 노련하다.

표 30. '神' 자

행해	행해	행해	행해	행서	행서	행서	행서(후)

표 31. '心' 자

해서	해서	행서	행서	행서	행서	행서	행서	행서	행서(후)

스물아홉째, '心' 자다(표 31).총 13번 중 비문에 12번, 후기에 1번 나온다. 행서가 많은 편이다. 단순한 형태이기 때문에 連筆에서 직선과 곡선을 혼용하여 변화를 주었다. 간단한 글자지만 운필에서 유창함이 드러난다.

서른째, '深' 자다(표 32). 비문에만 6번 나오는데, 모두 행서지만 흘림의 정도가 조금씩 다르다. 氵을 다르게 표현하고, 그것과 우측 글자 사이의 여백을 달리하여 서로 다른 느낌이다. 절제된 행서에서 과감한 행서로 점차 변화되는 과정을 보여 준다.

표 32. '深' 자

행서	행서	행서	행서	행서	행서

표 33. '也' 자

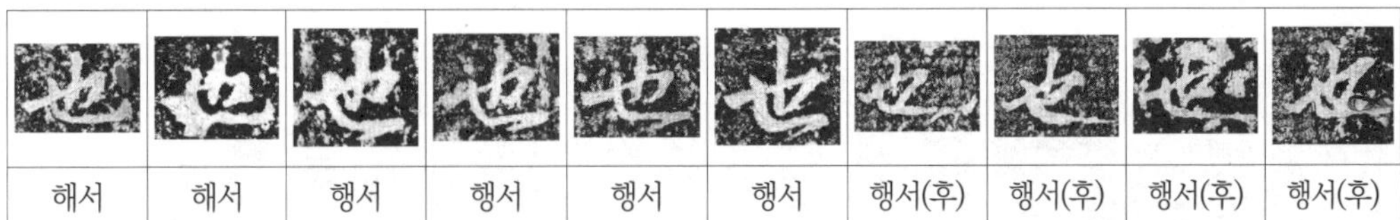

해서	해서	행서	행서	행서	행서	행서(후)	행서(후)	행서(후)	행서(후)

서른한째, '也' 자다(표 33). 총 13번 중 비문에 8번, 후기에 5번 나온다. 두 글자는 해서로, 나머지는 행서로 쓰였다. 마지막 획의 처리로 인해 비문의 글자에는 절제미가, 후기의 글자에는 자유자재함이 있다. 각 글자의 連筆 부분이 조금씩 달라 색다른 느낌을 준다.

서른둘째, '於' 자다(표 34). 총 37번 중 비문에 25번, 후기에 12번 나온다. 扌 은 해서나 행서로, 우측은 정도의 차이는 있으나 행서의 필의로 쓴 글자들이 많다. 특히 후기의 글자는 대부분 좌우의 조합이 유창하고 전체적으로 필치가 능통하다.

표 34. '於' 자

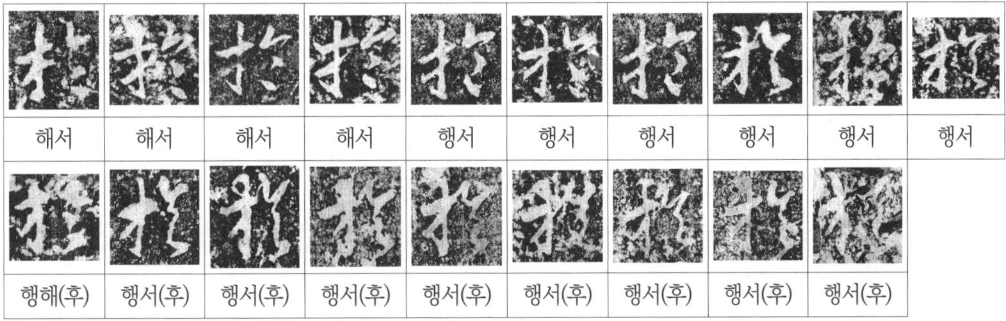

해서	해서	해서	해서	행서	행서	행서	행서	행서	행서
행해(후)	행서(후)	행서(후)	행서(후)	행서(후)	행서(후)	행서(후)	행서(후)	행서(후)	

표 35. '曰' 자

해서	해서	해서	해서	해서	행해	해서(후)	해서(후)	해서(후)	해서(후)	행해(후)

서른셋째, '曰' 자다(표 35). 총 17번 중 비문에 11번, 후기에 6번 나온다. 모두 웅건한 해서로 쓰였으며,

부분적으로 행서 필의가 있는 글자도 있다. 무밀한 세로획이 수직은 물론 向勢, 背勢도 갖춰 단순한 글자지만 다양한 필세로 다름을 표현했다. 후기가 비문보다 더 변화가 많고 자연스러워 보인다.

서른넷째, '王' 자다(표 36). 총 11번 중 비문에 5번, 후기에 6번 나온다. 孝恭大王, 神德大王, 聖考大王, 景明王, 元聖王, 憲康王 등 왕명에 주로 사용되었다. 비문과 후기 모두에 웅건한 해서와 유창한 행서가 고루 쓰였다. 북위풍의 해서에서 마지막 가로획 垂筆을 꾹 누르고 回鋒하는 필법은 안진경의 그것과 유사하다. 행서도 노련한 솜씨로 다양하게 표현했다.

표 36. '王' 자

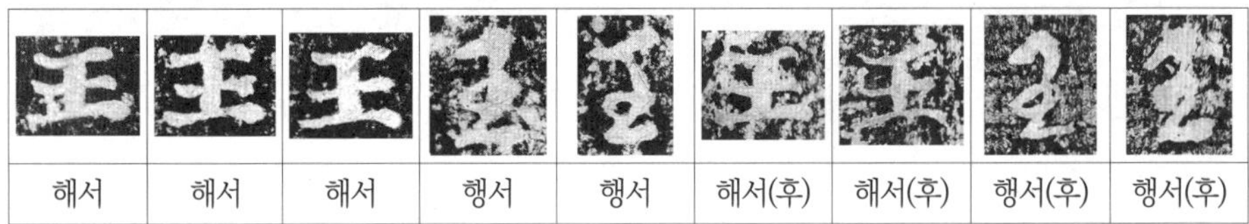

해서	해서	해서	행서	행서	해서(후)	해서(후)	행서(후)	행서(후)

표 37. '雲' 자

해서	행서	행서	행서	행서	행서	행해(후)	행해(후)	행서(후)

서른다섯째, '雲' 자다(표 37).총 9번 중 비문에 6번, 후기에 3번 나온다. 비문에 행서가 더 많고, 후기에서는 상부의 雨가 오히려 정연하다. 하부의 云의 크기, 획의 길이, 행필의 기울기를 달리하여 변화를 주었다.

서른여섯째, '遠' 자다(표 38). 총 12번 비문에 10번, 중 후기에 2번 나온다. 해서와 행서에서 辶의 형태가 다르다. 행서에서는 한 획처럼 ㄴ 모양으로 썼는데, 세로의 모양이 다양하고 가로는 윗부분보다 짧아 불안정하다. 해서처럼 통상 辶의 파책을 길게 하여 상부를 안정적으로 받쳐 주는데, 이것에 반하는 것이 辶이 사용된 김생 행서의 특징이다.

표 38. '遠' 자

해서	해서	해서	행서	행서	행서	행서	행서	행서(후)	행서(후)

표 39. '月' 자

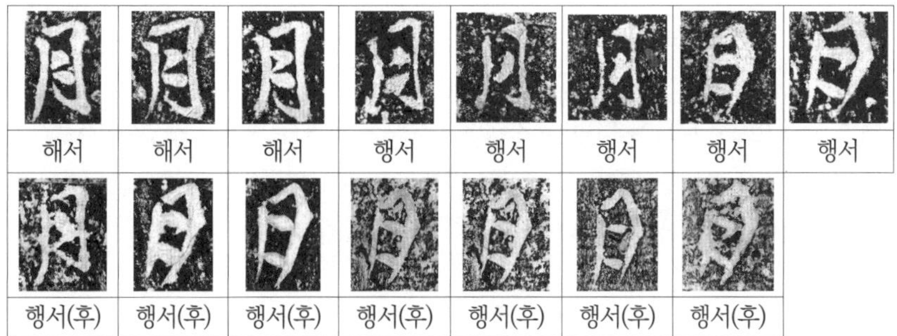

서른일곱째, '月' 자다(표 39). 총 17번 중 비문에 10번, 후기에 7번 나온다. 행서 필의가 있는 북위풍 해서와 행서로 쓰였다. 특히 후기는 모두 행서인데, 반듯하게 선 '月'보다 비스듬히 누워 반달을 연상시키는 김생 특유의 '月'은 후기에서 더 많이 사용되었다. 이런 형태의 '月'은 어디에서도 없으므로 김생만의 고유한 글자라 해도 무방하다. 이런 이유로 복원된 경주 월정교의 〈월정교〉 현판 '月'에도 이 글자가 사용되었다.[33]

서른여덟째, '爲' 자다(표 40). 총 14번 중 비문에 11번, 후기에 3번 나오는데 모두 행서로 쓰였다. 시작 부분의 두 점을 떼기도 하고 잇기도 하고, 한 획으로 처리한 하부의 네 점은 점, 짧은 획, 긴 획의 다양한 형태로 표현하여 글자의 모습이 각양각색이다. '爲'는 김생의 행서가 얼마나 유창한지 잘 보여 주는 여러 글자 가운데 하나다.

표 40. '爲' 자

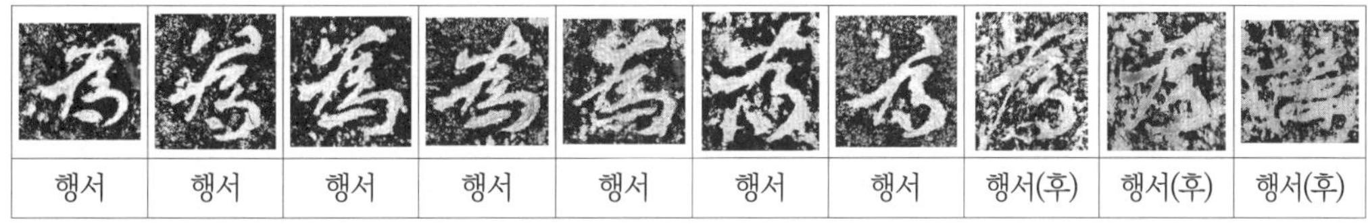

표 41. '謂' 자

서른아홉째, '謂' 자다(표 41) .총 9번 중 비문에 6번, 후기에 3번 나온다. 후기의 한 글자만 해서로, 나머지는 행서로 쓰였다. 言 에서는 점차 획을 간략하게 쓰는 것을 보여 주고, 우측 상부 田의 안을 ×로 변형한

33) 정현숙, 2018a, 「김생과 최치원, 〈월정교〉로 부활하다」, 『먹의 배와 붓의 향기』, 다운샘.

것도 있어 이채롭다. 표 28의 '偷'과 같다. 다섯째 글자 우측 하부의 月에서 첫 획의 길이를 짧게 하여 안의 점과 더불어 ㄴ 모양인 것은 月이 부분으로 쓰일 때의 김생 필법의 특징이다. 靑이 쓰인 표 55에서도 유사한 형태를 취했다.

마흔째, '有' 자다(표 42). 총 17번 중 비문에 14번, 후기에 3번 나오는데, 모두 행서로 쓰였다. 가로획과 삐침의 위치, 길이, 굵기, 기울기에서 변화를 주고 月을 평세나 향세로 달리 표현했으나 전체적 분위기는 비슷하다. 운필의 능통함에서 김생의 특출함을 느낄 수 있다.

표 42. '有' 자

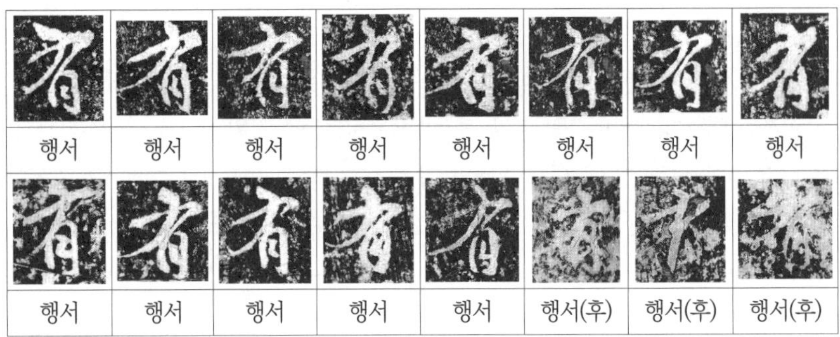

행서	행서	행서	행서	행서	행서	행서	행서
행서	행서	행서	행서	행서	행서(후)	행서(후)	행서(후)

표 43. '以' 자

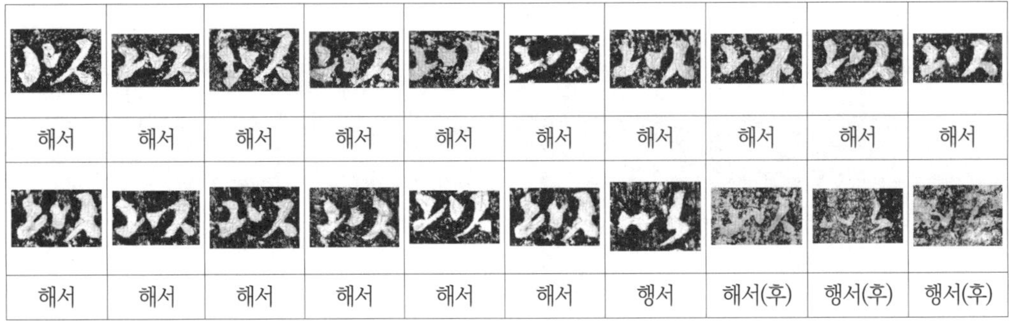

해서	해서	해서	해서	해서	해서	해서	해서	해서	해서
해서	해서	해서	해서	해서	해서	행서	해서(후)	행서(후)	행서(후)

마흔한째, '以' 자다(표 43). 총 28번 중 비문에 24번, 후기에 4번 나온다. 좌측을 口의 흘림으로 쓴 행서가 세 자 있고, 나머지는 해서로 쓰였다. 좌우의 높낮이와 벌어진 각도, 첫 획의 입필에서 변화를 주어 글자마다 조금씩 다르기는 하지만 전체적 분위기는 비슷하다. 이는 간단한 획으로 구성된 글자에서 공통적으로 나타나는 현상이다.

마흔둘째, '異' 자다(표 44). 비문에만 6번 나온다. 대부분 해서로 쓰였고 몇 글자에 약간의 행기가 있다. 결구는 동일하고 정방형과 장방형, 획의 굵기, 원전과 방절, 흘림의 정도에 따라 미세한 차이가 있을 뿐 전체 분위기는 대략 비슷하다.

표 44. '異' 자

異	異	異	異	異	異
해서	해서	해서	해서	해서	행서

표 45. '而' 자

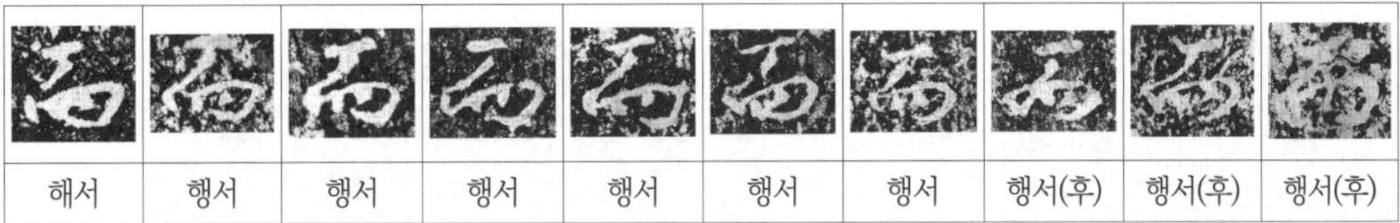

而	而	而	而	而	而	而	而	而	而
해서	행서	행서	행서	행서	행서	행서	행서(후)	행서(후)	행서(후)

마흔셋째, '而' 자다(표 45). 총 18번 중 비문에 12번, 후기에 6번 나온다. 행서가 주를 이룬다. 흘림의 정도에 차이가 있고, 하부의 첫 획을 분명하게 또는 느슨하게 표현했으며, 가로획에 다양한 곡선미가 있지만 대체적으로 분위기가 유사하다.

마흔넷째, '人' 자다(표 46). 총 27번 중 비문에 17번, 후기에 10번 나온다. 해서와 행서의 구별은 파책에서 결정되는데, 후기에 행서가 훨씬 많다. 비문은 해서에서 행서로 변하는 과정을, 후기 행서는 파격적 필법과 대담한 운필을 보여 준다. 두 획으로 구성된 간단한 글자지만 해서의 정연함과 절제미, 행서의 투박함과 강건미가 좋은 대비를 이룬다.

표 46. '人' 자

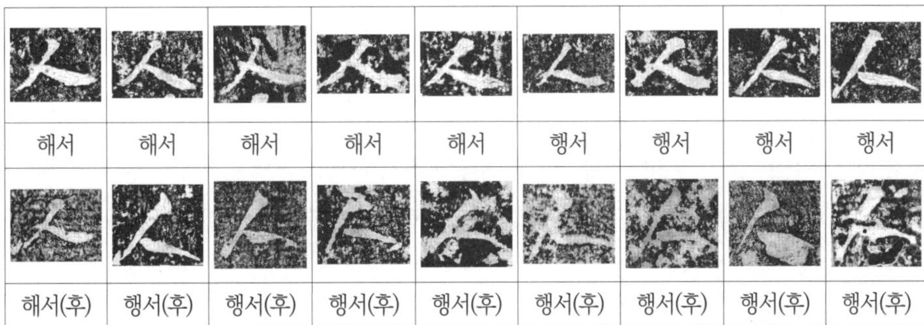

人	人	人	人	人	人	人	人	人
해서	해서	해서	해서	해서	행서	행서	행서	행서
해서(후)	행서(후)	행서(후)	행서(후)	행서(후)	행서(후)	행서(후)	행서(후)	행서(후)

표 47. '自' 자

自	自	自	自	自	自	自	自	自
해서	해서	해서	해서	해서	행서	해서(후)	해서(후)	해서(후)

마흔다섯째, '自' 자다(표 47). 총 9번 중 비문에 6번, 후기에 3번 나오는데, 대부분 해서로 쓰였다. 첫 획의 독특함이 目의 단순함을 흡수하여 글자가 다양하게 보인다. 目은 대부분 향세며, 대신 획의 굵기, 전절의 모양 그리고 目 안 두 가로획의 길이에서 변화를 주었다.

마흔여섯째, '者' 자다(표 48). 총 18번 중 비문에 9번, 후기에 9번 나온다. 대부분 행서인데, 해서에서 행서로의 변화 과정을 잘 보여 준다. 넷째 획인 삐침의 다양한 모습과 日의 직사각형, 상부가 넓은 모양, 삼각형, 비스듬히 누운 형태는 같은 서체에서 변화를 유도하는 요소로 작동한다.

표 48. '者' 자

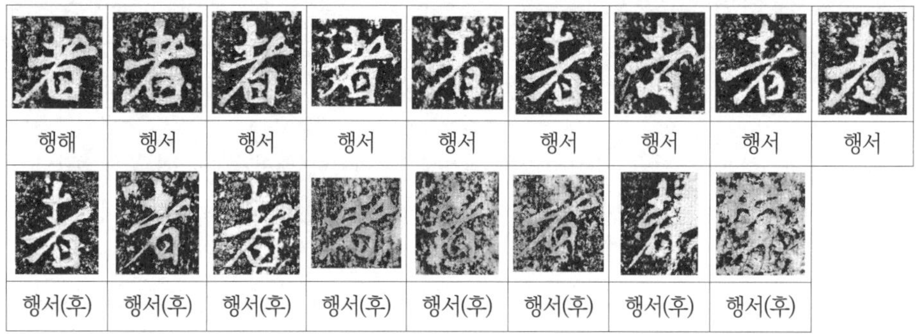

행해	행서	행서	행서	행서	행서	행서	행서	행서
행서(후)	행서(후)	행서(후)	행서(후)	행서(후)	행서(후)	행서(후)	행서(후)	

표 49. '情 · 精 · 靜' 자

해서	행서	행서	행서	행서	행서	행서	행서	행서	행서

마흔일곱째, 靑이 사용된 '情', '精', '靜' 자다(표 49). 각각 7번, 4번, 1번 사용되었다. 좌우가 가까워졌다 멀어지고, 바로 섰다 비스듬해지는 등 여러 가지 결구를 취했다. 특히 하부의 月은 모습이 더욱 다양하여 개성 넘치는 글씨를 선보인다. 정연함보다는 구애됨 없이 자연스럽고 편안한 마음으로 붓 가는대로 쓴 글자들이다.

마흔여덟째, '宗' 자다(표 50). 총 14번 중 비문에 13번, 후기에 1번 나온다. 모두 웅건무밀한 북위풍 해서로 쓰였고, 결구에도 큰 변화가 없다. 후기의 글자는 조금 가는 듯하지만 분위기는 비슷하다. 다만 첫 획인 점을 바로 세우는가, 비스듬히 눕히는가에서 변화가 감지된다.

표 50. '宗' 자

해서	해서	해서	해서	해서	해서	해서	해서	해서	해서(후)

표 51. '中' 자

해서	해서	해서	해서	해서	해서	해서(후)	해서(후)	해서(후)	해서(후)

마흔아홉째, '中' 자다(표 51). 총 16번 중 비문에 11번, 후기에 5번 나온다. 모두 웅건한 북위풍 해서로 쓰였으며, 가운데 세로획의 하부를 懸針과 垂露 두 종류로 표현했다. 가운데 부분에 독특한 글자 2개가 눈에 띄는데 첫 획은 향세로 같지만 둘째 획은 잇기도 하고, 떼기도 하며 내려 긋기가 수직이기도 하고, 첫 획처럼 휘어지기도 하여 같은 느낌과 다른 느낌이 공존한다.

쉰째, '之' 자다(표 52). 총 100번으로 가장 많이 사용된 글자다. 북위풍 해서와 행서로 쓰인 글자 모습이 조금씩 다르다. 〈난정서〉에서 17번 사용된 '之'를 다르게 쓴 것을 왕희지의 뛰어남을 말하는데, 〈낭공대사비〉에 쓰인 김생의 '之'는 100개인데도 같은 글자가 없으니, 이것만으로도 김생은 왕희지를 비견할 만하다. 〈난정서〉는 필사본이고, 〈낭공대사비〉는 집자비지만 단목이 모은 김생의 '之' 자가 그만큼 다양하다는 것을 의미한다.

표 52의 70자에서 행기가 있는 것을 포함한 해서와 흘림이 농후한 행서가 대략 반반 사용되었는데, 이것도 이 비가 해서와 행서로 쓰였음을 보여 주는 증거 중 하나다. 특히 후기에서 해서의 형태를 행서의 필법으로 쓴 글자들도 있어 '之'의 행서는 해서보다 더 다양한 형태로 표현되었다.

표 52. '之' 자

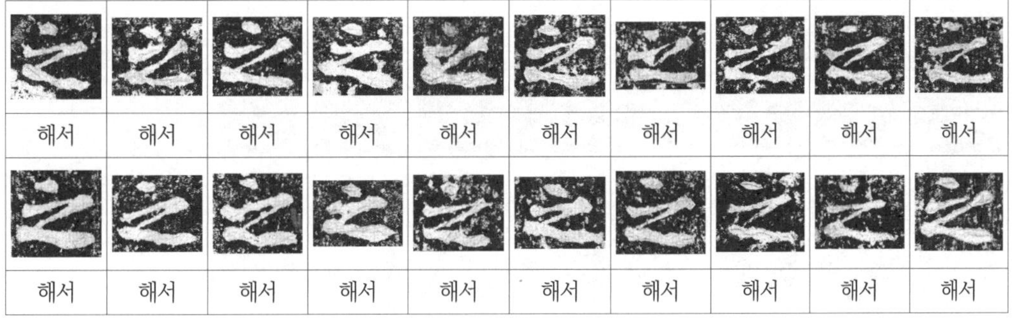

해서	해서	해서	해서	해서	해서	해서	해서	해서	해서
해서	해서	해서	해서	해서	해서	해서	해서	해서	해서

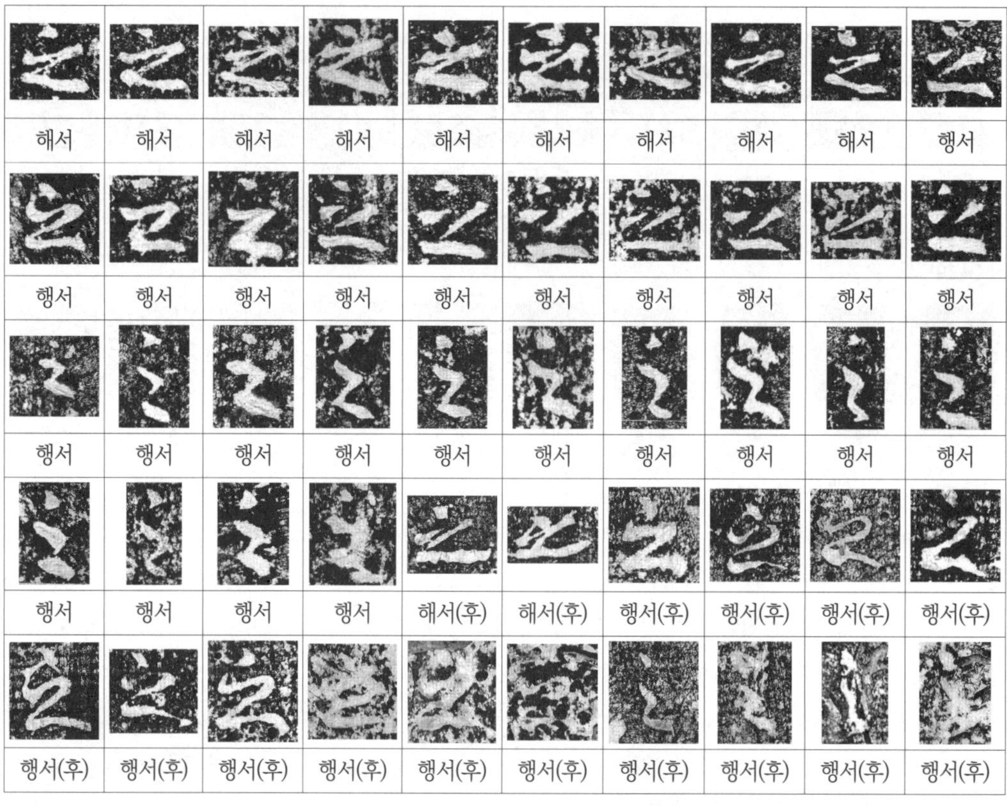

해서	해서	해서	해서	해서	해서	해서	해서	해서	행서
행서	행서	행서	행서	행서	행서	행서	행서	행서	행서
행서	행서	행서	행서	행서	행서	행서	행서	행서	행서
행서	행서	행서	행서	해서(後)	해서(後)	행서(後)	행서(後)	행서(後)	행서(後)
행서(後)	행서(後)	행서(後)	행서(後)	행서(後)	행서(後)	행서(後)	행서(後)	행서(後)	행서(後)

쉰한째, '至' 자다(표 53). 총 24번 중 비문에 22번, 후기에 2번 나오는데, 해서보다 행서가 훨씬 많다. 정연한 해서와 노련한 행서로 서체의 변천 과정을 살필 수 있다. 힘찬 행서는 웅건한 북위풍 해서에 근거한 것이다. 2번 사용된 후기 하단 土의 모습이 다르며, 삼단 여섯째와 끝 글자에서 상부 획이 생략된 것은 다른 글자들과 차별되는 점이다. 특히 끝 글자의 굵기가 비슷한 가는 획이 주는 곡선미는 후기 글자에서 자주 나타난다.

표 55. '至' 자

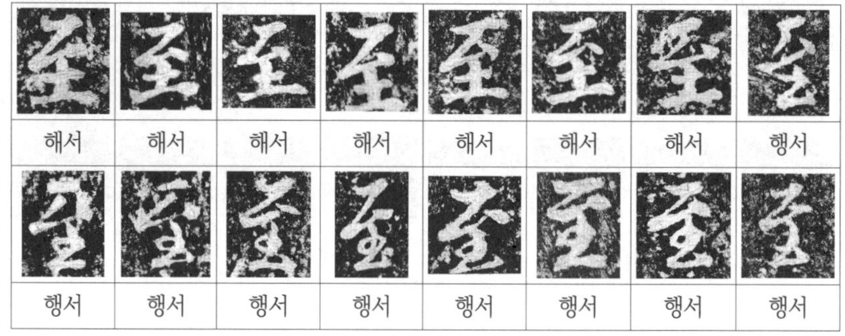

해서	해서	해서	해서	해서	해서	해서	행서
행서	행서	행서	행서	행서	행서	행서	행서

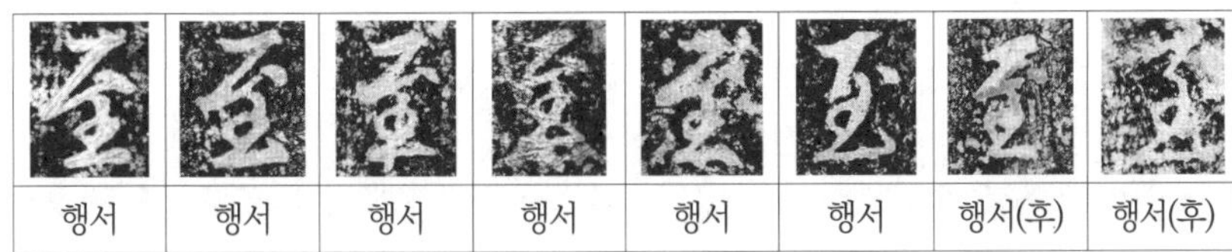

행서	행서	행서	행서	행서	행서	행서(후)	행서(후)

쉰둘째, '天' 자다(표 54). 총 12번 중 비문에 10번, 후기에 2번 나온다. 웅건한 북위풍 해서와 편하게 흘린 행서가 고루 쓰였다. 해서는 단호한 반면 행서는 상대적으로 유연하다. 첫 가로획은 앙·평·부세로 변화를 주었다. 그러나 둘째 가로획은 모두 앙세인데, 마지막 획인 파책의 아래를 향한 비스듬한 대각선이 부세의 역할을 하여 전체적으로 적절한 균형을 이룬다. 네 획에 불과한 단순한 글자지만 다양한 모습으로 변화를 주었다.

표 54. '天' 자

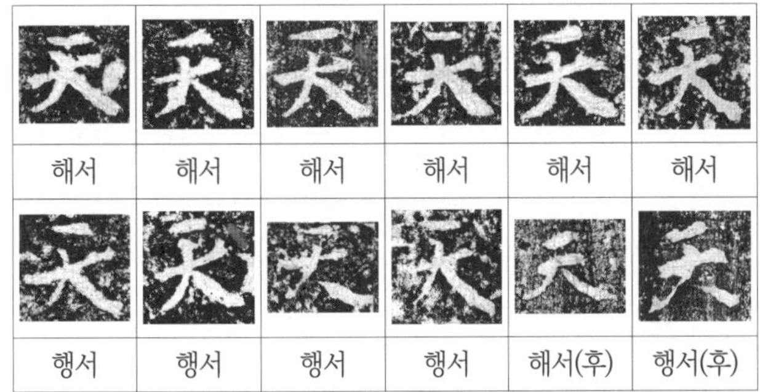

해서	해서	해서	해서	해서	해서
행서	행서	행서	행서	해서(후)	행서(후)

표 55. '青 · 請 · 淸' 자

해서	해행	행서	행서(후)	행서	행서	행서	행서	행서(후)	행서(후)

쉰셋째, 青이 사용된 '青', '請', '淸' 자다(표 55). 표 39의 '月'에는 없는 하부 月의 독특함을 살피기 위한 것인데, 각각 4번씩 사용되었다. 세 글자 모두 상하의 모습을 각각 달리하여 다양한 표정의 글자를 만들었다. 특히 셋째, 일곱째 글자에서 하부 月을 '口+亅' 형태로 쓴 것은 김생만의 독특한 결구법이다.

쉰넷째, 則이 사용된 '則', '測', '惻' 자다(표 56). 각각 8번, 1번, 1번 사용되었다. 대부분 원필의 해서인데, 첫 글자의 마지막 가로획과 마지막 글자의 세로획 기필은 방필이다. 貝에서 상부의 目은 유난히 크고 하부의 양 점은 상대적으로 작아 약간 불안정한 것도 김생 결구의 특징 중 하나다. 전체적으로 원만한 느낌이다.

표 56. '則 · 測 · 惻' 자

해서	해서	해서	해서	해서	해서	행서	해서(후)	해서	해서

표 57. '塔' 자

해서	해서	해서	해서	행서	행서	행서(후)

쉰다섯째, '塔' 자다(표 57). 총 7번 중 비문에 6번, 후기에 1번 나오는데, 북위풍 해서와 행서로 쓰였다. 土의 크기와 길이 그리고 획의 굵기에 변화를 주었다. 口의 모양을 조금씩 달리 표현했는데, 가운데 글자의 口는 역삼각형이라 색다르다.

쉰여섯째, '海' 자다(표 58). 총 13번 중 비문에 10번, 후기에 3번 나오는데, 모두 행서로 쓰였다. 전체적으로 결구가 비슷해 유사한 느낌이지만, 氵는 운필의 속도감이 느린 것과 빠른 것이 구분된다. 여섯째, 일곱째 글자의 氵는 붓놀림이 빨라 유난히 힘차 보인다. 몇 글자는 氵와 每의 연필이 획처럼 연결되어 있어 그렇지 않은 글자들과 다른 느낌이다. 후기의 '海'는 획이 가장 가늘고 부드럽지만 힘찬 기운이 있다.

표 58. '海' 자

행서	행서	행서	행서	행서	행서	행서	행서	행서	행서(후)

표 59. '玄' 자

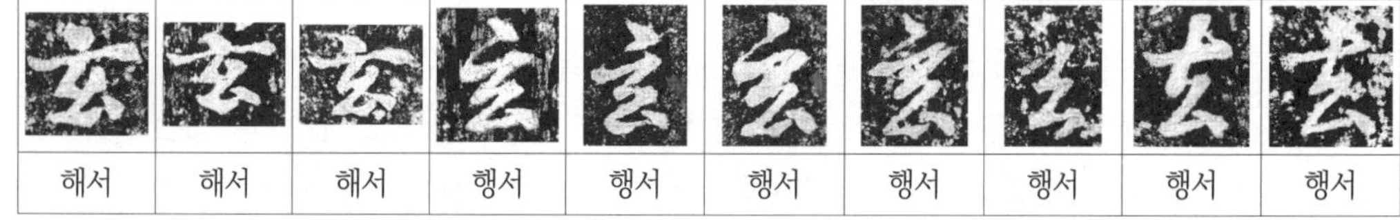

해서	해서	해서	행서	행서	행서	행서	행서	행서	행서

쉰일곱째, '玄' 자다(표 59). 총 11번 중 비문에 10번, 후기에 1번 나오는데, 해서보다 행서가 더 많다. 웅강무밀한 북위풍 해서에서 마지막 가로획이 독특한 모양으로 쓰였는데 행서인 여섯째, 일곱째 글자도 그렇다. 행서에는 해서처럼 첫 획을 점으로 쓴 것, 아래 획과 이어서 직선처럼 연결한 것이 있어 획이 적은 글자

일수록 다양한 형태로의 변화를 추구했다.

쉰여덟째, '和' 자다(표 60). 총 6번 중 비문에 3번, 후기에 3번 나오는데, 대부분 행서로 쓰였다. 흘려 쓴 禾, 반듯하게 쓴 口의 필법이 거의 동일하다. 후기의 가운데 글자만 좌우가 다 흘림으로 쓰여 온전한 행서의 모습을 갖추었다. 후기에서 북위풍 해서와 왕희지풍 행서는 김생 글씨의 양면성을 보여 준다.

표 60. '和' 자

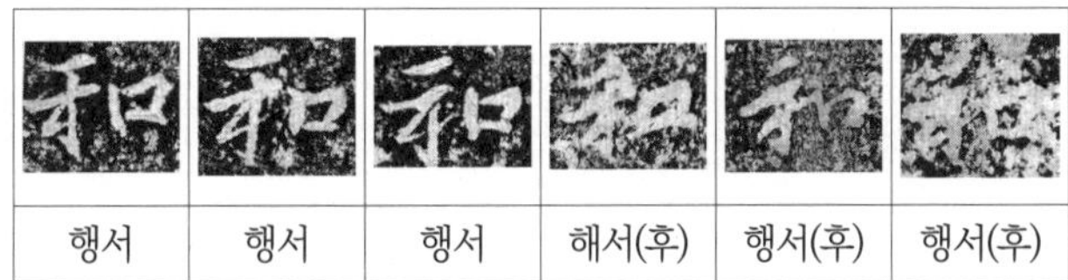

행서	행서	행서	해서(후)	행서(후)	행서(후)

표 61. '後' 자

해행	해행	해행	행서	행서	행서	행서	해행(후)	행서(후)	행서(후)

쉰아홉째, '後'자다(표 61). 총 11번 중 비문에 7번, 후기에 4번 나오는데 글자의 형태가 다양하다. 좌측 彳변을 해서로, 우측을 행서로 써 한 글자 안에서 해서와 행서를 조합시키기도 하고, 좌우를 모두 거침없이 행서로 쓰기도 했다. 때로는 힘차게 때로는 날카롭게 써 다양한 분위기를 표현했다. 후기의 세 글자에는 이런 요소들이 다 들어 있다.

지금까지 〈낭공대사비〉에서 5번 이상 사용된 글자 60여 종을 살펴보았다. 거기에는 다양하고 복합적 요소들이 혼재되어 있어 김생의 서예를 한마디로 서술하기는 어렵다. 변화무쌍한 결구가 보여 주는 파격, 직선획과 곡선획의 조화, 원필과 방필의 혼용, 향세와 배세의 혼합, 同字異形의 변화, 획간 연결이 보여 주는 유연함, 필획에서 느껴지는 강건함, 해행·행서·초행을 아우르는 변통 등 다양한 미감이 융합되어 진정 김생은 입신의 경지에 이르렀음을 알 수 있었다. 이광사가 "비의 탑본은 奇偉하고 법이 있다"고 한 것은 뛰어나면서 필법에 어긋나지 않은 김생 글씨에 대한 참으로 적절한 평이다.

김생의 해서와 행서로 집자한 〈낭공대사비〉에서 해서의 웅강함은 북비에서 나왔고, 행서의 힘참은 그 해서에서 연원했다고 할 수 있다. 그의 행서는 유려미와 절제미로 대변되는 왕희지의 행서와 유사한 부분도 있겠으나, 분명히 구별되는 측면이 더 강하다. 그는 왕희지가 漢碑를 배운 것처럼 한비에 근원을 둔 북비를 원천으로 자신만의 독창적 서풍을 구사했으니, 가히 '한국 최초의 비학자'이자 '한국 금석학의 시조'라 할 만하다.

Ⅳ. 맺음말

김생에 관한 기록과 품평 그리고 전칭작은 많지만 진적이 거의 없어 지금까지 그의 서예에 대한 연구는 기존의 기록을 기록하는데 그쳤다. 심지어 김생의 필적 가운데 가장 오래되고 믿을 만한 〈낭공대사비〉에 대한 연구조차 일부 행서 글자들에 한정되었다.

따라서 필자는 이 비의 글자들을 세세히 분석하여 김생 서예의 참모습을 살펴보았다. 그 결과 이 비에는 해서도 행서만큼 많이 사용되었다는 사실을 알 수 있었다. 정연한 해서, 행서의 필의가 있는 해서, 해서의 필의가 있는 행서, 유창한 행서가 모두 쓰여 김생은 해서와 행서 사이를 자유자재로 오가는 능통한 솜씨를 지녔음을 알 수 있었다.

김생의 해서는 웅강무밀한 북위풍이 주를 이룬다. 또 동시대 당에서 유행한 풍후한 안진경풍도 보이는데, 안진경도 북비를 배워 힘찬 글씨를 쓸 수 있었다. 이는 김생이 행서 이전에 북비 해서를 익혔다는 사실을 알려 주는 것으로, 그의 해서는 거칠면서 투박하고, 웅건하면서 과감하고, 꾸밈없는 자연미가 가득하여 가히 김생의 북위풍이라 할 만하다. 이는 6세기 후반 신라에 수용된 북위풍 해서가 8세기 김생에 의해 절정에 이르렀음을 말해 준다. 아울러 6세기 신라인의 無爲之爲的 미감을 지닌 글자들도 있어 부분적으로 고신라풍도 계승했음을 알 수 있었다.

김생의 행서는 과감하고 거침없는 운필, 활달한 기운생동, 疏疏密密의 배치, 원필과 방필 그리고 원전과 방절의 조화, 앙·평·부세의 혼용, 구애됨이 없는 능통과 변통을 보여 준다. 그의 행서는 북비 해서에 근거했기에 웅건하고 파격적인데, 이는 절제되고 유려한 왕희지 행서와는 분명 결이 다르다. 왕희지는 유년기에 위부인에게 글씨를 배웠으나 결국 그를 떠나 諸山의 漢碑와 魏碑를 찾아다니면서 스스로 글씨를 터득했다. 김생이 배운 것은 왕희지가 배운 바, 즉 왕희지의 외형이 아닌 정신을 배운 것이다. 이것이 김생이 왕희지에 비견되거나 뛰어넘을 수 있었던 이유다. 이는 왕희지와 북비를 동시에 익혀 왕희지를 뛰어 넘은 안진경의 서예 정신과도 일치한다.

중국 남조 초기에 왕헌지가 왕희지를 앞설 수 있었던 것은 그의 영활한 서풍 때문이다. 김생 글씨의 활달함과 자유자재함이 왕헌지, 안진경의 글씨와 같다는 것은 이서가 이미 지적했다. 제나라, 양나라에 이르러 二王의 명성이 뒤바뀐 것은 아들이 아버지를 능가할 수 없다는 유가 사상 때문이며, 이를 온전히 실천한 당 태종에 의해 왕희지는 마침내 서성이 된다.

이렇게 김생 시절에 왕희지가 이미 서성의 자리에 올랐지만 김생은 왕희지에 머무르지 않고 북비를 배우는 선구자적 안목으로 자신만의 서풍을 창조했다는 점에서 왕희지를 뛰어넘는 '진정한 서성'이라 할 수 있다. 김생은 당시 신라에서 유행하던 왕희지풍을 배웠겠지만 그의 행서에는 왕희지를 버린 후 얻을 수 있는, 왕희지와 구별되는 독특한 미감이 있다. 아마도 김생은 왕희지가 배운 것이 漢碑였다는 사실을 간파했을 것이다.

중국 금석학자 강유위는 『廣藝舟雙楫』에서 모든 북비의 근원은 한비라고 주장하고 번각을 거듭한 첩보다 원의가 살아 있는 비의 중요성을 강조했다. 그런데 김생은 8세기에 이미 이를 인지하고 실행한 것이다.

글씨의 원류를 찾는 비학 공부를 통해 스스로 창의적 미감을 습득했다는 점에서 김생은 '한국 금석학의 祖宗'이라 할 수 있다.

이 글은 김생이 북비를 배워 신필의 경지에 오를 수 있었음을 증명했고, 비의 중요성은 아무리 강조해도 지나침이 없다는 사실을 다시금 일깨워 준다. 〈낭공대사비〉 글자의 서체와 결구를 분석하는 방법으로 김생 글씨의 특징을 탐구한 이 글로 인해 이 비의 서예사적 가치가 더 높이 평가되고, 김생 서예에 대한 연구가 더 활발해지기를 기대한다.

투고일: 2019. 10. 28.　　심사개시일: 2019. 11. 1.　　심사완료일: 2019. 11. 20.

참/고/문/헌

1. 원전

『三國史記』(김부식)

『東國輿地勝覽』

『東國李相國集』(이규보)

『眉叟記言』(허목)

『書訣』(이광사)

『書訣』(이삼만)

『慵齋叢話』(성현)

『耳溪集』(홍양호)

『筆訣』(이서)

『筆苑雜記』(서거정)

『破閑集』(이인로)

2. 단행본

강유위 지음, 정세근·정현숙 옮김, 2014, 『광예주쌍집』 상·하권, 다운샘.

국립문화재연구소, 2011, 『한국 역대 서화가 사전』.

김상숙·이삼만·이서·이광사 원저, 김남형 역주, 2002, 『옛날 우리나라 어른들의 서예비평』, 한국서예협회.

원광대학교 서예과 동문 편저, 2018, 『먹의 배와 붓의 향기』, 다운샘.

이지관, 1994, 『校勘譯註 歷代高僧碑文』 高麗篇1, 가산불교문화연구원출판부.

정현숙, 2016, 『신라의 서예』, 다운샘.

정현숙, 2018, 『삼국시대의 서예』, 일조각.

진홍섭, 2011, 『김생』, 대원사.

한국사연구회 편, 1996, 『譯註 羅末麗初金石文』 上下, 혜안.

한신대학교 박물관, 1999, 『英·正祖代 集字碑 名品展』.

허흥식, 1984, 『韓國金石全文』 中世上, 아세아문화사.

東京國立博物館, 2013, 『書聖 王羲之』.

東京國立博物館, 2019, 『顔眞卿-王羲之を超えた名筆』.

東京國立博物館·台東區立書道博物館, 2019, 『王羲之書法の殘影-唐時代への道程』.

3. 논문

김수복, 2015, 「김생 서예의 형태미 연구」, 대전대학교 대학원 석사학위논문.

박맹흠, 2010, 「김생의 〈太子寺郎空大師白月栖雲塔碑〉 서풍 연구」, 원광대학교 동양학대학원 석사학위논문.

서동형, 1998, 「김생 필체의 변천과정-전유암산가서(田遊巖山家序)를 중심으로-」, 『선사와 고대』 11, 한국고대학회.

서동형, 2002, 「金生의 書法-백월서운비와 전유암산가서의 서체미 비교」, 『성신한문학』 6, 한국한문고전학회.

서동형, 2003, 「金生의 筆法論」, 『한문고전연구』 7, 한국한문고전학회.

성인근, 2007, 「〈白月棲雲塔碑〉의 전래과정과 전승유형」, 『서예학연구』 10, 한국서예학회.

이미경, 2008, 「김생 서예 연구」, 『서예학연구』 12, 한국서예학회.

이완우, 1998a, 「金生과 太子寺郎空大師白月栖雲塔碑」, 『옛 탁본의 아름다움, 그리고 우리 역사』, 韓國의 名碑古拓 論文集, 예술의전당.

이완우, 1998b, 「統一新羅 金生의 筆蹟」, 『선사와 고대』 11, 한국고대학회.

이호영, 1998, 「金生의 墨痕과 足跡에 대하여」, 『선사와 고대』 11, 한국고대학회.

정세근, 2003, 「김생의 서예와 그 집자비의 문제」, 『중원문화연구』 7, 충북대학교 중원문화연구소.

정현숙, 2013, 「통일신라 서예의 다양성과 서풍의 특징」, 『서예학연구』 22, 한국서예학회.

정현숙, 2018a, 「김생과 최치원, 〈월정교〉로 부활하다」, 『먹의 배와 붓의 향기』, 다운샘.

정현숙, 2018b, 「통일신라 범종 명문의 서풍 변화」, 『서예학연구』 33, 한국서예학회.

정현숙, 2018c, 「고대 동아시아 서예자료와 월성 해자 목간」, 『목간과 문자』 20, 한국목간학회.

허정욱, 2010, 「조선시대 김생 서예의 계승」, 『역사문화논총』 6, 역사문화연구소.

〈Abstract〉

The Calligraphy of Kim Saeng in the Unified Silla Period
−Based on *Nanggong-daesa Stele*−

Jung, Hyun−sook

The reliable works by Kim Saeng(金生), a noted calligraphy of the Silla, are *Nanggong-daesa Stele*(郎空大師碑), a stele with collected characters, and *Tian Youyan-sangaseo*(田遊巖山家序), a block book. The former keeps the original brush touch, and the latter lost it. Therefore, I tried to find out the characteristic of Kim Saeng's calligraphy through the stele.

The stele composed by Choi In−yeon(崔仁渷) and Monk Sunbaek(釋純白) was written in the regular and running scripts. The regular script with the taste of running script and the running script with the sense of regular script also used so that one can see his excellence coming and going between the two scripts. His regular script is mainly the Northern Wei style and partly Yan Zhenqing's style of the time in China as well as the Old Silla style in the 6th century. His powerful running script based on the regular script of the Northern Wei is clearly different from the flowing running script by Wang Xizhi.

The stele tells us the fact that the regular script of the Northern Wei style used from the end of the 6th century in Silla kept on being used through the 7th century to the 8th century. The running script in Wang Xizhi's style became prevalent from the 8th century in Silla. Kim created his own running script by studying Wang's style, but it basically came from the regular script of the Northern Wei. Accordingly, the difference between Wang and Kim can be mentioned, but the superiority and inferiority cannot be stated.

▶ Key words: Kim Saeng, Choi In-yeon, Monk Sunbaek, Nanggong-daesa Stele, Tian Youyan-sangaseo

신출토 문자자료

새로 나온 山東 靑島 土山屯 上計文書類 漢牘

唐代 高句麗 遺民 一族인 劉元貞과 그의 부인 王氏 墓誌銘

새로 나온 山東 靑島 土山屯 上計文書類 漢牘*

김진우**

〈국문초록〉

2011년, 2016~2017년 두 차례에 걸쳐 발굴이 진행된 중국 산동성 청도시 토산둔 한묘군은 전한 중후기에서 후한대에 이르는 이 지역의 '劉氏가족묘'라고 한다. 여기서 遣策, 名刺, 公文書 등 전부 25매의 한대 목독이 출토되어 주목된다. 토산둔 한묘 중 대표성을 가졌다고 할 수 있는 M147은 墓主가 전한 말 堂邑縣令과 蕭縣縣令을 지낸 劉賜라는 인물이다. 그리고 바로 이 M147에서 전한 말 哀帝 시기(기원전 1년) 堂邑縣의 각종 현황을 기록한 6매의 한대 현급 상계문서류 목독이 나온 것이다. 2019년에 나온 토산둔 한묘 발굴보고에는 이 당읍현 상계 문서류 목독에 대한 소개와 함께, 그중 〈堂邑元壽二年要具簿〉 〈元壽二年十一月見錢及逋簿〉 등 두 종의 문서 내용이 공개되었다.

본고에서는 토산둔 한묘에서 나온 한대 상계문서류 목독에 대해 개괄하면서, 이 두 문서에 대한 역문을 싣고 간단히 그 내용을 정리하였다. 〈堂邑元壽二年要具簿〉는 전한 애제 원수2년(기원전 1년) 당읍현의 면적, 인구, 토지, 조세, 무기, 관리 수, 빈민구제 등 각종 현황을 집계하여 기록하고 있다. 〈元壽二年十一月見錢及逋簿〉는 징수하고 체납된 각종 세수 항목을 기록한 문서이다.

秦漢代 제국질서의 작동은 방대하고 치밀한 문서행정에 기반했음은 주지의 사실이다. 가장 말단의 鄕級에서부터 작성된 각종 현황은 縣으로 취합되고, 현에서는 군으로 보고하기 위한, 군에서는 중앙으로 보고

* 이 논문은 2019년 대한민국 교육부와 한국연구재단의 지원을 받아 수행된 연구임(NRF-2019S1A6A3A01055801).
** 경북대학교 인문학술원 HK연구교수

하기 위한 각종 문서를 만드는데 이러한 종류의 문서를 상계문서라고 한다. 이처럼 각 행정단위 별로 만들어진 상계문서는 최종적으로 중앙으로 집적되어 전국 단위의 각종 현황 정보가 통계되어 제국질서가 일상적으로 작동되는 바탕이 된다.

이를 직접 확인할 수 있는 한대 상계문서류의 간독자료는 『윤만한간』, 『낙랑목간』, 『송박목독』, 『천장목독』 등 이미 적지 않게 찾아볼 수 있다. 여기에 본고에서 소개한 『토산둔한독』이 현급 상계문서로 새롭게 나온 것이다. 『토산둔한독』의 상계문서류 목독은 이제 그 일부 내용을 확인했지만, 향후 전체 내용이 공개된다면 기존 자료와 함께 漢代 지방행정 및 상계제도 연구에 중요한 역할을 할 것이다.

▶ **핵심어: 청도, 토산둔, 당읍현, 상계문서, 목독**

Ⅰ. 머리말 : 青島 土山屯 漢墓와 上計文書類 木牘의 발견

최근 중국 산동성 청도시 土山屯 漢墓에서 漢代 縣級 上計文書 木牘이 새로 출토되어서 주목된다.[1] 토산둔 한묘는 청도시 黃島區 張家樓鎭 土山屯村 동북쪽 능선에 위치한다. 이 지역에서 도로공사 중 漢魏시기 墓群이 발견되어 2011년 4~5월 청도시문물보호고고연구소가 膠南市박물관(현 黃島區박물관)과 함께 긴급 구제 발굴을 진행했다. 이때 3곳의 封土에 13기의 漢墓를 발굴하여 상당한 유물이 나왔는데, 그중 隨葬 器物을 기록한 遣冊 목독이 M6, M8 무덤에서 각각 1매 씩 나왔다고 한다.[2]

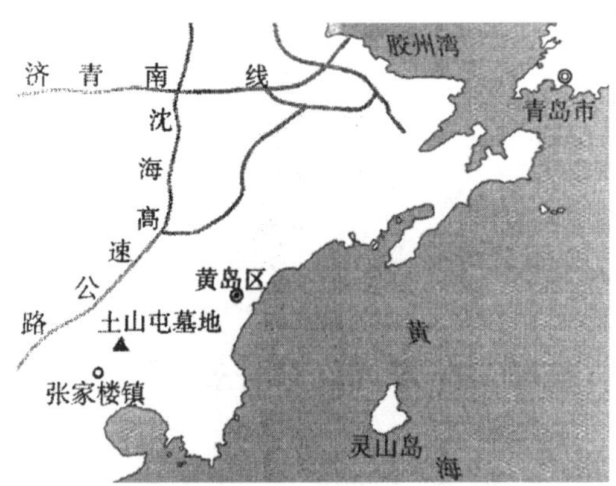

그림 1. 土山屯漢牘 출토지점(『考古』 2017-10, p.32 轉載)

이어서 2016년 5월부터 2017년 11월까지 청도시문물보호고고연구소는 황도구박물관과 함께 다시 토산둔의 漢魏시기 封土 15곳의 125기 漢墓에 대한 발굴 조사를 진행했다.[3] 그 결과 2017년도 중국 10대 考古新發現 후보로까지 선정될 정도로[4] 풍부한 발굴성과가 나와서 개괄적인 발굴 소개가 이미 있었는데,[5] 특

1) 중국 산동성 청도시 토산둔 한묘 출토 목독은 이하 "土山屯漢牘"으로 약칭한다.

2) 郑禄红/翁建红, 「山东青岛市土山屯墓地的两座汉墓」, 『考古』 2017-10 참고.

3) 전부 178기의 墓群에서 先秦시기 25기, 漢代 125기, 清代 28기로 구분해서 발굴 조사를 진행했다고 한다(彭峪, 「汉代县令家族的身后事 山东青岛土山屯墓群」, 『大众考古』 2018-2, p.53).

4) http://www.xinhuanet.com/culture/2018-02/27/c_1122458599.htm

5) 彭峪, 「山东青岛土山屯墓群」, 『大众考古』 2017-10; 彭峪, 「汉代县令家族的身后事 山东青岛土山屯墓群」, 『大众考古』 2018-2;

표 1. 土山屯漢牘 출토 槪況

발굴시점	종류	내용	수량	비고
2011년	木牘	遣策	2	
2016~2017년	木牘	遣策	9	
		名刺	2	
		公文書	6	(上計文書類)
		空白簡	6	
합계			25	

히 주목되는 내용은 여기서 모두 23매의 漢代 木牘이 나왔다는 점이다.[6] 그중에서 9매는 遣冊 목독, 2매는 名刺 목독, 6매는 上計文書 목독이며 그 나머지는 공백 목독이라고 하는데, 6매의 상계문서 목독에 대해서는 「堂邑元壽二年要具薄」, 「諸曹要具集簿」 「堂邑盜賊命簿」 「囚簿」 「元壽二年十一月見錢及逋簿」 「君視事以來捕得它縣盜賊小盜傷人簿」 「牧君移書要」 「堂邑元壽二年庫兵要完堅簿」 등의 문서명이 소개되기도 했다.[7]

그리고 2019년에는 토산둔 125기의 漢墓 중 출토유물의 풍부함이나 보존상태의 양호함 등에서 대표성을 갖췄다고 할 수 있는 4호 봉토(F4) 아래 M147, M148 두 漢墓에 대한 상세한 발굴보고가 나왔다.[8] 이 발굴보고에는 앞서 나열한 상계문서 중 「堂邑元壽二年要具薄」 「元壽二年十一月見錢及逋簿」의 釋文도 공개되었는데, 본 지면을 빌어 그 내용을 소개하고자 한다.

그림 2. 토산둔 한묘군 봉토 중 4호 봉토 위치(『考古學報』 2019-3 轉載)

그림 3. 토산둔 한묘 M147(『考古學報』 2019-3 轉載)

〈山东青岛土山屯墓群〉, 중국사회과학원 고고연구소 〈中國考古〉 2018.01.31.(http://www.kaogu.cn/cn/xccz/20180131/60941) 등 참고.

6) 土山屯漢牘은 2011년 조사에서 나온 遣冊목독 2매와 2016~2017년 조사에서 나온 23매 목독을 합하면, 현재 모두 25매가 나왔다고 할 수 있다.

7) 彭峪, 「汉代县令家族的身后事 山东青岛土山屯墓群」, 『大众考古』 2018-2, p.59.

8) 青岛市文物保护考古研究所/黄岛区博物馆, 「山东青岛土山屯墓群四号封土与墓葬的发掘」, 『考古學報』 2019년제3기. 이하 「土山屯發掘(2019)」 약칭.

II. 土山屯漢牘의 上計文書 木牘

土山屯의 漢墓群은 시기가 전한 중후기에서 후한대에 이르며 "劉氏가족묘지"라고 할 수 있다는데, 그중 M147의 묘주는 전한 말 堂邑현령과 蕭縣 현령을 지낸 劉賜라는 인물로 40세 전후에 사망했다고 한다.[9] 유사가 묻힌 청도 토산둔은 진한대 琅邪郡으로 토산둔 한묘군에서 바로 서남쪽에 군 치소였던 琅邪縣이 소재하고 있다.[10] 유씨 일족이 묻힌 토산둔 일대가 한대 낭야군의 51개 현·후국 중 낭야현에 속했는지, 아니면 다른 현·후국이었는지는 분명하지 않지만, 아마도 유사를 비롯해서 토산둔 한묘군에 묻힌 유씨 일족은 한 황실의 먼 방계로 전한 중후기 이래 후한대까지 오랫동안 낭야군에서 世居하면서 호족화된 가문으로 추정할 수 있을 것이다.

그림4: M147 출토 '劉賜' 銅印(M147:20, 『考古學報』 2019-3 轉載)

그림 5. M147 출토 '堂邑令印' '蕭令之印'(M147: 17, M147: 18, 『考古學報』 2019-3 轉載)

漢代 堂邑縣의 위치는 오늘날 중국 남경시 북부의 六合區에 해당한다. 본래 堂邑縣은 秦代 처음 설치되어 九江郡에 속했지만, 漢 高祖 6년 陳嬰을 堂邑安侯로 봉하면서 堂邑侯國이 되었다가,[11] 무제 때 國이 폐지되고 臨淮郡에 속한 29개 현 중 하나

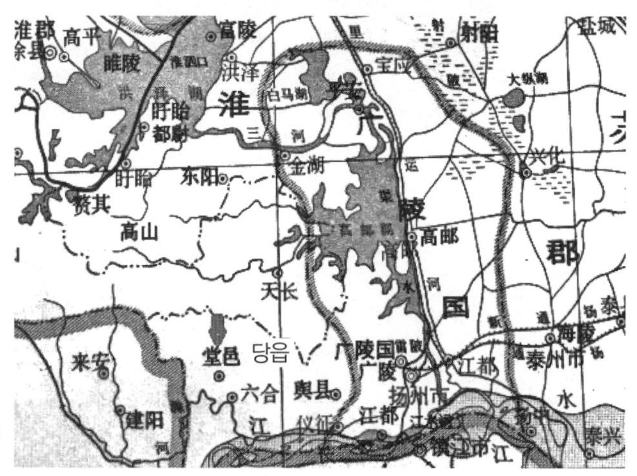

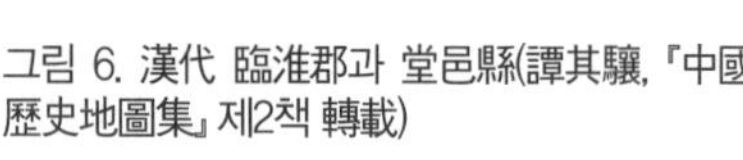

그림 6. 漢代 臨淮郡과 堂邑縣(譚其驤, 『中國歷史地圖集』 제2책 轉載)

9) 彭峪, 「汉代县令家族的身后事 山东青岛土山屯墓群」, 『大众考古』 2018-2, pp.54-56.

10) 『漢書』 권28上, 地理志, pp.1585-1586, "琅邪郡, 秦置. 莽曰填夷. 屬徐州. 戶二十二萬八千九百六十, 口一百七萬九千一百. 有鐵官. 縣五十一, 東武, ……, 琅邪, 越王句踐嘗治此, 起館臺. (存)[有]四時祠. ……"

로 전한 말까지 이르렀다.[12]

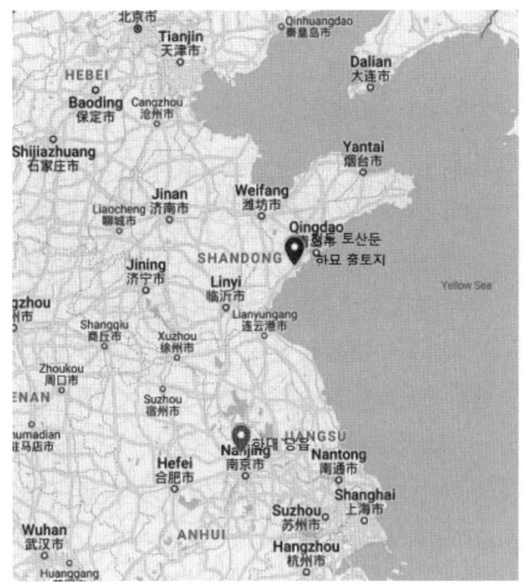

그림 7. 현재 지도로 본 漢代 당읍현과 토산둔 한묘 위치

그림 7의 현재 지도 상으로 토산둔 한묘와 당읍현의 현 위치를 비교해보면 대략 직선거리로 약 400여㎞ 정도 떨어져 있는 것으로 추산된다. 아마도 유사는 哀帝 元壽2년(기원전 1세기) 무렵에 당읍현령을 역임했을 것인데, 재직 기간 중 사망하여 고향으로 돌아와 장례를 치렀거나[歸葬], 아니면 현령직을 마치고 고향으로 돌아와 있다가 그 후에 사망하여 매장되었을 것이다. 어느 쪽이던지간에, 현령으로 있던 元壽2년 당읍현의 상계문서 자료를 가지고 가문의 세거지인 낭야군으로 돌아와서 생전의 지위를 증명하기 위해 당읍현령의 印章·名謁과 함께 隨葬되었던 것으로 볼 수 있다.

반면 蕭縣은 漢代 沛郡에 속한 37개 현 중 하나로,[13] M147에서 '堂邑令印'과 함께 '蕭令之印'이 함께 나와 劉賜는 일찍이 蕭縣의 현령도 지냈을 것으로 보이지만, 上計문서 목독은 堂邑縣의 것만 있을 뿐 蕭縣의 것은 나오지 않았다. 아마도 이는 劉賜가 죽기 전 마지막으로 지낸 관직이 堂邑縣令이었고 따라서 생전의 지위를 증명해주는 공문서로는 당읍현 것만을 隨葬했기 때문으로 생각할 수 있다.

그림 8. "堂邑令賜再拜謁" 名謁(M147: 25-3, 『考古學報』 2019-3 轉載)

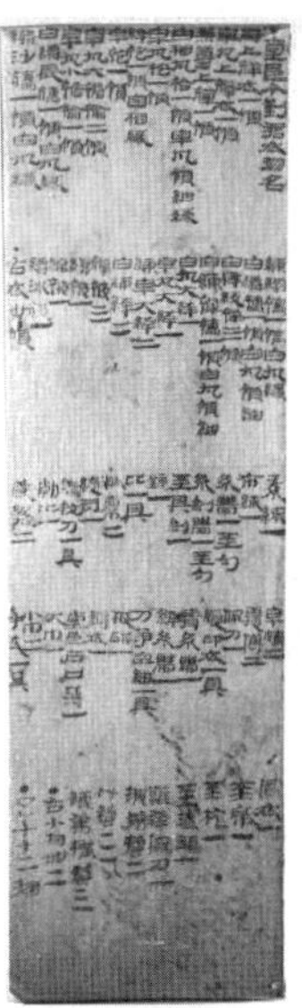
그림 9. 衣物疏((M147: 45, 『考古學報』 2019-3 轉載)

M147에서 모두 11매의 木牘이 묘주의 왼쪽 다리 편에 있던 대나무 상자 안에 담겨서 나왔다. 목독은 그 넓이가 약 7㎝, 길이는 약 23㎝, 두께는 0.5㎝ 정도이다. 그중 10매는 상자 안에 함께 포개져 있었는데, 2매는 공백 목독이고

11) 『漢書』 권16, 高惠高后文功臣表, p.537.

12) 『漢書』 권28상, 地理志, pp.1589-1590, "臨淮郡, 武帝元狩六年置. 莽曰淮平. 戶二十六萬八千二百八十三, 口百二十三萬七千七百六十四. 縣二十九, 徐, 取慮, 淮浦, 盱眙, 厹猶, 僮, 射陽, 開陽, 贅其, 高山, 睢陵, 鹽瀆, 淮陰, 淮陵, 下相, 富陵, 東陽, 播旌, 西平, 高平, 開陵, 昌陽, 廣平, 蘭陽, 襄平, 海陵, 輿, 堂邑, 樂陵."

13) 『漢書』 권28상, 地理志, p.1572, "沛郡, 故秦泗水郡. 高帝更名. 莽曰吾符. 屬豫州. 戶四十萬九千七十九, 口二百三萬四百八十. 縣三十七, 相, 龍亢, 竹, 穀陽, 蕭, 向, 銍, 廣戚, 下蔡, 豐, 鄲, 譙, 蘄, 𨛦, 輒與, 山桑, 公丘, 符離, 敬丘, 夏丘, 洨, 垓下, 沛, 芒, 建成, 城父, 建平, 酇, 栗, 扶陽, 高, 高柴, 漂陽, 平阿, 東鄉, 臨都, 義成, 祈鄉."

2매는 "堂邑令賜再拜謁"이라고 쓴 名謁이며 6매가 上計類 문서이다.

한편, 따로 떨어져 있던 1매의 목독은 衣物疏(M147 : 45)이다. 그런데 공개된 衣物疏 목독의 석문을 보면 그 목록에 '堂邑户口簿 一'의 항목도 있어서 6매의 上計 목독 외에 당읍현의 현급 호구부도 존재했음을 짐작할 수 있다.[14)]

「土山屯發掘(2019)」의 내용에 바탕 해서 6매의 상계문서 목독을 각각 소개하면 아래와 같다.[15)]

① M147 : 25-1 〈堂邑元壽二年要具簿〉〈元壽二年十一月見錢及逋薄〉

M147 : 25-1 木牘은 앞뒤 양면을 모두 사용하고 있는데, 각각 상하로 칸을 나누어서 쓰고 있다. 앞면과 뒷면의 상단까지 38행으로 〈堂邑元壽二年要具簿〉를 기록하고 있으며, 뒷면의 하단 14행으로 〈元壽二年十一月見錢及逋薄〉를 쓰고 있다. 〈堂邑元壽二年要具簿〉는 당읍현의 吏員 數, 縣城과 縣 전체의 크기, 戶口 수, 범죄인 수, 비축 무기 수량, 토지 면적 및 경작 면적, 傳馬 수량, 錢糧·市稅, 질병 및 빈민 구제 등 각종 현황을 기록하고 있다. 뒷면 하단의 〈元壽二年十一月見錢及逋薄〉는 稅收 및 미납된 각종 세수 항목을 기록한 문서이다.

② M147 : 25-6 〈諸曹要具集簿〉

M147 : 25-6 목독도 앞뒤 양면을 모두 쓰고 있는데, 20행으로 기록한 〈諸曹要具集簿〉문서는 내용이 〈堂邑元壽二年要具簿〉와 비슷하다고 한다.

③ M147 : 25-7 〈堂邑盜賊命簿〉

M147 : 25-7 목독은 앞면만 쓰고 있는데, 7행으로 당읍현에서 체포한 도적과 그 죄를 기록한 〈堂邑盜賊命簿〉 문서이다.

④ M147 : 25-8 〈囚簿〉〈牧君移書要〉

M147 : 25-8 목독은 앞뒤 양면을 쓰고 있다. 앞면은 상하 두 칸으로 나누어서, 상단은 6행의 〈囚簿〉문서로 죄수를 定罪하여 鐵官[16)]으로 보낸 정황 등을 기록하고 있다. 하단에는 별도의 문서명 없이 4행으로 2건의 재판 안례와 戈船의 소재 위치가 기재되어 있다고 한다. 뒷면은 8행의 〈牧君移書要〉 문서인데, 州牧이 내려보낸 문서를 6가지로 요약한 내용이라고 한다.

---

14) 「土山屯發掘(2019)」, p.428, M147 : 45 〈堂邑令劉君衣物名〉 "●堂邑令劉君衣物名 絳上禅衣一领, ……, 堂邑户口薄(簿)一, ……, ●右小物卌二 ●凡七十二物."

15) 「土山屯發掘(2019)」, p.426.

16) 『漢書』 권28상, 地理志, p.1590, "堂邑, 有鐵官."

⑤ M147 : 25-9 〈堂邑元壽二年庫兵要完堅簿〉

M147 : 25-9 목독도 앞뒤 양면을 사용하면서 각각 상하 두 칸으로 구분해서 쓰고 있다. 앞뒷면에 걸쳐 모두 49행의 〈堂邑元壽二年庫兵要完堅簿〉문서는 당읍현 무기고에 보관하고 있는 병기 상태의 통계를 기록하고 있다.

⑥ M147 : 25-10 〈盜賊命簿〉〈君視事以來捕得他縣盜賊小盜傷人簿〉〈囚簿〉

M147 : 25-10 목독은 앞뒤 양면을 쓰고 있는데, 앞면은 상하 두 칸으로 구분해서 상단은 7행의 〈盜賊命簿〉 문서이다. 하단은 7행의 〈君視事以來捕得他縣盜賊小盜傷人簿〉라는 문서명으로, 劉賜가 당읍현령으로 업무를 시작한 이래 체포한 다른 현의 도적, 좀도둑, 상해죄 등의 정황을 기록한 것이다. 뒷면도 두 칸으로 나누었는데, 상단은 5행의 〈囚簿〉이고 하단은 문서명은 따로 없이 3행으로 縣民이 걸린 역병과 치료한 정황을 기록하고 있다.

이상 土山屯漢牘에는 6매의 上計문서 목독에 실려있는 〈堂邑元壽二年要具簿〉〈元壽二年十一月見錢及逋簿〉〈諸曹要具集簿〉〈堂邑盜賊命簿〉〈囚簿〉〈牧君移書要〉〈堂邑元壽二年庫兵要完堅簿〉〈君視事以來捕得他縣盜賊小盜傷人簿〉 및 문서명이 없는 기타 내용, 그리고 衣物疏 목록에 있는 〈堂邑戶口簿〉 등 漢代 縣級 행정문서가 다양하게 확인된다.

다만 「土山屯發掘(2019)」을 비롯하여 대체로 土山屯漢牘의 이 6매 목독을 上計文書牘이라고 지칭하고 있는데, 〈牧君移書要〉나 〈君視事以來捕得他縣盜賊小盜傷人簿〉와 같은 문서명을 보면 이 모든 문서가 縣에서 郡으로 보고되는 上計문서의 범주에 포함할 수 있을지는 다소 의문이 든다. 즉 이 목독 문서들을 隨葬한 목적이 당읍현령을 역임한 묘주 劉賜가 사후에도 자신의 신분을 증명하여 저승의 세계에서도 그 지위를 그대로 누리고자 하는데 있었다고 한다면, 예를 들어 〈君視事以來捕得他縣盜賊小盜傷人簿〉과 같은 문서는 실제 上計 문서라기보다는 자신의 현령으로서의 치적을 과시하는 용도로 작성된 것일 수도 있다고 보이기 때문이다. 한대를 비롯한 중국 고대인들의 생사관이 '事死如事生' 즉 사후의 생활을 생전의 지위에 따라 그대로 누리는 것이었고, 이에 따라 무덤의 수장품도 철저히 생전의 지위를 증명하고 이를 그대로 사후 세계에서도 유지하는데 맞추어 준비되었다고 할 수 있다.[17] 그러므로 토산둔 한묘 M147의 수장품도 묘주 유사의 생전 현령으로서의 신분을 증명하고 그 지위를 그대로 누리는데 목적이 있을 것이다. 따라서 지금 확인되는 당읍현의 상계문서류 목독도 본래 당읍현에서 만든 원본이라기보다는, 유사를 매장하면서 원본에 기초하여 사후세계 용으로 재가공한 것이라고 추정할 수 있다고 생각한다.

이는 향후 추가로 釋文이 공개되면 좀 더 분명하게 논의할 수 있는 문제이고, 일단 「土山屯發掘(2019)」에서 석문이 공개된 M147 : 25-1 목독의 두 문서 〈堂邑元壽二年要具簿〉와 〈元壽二年十一月見錢及逋簿〉의 내용을 살펴본다.

---

17) 윤재석, 2013, 「중국고대 『사자의 서』와 한대인의 내세관-告地策을 중심으로-」, 『중국사연구』 86; 2014, 「중국고대 『사자의 서』와 한대인의 내세관-鎭墓文을 중심으로-」, 『중국사연구』 90 참고.

III. 土山屯漢牘 중 縣級 上計문서의 내용

1. M147 : 25-1 〈堂邑元壽二年要具薄〉

【釋文】

· 堂邑元壽二年[18]要具簿[19]

城一舟(周)二里百廿五步, 縣東西百卅五里五十步, 南北九十一里八十步

户二萬五千七, 多前二百卌七

口十三萬二千一百四其三百卅奴婢[20], 少前千六百八

復口三萬三千九十四

定事口九萬九千一十, 少前五百卌四

凡筭(算)[21]六萬八千五百六十八, 其千七百七十九奴婢

復除罷□(癃)[22]筭(算)二萬四千五百六十五

定事筭(算)四萬四千三多前六百廿二

---

18) 元壽 二年는 전한 哀帝의 연호로 기원전 1년이다.

19) '要具薄'라는 명칭의 簿는 土山屯漢牘에서 처음 확인되는데, '要具'를 '모아서 갖춘다'는 의미 정도로 이해한다면 『윤만한간』의 集簿와 같은 종류의 縣級문서로 보아도 무방할 것이다.

20) 〈堂邑元壽二年要具簿〉의 인구 통계 항목은 戶, 口, 算으로 구분되어 있는데, 이 중 口 132,104명 중 노비가 330명이고 算賦 납부 대상으로 성인 인구를 의미하는 算은 68,568 중 노비가 1,779으로 기록되어 있다. 이처럼 현의 인구 통계에 잡혀있는 노비가 어떤 존재인지, 또 口는 330명인데 算은 오히려 1,779으로 왜 숫자가 더 많은지, 그렇다면 算으로 잡혀있는 노비는 세역을 담당했는지 등 여러 의문점이 들 수밖에 없는 부분이다. 이와 관련해서 노비에게 2배의 算을 물렸는데 후한대에는 5배의 算을 물렸다는 『漢書』 惠帝 6년조 應劭의 주를 참고할 만하다(『漢書』 권2, 惠帝紀, p.91, "六年冬十月辛丑, ……, 女子年十五以上至三十不嫁, 五算. 應劭曰, 漢律人出一算, 算百二十錢, 唯賈人與奴婢倍算. 今使五算, 罪謫之也." 또 주인이 노비를 면천시키면 그 면천된 노비의 요역과 산부를 면제해준다는 『장가산한간』 이년율령·망률의 해당 율문도 아울러 살펴볼 필요가 있다(『장가산한간』 이년율령·亡律, 162~163간, "奴婢爲善而主欲免者, 許之, 奴命曰私屬, 婢爲庶人, 皆復使及筭(算), 事之如奴婢." 진한대 노비의 세역 부담에 대해서는 분명하지 않은 부분이 많지만, 국가권력의 입장에서 編戶民을 확보하고 대량의 노비 소유를 억제하기 위해, 노비 몫의 算賦를 주인에게 가중 부담시키고 면천하는 경우 그 세역을 면제해 주는 방식이 아니었을까 생각된다. 이 문제에 대해서는 앞으로 관련 연구가 더욱 진전되기를 기대한다. 진한대 노비에 대한 국내 연구성과로는 임병덕의 「秦·漢의 奴婢와 刑徒」(1994, 성균관대학교 박사학위논문)와 「秦漢 交替期의 奴婢」(2006, 『中國古中世史硏究』 16) 및 「『嶽麓秦簡』을 통하여 본 秦·漢初의 婚姻·奴婢·妻」(2019, 『역사와 담론』 91) 등과 이성규의 「전한의 대토지 경영과 노비 노동」(2008, 『중국고중세사연구』 20) 등을 참고할 만하다.

21) 筭(算)은 算賦로 漢代 15세에서 56세까지의 일반 성인 남녀에게 부과되는 人頭稅로 1년에 120錢을 내게 했다. 『後漢書』 권1下, 光武帝, p.74, "二十二年, 九月戊辰, 地震裂. 制詔曰, ……, 其口賦逋稅而廬宅尤破壞者, 勿收責. 漢儀注曰人年十五至五十六出賦錢, 人百二十, 爲一筭. 又七歲至十四出口錢, 人二十, 以供天子. 至武帝時又口加三錢, 以補車騎馬." 〈堂邑元壽二年要具簿〉에서는 算을 戶, 口와 함께 병렬하여 성인 남녀의 인구 통계로 표시하고 있다.

22) 罷癃은 세역 면제 대상이 되는 廢疾者로, 『장가산한간』 이년율령에는 罷癃의 조건으로 신장 6척2촌 이하, 廢疾에 걸린 자, 전쟁에서 부상을 입은 자 등을 들고 있다(『장가산한간』 이년율령·傅律, 363간, "當傅, 高不盈六尺二寸以下, 及天烏者, 以爲罷痒(癃)", 이년율령·徭律, 408간, "若其父母罷痒(癃)者, 皆勿行. 金痍·有□病, 皆以爲罷痒(癃), 可事如晥老").

凡卒二萬一千六百廿九, 多前五十一

罷癃睆老卒二千九十五

見甲卒萬九千五百卌四

卒復除繇使千四百卌一

定更卒[23]萬七千三百八十三

一月更卒千四百卌六

庫兵小大廿七萬三千三百六十七, 其廿三萬七千一百卌三完, 三萬二千五十一傷可繕

提封[24]三萬五千五百六頃廿七畝

其七千七百九十八頃六十六畝邑居不可豤(墾)

八千一百廿四頃卌二畝奇卅二步群居不可豤(墾)

千七百卅九頃□畝奇廿步縣官波湖溪十三區

可豤(墾)不豤(墾)田六千卌頃九十八畝奇六十八步

豤(墾)田萬一千七百七十五頃卌一畝

它作務田廿三頃九十六畝

凡豤(墾)田萬一千七百九十九頃卅七畝半

其七千一百九十一頃六十畝租六萬一千九百五十三石八斗二升菑害

定当收田四千六百七頃七十畝租三萬六千七百廿三石七升

百四頃五十畝租七百卅一石五升園田

民種宿麥七千四百二頃五十九畝, 多前百頃

所收事它郡國民户百廿一口二百五十一卒卌

一歲市租錢三百七十四萬三千九百八十八

湖池税魚一歲得錢廿九萬九千九百廿三

昆(鰥)寡孤獨高年九百卅九人, 昆(鰥)卌六人, 寡三百八十三人, 孤百七十六人, 獨百六人, 高年二百廿八人

一歲諸當食者用穀七萬一千八百六十七石三斗六升

---

23) 漢代 更卒은 傅籍에 등록된 성인 남성이 부담했던 의무 중 하나로 1년에 1개월씩 윤번 교대조로 편입되어 군현에서 복역했다. 〈堂邑元壽二年要具簿〉에는 전체 편성된 更卒이 17,383명에 1개월씩 매달 복역하는 更卒이 1,436명으로(1,436×12=17,232), 숫자가 151명 정도 차이가 있지만 거의 1년 1개월 윤번 교대 근무라는 漢代 更卒의 복역 형태에 부합하고 있다. 漢代 更卒의 징집과 복역 방식에 대해서는 이성규의 「전한 갱졸의 징집과 복역 방식-송박목독 47호의 분석을 중심으로-」(2009, 『동양사학연구』 109)를 참고.

24) 『장가산한간』 算數書에는 길이의 단위인 里로 頃·畝의 토지 면적을 계산하는 '里田術'이라는 算法이 나오는데, 이러한 방법으로 경계 내의 거주 공간, 도로, 산림수택, 경작 가능 토지, 실경작지 등을 각각 계산하여 합한 총면적을 '提封'이라고 했다. 彭浩, 2009, 「數學與漢代的國土管理」, 『중국고중세사연구』 21 참고.

吏員百一十三人

三老官屬員五十三人

樓船士[25]四百一十四人

庫工七十人

民放流不知區處户千卌口三千二百八十八算二千七百一十卒八百廿人

以春令[26]貸貧民户五千九十一口萬二千七百九十九

【譯文】

· 당읍현 원수2년 요구부

당읍 현성 둘레 2리 125보. 당읍현 동서 135리50보, 남북 91리80보.

戶 25,007. 전해보다 247호 증가

口 132,104 그중 노비 330. 전해보다 1,608명 감소.

요역 면제 口 33,094

요역 대상 口 99,010. 전해보다 544명 감소.

전체 산부(算賦) 납세자 68,568. 그중 1,779명 노비.

장애[罷癃]로 요역을 면제받은 산부 납세자[復除罷癃算] 24,565.

요역 대상으로 산부 납세[定事算] 44,003. 전해보다 622명 증가.

전체 졸(卒) 21,629. 전해보다 51명 증가.

장애·환로(睆老)졸 2,095.

현재 갑졸(甲卒) 19,534.

요사(繇使) 면제 졸 1,431.

갱졸(更卒) 대상자 17,383.

1개월 갱졸 1,436.

무기고 병장기 대소 273,367[27]

완전한 것 237,133

---

25) 樓船士는 漢代 兵種의 하나로 수군에 해당한다. 『後漢書』 권1下, 光武帝, p.51, "七年 三月丁酉, 詔曰今國有眾軍, 並多精勇, 宜且罷輕車, 騎士, 材官, 樓船士及軍假吏. 漢官儀曰高祖命天下郡國選能引關蹶張, 材力武猛者, 以爲輕車, 騎士, 材官, 樓船, 常以立秋後講肄課試, 各有員數. 平地用車騎, 山阻用材官, 水泉用樓船."

26) 『史記』 권27, 天官書, p.1351, "蒼帝行德, 天門爲之開.索隱謂王者行春令, 布德澤, 被天下, 應靈威仰之帝." 春令은 王者가 만물이 소생하는 봄에 천하에 德化를 펼치는 詔令으로 주로 빈민 구제를 위해 곡식을 방출하는 방식이다. 『尹灣漢簡』 集簿, "以春令成戶七千卌九口二萬七千九百廿六, 用穀七千九百五十一石八(?)斗□升半升, 率口二斗八升有奇"(張顯成 周羣麗, 2011, 『尹灣漢墓簡牘校理』, 天津古籍出版社, p.6).

27) 아래 완전한 것 237,133개와 수선해야 하는 것 32,051개를 더하면 269,184개로 차이가 4,183개 난다.

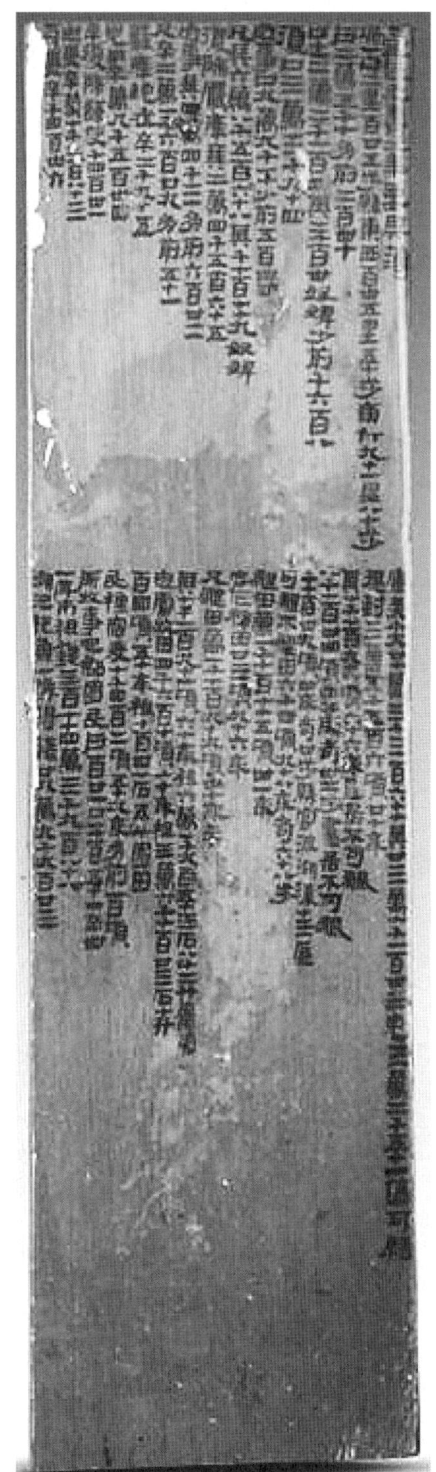

그림 10. 土山屯漢牘 M147: 25-1, 正面/反面(『考古學報』 2019-3 轉載)

손상되어 수선해야 하는 것 32,051

현 전체 토지 35,506경27무

그 중 7,798경66무는 읍 내 거주 공간으로 경작할 수 없음

8,124경42무32보는 (읍 외의) 현 내 여러 거주 공간으로 경작할 수 없음

1,739경□무20보는 현관의 파(波)·호(湖)·계(溪) 13곳

경작 가능하지만 경작하지 않은 토지 6,040경98무68보

경작 토지 11,775경41무

다른 작무에 사용 토지 23경96무

전체 경작 토지 11,799경37무반

그중 7,191경60무의 田租 61,953석8두2승은 재해로 (不收)

전조 징수 대상[定當收田] 4,607경70무의 田租 36,723석7승

원전(園田) 104경50무 租 731석5승

민의 가을보리[宿麥] 파종 7,402경59무, 전해보다 100경 증가

거두어들인 타 군국의 민 戶121, 口251, 卒40

1년 시조전(市租錢) 3,743,988전

호수·연못의 어로세 1년 299,923전

환과고독 및 고년 939인. 홀아비[鰥]46인, 과부[寡]383인, 고아[孤]176인, 무자식[獨]106인, 고년[高年]228인

1년 동안 현에서 지급해야 하는 각 종 항목에 사용한 곡식 71,867석3두6승

현의 이원(吏員) 113인

삼노(三老)관속원(官屬員) 53인

누선사(樓船士) 414인

고공(庫工) 70인

민 중 유민이 되어 거처를 알 수 없는 호 1,030 口 3,288 算 2,710, 卒 820인

춘령으로 빈민 호 5,091 구 12,799에게 곡식을 빌려줌

이상의 내용을 이해의 편의를 위해 아래와 같이 표로 다시 정리한다.

표 2. 元壽2년(기원전1년) 前漢 臨淮郡 堂邑縣의 각종 현황 통계

지리	縣城		2리 125보	
	縣	동서	135리 50보	
		남북	91리 80보	

구분		항목	수량	비고
인구	戶		25,007	247호 증가
	口	요역부담	99,010	
		요역면제	33,094	
		합계	132,104	1,608명 감소
	算	요역면제	24,565	
		요역부담	44,003	622명 증가
		합계	68,568	
군사		甲卒	19,534	繇使면제자 1,431
		罷癃·睆老卒	2,095	
		합계	21,629	51명 증가
		更卒	17,383	1개월 1,436
무기수량		완전	237,133	
		수선	32,051	
		(목독 기재) 합계	273,367	실제 합: 269,184
토지		전체 토지	35,506경27무	
		읍내 거주공간	7,798경66무	
		읍외 거주공간	8,124경42무	
		현관 波·湖·溪	1,739경□무20보	
		경작하지 않은 토지	6,040경98무68보	
		경작 토지	11,775경41무	
		타 作務田	23경96무	
		전체 경작토지	11,799경37무半	→ 田租 징수 대상
田租		재해로 不收	7,191경60무	61,953석8두2승
		징수 대상	4,607경70무	36,723석7승
		園田	104경50무	731석5승
稅		市租錢	3,743,988전	
		魚稅	299,923전	
인원(官)		吏員	113인	
		三老 官屬員	53인	
		樓船士	414인	
		庫工	70인	
인수(民)		鰥	46인	합 : 939인

	寡	383인	
	孤	176인	
	獨	106인	
	高年	228인	
	流民	戶 1,030	
		口 3,288	
		算 2,710	
		卒 820	
	貧民貸者	戶 5,091	
		口 12,799	
	거두어들인 타 군국민	戶 121	
		口 251	
		卒 40	
기타	민의 가을보리 파종면적	7,402경59무	100경 증가
	1년 동안 현에서 지급한 곡식량	71,867석3두6승	

2. 〈元壽二年十一月見錢及逋薄〉

【釋文】

元壽二年十一月見錢及逋薄 ·凡逋錢二百□五萬五千七百卌一[28]

見賦錢三萬二千六十二

見稅魚錢千二百一十

·凡見錢三萬三千二百七十二

逋二年口錢三萬九千七百八十二

逋二年罷癃卒錢十五萬七百五十

逋二年所收事它郡国民秋賦錢八百

逋二年所收事它郡国民口錢四百八十三

逋二年所收事它郡国民更卒錢九千二百

28) 아래의 세부 체납 항목 금액을 모두 합하면 2,046,731으로 다소 차이가 있다.

逋二年所收事它郡国民冬賦錢四百

逋二年冬賦錢八十四萬二千八百六十六

逋二年過更卒錢十九萬六百

逋二年罷癃錢千二百

逋三年[29]戍卒錢八十一萬六百五十

【譯文】

원수2년 11월 현전급포부·전체 체납액 2□55,741

현 산부전(算賦錢) 32,062

현 세어전(稅魚錢) 1,210

· 합계 현전(見錢) 33,272

원수2년 체납 구전(口錢) 39,782

원수2년 체납 파륭졸전(罷隆卒錢) 150,750

원수2년 거두어들인 타 군국의 민의 체납 추부전(秋賦錢) 800

원수2년 거두어들인 타 군국의 민의 체납 구전 483

원수2년 거두어들인 타 군국의 민의 체납 갱졸전 9,200

원수2년 거두어들인 타 군국의 민의 체납 동부전(冬賦錢) 400

원수2년 체납 동부전(冬賦錢) 842,866

원수2년 체납 과경졸전(過更卒錢) 190,600

원수2년 체납 파륭전(罷隆錢) 1,200

원수3년 체납 수졸전(戍卒錢) 810,650

Ⅳ. 맺음말 : 더욱 풍부해진 漢代 上計文書類 木牘

戰國시기 각국의 변법을 통한 君權의 강화는 기층사회의 인적·물적 자원에 대한 정보의 독점과 이를 중앙으로 체계적으로 집적하는데 기반 했음은 새삼 강조할 필요가 없을 것이다. 이와 같은 체계적으로 집적되는 정보를 최종적으로 중앙의 군주권력에게로 집중시켜나가는 치밀한 행정체계가 문서행정을 축으로

29) 元壽 2년(기원전 1년) 6월 哀帝가 사망하고(『漢書』 권11, 哀帝紀, p.344, "六月戊午, 帝崩于未央宮"), 9월 平帝가 9세의 나이로 즉위하여 다음해는 元始 元年(기원후 1년)이 된다(『漢書』 권12, 平帝紀, p.347, "九月辛酉, 中山王即皇帝位, 謁高廟, 大赦天下"). 따라서 '(元壽)三年'은 실제 사용되지 않은 연호이다. 따라서 여기서 '三年'은 '二年'을 잘못 쓴 것이거나, 또는 이듬해 개원하기 전 상계문서를 작성할 때의 시점이라는 점을 알 수 있다.

만들어졌고, 결국 진한제국은 그러한 文書의 방대한 정보망이 끊임없이 작동되는 속에서 성립되고 작동되었다고 할 수 있다.

진한제국의 기층사회에 대한 정보 관리는 일반 민을 편제하는 단위인 戶를 기본으로 한다. 이처럼 편호된 일반 민을 직접 관리하는 최하층 기관이 鄕인데, 鄕級에서 예하의 里를 대상으로 戶籍을 비롯한 인구·토지 등에 관한 각종 기초자료를 작성하게 된다. 그리고 이에 바탕 하여 鄕級에서부터 상급 기관으로 보고하기 위해 각 종 현황을 통계로 수치화하는 각종 簿를 작성하게 된다. 즉 鄕에서는 縣에 보고하기 위한, 縣에서는 郡에 보고하기 위한, 郡에서는 중앙에 보고하기 위한 각종 문서를 만드는데, 이러한 종류의 문서를 上計文書라고 하는 것이다. 그래서 縣의 상계문서는 예하 향의 상계문서의 집적이고 군의 상계문서는 예하 현의 상계문서의 집적으로 최종적으로 전국의 상계문서가 중앙으로 집적되어 전국 단위의 각종 통계 수치가 나올 수 있는 것이다.[30)]

이를 확인시켜 주는 당시의 각종 간독자료는 이미 적지 않게 찾아볼 수 있다. 먼저 鄕級 상계문서의 유형으로는『松柏漢墓木牘』이 있다.『松柏漢墓木牘』은 한 무제시기의 자료로「南郡元年戶口簿」를 비롯하여 江陵縣 西鄕 등지의 戶口簿·正里簿·免老簿·新傅簿·罷癃簿·歸義簿·復事算簿·見卒簿·置吏卒簿 등 각 종 簿가 나왔다고 한다.[31)] 縣級 문서로는『天長漢墓木牘』이 있다. 天長木牘의 정면은「東陽縣戶口簿」이고 뒷면은「東陽縣算簿」로 되어 있어서, 호구 파악 및 수취 업무가 긴밀하게 연결되어 있음을 잘 보여준다.[32)] 郡級 문서로는 예하 현의 각종 인구·물자 정보를 총괄해서 작성한 集簿문서가 일찍이 발견되었는데, 바로『尹灣漢簡』의「東海郡集簿」이다.『東海郡集簿」에는 漢代 東海郡 소속 행정단위, 군 면적, 현삼로·향삼로·효제역전의 수, 태수부의 관리 수, 동해군 전체 관리 수, 군 호구 수, 토지 면적, 男·女·老·小의 수, '春種樹' '春令成戶'의 수 등 다양한 郡 단위 통계 정보가 집적되어 있다.[33)] 또 集簿는 아니지만 郡級 상계문서로 예하 현의 호구수를 집계한 郡級 호구부로, 1990년대 평양시 정백동 364호 한묘에서 나온 호구부 목독「「樂浪郡初元四年縣別戶口多少□□」이 있다. 이 목독은 낙랑군 예하 25개 현의 호구 수 및 그 증감을 순서대로 기록하고 있다.[34)]

이상 鄕-縣-郡級 상계문서로『松伯漢墓木牘』,『天長漢墓木牘』,『尹灣漢簡』,『樂浪木簡』 등의 자료를 간단히 살펴보았지만, 여기에 본고에서 소개한『土山屯漢牘』이 縣級 上計문서로 새롭게 나온 것이다. 현재『土山屯漢牘』의 上計문서는 6매의 목독에 8종 이상의 각종 문서명이 확인되지만, 그중 〈堂邑元寿二年要具薄〉와 〈元壽二年十一月見錢及逋薄〉의 석문만이 공개되었다. 이제 막 공개되어 본고에서 일단 두 문서의 내용

30) 『漢書』 권28, 地理志, p.1640, "訖於孝平, 凡郡國一百三, 縣邑千三百一十四, 道三十二, 侯國二百四十一. 地東西九千三百二里, 南北萬三千三百六十八里. 提封田一萬萬四千五百一十三萬六千四百五頃, 其一萬萬二百五十二萬八千八百八十九頃, 邑居道路, 山川林澤, 羣不可墾, 其三千二百二十九萬九百四十七頃, 可墾不可墾, 定墾田八百二十七萬五百三十六頃. 民戶千二百二十三萬三千六十二, 口五千九百五十九萬四千九百七十八. 漢極盛矣."

31) 荊州博物館,「湖北荊州紀南松柏漢墓發掘報告」,『文物』 2008-4; 荊州博物館,『荊州重要考古發現』, 文物出版社, 2009 등.

32) 天長市文物管理所·天長市博物館,「安徽天長西漢墓發掘簡報」,『文物』 2006-11.

33) 連雲港市博物館·東海縣博物館·中國社會科學院簡帛研究中心·中國文物研究所,『尹灣漢墓簡牘』, 中華書局, 1997.

34) 윤용구, 2007,「새로 발견된 樂浪木簡-樂浪郡 初元四年 縣別 戶口簿」,『한국고대사연구』 46; 윤용구, 2009,「平壤出土「樂浪郡初元四年縣別戶口簿」研究」,『木簡과 文字』 제3호 등 참고.

을 간단히 정리했지만, 이에 바탕 하여 향후 『윤만한간』 〈동해군집부〉 등 기존 자료와도 비교 분석을 진행하는 등 좀 더 심도 있는 연구를 통해 漢代 上計제도 연구에 의미 있는 진전이 이루어지기를 기대한다.

투고일: 2019. 10. 29.	심사개시일: 2019. 11. 1.	심사완료일: 2019. 11. 24.

참/고/문/헌

『史記』, 『漢書』, 『後漢書』

張家山二四七號漢墓竹簡整理小組, 2006, 『張家山漢墓竹簡[二四七號墓](釋文修訂本)』, 文物出版社.
連雲港市博物館·東海縣博物館·中國社會科學院簡帛研究中心·中國文物研究所, 1997, 『尹灣漢墓簡牘』, 中華書局.
張顯成 周羣麗, 2011, 『尹灣漢墓簡牘校理』, 天津古籍出版社.
荊州博物館, 2009, 『荊州重要考古發現』, 文物出版社.

天長市文物管理所·天長市博物館, 2006, 「安徽天長西漢墓發掘簡報」, 『文物』 2006-11.
荊州博物館, 2008, 「湖北荊州紀南松柏漢墓發掘簡報」, 『文物』 2008-4.
郑禄红/翁建红, 2017, 「山东青岛市土山屯墓地的两座汉墓」, 『考古』 2017-10.
彭峪, 2017, 「山东青岛土山屯墓群」, 『大众考古』 2017-10.
彭峪, 「汉代县令家族的身后事 山东青岛土山屯墓群」, 2018, 『大众考古』 2018-2.
青岛市文物保护考古研究所/黄岛区博物馆, 2019, 「山东青岛土山屯墓群四号封土与墓葬的发掘」, 『考古學報』 2019-3.
임병덕, 1994, 「秦·漢의 奴婢와 刑徒」, 성균관대학교 박사학위논문.
임병덕, 2006, 「秦漢 交替期의 奴婢」, 『中國古中世史硏究』 16.
임병덕, 2019, 「『嶽麓秦簡』을 통하여 본 秦·漢初의 婚姻·奴婢·妻」, 『역사와 담론』 91.
윤용구, 2007, 「새로 발견된 樂浪木簡-樂浪郡 初元四年 縣別 戶口簿」, 『한국고대사연구』 46.
윤용구, 2009, 「平壤出土「樂浪郡初元四年縣別戶口簿」硏究」, 『木簡과 文字』 제3호.
이성규, 2008, 「전한의 대토지 경영과 노비 노동」, 『중국고중세사연구』 20.
이성규, 2009, 「전한 갱졸의 징집과 복역 방식-송박목독 47호의 분석을 중심으로-」, 『동양사학연구』 109.
彭浩, 2009, 「數學與漢代的國土管理」, 『중국고중세사연구』 21.
윤재석, 2013, 「중국고대 『사자의 서』와 한대인의 내세관-告地策을 중심으로-」, 『중국사연구』 86.
윤재석, 2014, 「중국고대 『사자의 서』와 한대인의 내세관-鎭墓文을 중심으로-」, 『중국사연구』 90.

〈Abstract〉

newly excavated count−up documents of the Han Dynasty's Wooden Tablets in Tushantun[土山屯], Qingdao, Shandong

Kim, Jin−woo

Tushantun[土山屯] HanTomb group[漢墓群], Qingdao, Shandong Province, China, which was excavated twice in 2011 and 2016−2017, is called the "Liu[劉]'s Family Cemetery" in this area, which ranges from the middle of the Former Han[前漢] to the Later Han[後漢]. From here, a total of 25 wooden tablets, including dispatch list[遣策], visiting card[名刺] and official documents, are excavated. The person buried in the M147, which can be said to be representative among the Tushantun HanTomb group, is an official of the Han Dynasty named Liu−ci[劉賜].

Right here came the six wooden tablets of the official documents of the Han dynasty, which recorded the various statistical data of Han Dynasty's TangYi prefecture[堂邑縣]. TangYi prefecture is located in the northern part of Nanjing city today. The report on the excavation of Tushantun HanTomb in 2019 introduced the new data and released documents that compiled various statistical data such as area, population, tax, and weapons of TangYi prefecture, and documents that recorded tax collection and delinquency. This paper introduced count−up documents of the Tushantun Wooden Tablets and translated two documents that were released and summarized their contents.

It is well known that the ruling order of the Qin−Han Empire was based on vast and elaborate document administration. There are quite a number of the ancient china excavation materials that can confirm this fact. And this time, the Tushantun Wooden Tablets was newly released. and checked some of the contents of them, If the whole contents are disclosed in the future, it will be an important data for the study of local administration and count−up system in the Han Dynasty.

▶ Key words: QingDao(青島), TuShanTun(土山屯), TangYi prefecture(堂邑縣), count-up documents(上計文書), Wooden Tablets(목독)

唐代 高句麗 遺民 一族인 劉元貞과 그의 부인 王氏 墓誌銘

-8세기 초반 高句麗 遺民 후손의 활동 사례-

안정준*

〈국문초록〉

2006년에 알려진 「劉元貞墓誌銘」과 더불어 최근에는 유원정의 부인인 晉陽君夫人王氏의 묘지명(「大唐左龍武大將軍劉公夫人晉陽君夫人王氏墓誌銘」)이 존재한다는 사실이 알려졌다. 두 묘지명은 모두 河南省 洛陽市에서 출토되었고, 각각 2015년에 제작된 탁본이 소장되어 있다는 단편적인 정보들을 확인할 수 있다.

두 묘지명의 원문은 『全唐文補遺-千唐誌齋新藏專輯-』에 함께 실려 있었는데, 그 내용을 비교·검토해본 결과, 남편인 유원정이 710년 6월에 李隆基(후일 唐玄宗)의 휘하에서 韋皇后와 安樂公主 일파를 제거한 사건에 참여했음을 알 수 있었다. 이를 통해 고구려 유민 일족의 후손으로서 唐朝에서 낮은 지위의 관직에 머물렀던 유원정이 갑작스레 禁衛軍의 정3품 고위관을 역임했던 배경도 분명하게 드러나게 되었다. 당 현종의 즉위를 전후한 시기에 유원정·高德·王景曜·王毛仲 등이 京師에서 벌어진 황실의 권력 투쟁에 적극 참여했다는 사실은 8세기 초반 고구려 유민 후손들의 활동 및 생존 전략과 관련해 시사하는 바가 크다. 향후 그들의 활동상을 체계적으로 분석하기 위한 기초 작업으로서 유원정과 왕씨부인의 묘지명을 역주하고, 두 묘지명의 내용을 통해 새롭게 발견된 사실들을 몇 가지 짚어보고자 한다.

▶ **핵심어: 고구려, 유원정(劉元貞), 이융기(李隆基), 위황후(韋皇后), 당원(唐元)**

* 서울시립대학교 국사학과 조교수

I. 개관

2006년에 출간된 『全唐文補遺-千唐誌齋新藏專輯-』(三秦出版社)에서는 「劉元貞墓誌銘」의 원문과 찬자가 소개된 적 있다. 여기서는 묘지명이 河南省 新安縣 鐵門鎮의 千唐誌齋에 소장되었으며, 撰者가 崔腓라는 점이 기재되었고, 묘지명의 판독문을 함께 실었다. 다만 탁본을 비롯한 다른 정보들은 기재되어 있지 않았는데, 최근 낙양 신안현의 천당지재박물관에서 「유원정 묘지명」의 탁본 사진 및 그와 관련한 간략한 소개문을 잠시 동안 웹상에 공개하였다.[1] 이로써 「유원정 묘지명」의 존재 자체는 분명하게 입증되었다고 해도 무방할 것이다.

한편 필자는 최근 바이두(https://www.baidu.com/)를 검색하다가 유원정의 부인인 晉陽君夫人王氏의 묘지명(「大唐左龍武大將軍劉公夫人晉陽君夫人王氏墓誌銘」)이 1999년에 발견되었다는 사실을 알게 되었다. 이러한 사실은 『新中国出土墓志』라는 책의 서문에 아주 간략하게 소개되었는데,[2] 정작 그 책의 본문에는 진양군부인 왕씨의 묘지명(이하 왕씨 부인 묘지명) 관련 내용이 없었다. 이에 중국 국가도서관 사이트(www.nlc.cn)를 검색해보자 유원정의 묘지명과 왕씨 부인의 묘지명이 모두 河南省 洛陽市에서 출토되었다는 점, 각각 2015년에 제작된 탁본이 소장되어 있다는 등의 단편적인 정보들을 확인할 수 있었다(〈별첨 1〉 참조)[3].

또한 吉林大의 辛时代가 쓴 「唐高句丽移民『刘元贞墓誌』考释」이라는 논문이 2015년에 게재되었고, 여기서도 왕씨 부인 묘지명의 원문과 더불어 관련한 기초적인 논의가 있었음을 알게 되었다.[4] 辛时代가 인용한 왕씨 부인 묘지명의 원문은 남편인 유원정의 묘지명 원문이 실렸던 『全唐文補遺-千唐誌齋新藏專輯-』에 이미 함께 실려 있던 것이었다. 왕씨 부인의 묘지명에 쓰여진 남편 유원정의 관직명과 사망 날짜, 그의 長男 이름 등을 비교해본 결과 양자가 부부임은 명백하다고 해도 무방하다.

---

1) 아래 사이트 주소로 「유원정 묘지명」의 탁본 사진과 더불어 묘지석에 대한 몇 가지 정보들이 공개되었다. 묘지석은 가로 70㎝, 세로 71㎝, 지석 두께 18㎝이며, 글자들은 전체적으로 판독에 문제가 없는 상태라는 점, 서체는 楷書와 行書의 중간 형태인데 해서가 주가 된다는 점이 적혀 있었다. 국사편찬위원회의 홍기승 선생님이 2019년 11월 18일에 이 사이트의 존재를 알려주셨는데, 며칠 뒤 바로 해당 사이트가 폐쇄되어 더 이상 열리지 않게 되었다. 미리 화면을 캡쳐 해서 확보한 탁본 사진만 논문에 공개한다(〈사진 1〉 참조).
https://mp.weixin.qq.com/s?src=11×tamp=1574065492&ver=1981&signature=4EITFAXpkFwScyILr1ds4xPGidN*-RpQUPBJqT8mSRf025A59DwqH7VTZsqMU8Nj*6RmN1R75QRoe0jdu4Pl8f8U205zB-rk8fVN3Yzne033EhIy2Ic7q2iP8CBfaeKZ&new=1

2) 中國文物研究所·千唐誌齋博物館 編, 2008, 『新中国出土墓志 河南[參] 千唐志斋[壹]』, 文物出版社, p.13.

3) 유원정 묘지명
http://find.nlc.cn/search/showDocDetails?docId=-2462062516972625108&dataSource=ucs01&query=%E5%8A%89%E5%85%83%E8%B2%9E
왕씨 부인 묘지명
http://find.nlc.cn/search/showDocDetails?docId=5558577059183940991&dataSource=ucs01&query=%E5%8A%89%E5%85%83%E8%B2%9E

4) 辛时代, 2015, 「唐高句丽移民『刘元贞墓誌』考释」, 『高句丽与东北民族研究』 7, 长春: 吉林大学出版社.

현재까지 공개된 두 묘지명의 내용을 비교·검토해본 결과, 남편인 유원정이 710년 6월에 李隆基(후일 唐玄宗)의 휘하에서 韋皇后와 安樂公主 일파를 제거한 사건에 참여했음을 입증하는 구문이 확인되었다. 이를 통해 고구려 유민 일족의 후손으로서 唐朝에서 낮은 지위의 관직에 머물렀던 유원정이 갑작스레 禁衛軍의 정3품 고위관을 역임했던 배경이 분명하게 드러나게 되었다. 유원정의 경우처럼 唐 玄宗의 즉위를 전후한 시기에 京師에서 황실의 권력 투쟁에 참여했던 고구려 유민 일족의 사례들이 잇따라 발견된다는 점은 주목할 필요가 있다. 이 글에서는 그에 접근하는 기초 작업으로서 유원정과 왕씨 부인의 묘지명들을 차례로 역주하고, 두 묘지명의 비교 검토를 통해 유원정의 활동 내용을 밝히고자 한다.

〈사진 1〉 중국 낙양 신안현의 천당지재(千唐志斎) 박물원에서 소개한 「유원정 묘지명」의 탁본 사진

II. 판독 및 교감

15	14	13	12	11	10	9	8	7	6	5	4	3	2	1	
之	之	恒	不	也	行	天	干	一	愃	守	于	公	持	大	①
足	不	公	能	爲	也	作	霸	清	玄	粤	遼	諱	節	唐	②
可	轂	宿	借	臣	礼	也	公	四	薫	公	祖	元	都	故	③
以	之	衛	之	之	不	無	業	方	降	之	婁	貞	督	雲	④
售	以		書	任	兼	挾	不	大	神	十	寄	其	天	麾	⑤
童	莅	天	疏	有	樣	乎	自	定	平	子	遼	先	水	將	⑥
稚	不	室	籌	七	也	尒	見		秩	承	爲	出	郡	軍	⑦
法	包	垣	策	强	樂	生	免	天	東	休	耨	自	諸	守	⑧
弟	之	陰	不	矯	不		解	下	作	等	薩	東	軍	左	⑨
兄	以	部	能	以	兼	天	褐	穆	乃	余	視	平	事	龍	⑩
也	禄	儀	干	表	習	生	三	穆	用	之	中	憲	天	武	⑪
公	均	九	之	忠	也	也	品	拔	唯	門	之	王	水	軍	⑫
職	薄	專	君	素	忠		雲	未		人	將		郡	大	⑬
處	四	使	子	斯	不	天	麾	隙	天	也	軍	八	太	將	⑭
用	海	車	則	鬼	兼	生	將	也	与	恒	也	代	守	軍	⑮
奇	必	六	尒	神	奉	特	軍	公	之	有	乾	祖	劉	上	⑯
專	善	進	哭	不	也	絶	公	有	厥	德	封	軒	公	柱	⑰
淂	必		小	能	孝	不	仁	臣	義	于	東	仕	墓	國	⑱
之	然	天	人	与	不	物	之	妾	厥	余	平	馮	誌	縠	⑲
以	躬	祑	則	之	兼	之	猶	之	忠	余	淂	燕	銘	陽	⑳
右	諾	凡	尒	▨	剋	有	然	職	早	不	甫	爲	并	郡	㉑
左	握	卅	歌	天	也	也	唯	而	賓	忍		博	序	開	㉒
息	聽	有	小	地	貴	且	施	無		不	天	士		國	㉓
堅	令	五	人	不	不	仁	是	臣	王	記	室	郎	隱	公	㉔
甲	肆	載	歌	能	惑	不	慰	妾	友	故	父	中	居	食	㉕
而	于	矣	公	貸	性	兼	也	之	中	記	順	夲	崔	邑	㉖
有	子	若	德	之	也	己	無	潛	裏	尒	贈	子	朏	二	㉗
之	子	一	君	古	强	也	挾	龍	見	矣	北	孫	撰	千	㉘
於	十	時	子	之	而	義	乎	雲	蘡	公	平	從		户	㉙
	而	而	哭	良	矯	不	尒		籌	竭	郡	燕		贈	㉚
	張	新	公	賢	之	兼	作	天	之	植	太	遷		使	㉛

30	29	28	27	26	25	24	23	22	21	20	19	18	17	16	
奄	西	楝	再	乎	必	必	畢	絶	一	不	者	繼	剖	天	①
兮	松	奚	時	薦	歌	應	焉	德	百	飮	斅	在	生	下	②
不	岳	然	也	簫	也	不	未	与	石	不	未	堂	之	也	③
重	兮	遂	昨	韶	於	後	若		贈	液	見	未	元	或	④
光	小	以	日	無	戲	不	公	天	使	則	及	之	調	任	⑤
大	有	其	無	下	於	先	之	並	持	不	也	昏	伸	委	⑥
賢	陽	年	往	里	戲	何	道	毫	節	知	公	省	縮	持	⑦
郵	東	五	復	之	有	圖	也	帛	都	所	不	冬	紐	靶	⑧
兮	望	月	之	聽	去	一	公	不	督	之	幸	夏	鞭	莫	⑨
物	溟	廿	期	君	無	陷	神	足	天	奚	以	給	節	不	⑩
感	兮	日	鼎	子	追	綸	移	▨	水	孝	天	諾	風	介	⑪
傷	飮	葬	養	有	神	經	汎	乎	郡	不	寶	甘	雨	矣	⑫
甫	太	於	乏	成	還	俄	物	成	諸	孝	三	脆	孤	公	⑬
奇	行	洛	赴	私	大	崩	寂	喉	軍	物	載	而	吟	擊	⑭
谷	夾	陽	筵	之	野	濟	亡	舌	事	情	二	九	雲	石	⑮
兮	河	縣	之	役	子	險	汎	不	天	不	月	祖	山	搜	⑯
三	洛	平	會	也	父	使	物	足	水	能	九	之	擿	音	⑰
眕	兮	陰		而	道	我	之	唱	郡	俛	日	內	黄	徽	⑱
强	地	鄕	黄	思	移	聾	容	乎	太	俛	薨	欽	帝	分	⑲
永	一	奇	天	之	君	固	入	善	守	矣	於	之	之	五	⑳
爲	藏	溪	黄	一	子	能	俗	假	令	有	守	無	遺	運	㉑
古	奉	之	天	刻	無	不	同	刻	有		官	涯	連	窺	㉒
兮		北	滓	則	所	斷	塵	金	司	詔	惟	長	搆	播	㉓
從	天	原	腐	再	措	腸	至	石	優	哀		公	今	殖	㉔
此	勞	歌	可	刻	乎	君	乏	豈	護	吊	太	者	古	之	㉕
張	兮	曰	捐	也	心	子	同	能	葬	賻	夫	訝	公	眕	㉖
	愬		野	思	賢	必	塵	与	事	絹	人	莫	幼	欲	㉗
	北		叟	之	達	哭	之	乎	公	四	涕	乎	喪	以	㉘
	邙		不	一	不	也	候		名	百	血	極	母	還	㉙
	窀		滅	時	復	小	動	天	階	疋	流	幼	氏	人	㉚
	穸		國	則	嘉	人	而	地	特	粟	趾	公	親	窮	㉛

■「劉元貞 墓誌銘」[5)]

大唐故雲麾將軍·守左龍武軍大將軍·上柱國·穀陽郡開國公食邑二千户贈使持節都督天水郡諸軍事·天水郡太守劉公墓誌銘并序

公諱元貞, 其先出自東平憲王後. 八代祖軒, 仕馮燕爲博士郎中, 卒, 子孫從燕遷于遼. 祖婁寄遼爲耨薩, 視中之將軍也. 乾[6)]封東平, 得甫天室. 父順贈北平郡太守. 粤公之十子承休等, 余之門人也. 恒有德于余, 余不忍不記, 故記爾矣. 公竭植愃[7)]玄薰, 降神平秩, 東作乃用, 唯天與之. 厥義厥忠, 早賓王友, 中裏見蘖[8)], 籌之一清. 四方大定, 天下穆穆, 拔未隙也. 公有臣妾之職, 而無臣妾之住. 潛龍雲天干霸, 公業不自見免. 解褐三品雲麾將軍. 公仁之猶然, 唯施是慰也. 無挾乎爾作, 天作也. 無挾乎爾生, 天生也. 天生特絶, 不物之有也. 且仁不兼己也, 義不兼行也. 禮不兼樣也, 樂不兼習也. 忠不兼奉也, 孝不兼剋也. 貴不惑性也, 强而矯之也. 爲臣之任有七, 强矯以表忠素, 斯鬼神不能與之, ▨天地不能貸之, 古之良賢不能借之, 書疏籌策不能干之. 君子則爾哭, 小人則爾歌. 小人歌公德, 君子哭公恒. 公宿衛天室, 垣陰部儀, 九專使車, 六進天秩, 凡卅有五載矣. 若一時而新之, 不瀫之以莅, 不包之以禄. 均薄四海, 必善必然, 躬諾握聽, 令肆于子. 子十而張之, 足可以售童稚, 法弟兄也. 公職處用奇, 專得之以右左, 息堅甲而有之, 於天下也. 或任委持靶, 莫不爾矣. 公擊石搜音徽, 分五運窺. 播殖之畛, 欲以還人. 窮剖生之元, 調伸縮紐. 鞭節風雨, 孤吟雲山, 擿黃帝之遺, 連搆[9)]今古. 公幼喪母氏, 親繼在堂. 未之昏省冬夏, 給諸甘脆, 而九祖之内欽之無涯. 長公者訝莫乎極, 幼公者斅未見及也. 公不幸以天寶三載二月九日, 薨於守官. 惟太夫人涕血流趾, 不飲不液則不知所之. 奚孝不孝, 物情不能俛俛矣! 有詔哀吊, 賻絹四百疋粟一百石, 贈使持節都督天水郡諸軍事·天水郡太守. 令有司優護葬事. 公名階特絶, 德與天並. 毫帛不足▨乎成, 喉舌不足唱乎善. 假刻金石, 豈能與乎. 天地畢焉, 未若公之道也. 公神移汎物, 寂亡汎物之容. 入俗同塵, 至乏同塵之候. 動而必應, 不後不先. 何圖, 一陷綸經, 俄崩濟險. 使我聾, 固能不斷腸. 君子必哭也, 小人必歌也. 於戲! 於戲! 有去無追, 神還大野. 子父道移, 君子無所措乎心, 賢達不復嘉乎薦. 簫韶無下里之聽, 君子有成私之役也. 而思之一刻則再刻也, 思之一時則再時也. 昨日無往復之期, 鼎養乏赴筵之會. 黃天, 黃天, 滓腐可捐, 野叟不滅, 國棟奚然. 遂以其年五月廿日, 葬於洛陽縣平陰鄉奇溪之北原. 歌曰:

西[10)]松岳兮, 小有陽. 東望溟兮, 飲太行. 夾河洛兮, 地一藏. 奉天勞兮, 憩北邙. 窀穸奄兮, 不重光. 大賢鄆兮, 物感傷. 甫奇谷兮, 三畛强. 永爲古兮, 從此張.

---

5) 판독 사진은 해상도가 높지 않은 한계가 있으나, 대략적인 판독은 가능하다. 吴鋼 主編, 2006,『全唐文補遺-千唐誌齋 新藏專輯-』, 西安市: 三秦出版社에 최초 제시된 원문을 기본으로 하는 가운데, 탁본 사진을 근거로 몇몇 글자들을 정정하였다. 판독표에는 異體字와 俗字 등 원문의 형태를 되도록 그대로 표기했고, 그 뒤에 제시된 판독문에는 正字體로 바꾸어 표기했다.

6) 全唐文補遺에서는 軋자로 표기돼있는데, 이 부분은 문맥상 '乾封年間'을 의미하는 것으로서 乾의 이체자(乹)로 추정된다. 탁본 사진의 한계로 인해 더 구체적인 판단은 어려우나 본고에서는 일단 乾으로 판독한다.

7) 全唐文補遺에는 글자가 누락되어 있음.

8) 全唐文補遺에는 孽로 판독. 탁본 사진에 의거해 蘖로 판독함.

9) 全唐文補遺에는 構로 판독. 탁본 사진에 의거해 搆로 판독함.

10) 全唐文補遺에는 面으로 판독. 탁본 사진에 의거할 때 애매한 점이 있으나 문맥상 西로 보는 것이 자연스럽다고 판단된다.

■「王氏夫人墓誌銘」[11)]

大唐左龍武大將軍劉公夫人晉陽君夫人王氏墓誌銘幷序

夫人姓王氏襄平人也. 營州別駕景昌其曾, 左豹韜衛郎將德徽其祖. 處士諶其父也, 不幸短命. 夫人生數月而拼孤, 終鮮伯叔, 保養于從姊. 貌在童齔, 婉其成人. 既笄而適于劉公. 事舅後姑, 饘於是粥於是, 而以孝聞. 唐元之初, 皇帝掃淸中禁, 劉公佐命將行, 密訪于夫人. 夫人曰, 人臣之義君, 爲社稷死則死, 爲社稷亡則亡. 又況大聖勃興, 天之所與. 反正皇極, 大庇生人, 在此擧矣! 公其勉旃. 既濟, 公拜雲麾將軍·右驍衛中郎, 夫人邑封太原郡. 終或藝宮, 始或伏劍, 猶若史策稱之, 檮杌榮之. 夫人方之無, 亦綽綽之有餘裕乎. 劉公尋加本衛將軍, 兼掌環列. 改封晉陽君夫人. 自爾劉公位望益崇, 夫人每加揖損. 君子賴之, 助成室家, 以之和平. 椒聊衍其實, 鳲鳩均我生, 故閨門之內, 莫適奚之其母, 不知孰者其子. 懂如也! 穆如也! 宗族莫不仰其德焉. 天寶三載春, 劉公由左龍武大將軍薨. 夫人銜恤哀慕, 僅以形立, 因遇心疾, 彌載不豫. 以天寶七載七月十六日, 薨于東京勝義坊宅之小寢, 享年六十有六. 闔門孺母仁里廢音. 遂以其載十二月卅日, 合葬于洛陽縣平陰鄕奇溪北平原舊塋. 大行說次, 而左右衛, 供儀以導引. 太僕巾車 而夙駕有司陳饋而庭薦. 生也則德儀爲榮, 沒也乃備物爲哀. 有子曰承休, 十五而志學, 十年而有聞. 承光·承福·承嗣等, 叙倫則十厥德維一. 或文章政事歸其能, 或環衛分閫資其幹. 所在而稱, 賴聖善歟. 諸子知適者, 早預昇堂之拜, 敢備旌旐之闕文. 其詞曰:

歲將暮兮, 寒風凄然. 徒御悲兮, 旌旐翩翩. 塋域不改兮, 古木蒼煙. 以時合葬兮, 路通黃泉. 徒恨物化之無故, 去來非我兮, 何患乎後先. 前右領軍衛兵曹參軍張載書.

III. 역주

■「劉元貞墓誌銘」

大唐 故雲麾將軍[12)]守左龍武軍大將軍[13)]上柱國[14)]穀陽郡[15)]開國公 食邑二千戶 贈使持節都督天水郡[16)]諸軍事·天水郡太守인 劉公의 墓誌銘 아울러 序

公의 諱는 元貞이요. 그 선조는 東平 憲王의[17)] 후예로부터 나왔다. 8代祖 軒은 馮燕에 出仕하여 博士郎中

---

11) 현재까지 탁본은 공개되지 않았으므로『全唐文補遺-千唐誌齋新藏專輯-』(三秦出版社)에 소개돼 있는「大唐左龍武大將軍劉公夫人晉陽君夫人王氏墓誌銘」의 원문을 옮겼다.

12) 雲麾將軍: 從3品의 武官職(『唐六典』 卷5 尙書兵部).

13) 左龍武軍大將軍: 宮庭 禁衛軍의 名稱이다. 中宗이래로 左·右萬騎로 불리던 것이 玄宗 때에 左右龍武軍으로 고쳐졌다. 대개 唐元功臣의 子弟로 선발하였다(『新唐書』 卷50 志40 兵 天子禁軍). 대장군은 정원 1인으로 정3품이다. ·

14) 上柱國: 정6품상의 封爵.

15) 穀陽郡: 北朝 東魏 武定6年(548)에 梁의 陽平郡을 빼앗고 穀陽郡으로 개칭하였다. 郡의 치소는 高昌縣인데, 지금의 安徽省 固鎭縣 穀陽城 지역이다.

16) 天水郡: 지금의 甘肅省 天水市 일대이다.

17) 東平憲王: 後漢 光武帝의 여덟 째 아들이자 明帝의 同母弟인 東平憲王 劉蒼을 말한다. 建武 15년에 東平公에 봉해졌고, 17년에

이 되었다가 죽었고, 자손은 燕으로부터 요동으로 옮겨갔다.[18] 조부 婁는 遼東에 기탁하여 耨薩이[19] 되었으니 視中의[20] 將軍이었다. 乾封年間(666~668)에 (唐이) 동쪽으로 평정함에 능히 황실을 도왔다. 父인 順은 北平郡太守를[21] 追贈받았다. 공의 열 아들들인 承休 등은[22] 나의 문하생이다.[23] 항상 나에게 恩德이 있었으니, 내가 차마 기록하지 않을 수 없어서 고로 기록하였다. 공은 큰 玄薰을 제거하고 심음에 神靈을 降臨시켜[24] 경작 순서를 정하게 하는 듯이 했으니,[25] 농사를 짓고[26] 사역함에 오직 하늘이 그와 더불었다. 義와 忠으로써 일찍이 王의 師友로[27] 대우받았으니, 안에서 흉악한 일을 보고 계책을 내어 한 번에 쓸어버렸다. 四方이 크게 안정되고 天下가 평안해졌으니[28] 향후의 화를 뽑아 제거한 것이었다. 공은 臣妾의 직분에[29] 있었으나 臣妾에 머무름은 없었다. 묻혀 있던 영웅이[30] 朝廷의[31] 으뜸이 되었고, 公의 功業은 스스로 벗어날 수 없는 것이었다. 출사하여[32] 3品 雲麾將軍이 되었다. 공은 仁의 여유로움으로[33] 베풀고 위무하였다. 미치지 않는 데가 없구나, 그대의 지음이여, 하늘의 지음이로다. 미치지 않는 데가 없구나, 그대의 냄이여, 하늘의 냄이로다. 하늘이 특출한 자를 내시니 견줄 바가 없구나. 대저 仁이 몸에 겸해지지 않으면 義가 행위에 겸해지지 않는다. 禮가 태도에 겸해지지 않으면 樂이 익숙함에 겸해지지 않는다. 忠이 받듦에 겸해지지 않으면 孝가 능함에 겸해지지 않는다. 귀함이 성품에 惑하지 않으면 굳세게 그것을 바로잡는다. 신하됨의 임무는 7가지

東平王으로 봉해졌다. 도읍은 無鹽인데 지금의 山東 東平縣이다.

18) 「豆善富 墓誌銘」의 사례처럼 먼 선대는 漢人 名士와 연관시키고, 후대는 고구려에 들어온 계기가 된 중시조 인물로 기술하고 있다. 중시조가 실제 조상인지 여부는 불분명하다.

19) 耨薩: 耨薩'은 고구려 최고위 지방관인 褥薩의 다른 표기로서 『舊唐書』 卷199上 列傳 第149上 東夷 高麗에 보인다. 이동훈 선생님(고려대 한국사학과)의 조언에 따랐다.

20) 視中: 視中은 '중앙을 바라보는' 정도의 의미가 아닐까 생각되지만, 분명하게 해석되지 않는다. 판독의 불완전함이라는 문제도 일부 있으므로 향후 과제로 두고자 한다.

21) 北平郡: 北平郡은 西晉代에 두어졌으며 그 前身은 右北平郡이다. 치소는 平剛으로 지금의 내몽골 寧城縣 甸子鎮 黑城村 黑城古城 일대이다.

22) 十子: 유원정 부인의 묘지명인 「大唐左龍武大將軍劉公夫人晉陽君夫人王氏墓誌銘」에서는 承休가 長男으로 기재되었으므로 10번째 아들로 해석하는 것 보다는 공의 10명의 아들인 승휴 등이라는 의미로 해석이 가능하다. 周 文王의 妃인 太姒가 낳은 열 명의 아들들을 '十子'라고 표기한 사례가 있다(『詩經』 大雅 思齊).

23) 門人: 門下에서 배우는 弟子. 門下生(『禮記』 檀弓 下).

24) 降神: 神靈이 降臨하다. 神靈으로 하여금 降臨하게 하다(『詩』 大雅·崧高).

25) 平秩: 경작 순서를 분별하여 정함(『書經』 堯典).

26) 東作: 농사짓는 일을 가리킨다(漢 蔡邕 「考城縣頌」).

27) 王友: 王의 스승과 벗(『唐六典』 諸王府公主邑司).

28) 穆穆: 평안하다. 조용하다(『楚辭』 遠遊).

29) 臣妾之職: 臣妾은 옛날 노예를 칭하는 표현. 이후 통치자에 의해 부려지는 民衆과 藩屬을 가리키기도 한다(『易』 遯). 閑職이나 낮은 爵位를 가리키는 것으로 보인다.

30) 潛龍: 성인이 낮은 지위에 숨겨진 채 드러나지 않음을 비유한다(『樂府詩集, 燕射歌辭』 2 食擧歌). 조정에 중용되지 못한 賢才를 비유한 표현이기도 하다(『後漢書』 馬融傳).

31) 雲天: 朝廷을 비유한 표현이다(南朝 梁 江淹 「蕭拜相國齊公十郡九錫章」).

32) 解褐: 布衣(무명옷)를 벗고 官職에 취임한다는 의미(『晉書』 曹毗傳).

33) 猶然: 침착하고 여유 있는 모습을 말한다(『大戴禮記』 哀公問五義).

가 있으니 굳세게 바로잡음에 誠心을 다해야하며,[34] 귀신은 능히 더불어서는 안 되고, ▨天地는[35] 능히 어긋나서는 안 되며, 옛 어진 성현들의 글은 빌려주어서는 안 되고, 편지를 쓰거나[36] 계산하는 일은[37] 능히 해서는 안 된다. 군자는 곡하고 소인은 노래한다. 소인은 공의 德을 노래하며 군자는 공의 변치 않음을 곡한다. 공은 황실을 숙위하고 궁궐 담의 안쪽에서 要職에 있었으며,[38] 사신의 수레를[39] 9차례에 걸쳐 전용(專用)했고, 황제의 작위를 주심에 6단계를 거쳐서 승진하였다. 이것이 무릇 35년 동안이었다.[40] 일시에 새로워짐이 지위로써 견주지 못하고 봉록으로써 포괄하지 못할 정도였다. 四海에 두루 미치니 필시 선하고 필시 밝구나. 몸소 순종하여 관청에서 일을 잡았고, 하여금 자식들을 시험하게 하였다. 아들 10명은 드러나서 족히 아이들을 훈도할 만하였고, 弟·兄을 서로 본받았다. 公은 職·處에 있어서는 남다른 책략을 지녔고,[41] 좌우의 무리들을 오로지 얻었으니, 강한 군대를 쉬게 하여도[42] 천하에 미칠 수 있었다. 혹 중용되어[43] 권한을 쥐면[44] 미치지 않는 곳이 없었다. 공은 돌을 치고 음을 골라서 五運을 훌륭하게 구별하였다. 파종하고 심을 땅을[45] 살펴서 사람들에게 돌려주고자 했다. 剖生의 근원을 궁구하여 펴고 줄이고 맺고 묶었다. 비바람 속에서 말을 몰고,[46] 雲山에서[47] 혼자 시를 읊었으며,[48] 황제의 남기신 것을 들추어 今과 古를 잇고 엮었다. 공은 어려서 어머니를 여의었고, 새 어머니가 그 집에서 이어받았다.[49] [새 어머니는] 날이 어두워지기 전에 더위와 추위를 살폈으며, 맛있는 요리를 제때 주었으니, 九祖의[50] 내에서 공경함이 끝이 없었다.[51] 장성

34) 忠素: 진심. 성심성의(漢 袁康『越絕書』越絕請糴內傳).

35) ▨天地: 천지에 대해 제사지내는 일을 가리키는 것으로 추정된다. 혹은 그릇된 사상이 담긴 저서류를 가리킬 가능성도 있다.

36) 書疏: 편지. 서찰(『史記』袁盎晁錯列傳).

37) 籌策: 籌筴라고도 쓴다. 옛 계산용구이다(『老子』). 대책을 궁리하다. 추측하고 헤아리다는 의미도 있다(『戰國策』魏策4).

38) 部儀(議): 儀는 議의 오독일 가능성 있다. 部議는 중앙 각부의 결정을 의미하는데, 묘주가 要職에 있었음을 의미하는 것으로 보인다.

39) 使車: 使者가 타는 수레(『漢書』蕭望之傳).

40) 凡卅有五載矣: 유원정은 「왕씨부인묘지명」의 내용을 고려할 때 710년 6월에 李隆基(후일 唐玄宗)의 휘하에서 韋皇后와 安樂公主 일파를 제거한 사건에 참여했던 것으로 볼 수 있다. 이후 그는 天寶3년(744) 봄에 左龍武大將軍에 있다가 죽었다. 710년부터 744년까지 황실을 숙위하고 궁궐의 要職에 있으면서 작위가 차례로 올라갔던 것으로 보인다. 이어지는 '凡卅有五載矣'라는 표현은 곧 710년 이래로 황실의 근위조직에서 근무한 기간이 35년 동안이라는 의미일 것이다. 이상의 내용은 이동훈 선생님(고려대학교 한국사학과)의 지적에 따른 것이다.

41) 用奇: 軍事上 예상 밖의 策略을 운용함을 가리킴(『三國志』魏志 明帝紀). 여기서는 뛰어난 재능을 지닌 관료를 의미하는 것으로 보인다.

42) 堅甲: 堅甲利兵은 견고한 갑옷과 날카로운 병기란 뜻으로, 강한 군대를 이르는 말이다. 堅甲은 그것을 줄인 표현이다.

43) 任委: 信任하여 重用하다(『周書』王思政傳).

44) 持靶: 持把와 같은 뜻이 아닌가 추정된다. 이는 '쥐다', '장악하다'의 의미가 있다.

45) 播殖: 播種하다. 種植하다(『國語』鄭語).

46) 鞭節: 말채찍의 마디(唐 李賀「夜來樂」詩).

47) 雲山: 구름과 산. 속세에서 멀리 떨어진 곳. 은자 또는 도사가 머무는 곳.

48) 孤吟: 혼자 (시를) 읊다(唐 韓愈「感春」詩之二).

49) 親繼在堂: 유원정의 친모가 사망한 이후 새 어머니가 들어왔음을 의미하는 것으로 보인다. 김수진 선생님(국민대학교 한국학연구소)의 조언에 따른 것이다.

50) 九祖: 역대 祖宗의 범칭(唐 呂岩『敲爻』歌).

해서의 공은 의심할 만한 것이 없었으며, 어려서의 공은 배워서 보고 미칠 만한 자가 아니었다. 공은 불행히도 天寶 3년(744년) 2월 9일에 관직에 있다가 죽었다. 太夫人의 피눈물이 바닥으로 흘러 머금지도 젖어들지도 않으니 간 곳을 알 수 없었다. 어찌 孝가 不孝가 되었는가. 세상일은[52] 능히 예단할[53] 수 없구나! [황제께서] 詔를 내려 慰問하고 賻儀로 絹 4백필과 곡식 1백석을 내렸으며 使持節都督天水郡諸軍事·天水郡太守에 추증하였고, 有司로 하여금 장례를 넉넉하게 돕도록 했다. 공은 명성과 품계가 특별히 뛰어났고 덕은 하늘과 더불어 나란히 했다. 문장은[54] □하기 부족한 듯하나 이루었고, 언변은[55] 나서서 주창함에 부족한 듯하나 잘하였다. 金石에 빌려 새겼으나 어찌 능히 그와 나란히 할 수 있겠는가. 天地가 끝났구나. 공의 道와 같지 않도다. 공은 신이하게 옮겨다니며 만물에 두루하였으니 조용히 사라짐도 만물의 모습이라. 들어가 혼연일체가 되고자 하니 비어서 일체화됨에 이르렀도다. 움직이면 반드시 응하니 나중도 먼저도 없구나. 어찌 예측했겠는가. 실 가닥을 간추림에 한번 빠뜨리고,[56] 험준한 고비를 넘음에[57] 갑자기 무너졌도다. 나로 하여금 눈귀가 컴컴하게 하니 진실로 비통하지 않겠는가.[58] 군자는 필시 곡할 것이오, 소인은 필시 노래할 지어다. 아아! 아아! 떠남은 있으나 좇음은 없으니 귀신은 大野에서 돌아갔도다. 아들과 아비의 도가 떠나가니[59] 군자는 마음에 어찌할 바를 모르고, 賢達한 자는 천거에도 다시 기뻐하지 않았도다. 簫韶는[60] 아랫마을에서의 들림이 없으며, 군자는 개인의 일을 이룸이 있을 뿐이로다. 생각하여 一刻한 즉 재차 새기고, 생각하여 한번 때를 맞춘 즉 재차 때를 맞추었다. 지난날엔 가고 오는 기약이 없었어도 솥으로 대접해도[61] 부족함이 있었다. 황천이여, 황천이여, 때가 끼고 썩으면 가히 제거할 수 있는 것이나, 한적한 시골의 늙은이도 죽지 않는데 나라의 기둥에게 어찌 그러한가. 마침내 그 해 5월 20일 洛陽縣 平陰鄉 奇溪의 북쪽 언덕에서 장사지냈다. 歌하여 가로되,

서쪽으로 큰 산의 소나무여, 작지만 드러나는구나. 동쪽으로 큰 바다의 滿月이여 머금음에 크게 움직이는구나. 黃河와 洛水를 끼고[62] 땅에서 한번 감추어지는구나. 天命을 받들어 행함의[63] 수고로움이여 北邙에서 쉬는구나. 무덤이여[64] 거듭 빛나지 않는구나. 크게 어진 驛馬여, 슬퍼함을 헤아리는구나. 크고 기이한 골

51) 無涯: 궁구함이 없다. 경계가 없다(『後漢書』 蔡邕傳).

52) 物情: 세상물정. 事物의 情狀.(唐 劉威 「遊東湖黃處士園林」詩).

53) 俛俛: 인위적으로 노력하다. 혹은 애써서 이루다는 의미로 생각된다. 문맥상 미리 예측하기 어렵다는 의미로 생각된다.

54) 毫帛: 毫素. 필기구의 범칭으로 글을 쓰는 것을 의미할 것이다(南朝 宋 鮑照 「從登香爐峰」詩).

55) 喉舌: 말재주, 언변(唐 劉知幾 『史通』 雜說下).

56) 綸經: 실을 간추림. 정사를 처리함을 비유한다(唐 柳宗元 「懲咎賦」).

57) 濟險: 험준한 곳을 등반하여 넘는다는 의미(唐 裴鉶 「傳奇·韋自東」).

58) 斷腸: 극도로 비통해하거나 혹은 그리워함을 의미한다(三國 魏 曹丕 「燕歌行」).

59) 子父道移: 아들이 아비보다 먼저 감을 표현한 것으로 보인다.

60) 簫韶: 舜 임금이 지었다는 음악(『書經』 益稷).

61) 鼎養: 솥을 줄이어 놓고 먹일 정도였다는 의미로 풍족하고 호화로운 생활을 가리킨다.

62) 河洛: 河雒이라고도 쓰며 黃河와 洛水의 병칭이다(『史記』 鄭世家).

63) 奉天: 天命을 받들어 수행함(『書經』 泰誓中).

64) 窀穸: 埋葬 혹은 무덤구덩이를 가리킴(『左傳』 襄公13年).

짜기여, 세 두둑이 강고하여라. 영원하고 오래됨이여, 이 盛함에 좇을지어다.

■「王氏夫人墓誌銘」

부인의 성은 王氏로 襄平人이다.[65] 營州別駕인[66] 景昌이 그 증조이며, 左豹韜衛郎將인[67] 德徽가 그의 조부이다. 處士인[68] 諶은 그의 아버지이며 불행히도 단명했다. 夫人은 태어나 수개월 만에 고아가 되었고 백부·숙부에게 終鮮(?)되고 사촌·누이에게 保養되었다. 고움은 童年이요, 순함은 成人이었다. 성년이 되어 劉公에게 시집갔다. 시아비와 이후에 들어온 시어미를 섬겼고,[69] 죽을 쑤어 먹으며 어렵게 살았으나,[70] 孝로써 소문이 났다. 唐元 연간[71] 초에 황제께서 禁中에서 소탕하셨는데, 劉公이 보좌하여 장차 이행하려 할 적에 夫人을 은밀히 찾았다. 부인이 말하기를, "신하는 군주에 순응하니, 사직을 위해 죽어야 하면 죽고, 사직을 위해 망하면 망하는 것입니다. 또 하물며 大聖께서 勃興하시니 하늘이 주신 기회입니다. 올바른 것으로 되돌려 황제의 규범을 세우고,[72] 백성을 크게 보호함이 바로 이 거사에 달려있습니다!"라고 하였다. 공이 힘써 행했다.[73] 일이 바로잡힌 뒤 공은 雲麾將軍[74]·右驍衛中郎에[75] 拜授되었으며, 夫人은 太原郡에[76] 봉해졌다. 종국에는 宮에서 극진하였고, 처음에는 칼에 엎드렸으니, 史策에서 그를 칭찬했을 것이요. 檮杌에서[77] 그를

---

65) 襄平: 遼東郡의 屬縣으로서 지금의 遼寧省 遼陽市를 가리킨다.

66) 別駕: 營州는 河北道 내에서 平州의 동북방에 위치한 州를 가리키며, 別駕는 長史·司馬와 더불어 州府의 上佐(상위 屬官)이다(『通典』 권33 職官5 總論郡佐). 품계는 上州의 경우 종4품하, 中州는 정4품상, 下州는 종5품상이다.

67) 左豹韜衛郎將: 宮廷의 警衛업무를 관장했던 左·右威衛가 광택 원년(684)과 신룡 원년(705) 사이에 左·右豹韜衛로 명칭을 고친 적이 있었다. 좌·우위위는 左·右郎將이 각1인이며, 正5品上이다.

68) 處士: 재주가 있으나 隐居하여 관직에 나아가지 않은 사람(『孟子』 滕文公下 ; 『漢書』 卷65 東方朔傳). 혹은 관직에 오르지 못한 사람에 대한 존칭이다.

69) 後姑: 유원정의 묘지명에 "公幼喪母氏 親繼在堂"이라고 하여, 유원정의 새 어머니가 있었음을 추정할 수 있다. 이에 '後姑'는 유원정의 새어머니이자, 왕씨 부인에게는 새로 들어온 시어머니를 의미한다고 생각된다. 이에 대해서는 김수진 선생님(국민대학교 한국학연구소)과 이동훈 선생님(고려대학교 한국사학과)의 조언이 있었다.

70) 饘於是粥於是: 『史記』 卷47 孔子世家에 의하면 공자의 선조인 정고부라는 사람이 宋에서 정치를 도왔는데, 그 鼎에 새긴 글을 다음과 같이 전한다. '(사를 삼는) 한 번 명령에 구부리고 (대부를 삼는) 두 번 명령에 (더욱) 구부리며 (경을 삼는) 세 번 명령에 (더더욱) 구부리다가 담장을 따라서 달아나니 또한 나를 감히 모욕할 리 없는지라. 이에 된 죽을 쑤며 이에 죽을 써서 내 입에 풀칠한다.'[("一命而僂 再命而傴 三命而俯 循牆而走 亦莫敢餘侮 饘於是 粥於是 以餬餘口"(『史記』 卷47 孔子世家 第17)]. 본문의 "饘於是粥於是"는 바로 '饘於是 粥於是 以餬餘口'에서 나왔을 것이다. 즉 죽을 쑤어먹으며 어렵게 생활함을 말한다.

71) '唐元'은 연호로서 唐隆年間(710년 6월 4일~7월 20일)을 가리키는데, 당의 8대 황제인 玄宗 李隆基의 이름자(隆)를 避諱한 것이다.

72) 皇極: 皇帝가 세운 바의 準則·規範(『晉書』 卷3 武帝紀).

73) 勉旃: 힘씀. 면려하기를 권할 때 쓰이는 표현(『漢書』 楊惲傳).

74) 雲麾將軍: 尙書兵部의 종3품관.

75) 右驍衛中郎: 左·右驍衛는 18衛 중 하나로 궁정의 경위에 관한 법령을 관장하고 그에 속한 병대와 속관부 및 예하의 절충부를 통제한다. 중랑장은 좌·우 각각 1인으로 정4품하이다.

76) 太原郡: 지금의 山西省 太原市를 말한다.

77) 檮杌: 춘추시대의 楚나라 역사책(『孟子』 離婁 下).

기렸을 것이다. 夫人은 견줄 이가 없으니 또한 일을 당하여도 여유 있고 침착하였도다. 劉公은 얼마 지나지 않아 本衛將軍이[78] 더해졌고, 環列에서 兼掌하였다. (부인은) 晉陽君夫人[79]으로 고쳐 봉해졌다. 이로부터 劉公은 位望이 더욱 높아졌으나, 夫人은 매번 사양하고 낮추는 것을 더하였다. 君子께서 이를 의지하고, (부인은) 一家를 도와 이루었으니, 이로써 和平하였다. 후추가 그 과실이 번성하며,[80] 뻐꾸기가 자식들에게 균일하게 대하니,[81] 고로 閨門의 안에서 어찌 그 어미에게 마땅함이 없었겠으며, 누가 그 자식을 알지 못하겠는가. 기쁘도다. 기쁘도다. 宗族이 그 덕을 우러르지 않는 이가 없구나. 天寶 3년(744) 봄에 劉公이 左龍武大將軍에[82] 있다가 죽었다. 부인이 슬픔을 당하여 哀慕하고 삼가함으로 모습을 세웠다가 心疾에 걸려서 불편함이 더해졌다. 天寶 7년(748) 7월 16일에 東京 勝義坊의 저택 小寢에서 죽었으니 향년 66세였다. 온 집안과 유모, 그리고 마을이 廢音했다. 마침내 그해 12월 30일 洛陽縣 平陰鄉 奇溪 北平原의 옛 무덤에 합장했다. 큰 덕행으로[83] 위계를 말하니 左右衛가 법도를 갖추어 인도하였다. 太僕寺에서 수레를 덮으니 이른 아침에 담당관이 물품을 보내어 뜰 안에 늘어놓았다. 살아서는 곧 德儀가 영화로움이 되더니 죽어서는 갖춘 물품이 슬픔이 되는구나. 자식은 承休라고 하니 15세 志學이요. 10세에 이미 알려졌다. 承光·承福·承嗣 등은 도리를 펴니 10세에 그 덕이 유일하였다. 혹 문장과 정사는 그 능함으로 돌아가고, 혹 대궐을 호위하고 외부로 出戰함은 유능함을 취하였다. 있는 곳마다 기려지니 황제에 힘입어 잘 될 것이다. 여러 아들들이 적당한 자를 알아서 관직에 오를 것을 일찍이 예견하였으니, [내가(찬자)]감히 깃발의 闕文을 갖춘다. 그 詞에 가로되,

한 해가 저무는구나. 차가운 바람이 처연하다. 車馬와 從僕이 슬퍼하는구나. 운구 앞의 깃발이 나부낀다. 묏자리는 고칠 수 없구나. 고목은 희푸른 안개 속에 서있다. 때에 맞게 합장하였구나. 길은 황천으로 통한다. 사람들은 만물의 변화가 이유 없음을 한스러워하나, 그치고 돌아감은 나에게 달린 것이 아니니 어찌 먼저가고 뒤늦게 감을 근심하는가. 前右領軍衛兵曹參軍 張載가 썼다.

---

78) 本衛將軍: 諸衛府의 左·右衛大將軍을 가리키는 것으로 보인다. 정원 각 1인으로 정3품이다.

79) 君夫人: 外命婦의 제도에 따르면 왕의 母·妻는 妃가 되며, 1품 및 國公의 모·처는 國夫人이 되고, 3품 이상의 모·처는 郡夫人이 된다.

80) 椒聊衍其實: "椒聊之實, 蕃衍盈升. 彼其之子, 碩大無朋. 椒聊且, 遠條且. 椒聊之實, 蕃衍盈匊. 彼其之子, 碩大且篤. 椒聊且, 遠條且."(『詩經』 唐風 椒聊)에서 인용된 표현이다. 주희의 注에 의하면 椒聊(후추)가 번성하여 후추의 가지가 멀리 뻗고 열매가 더욱 많음을 감탄한 표현인데, 이를 사람의 碩大하고 厚함에 비유한 것이라고 한다.

81) 鳲鳩均我生: "鳲鳩在桑, 其子七兮. 淑人君子, 其儀一兮. 其儀一兮, 心如結兮."(『詩經』 曹風 鳲鳩)에서 인용된 표현이다. 주희의 注에 의하면 뻐꾸기(鳲鳩)는 새끼를 먹일 때 순서가 아침에는 위로부터 아래로 내려오고, 저녁에는 아래로부터 위로 올라가 均一하여 똑같다고 했다. 즉 위 문장은 「뻐꾸기가 뽕나무에 있는데 그 새끼가 일곱이며, 淑人君子는 그 威儀가 한결같으니, 그 威儀가 한결같으면 마음이 맺혀있는 것과 같다」라는 의미이며, 결국 君子의 마음씀이 均平하고 專一함을 뻐꾸기의 새끼 대함에 빗대어 찬미했다는 것이다.

82) 左龍武軍大將軍: 宮庭 禁衛軍의 名稱이다. 中宗이래로 左·右萬騎로 불리던 것이 玄宗 때에 左右龍武軍으로 고쳐졌다. 대개 唐元功臣의 子弟로 선발하였다(『新唐書』 卷50 志40 兵 天子禁軍). 대장군은 정원 1인으로 정3품이다. 유원정의 묘지명에서도 그가 左龍武軍大將軍을 역임했음이 전해진다.

83) 大行: 큰 덕행[大行]에는 큰 시호[大名]을 붙이고, 작은 덕행에는 작은 시호[小名]를 부여한다(『太平御覽』 권562 禮儀部41 謚).

Ⅳ. 내용 검토

「유원정 묘지명」에 의하면 유원정 일가는 漢人계통의 劉氏인데, 중시조 격으로 기술된 劉軒은 8대조로서 博士郎中을 지냈다고 전한다. 실제로 『晉書』에 北燕 馮跋 재위기(409~430)에 長樂郡 출신으로서 太常丞·博士郎中직을 지냈던 劉軒이라는 同名 인물이 보인다.[84] 또한 유원정의 묘지명에서 유헌의 死後에 그 자손이 "(北)燕으로부터 요동으로 옮겨갔다"고 한 것은 北燕王 馮弘의 고구려 망명시(436)에 고구려에 온 것처럼 서술한 대목이다. 물론 유헌이 유원정의 선조였다는 내용의 진실 여부는 단정하기 어렵다.

한편 유원정의 조부인 劉婁는 고구려에서 '耨薩'을 역임했는데, 이때 유씨 일족은 李勣이 요동도행군총관으로 출전했던 乾封年間(666~669), 즉 666년 12월부터 평양성이 최종 함락되는 總章 元年(668) 9월 이전에 항복했던 것으로 추정된다.[85] 따라서 묘지명의 서술대로라면 유씨 일족은 약 230여 년 동안 고구려에 거주했던 것이 된다.

유원정은 天寶 3년(744년)에 관직에 있다가 죽었으며, 그 해 洛陽縣 平陰鄉 奇溪의 북쪽 언덕에 묻혔다고 하는데, 사망 당시의 나이는 불분명하다. 이 묘지명에서 흥미가 가는 부분은 유원정이 조정 내에서의 모종의 거사에 참여한 뒤("中裏見蘖 籌之一清 四方大定 天下穆穆 拔未隙也"), 종3품에 해당하는 雲麾將軍, 그리고 宮庭 禁衛軍인 정3품 左龍武軍大將軍을 역임하였다는 점이다.[86] 유원정의 묘지명에서는 이 거사를 나름 비중있게 다루었다. 따라서 그가 고구려 유민의 후손으로서 禁衛軍의 높은 직위에 오를 수 있었던 배경은 아마도 이 거사와 관련 있을 가능성이 높다고 생각되지만, 묘지명에는 그 시기와 내용에 대해 명확하게 기술하지 않았다.

그런데 이러한 의문은 부인인 왕씨의 묘지명(「大唐左龍武大將軍劉公夫人晉陽君夫人王氏墓誌銘」) 내용을 통해 일부 해결될 수 있다. 왕씨 부인의 묘지명에 따르면 그 집안은 遼東 襄平 출신의 漢人으로 보인다. 증조인 景昌이 營州別駕를, 조부인 德徽가 左豹韜衛郎將을 지냈는데, 이들 모두 높은 직위로 보기는 어려운데다,[87] 부친은 벼슬을 지내지 못하고 일찍 사망했다고 전한다. 따라서 고아 신세가 된 왕씨 부인을 맞이했을 당시 유원정이 3품 이상의 高官에 오를 만한 정치적 배경이 있었는지는 의심스럽다. 초기에 이들 부부의 생활이 매우 窮乏했음을 표현한 묘지의 내용도 그러한 의심을 더하게 한다.[88] 그런데 왕씨 부인 묘지명에는 남편인 유원정의 행적과 관련해 아래와 같은 내용이 적혀 있다.

---

84) 『晉書』에 따르면 劉軒은 馮跋과 같은 冀州 長樂郡 출신으로서 北燕 馮跋 재위기(409~430)에 太常丞·博士郎中직을 지냈다고 한다(『晉書』 載記 권125 載記 제25 馮跋). 辛时代, 2015, 앞의 논문, p.142에서도 관련 사료들을 제시한 바 있다.

85) 안정준, 2017, 「당대(唐代) 묘지명에 나타난 중국 기원(起源) 고구려 유민(遺民) 일족(一族)의 현황과 그 가계(家系) 기술」, 『역사와 현실』 101, p.52, 註40 참조.

86) 左龍武軍大將軍: 宮庭 禁衛軍의 名稱이다. 中宗이래로 左·右萬騎로 불리던 것이 玄宗 때에 左右龍武軍으로 고쳐졌다. 대개 唐元功臣의 子弟로 선발하였다(『新唐書』 卷50 志40 兵 天子禁軍). 대장군은 정원 1인으로 정3품이다.

87) 증조의 別駕는 長史·司馬와 더불어 州府의 屬官으로서 품계는 上州의 경우 종4품하, 中州는 정4품상, 下州는 종5품상이다. 또 조부의 左豹韜衛郎將는 정5품상에 해당한다.

88) "事舅後姑 饘於是粥於是而以孝聞"

> 唐元之初에 황제께서 禁中에서 소탕하셨는데, 劉公이 보좌하여 장차 이행하려 할 적에 夫人을 은밀히 찾았다. 부인이 말하기를, "신하는 군주에 순응하니, 사직을 위해 죽어야 하면 죽고, 사직을 위해 망하면 망하는 것입니다. 또 하물며 大聖께서 勃興하시니 하늘이 주신 기회입니다. 올바른 것으로 되돌려 大道를 이루고, 백성을 크게 보호함이 바로 이 거사에 달려있습니다!"라고 하였다. 공이 힘써 행했다. 일이 바로잡힌 뒤 공은 雲麾將軍 右驍衛中郎에 拜授되었으며, 夫人은 太原郡에 봉해졌다.[89]

위의 '唐元之初'에서 '唐元'은 연호로서 원래 唐隆年間(710년 6월 4일~7월 20일)을 가리키는데, 당의 8대 황제인 玄宗 李隆基의 이름자(隆)를 避諱한 것이다. 이 시기 당 조정 내에서 일어난 대표적인 변란은 710년 6월에 당시 臨淄王이었던 이융기가 韋皇后와 安樂公主 일파를 제거한 사건이다.[90] 이때 유원정은 이융기의 휘하에 있었다고 생각되는데, 불행히도 문헌에는 유원정의 이름이 보이지 않는다. 다만 거사 당시에 이융기의 휘하에는 萬騎라고 불리는 武人 집단이 있었다.

> 상왕의 아들인 臨淄王 李隆基는 예전에 潞州別駕에서 물러나 京師에서 은밀히 재주있고 용맹한 인사를 모으고 사직을 바로잡고 회복시킬 것을 모의하였다. 애초에 태종은 官戶와 蕃口 중에서 날래고 용맹한 사람을 뽑아서 호랑이무늬의 옷을 입히고 표범무늬의 언치를 두게하고 사냥하는 곳을 좇으며 말 앞에서 짐승을 쏘게 하였는데, 그들을 百騎라고 하였다. 則天武后 때는 조금 늘려 千騎로 만들어 左右羽林에 예속시켰고, 中宗은 그것을 萬騎라 부르며 사자를 두어서 다스렸다. 이융기는 대개 그 호걸들과 두텁게 관계를 맺었다.[91]

唐朝에는 당태종 때부터 官戶와 蕃口 중에서 날래고 용맹한 사람을 뽑은 百騎가 있었는데, 무측천 이래로 充員되어 千騎, 萬騎 등으로 규모가 늘었음을 알 수 있다. 위 기록에 의하면 이융기는 이미 京師에서 은밀히 재주있고 용맹한 인사를 모으면서 위황후 일파를 제거할 것을 모의했는데, 그가 거사에 동원했던 것

---

89) "唐元之初 皇帝掃清中禁 劉公佐命將行 密訪于夫人 夫人曰 人臣之義君 爲社稷死則死 爲社稷亡則亡 又況大聖勃興 天之所與反正皇極 大庇生人 在此舉矣 公其勉旃 既濟 公拜雲麾將軍 右驍衛中郎 夫人邑封太原郡"(「大唐左龍武大將軍劉公夫人晉陽君夫人王氏墓誌銘」)

90) 韋皇后는 唐中宗(재위: 683~684, 705~710)의 황후이며, 安樂公主는 양자 사이에 낳은 막내딸이다. 景龍 4년(710)에 燕欽隆이 중종에게 위황후와 안락공주의 淫行과 惡行을 고했고, 중종의 추궁을 두려워한 위황후와 안락공주는 공모하여 중종을 독살하였고, 中宗의 넷째 아들인 温王 李重茂를 일단 황제로 옹립한 뒤 황위를 양위 받아 직접 황제가 되려고 하였다. 그러나 臨淄王 李隆基와 측천무후의 딸인 太平公主 등이 정변을 일으켜 위황후와 안락공주 등을 죽이고 睿宗을 황제로 세웠다(『舊唐書』 卷51 列傳 第1 后妃上 中宗韋庶人).

91) "相王子臨淄王隆基 先罷潞州別駕 在京師 陰聚才勇之士 謀匡復社稷 初 太宗選官戶及蕃口驍勇者 著虎文衣 跨豹文韀 從遊獵於馬前射禽獸 謂之百騎 則天時稍增為千騎 隸左右羽林 中宗謂之萬騎 置使以領之 隆基皆厚結其豪傑"(『資治通鑑』 唐紀 睿宗景雲 元年 5月 壬辰)

이 바로 위의 萬騎兵이었을 것이다. 이융기는 臨淄王으로 있을 당시부터 萬騎와 긴밀한 유대관계를 갖고 있었는데, 그들 가운데 영웅다운 사람을 만나면 음식은 물론 돈과 비단을 하사하여 환심을 샀다고 전한다.[92] 유원정이 이융기와 인연을 맺게 된 것은 아마도 蕃口로서 千騎 혹은 萬騎에 선발되었던 것이 중요한 계기였던 것으로 추정된다.

이융기는 정변이 성공한 뒤에 참가했던 인물들에게 '唐元功臣'이라는 칭호를 내렸고, 당 현종으로 즉위한 뒤에는 이들의 관직을 올려주었다. 왕씨 부인의 묘지명에 따르면 유원정은 위황후 일파 제거의 거사 직전에 부인에게 넌지시 상의를 했으며, 부인이 적극적인 참가를 권하였던 것 같다. 거사가 성공으로 끝나면서 유원정은 尙書兵部의 종3품 雲麾將軍과 宮庭 禁衛軍인 정3품의 左龍武軍大將軍을 차례로 역임하게 되었고, 이로써 가문을 크게 일으킬 수 있었던 것이다.[93]

요컨대 夫人 王氏의 묘지명을 통해 고구려 유민 후손인 유원정이 710년경 萬騎 소속으로 당 현종(이융기)의 위황후 일파 제거에 참여했음을 추정할 수 있다. 이 당시 萬騎의 일원으로서 위무후의 제거에 참여했던 인물들 가운데는 고구려 유민 일족인 高德과[94] 王景曜도[95] 있으며, 王毛仲 역시 武功을 세워 크게 출세했음을 『舊唐書』 기록[96] 등을 통해 알 수 있다.[97]

唐 玄宗의 즉위 전후에 고구려 유민 일족 가운데 군사적 능력을 통해 京師에서 황실의 권력 투쟁에 활용되었던 사례가 계속해서 발견된다는 점은 주목할 만하다. 특히 유원정과 같이 당시 문헌기록에는 보이지 않는, 萬騎의 일원인 고구려 유민 출신들이 더 존재했을 가능성도 배제할 수 없다. 이처럼 8세기 초반을 전후해 당 京師에서 활동했던 유민 후손들의 묘지명이 추가로 발견된다면, 고구려 멸망과의 시간적 격차 때문에 크게 주목하지 않았던 유민 2~3세대의 활동상을 좀 더 체계적으로 분석해볼 수 있는 의미있는 자료로서 활용할 수 있을 것으로 생각된다.

투고일: 2019. 10. 27. 심사개시일: 2019. 10. 30. 심사완료일: 2019. 11. 23.

92) "初 太宗貞觀中 擇官戶蕃口中少年驍勇者百人 每出遊獵 令持弓矢於御馬前射生 令騎豹文韉 著畫獸文衫 謂之百騎 至則天時 漸加其人 謂之千騎 分隸左右羽林營 孝和謂之萬騎 亦置使以領之 玄宗在藩邸時 常接其豪俊者 或賜飮食財帛 以此盡歸心焉 毛仲亦悟玄宗旨 待之甚謹 玄宗益憐其敏惠"(『舊唐書』 卷106 列傳 第56 王毛仲). 이와 관련해서는 지배선, 2006, 『고구려·백제 유민 이야기』, 혜안, pp.20~22를 주로 참조.

93) 부인 왕씨의 묘지명에는 "劉公尋加本衛將軍 兼掌環列"이라고 기록되어 있는데, 이와 관련해 유원정이 713년 이융기의 태평공주 일파 제거에 참여해서 衛將軍에 오른 것이라고 보기도 한다(辛時代, 2015, 앞의 논문, p.145).

94) 이동훈, 2008, 「高句麗遺民 『高德墓誌銘』」, 『한국사학보』 31, pp.37~39 참조.

95) 王景曜의 묘지명은 北京圖書館金石組 編, 1989, 『北京圖書館藏 中國歷代石刻拓本匯編』 23, 鄭州: 中州古籍出版社 ; 周紹良 主編, 2000, 『全唐文新編(22)』, 長春: 吉林文史出版社에 수록되어 있으며, 그가 이융기의 위황후 일파 제거에 참여했음에 대해서는 바이건싱, 2008, 「고구려·발해 유민 관련 유적·유물」, 『중국학계의 북방민족 국가 연구』, 동북아역사재단, pp.225~226의 내용을 참조.

96) 『舊唐書』 卷106 列傳 第56 王毛仲.

97) 선조가 고구려 遺民인지 아직까지 논란이 있는 李仁德의 墓誌銘에서도 위황후 세력 진압에 일조했음을 내세운 내용이 기술되어 있다. 원문은 拜根興, 2012, 『唐代高麗百濟移民研究-以西安洛陽出土墓志爲中心』, 중국사회과학원출판사를 참조.

참/고/문/헌

지배선, 2006, 『고구려·백제 유민 이야기』, 혜안.

바이건싱, 2008, 「고구려·발해 유민 관련 유적·유물」, 『중국학계의 북방민족 국가 연구』, 동북아역사재단.
안정준, 2017, 「당대(唐代) 묘지명에 나타난 중국 기원(起源) 고구려 유민(遺民) 일족(一族)의 현황과 그 가계(家系) 기술」, 『역사와 현실』 101.
이동훈, 2008, 「高句麗遺民 『高德墓誌銘』」, 『한국사학보』 31.

北京圖書館金石組 編, 1989, 『北京圖書館藏 中國歷代石刻拓本匯編』 23, 鄭州: 中州古籍出版社.
周紹良 主編, 2000, 『全唐文新編(22)』, 長春: 吉林文史出版社.
吴鋼 主編, 2006, 『全唐文補遺 千唐誌齋 新藏專輯』, 西安市 : 三秦出版社.
辛时代, 2015, 「唐高句丽移民刘元贞墓誌考释」, 『高句丽与东北民族研究』 7, 长春: 吉林大学出版社.
中國文物研究所·千唐誌齋博物館 編, 2008, 『新中国出土墓志 河南[參] 千唐志斋[壹]』, 文物出版社.

〈별첨 1〉 중국 국가도서관 사이트(www.nlc.cn)의 유원정과 왕씨 부인 묘지명 관련 정보

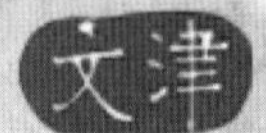

劉元貞

全部 | 图书 | 古文献 | 论文 | 期刊报纸 | 多媒体 | 缩微文献 | 文档 |

劉元貞墓誌

文献类型：特藏古籍

责任者：(唐)崔朏

出版发行时间：唐天寶三年[744]五月二十日葬

来源数据库：馆藏中文资源

分享到：

文献传递

详细信息 馆藏信息

所有责任者：（唐）崔朏撰

出版、发行地： 河南省洛陽市出土

关键词： 劉元貞 墓誌 唐 天寶

语种： Chinese 汉语

制作时间： 2015年

载体形态： 2張

版本说明： 拓本

劉元貞

全部 | 图书 | 古文献 | 论文 | 期刊报纸 | 多媒体 | 缩微文献 | 文档 | 词条

劉[元貞]妻王氏墓誌

文献类型：特藏古籍

责任者：(唐)曹適等

出版发行时间：唐天寳七年[748]十一月三十日葬

来源数据库：馆藏中文资源

分享到：

文献传递

详细信息 馆藏信息

所有责任者： （唐）曹適撰 （唐）張載正書

出版、发行地： 河南省洛陽市出土

题名、责任者附注： 夫名據《劉元貞墓誌》補

关键词： 劉元貞 墓誌 唐 天寳 張載正書

语种： Chinese 汉语

制作时间： 2015年

载体形态： 1張

版本说明： 拓本

〈Abstract〉

Epitaphs of Yu Wonjeong and His Wife Wang, Descendants of Goguryeo Refugees During Tang Dynasty: Case of Activities of Descendants of Goguryeo Refugees in the Early Eighth Century

An, Jeong-Jun

In addition to the epitaph of Yu Wonjeong(「劉元貞墓誌銘」) known in 2006, it has recently been known that the epitaph of Wang, wife of Yu Wonjeong(「大唐左龍武大將軍劉公夫人晉陽君夫人王氏墓誌銘」), exists. Both epitaphs were excavated in Luoyang(洛陽市), Henan province(河南省), and there are only fragments of information including the fact that each has a rubbing made in 2015.

The original texts of the two epitaphs were published together in *supplements of Quantangwen: New issue of Qiantangzhizhai collection(全唐文補遺-千唐誌齋新藏專輯-)*. After comparing and reviewing the contents, it was found that Wang's husband, Yu Wonjeong participated in the removal of a faction of Empress Wei(韋皇后) and Princess under the leadership of Li Longji(李隆基, later Emperor Xuanzong) in June 710. This makes it clear why Yu Wonjeong, who was a descendant of Goguryeo refugees and was in a low-ranking official during Tang dynasty, suddenly served as a high-ranking official, the senior grade of the third court rank of palace guards(禁衛軍). The fact that Yu Wonjeong, Godeok(高德), Wang Gyeong-yo(王景曜), Wang Mojung(王毛仲) actively participated in the imperial power struggle that took place in the royal city around the accession of Emperor Xuanzong to the throne has great implications for the activities and survival strategies of the descendants of Goguryeo refugees in the early eighth century. Therefore, a systematic analysis of their activities should be carried out from now on.

▶ Key words: Goguryeo, Yu Wonjeong(劉元貞), Li Longji(李隆基), Empress Wei(韋皇后), Tangyuan(唐元)

해외현장조사

제국을 향해 나아간 拓跋鮮卑의 300년 여정, 그 흔적을 따라서

해외현장조사

제국을 향해 나아간 拓跋鮮卑의 300년 여정, 그 흔적을 따라서

-2019년 목간학회 하계 답사 보고-

이승호*

0. 가셴둥(嘎仙洞)을 볼 수 있다기에…

유난히도 아기가 투정을 심하게 부리던 밤이었다. 아기를 안고 안방과 거실을 번갈아 다니며 곧 탈진에 이르기 직전 전화벨이 울렸다. 윤용구 선생님이셨다. 보채던 아이를 다독이다가 먼저 탈진해 누워있던 아내에게 아기를 잠시 맡기고 전화를 받았다. 이미 알음알음 소문이 나 있던 탁발선비 유적지 답사에 관한 이야기였다. 정말 가고 싶었지만, 아직 돌도 안 된 아기를 아내에게만 맡겨두고 갈 자신이, 아니 용기가 나질 않았다. 죄송스러운 마음으로 참여가 어렵다는 얘기를 드렸다. 하지만 곧바로 귓가를 울린 윤용구 선생님의 한 마디에 필자는 마음을 고쳐먹었다.

> "이선생, 우리 이번에 알선동에 가. 그 탁발선비의 알선동 말이야. 이선생, 이승호 선생, 듣고 있지?"

알선동. 그렇다. 가셴둥이다. 탁발선비의 발상지. 전설의 동굴. 영웅들의 역사가 시작된 곳. 아, 가고 싶다. 정말 꼭 가보고 싶다. 한국에서는 쉽사리 가기도 어려운 그곳. 그제야 힘겹게 마지막 용기를 짜내어 아내에게 물어본다.

> "자기야, 나 잠시 중국에 좀 다녀오면 안 될까? 한 7일 정도만…"

그렇게 필자는 그 자리에서 아내에게 「1일 육아 탈출 쿠폰」 10장을 써줬고, 급조한 쿠폰 10장과 7일간의 중국 답사를 맞바꾸었다. 답사를 다녀온 뒤로 답사기를 쓰고 있는 지금까지 필자에게 주말은 오지 않고 있다. 토요일 아침이면 아내는 아무런 법적 근거도 없는 문제의 쿠폰을 내밀고서는 어디론가 사라진다. 아

* 경희대학교 한국고대사·고고학연구소 학술연구교수

직 쿠폰이 2~3장 더 남아 있는 것 같던데. 이번 답사에 참여할 수 있었던 것은 필자에게 있어 정말로 행운이었다고 생각한다. 마법과도 같았던 당시의 기억을 돌이켜보면 금방 설렘과 행복감이 충만해진다. 그만큼 즐거웠던 답사. 지금 여기에 「1일 육아 탈출 쿠폰」 10장과 맞바꾼 지난 답사 이야기를 풀어보려 한다. 학회 회원 선생님들께서도 이 글을 통해 지난 답사의 추억을 다시 한번 음미하실 수 있기를.

1. 가셴둥으로 가는 여정

답사 1~2일 차(8.11-12) : 인천 ⇨ 선양(瀋陽) ⇨ 하얼빈(哈爾濱) ⇨ 아리허진(阿里河鎮) 어얼구나(額爾古納)

8월 11일 오전 6시, 25명의 목간학회 회원들은 새벽같이 인천공항에 모였다. 스무 명이 넘는 답사 인원 중 지각하는 사람 한 명 없이 모두 제시간에 모이는 위업을 달성한 우리는 그렇게 한 명의 낙오자 없이 모두 선양행 비행기에 탑승할 수 있었으며, 중국 입국 과정 또한 별 탈 없이 무사 통과하였다. 지난 몇 차례의 해외 답사 경험을 통해 볼 때, 보통 참여 인원이 많은 이런 답사의 경우 여러 이유로 답사 인원 중 한두 명이 출국 혹은 중국 입국 과정에서 문제가 생기는 경우가 종종 있었다. 하지만 이번 답사에서는 출국부터 중국 입국 과정까지 한 명의 이탈자 없이 원만히 진행되었다. 출발부터 상쾌한 여정이 시작되었다.

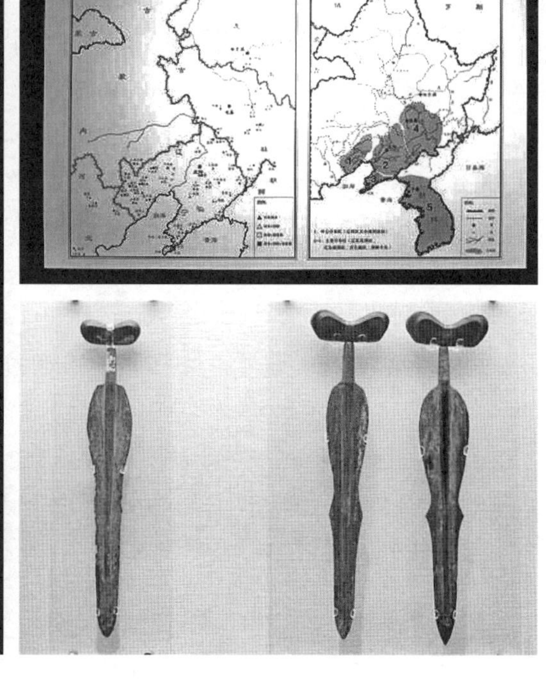

사진 1. "濊貊族 의 발자취, 비파형 청동단검"

선양에 도착하니 이슬비가 추적추적 내리고 있었다. 우리는 먼저 버스를 타고 공항에서 비교적 가까운 거리에 있는 랴오닝성(遼寧省) 박물관에 들러 간단히 전시를 둘러볼 수 있었다. 특히 눈길을 사로잡았던 것은 先秦 시기 遼寧 지역 청동기 유물을 진열하고 있는 전시실이었다. 그곳에는 하가점하층(夏家店下層) 문화, 고대산(高臺山) 문화 등으로부터 기원전 시기 여러 유적에서 출토된 비파형 동검 유물들이 다수 전시되어 있었다. 특히 "濊貊遺蹟 曲刃短劍"이라는 제목 아래 "濊貊族의 발자취, 비파형 청동단검"이라는 한글 제목을 친절히 부기하고 있는 대목이 이채로웠다.

그 밖에도 喇嘛洞 고분군 출토 유물과 고구려·부여 관련 유물 등 한국 고대사와 관계된 많은 유물이 눈길을 사로잡았다. 특히 부여와 긴밀한 관련성이 점쳐지고 있는 西豐 西岔沟 고분군에서 출토된 유물들을 다수 실견할 수 있었던 것이 필자에게는 큰 소득이었다.

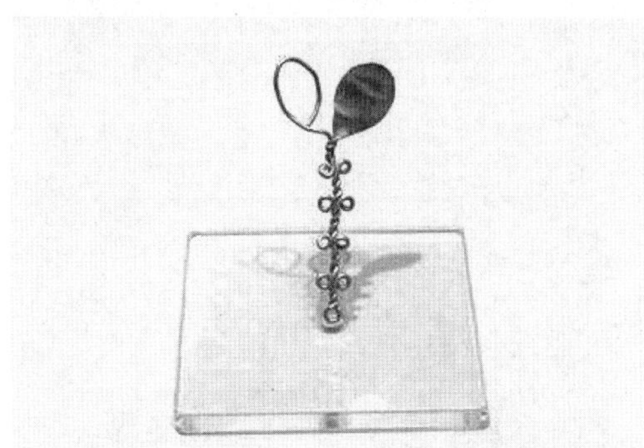
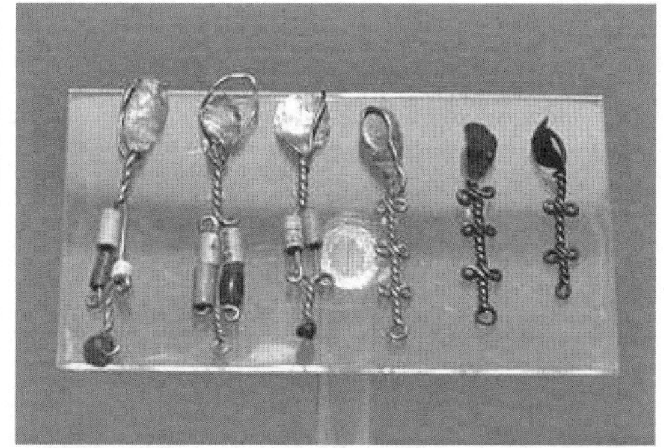

사진 2. 望江樓 적석총 출토 금귀걸이(좌)와 西豐 西岔沟 고분군 출토 귀걸이(우)

사진 3. 西豐 西岔沟 고분군 출토 유물들

한 시간 남짓 박물관 관람을 마친 뒤 아쉬운 마음을 뒤로하며 하얼빈행 열차에 올랐다. 여기저기서 짧은 관람 시간에 대한 원망의 소리가 들려왔지만, 그렇게 서둘러야 할 만큼 우리의 답사 일정은 촘촘하고 촉박했다. 하얼빈역에 도착한 우리는 역 근처에서 조금 이른 저녁 식사를 서둘러 마치고 저녁 7시 즈음 내몽골행 야간열차에 올랐다. 밤새 서북쪽으로 달리는 열차 침대칸에서 맥주를 마시고 서로 이번 답사에 대한 기대와 감상을 나누며 낭만적인 밤을 보냈다. 그렇게 버스와 열차를 정신없이 갈아타며 하얼빈을 거쳐 우리는 탁발선비의 발상지를 향해 내달렸다.

12일 새벽 5시가 조금 지난 시간, 간신히 몸을 일으켜 침대칸을 내려와 양치질을 하던 중에 열차는 네이멍구(內蒙古) 자치구 - 후룬베이얼시(呼倫貝爾市) 오로촌자치기(鄂倫春自治旗) - 아리허진(阿里河鎭)에 다다르고 있었다. 가셴둥 석실이 곧 눈 앞에 펼쳐질 것이라는 기대에 가슴이 풍선처럼 커진 기분을 느꼈다. 부푼 마음을 안고 열차에서 내리자 서늘한 공기가 몸을 감쌌다. 8월의 여름 더위도 이곳 탁발선비 발상지에서는 그저 먼 땅의 이야기였다. 다싱안링(大興安嶺)을 품은 대지에는 벌써 가을이 찾아온 듯하였다. 서둘러 가방에서 얇은 점퍼를 꺼내 입고 버스에 올랐다.

사진 4. 어룬춘(鄂倫春) 지역이 '탁발선비의 발상지[根祖地]'라는 아리허진역 소개글

우리는 아리허진 일대에서 가장 맛있다는 식당을 찾아 아침 식사를 간단히 마치고 그토록 고대하던 가셴둥 선비 석실로 향했다. 제국의 발상지. 탁발선비의 고향. 전설의 동굴. 가셴둥 선비 석실에 가까워질수록 가슴이 두근거리기 시작했다. 가셴둥 주변에는 잘 정비된 삼림공원이 조성되어 있었다. 유적 입구에서 어룬춘(鄂倫春) 민족박물관(民族博物館)의 王豔梅 관장과 후룬베이얼(呼倫貝爾) 민족박물원(民族博物院)의 殷煥良 부원장이 답사단을 기다리고 있었다. 반갑게 인사를 주고받으며 함께 산 중턱에 위치한 가셴둥 석실로 향했다. 조금씩 눈 앞에 모습을 드러내는 석실의 위용에 저절로 걸음을 재촉하게 된다.

바로 앞에서 본 가셴둥 석실의 위용에 입이 떡 하고 벌어졌다. 상상은 했었지만, 실제 동굴은 대제국을 건설한 일족의 발상지로서의 위용과 풍모를 여지없이 과시하고 있었다. 가히 천 명의 인원을 수용할 만한 어마어마한 규모의 동굴. 부족한 글 실력으로 당시의 감상을 여기에 다 담기가 쉽지 않다. 탁발선비의 전설을 품고 있는 거대한 동굴을 가만히 바라보고 있자니 國東大穴에 모여 隧神을 맞이하고 제사를 지냈던 옛 고구려인들의 모습이 떠올랐다. 가셴둥의 거대한 동굴은 시간의 장벽을 뛰어넘어 고대인의 기상과 정신을

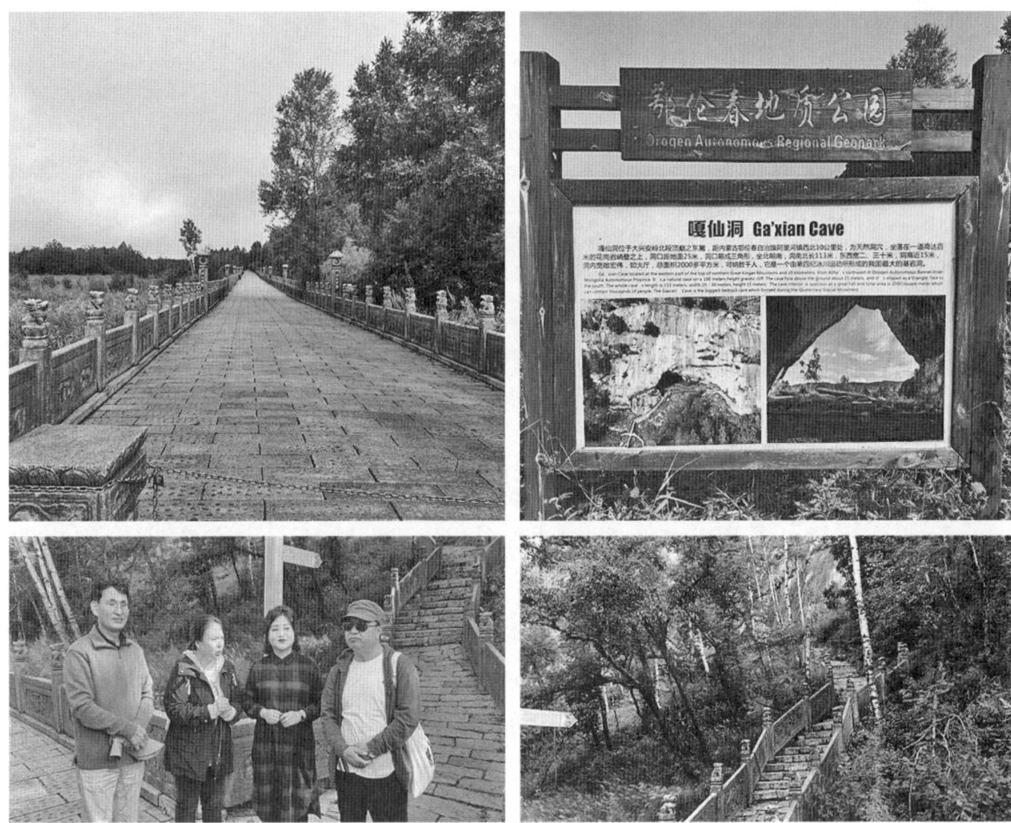

사진 5. 가셴둥 유적으로 가는 길

우리에게 여과 없이 전해주고 있었다.

한편, 잘 알려져 있듯이 동굴 입구 왼편에는 443년에 北魏의 中書侍郎 李敞이 새기고 돌아왔다는 축문이 있다. 현재 각석문은 보존을 위해 철문으로 굳게 막아둔 상태라 원본을 확인할 수는 없었지만, 다음날 하이

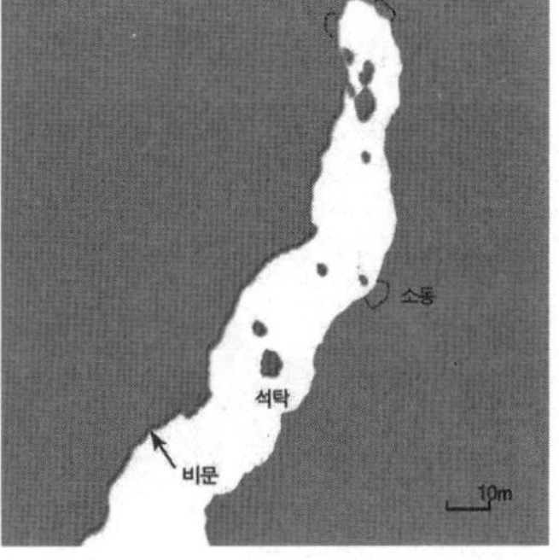

사진 6. 가셴둥 선비 석실 전경과 내부 지도

사진 7. 차창 밖으로 본 다싱안링(大興安嶺) 산맥과 내몽골 초원

라얼 민속박물원을 방문하여 축문 초탁본을 실견하는 것으로 아쉬움을 달랠 수 있었다.

가셴둥 석실 답사를 마친 우리는 다시 버스에 올라 어얼구나(額爾古納)로 이동하였다. 가셴둥을 벗어나서도 거대한 동굴이 내뿜던 위용의 여운은 한참이 지나도록 가시지 않았다. 탁발선비의 발상지라 할 수 있는 가셴둥 석실은 다싱안링 동북단 정상 동쪽 끄트머리 부근에 위치한다. 답사단을 태운 버스는 그곳으로부터 다시 서남쪽으로 방향을 잡고 내달렸다. 그렇게 우리는 다싱안링(大興安嶺) 정상부를 넘어 초원으로 향했다. 차창 밖으로 펼쳐지는 생전 처음 보는 광활한 풍경은 연신 감탄을 자아내었다. 삼림뿐이던 다싱안링의 동록을 넘어 산맥의 서록으로 진입하자 이전과는 전혀 다른 대초원의 풍경이 펼쳐지기 시작했다. 6시간이 넘는 긴 이동 거리가 지루하지 않을 정도로 자연은 아름다웠다. 산맥을 중심으로 동서로 펼쳐지는 이러한 극단적인 환경 변화는 곧 수렵과 유목이 교차하는 이곳의 역사와 직결된다. 그렇게 광활한 자연을 눈에 담으며 이런저런 생각을 하다 보니 버스는 어느새 어얼구나에 도착해 있었다.

어얼구나에 도착한 우리는 풍성한 저녁 식사로 지친 몸을 달랬다. 백주는 달았고 맥주는 시원했다. 가셴둥에서 느낀 진한 감동의 여운은 더욱 마음을 즐겁게 했다. 그렇게 이틀간의 대장정을 성공적으로 마무리하였다. 숙소에 도착한 우리는 내일부터 초원을 달릴 것이라는 기대감을 애써 다독이며 침대에 지친 몸을 뉘었다.

사진 8. 사방이 탁 트인 내몽골 초원

2. 초원을 달리는 말, 밤 번개가 치는 게르

답사 3~4일 차(8.13-14) : 어얼구나 ⇨ 자라이누얼(紮賚諾爾) ⇨ 하이라얼(海拉爾) ⇨ 후허하오터(呼和浩特) ⇨ 바오터우(包頭) 초원의 게르

오전 6시, 빠듯한 일정에 쫓기듯 서둘러 숙소를 나선 우리는 버스를 타고 자라이누얼로 출발하였다. 버스는 시원한 아침 공기를 뚫고 초원을 달렸다. 차창 밖으로 탁 트인 초원을 바라보고 있자니 상쾌한 기분에 절로 흥이 났다. 우리는 잠시 가던 길을 멈추고 버스에서 내려 사방이 탁 트인 초원의 전경을 감상할 수 있었다. 이처럼 드넓은 초원을 말을 타고 달렸던 고대인들의 기분은 어땠을까 하는 상상을 하니 초원에서 말을 달릴 내일의 일정이 벌써부터 기대가 되었다. 물론 실제 말을 타본 뒤로 이러한 낭만적인 생각은 더는 하지 않게 되었지만. 답사단을 태운 버스는 가셴둥 일대로부터 남하하여 후룬호(呼倫湖)로 향하였던 탁발선비 선조들의 길을 뒤따라 내달렸다. 탁발선비의 첫 번째 영웅들. 그들은 울창한 삼림지대로부터 기지개를 켜고 나와 우리가 달리는 이 초원을 가로질러 후룬호(呼倫湖)로 향하였다.

셋째 날 오전에는 자라이누얼 박물관을 둘러볼 예정이었다. 특히 이번 답사에서 필자는 자라이누얼 박물관 관람에 나름 큰 기대를 하고 있었다. 자라이누얼 선비 무덤군에서 출토된 飛馬 牌式의 실견을 고대했기 때문이다. 순전히 개인적 관심사라 할 수 있겠는데, 어쨌든 飛馬 牌式은 북방문화를 상징하는 유물 중 하나로서 옛 흉노의 활동지였던 러시아 남부(투바공화국) 및 몽골 공화국과 이곳 자라이누얼 선비 무덤 그리고 부여 초기 무덤군으로 잘 알려진 楡樹 老河深 중층 유적 등에서 확인된 바 있다.

사진 9. 자라이누얼 출토 飛馬 牌式(좌)과 유수 노하심 출토 飛馬 牌式

특히 이 자라이누얼에서 출토된 飛馬 牌式은 유수 노하심 유적에서 출토된 것과 매우 유사해서 연구자들의 주목을 끈다. 자라이누얼 선비 무덤군의 조영 연대가 대략 기원후 1세기 무렵임을 고려할 때, 이 유물은 해

사진 10. 멀리서 본 후룬호(呼倫湖) 전경

당 시기 선비와 부여 양자의 교류 및 부여 문화 속에 담겨 있는 북방문화의 기원을 추측하는 데에 시사하는 점이 많다. 하지만 아쉽게도 답사단의 자라이누얼 박물관 관람은 무산되고 말았다. 모종의 문제로 박물관 내부가 모두 정전되어 우리가 방문한 당일 박물관은 임시 폐관된 상태였다. 아쉬움을 뒤로 한 채 발길을 돌릴 수밖에 없었다.

우리는 다싱안링 삼림을 벗어나 남하를 시작한 탁발선비가 잠시 머물렀다는 '大澤' 후룬호로 향하였다. 후룬호는 중국 네이멍구 자치구 북부의 후룬베이얼(呼倫貝爾) 평원에 있는 거대한 호수인데, 후룬베이얼(呼倫貝爾)이라는 도시와 초원 이름도 후룬호와 그 남쪽의 베이얼호(貝爾湖) 두 거대 호수의 이름을 따온 것이다. 후룬호의 면적은 2,315㎢로 제주도보다도 약 500㎢ 정도 큰 네이멍구 일대 제일의 호수이며 중국 5대 담수호 중 하나이다. 연교차가 심한 이 지역의 기후적 특성과 거대한 후룬호를 중심으로 형성된 저습지는 그 주변으로 펼쳐진 광활한 후룬베이얼 초원을 형성시키는 지형적 조건을 충족시켰다. 곧 후룬호의 수원은 이 지역 초원의 젖줄이었다. 우리는 현지 사정상 후룬호를 가까이서 볼 수는 없었는데, 멀리서나마 바라본 후룬호의 모습은 마치 끝이 보이지 않는 바다와 같았다.

우리는 다시 후룬베이얼 초원을 달려 하이라얼로 이동하였고, 후룬베이얼(呼倫貝爾) 민족박물원(民族博物院)에 도착하였다. 박물원에는 고대로부터 근대에 이르기까지 다양한 유물들이 전시되어 있었는데, 특히 눈길을 끌었던 것은 이 일대에서 모피 동물을 사냥하여 그 모피를 팔아

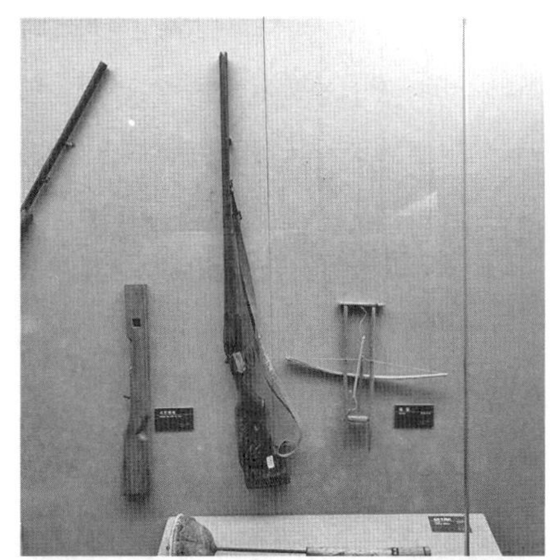

사진 11. 오로촌 사냥꾼의 사냥 도구와 옷가지

생계를 꾸려 나갔던 오로촌족(Orochon, 鄂倫春)의 다양한 수렵 도구들이었다. 大澤으로 남하하여 유목 생활을 시작하기 전 다싱안링 깊은 산속에 거주하였던 탁발선비의 선조들 또한 이러한 수렵을 통해 생활을 영위해나갔을 것이다.

박물관 관람을 마친 뒤 하이라얼 민속박물원의 배려 속에 가셴둥 선비 석실 祭文 초탁본을 실견할 수 있었다. '한국목간학회'의 회원들답게 답사단원들은 그 자리에서 곧바로 탁본의 글자를 꼼꼼하게 읽어 나가며 각석문에 대한 재판독을 진행했다. 특히 탁본의 글자를 하나하나 읽어내며 즐거워하시는 노중국, 주보돈

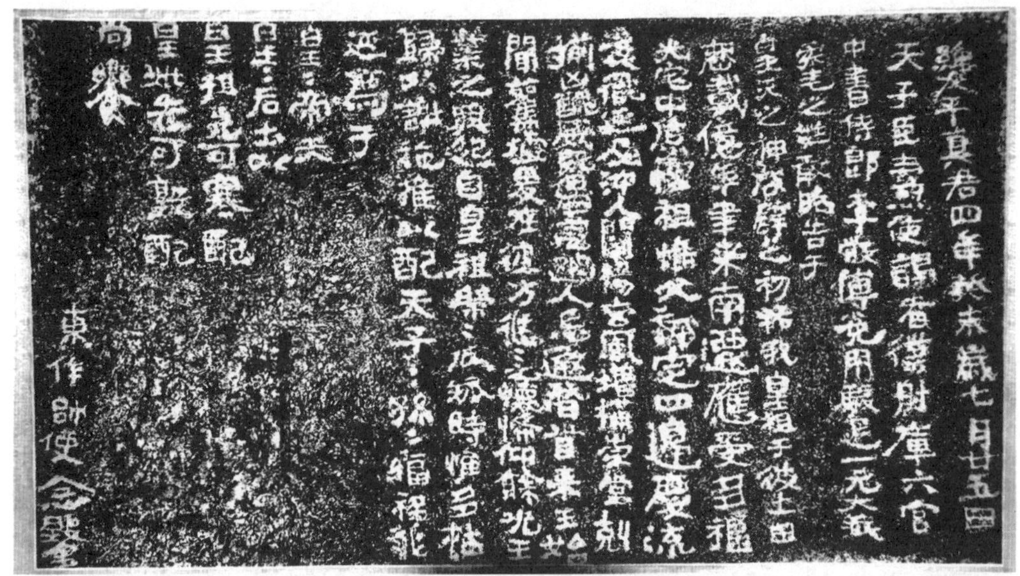

사진 12. 가셴둥 선비 석실 祭文 초탁본 실견

두 분 선생님의 눈빛과 표정은 마치 새로운 장난감을 보고 신나 하는 어린아이의 모습 그대로였다. 오랫동안 몸담았던 대학에서 벗어나 이제 자유의 몸이 되었음에도 학문에 대한 호기심과 열정은 오히려 더욱 왕성하신 것 같다. 후학으로서 부끄러웠고 존경스러웠다.

탁본 실견까지 마친 답사단원들은 '몽골식 샤브샤브'로 이른 저녁 식사를 마치고 하이라얼 공항으로 이동하였다. 짧다면 짧은 경험이지만, 정말이지 이번 답사만큼 촘촘한 일정에 긴 이동 경로를 소화한 적은 없었던 것 같다. 우리는 그렇게 초원에서 초원으로 이동하는 데 다시 비행기 편을 이용해야만 했고, 우리를 태운 비행기는 2시간가량을 날았지만 여전히 중국 네이멍구 자치구 상공에 있었다. 밤 11시가 넘어서야 후허하오터(呼和浩特) 공항에 도착했고, 숙소에 들어가 짐을 풀고 나니 시간은 밤 12시가 넘어가고 있었다. 마오쩌둥을 따라 대장정에 나섰던 홍군 병사의 심정이 이랬을까 하는 원망 석인 푸념을 잠시 하다가 지친 기색 없이 초원을 누비던 김양동 선생님의 노익장을 떠올리고서는 부끄러움에 머리를 흔들며 잠자리에 들었다.

14일 날 아침 우리의 대장정은 어김없이 다시 시작되었다. 밤 비행기를 타고 애써 남쪽으로 내려왔건만 우리는 다시 버스를 타고 북쪽을 향해 3시간을 넘게 달렸고, 농경사회와 유목사회를 가른다는 거대한 자연 장벽인 인산산맥(陰山山脈)까지 넘으며 무천진(武川鎭) 유적을 향해 나아갔다. 3세기 무렵 托跋詰汾 시대에 후룬베이얼 초원에서 다시 남하를 시작한 탁발선비는 옛 흉노 고지인 이곳 인산산맥과 그 남쪽의 오르도스 일대에서 흉노의 잔여 세력을 규합하며 강력한 유목군사국가로 변모하기 시작한다. 이들이 '선비'로서의 정체성을 강하게 내세우기 시작한 것도 이때부터라는 의견이 많다. 『魏書』 序紀에 전하는 탁발힐분과 天女의 결합 이야기는 바로 이러한 배경 속에서 나온 것이리라.

한편, 北魏는 북방의 柔然에 대비하여 바로 이 인산산맥의 주요 교통로마다 軍鎭을 설치하였는데, 沃野鎭·懷朔鎭·武川鎭·撫冥鎭·柔玄鎭·懷荒鎭 등 6鎭이 그것이다. 이 6진은 이후 北魏 붕괴의 단초를 열었던 '6

사진 13. 北魏代 武川鎭 추정 二份子古城 유적

진의 난'을 일으키기도 하였으며, 北魏 분열 이후로도 北周-隋-唐 시대 동안 關隴集團이라는 막강한 세력을 형성하게 된다. 그리고 이 6진 중에서도 중심이 되었던 세력이 바로 무천진 군벌로서 관롱집단은 바로 이 무천진 출신 귀족 집단이라 할 수 있다.

우리가 답사한 二份子古城은 인산산맥 북록에 자리하여 산맥을 넘어 남방의 농경지대로 진입하는 교통로 상의 요충지에 위치하고 있었다. 이 고성은 바로 이 북위 시대 무천진이 자리했던 곳으로 유력하게 지목되는 성터이다. 하지만 이밖에 몇몇 다른 곳을 무천진으로 비정하는 견해도 제기되고 있어 그 정확한 위치에 대해서는 아직 확실한 결론을 보지 못하고 있는 상황이라 한다.

사진 14. 二份子古城에서 발견한 기와편(좌)과 윈강석굴에서 발견한 기와편(우)

하지만 우리가 답사한 二份子古城이 북위 시대의 성터임은 확실한 것 같다. 성터를 답사하던 도중 발견한 기와편이 그러한 심증을 굳혀준다. 규호·다해 등과 함께 성터 바닥 곳곳에 뚫려 있는 작은 구멍을 보면서 이것이 쥐가 판 굴이냐, 아니면 뱀 굴이냐 따위의 의미 없는 말들을 주고받으며 성터를 걷고 있던 필자는 그렇게 땅만 바라보며 걷다가 우연히 기와편 하나를 발견하였다. 이 기와편을 본 박순발 선생님은 기와 가장자리를 손가락으로 눌러 무늬를 만든 형태로 보아 아마도 북위 시대의 것일 가능성이 크다고 하시며 중요한 발견이라고 말씀하셨다. (이 말을 듣고 필자는 얼마나 가슴이 설레었는지 모른다. "중요한 발견") 이후 16일에 들른 윈강석굴(雲崗石窟) 근처에서 박순발 선생님은 같은 형태의 기와편을 하나 더 찾으셨다.

그렇게 무천진 유적 답사까지 마친 우리는 다음 예정지인 바이링묘(百靈廟)로 향했다. 바이링묘는 동으로는 허베이성, 서쪽으로는 둔황까지 이어지는 교통로의 중간 거점이라는 그 지정학적 위치로 인해 언제나 격변하는 역사의 중심에 서 있었다. 淸代에는 몽골 지역 티베트 불교 라마교의 중심 사원이었으며 근대에

사진 15. 바이링묘(百靈廟) 전경

들어서는 내몽골의 자치운동과 항일운동의 중심지로서 역할을 하였던 것이다. 이처럼 격동의 내몽골 근대 역사에서 언제나 중심 현장으로 등장하였던 바이링묘에서는 지금도 라마승들의 웅건한 범어 소리가 사원을 가득 메우고 있다.

바이링묘 답사를 마친 우리는 다시 초원을 달려 바오터우(包頭) 초원으로 향했다. 초원에서 말을 달리고 게르에서 낭만적인 하룻밤을 보낸다는 기대감을 다독이며 차창 밖의 풍경을 감상하였다. 바라본 초원의 날씨는 정말 신비로움 그 자체였다. 사방이 탁 트인 광활한 초원 저편에서 천둥 번개가 치고 폭우가 내리는

사진 16. 폭우가 내리는 저편의 초원과 게르

광경이 시야에 그대로 보였지만, 우리가 서 있는 초원은 평온했다. 그래서 더욱 먼 곳의 천둥 번개가 신비롭게 느껴졌다. 시야를 가리는 장애물이 없으니 아득히 먼 저편 초원의 비바람도 쉽게 볼 수 있으나, 정말 순간 순간 바뀌는 변화무쌍한 날씨에 기상 예측은 애초에 불가능한 곳. 그래서 샤먼의 신비로운 예지력에 기대지 않으면 안 되었던 사람들. 우리가 서 있는 초원은 바로 그러한 땅이었다.

그렇게 대자연의 풍경을 감상하며 바오터우 초원의 게르 마을에 도착한 우리는 그곳에서 다시 말에 오르는 새로운 도전을 준비했다. 어릴 적 제주도에서 작은 조랑말 위에 올라 본 것이 승마 경험의 전부였던 필자는 말을 타고 초원을 달린다는 사실에 설렘보다 걱정이 앞섰다. 그리고 막상 말에 올라 보니 마상은 정말 높았고 공포스러웠다. 소싯적에 자전거와 오토바이를 즐겨 탄 필자였지만, 승마는 자전거나 오토바이를 타는 것과는 전혀 차원이 다른 일이었음을 금세 깨달았다. 지금 나를 태우고 있는 이 녀석은 자신의 의지와 생각대로 행동하는 자유의지가 충만한 '생물'이었고, 따라서 만약 자신의 등 위에 타고 있는 내가 마음에 안 든다면 곧바로 나를 강제 하차시킬 수 있는 권력이 있었다. 말 위에 오른 필자는 그 사실을 깨닫고 말에게 기꺼이 내 자유의지를 박탈당한 채로 몸을 맡겼다.

사진 17. 말을 타고 초원을 달리다

말을 탄다는 것은 상당한 체력이 요하는 일이었다. 말이 달리는 뜀박질에 따라 필자 또한 허리를 리드미컬하게 움직이며 박자를 맞추어주어야 했다. 말 위에서 제발 신나서 너 혼자 뛰지 말라고 몇 번이고 말에게 비굴하게 사정한 기억이 난다. 그리고 어쨌든 살기 위해서는 온 힘을 다해 다리로 말 배를 꼭 감싸야 했기에 말에서 내리자마자 경직된 사타구니에는 근육통이 밀려왔다. 새삼 말을 타고 전쟁과 사냥에 나섰던 고대인들에 대한 존경심이 우러나왔다. 필자는 누구의 말처럼 기마민족의 후예는 아니었던 게 확실하다.

승마체험까지 무사히 마친 답사단원을 기다린 건 초원의 대연회였다. 옛 몽골의 왕족 복장을 하고 몽골식 전통 혼례를 체험하는 것은 만찬의 즐거움을 더하였고, 흥겨운 몽골 전통 음악 속에 통째로 구운 양 두 마리를 곁들인 저녁 식사는 풍성했다. 나흘간의 고단했으나 성공적이었던 우리의 여정을 자축하며 축배를 들었고 즐거움 속에 취기는 더해갔다.

사진 18. 대연회와 몽골의 왕족 복식 체험

그렇게 즐거운 만찬 자리가 끝이 나자 초원의 게르에서는 다시 작은 연회가 시작되었다. 밤 번개를 감상하다가 잠시 들른 게르의 분위기는 이채로웠다. 머나먼 초원의 작은 게르 안에서 한국 고대사학계를 대표하는 연구자들이 옹기종기 둘러앉아 잔을 들며 즐겁게 대화를 나누는 모습. 학계의 원로·중진 선생님들과 젊은 연구자들이 함께 작은 게르 안에 둘러앉은 그 모습은 유목민들의 '쿠릴타이'를 연상시켰다.

사진 19. 신구가 함께한 만찬, 그리고 야밤에 개최된 목간학회 쿠릴타이

잔뜩 오른 취기를 억누르고자 잠시 바람을 쐬러 밖으로 나오니 부슬부슬 비가 내리고 있었다. 그리고 그와 함께 초원의 또 다른 신비로운 광경을 목격할 수 있었다. 아득한 건너편 초원에서 치는 번개가 초원의 밤을 물들이고 있었다. 번개가 한 번 내리칠 때마다 초원은 마치 전등을 켠 것처럼 환해졌다가 다시 어두워

사진 20. 밤을 물들인 번개와 동이 트는 초원

졌다. 정말 여러모로 아름다운 밤이었다.

4. 담요(曇曜)의 위업과 풍태후(馮太后)의 서슬 퍼런 손자 사랑

답사 5~7일 차(8.15-17) : 바오터우(包頭) ⇨ 후허하오터(呼和浩特) ⇨ 허린거얼(和林格爾) ⇨ 다퉁(大同) ⇨ 베이징(北京) ⇨ 인천

그렇게 광란의 밤을 보냈던 우리는 심기일전하여 다시 새 여정을 떠날 준비를 하였다. 어느새 정든 초원과 작별을 하고 버스에 오른 답사단은 내몽골 박물관으로 향했다. 내몽골 박물관의 다양한 전시 유물 중에서도 가장 관심을 끌었던 것은 홍산문화(紅山文化) 관련 유물과 하가점하층문화(夏家店下層文化) 및 하가점상층문화(夏家店上層文化) 관련 유물들이었다. 특히 하가점하층문화 유물의 경우 답사 첫날 랴오닝성 박물관에서 실견한 하가점하층문화 유물과 비교하며 살필 필요가 있었다. 두 박물관에서 모두 하가점하층문화의 유물들을 전시하고 있었지만, 문화에 대한 해석과 주요 전시 유물의 성격 면에서 많은 차이가 있음을 알 수 있었다.

내몽골 박물관 관람을 마친 우리는 성락고성(盛樂古城) 유지가 있는 성락박물관(盛樂博物館)으로 이동했다. 성락(盛樂)은 북쪽으로부터 남하하던 탁발선비가 탁발역미(拓跋力微, 始祖 神元帝) 시대인 258년에 성을 쌓고 도읍한 곳으로서 탁발선비 최초의 정식 도읍지라 할 수 있다. 박물관에서 특히 주목을 끈 공간은 後漢 시대 벽화분인 허린거얼(和林格爾) 新店子1號 벽화분이 복원된 전시실이었다. 당시대의 생활상을 관찰하는 데에 있어 더없이 훌륭한 사료였으며, 특히 고구려의 덕흥리고분이나 안악3호분의 벽화와 비교·검토할 수 있는 귀중한 자료였다. 박물관 관람을 마치고 나와 바깥 계단을 오르니 박물관 뒤편으로 성락고성 유지가 펼쳐져 있었다. 주어진 시간의 제약으로 성터를 거닐며 유적의 상세한 모습을 확인할 수 없었던 것이 못내 아쉬웠다.

성락박물관 관람을 마친 우리는 민간에서 운영하는 몽골문자문헌박물관(蒙古文字文獻博物館)이란 곳에

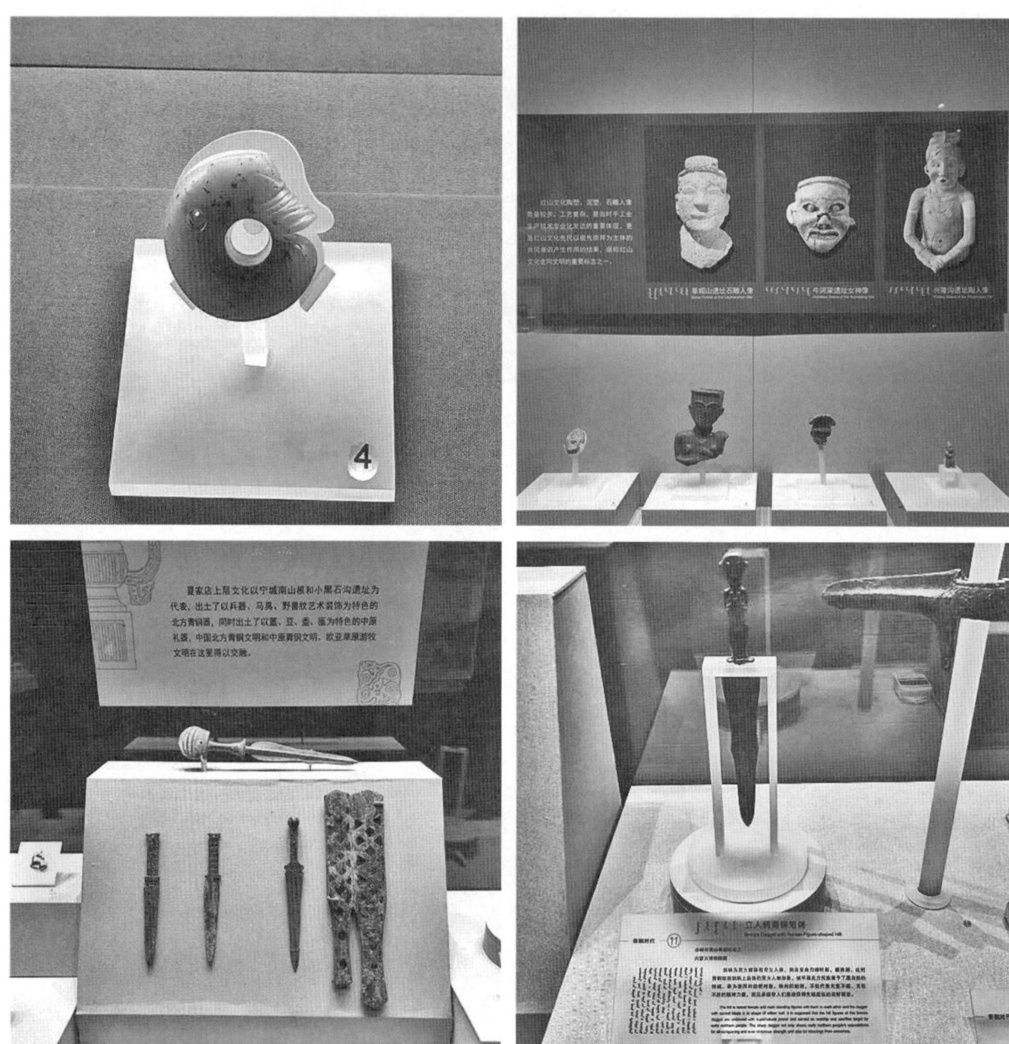

사진 21. 홍산문화 유물(상)과 하가점상층문화 유물(하)

잠시 들리게 되었다. 박물관의 전체적인 분위기나 전시 유물에 어딘가 석연치 않은 점이 많았지만, 답사단원 중 그런 내색을 보인 사람은 아무도 없었다. 답사를 다니다 보면 이런 일도 있고 저런 일도 있는 것이 아니겠는가. 이것을 끝으로 답사 5일 차 일정도 모두 마무리되었다. 우리는 버스를 타고 탁발선비의 두 번째 도읍 평성(平城)이 있었던 다퉁시(大同市)로 향했다.

16일 날 아침, 필자는 다시 설레는 가슴을 다독여야만 했다. 순전히 개인적인 생각이지만 필자가 고대했던 이번 답사의 하이라이트는 총 세 번이 있었다. 첫 번째는 역시 가셴둥 석굴, 두 번째는 초원에서의 하룻밤, 그리고 세 번째는 바로 윈강석굴(雲崗石窟)이 되겠다. 16일은 바로 이번 답사의 마지막 하이라이트라 할 수 있는 윈강석굴 답사가 예정되어 있었다. 혹시나 하는 마음에 카메라 배터리를 몇 번이나 확인했는지

사진 22. 성락박물관 · 성락고성 전경(상)과 新店子1號壁畫墳 복원 전시(하)

모른다. 윈강석굴로 향하는 차 안에서 필자는 윈강석굴의 모든 불상을 하나도 빠짐없이 카메라에 담아 오겠다는 결의에 가득 차 있었다. 물론 윈강석굴에 도착하자마자 그러한 생각이 얼마나 허황된 욕심이었는지를 금방 깨닫게 되었지만.

교과서나 몇몇 불교미술 서적에서 사진으로만 보았던 윈강석굴의 실제 규모는 어마어마했다. 특히 잘 알려진 이른바 '담요 5굴'에 모셔진 다섯 부처의 위용은 보는 사람을 압도한다. 북위 文成帝(拓跋濬)에게 석굴 조영을 주청한 沙門統 曇曜의 종교적 신념, 그리고 불상을 조각한 승려와 工匠들의 예술혼에 절로 머리가 숙여졌다. 그중에서도 가장 기억에 남는 것은 담요 5굴의 다른 부처와 달리 바깥에 노출되어 있던 20굴의 부처였다. 교과서에서나 보던 그 약사불을 바로 앞에서 보고 있자니 형언할 수 없는 감동이 밀려왔다.

사진 23. 담요의 동상 앞에서, 그리고 윈강석굴 입구에서

그리고 그곳에서 필자는 한 가지 중대한 발견을 하게 된다. 담요 20굴 앞에서 같은 학교 동학 이규호 선생이 필자에게 사진을 찍어달라고 하여 카메라를 눈에 대었더니 불상과 이규호 선생의 얼굴이 쌍둥이처럼 겹쳐짐을 알게 된 것이다. 평소 그 우람한 골격과 초인적인 괴력에 의심의 눈길을 거둘 수 없었던 차에 이번 발견을 통해 필자는 확신할 수 있었다. 분명 이규호 선생은 전생에 선비인이었음이 분명하다. 담요 20굴의 부처가 北魏의 道武帝를 모델로 한 것이라는 점을 염두에 둘 때, 그가 전생에 탁발선비의 황족이었음이 비로소 알 수 있게 된 것이다. 현 목간학회 간사가 전생에 북위의 황족이었다니, 실로 중대한 발견이라 할 만하다.

사진 24. 이규호 선생은 담요 20굴의 부처님을 닮았다

사진 25. 北魏 平城의 明堂 유적

그렇게 윈강석굴 답사를 마친 답사단은 북위 시대 平城 유적을 상징하는 明堂으로 향하였다. 명당은 고대로부터 제왕의 권위를 상징하는 공간으로서 제왕이 布政 및 上帝 제사를 거행하는 장소였다. 북위는 491년 평성에 명당을 건설하였는데, 명당이 농경 국가였던 漢族 국가의 제사 시설이었다는 점에서 북위의 명당 건설은 漢化 정책의 일환으로 볼 수 있다고 한다. 그러나 이처럼 북위의 한화 정책을 상징하는 공간에 서 있자니 북방의 다싱안링 삼림과 초원에서 품었던 야성을 점차 잃어버리고 漢化로 나아가는 데에 골몰하

사진 26. 永固陵(좌)과 孝文帝 허묘(우) 그리고 영고릉에서 바라본 다퉁시 일대

였던 탁발선비의 몸부림을 본듯하여 뜻 모를 서글픔이 느껴졌다.

명당 유적을 둘러본 답사단은 다음으로 馮太后(文明太后)가 묻혀 있는 方山의 永固陵으로 향했다. 영고릉으로 올라가는 도로가 전날 폭우에 휩쓸리는 바람에 우리는 직접 걸어서 方山에 올라야만 했다. 北魏 孝文帝는 太和 5년(481)부터 3년에 걸쳐 산 위에 馮太后와 자신의 壽陵(萬年堂) 및 寺廟인 思遠佛寺와 清廟(永固堂)를 축조하였다. 영고릉은 유목민인 탁발선비가 처음으로 漠南의 長城 안으로 들어와 만든 능으로 洛陽으로 천도하여 완성한 거대한 중국식 都城과 陵園의 기본 모델이 되었다고 한다. 그리고 이곳 영고릉에 묻힌 풍태후는 잘 알려져 있듯이 전성기 북위 역사를 호령했던 여걸이었다.

중국 드라마의 주인공으로도 자주 등장하는 그녀는 北燕의 마지막 황제 馮弘의 손녀로서 14세 때 북위 문성제의 貴人이 되었고, 문성제의 즉위와 함께 황후가 된 인물이다. 이후 문성제가 26살의 나이로 요절하고 그를 이어 獻文帝가 12세의 어린 나이로 즉위하자 태후가 된 그녀는 수렴청정하며 막강한 권력을 휘두르기 시작한다. 나아가 헌문제의 장자로서 장차 그를 이어 황제가 될 宏(훗날 孝文帝)이 태어나자마자 직접 정성을 다해 양육하였으며, 宏이 5세가 되던 해에는 헌문제를 압박하여 황제의 자리를 宏에게 양위하도록 하고 자신은 太皇太后에 오르게 된다. 이로써 그녀는 헌문제 재위 연간(465~471)부터 그녀가 죽는 태화 14년(490)까지 무려 25년간 정권을 장악하고 정치를 주도하였다. 본인 자신도 뛰어난 군주로서의 자질을 지녔던 효문제 역시 성인이 되어서도 할머니 풍태후의 그늘을 벗어나지 못하다가 태후가 돌아가고 나서야 직접 정치의 전면에 나설 수 있었으니, 당시 그녀가 가진 권력의 위세가 어느 정도였는지 쉽게 짐작할 수 있다.

효문제와 풍태후에 얽힌 이러한 이야기를 떠올리며 영고릉에 오르면, 무소불위의 권력과 손자 효문제에 대한 집착을 죽어서도 놓지 못한 풍태후의 서슬 퍼런 사랑을 느낄 수 있게 된다. 그녀는 자신이 총애하였던 손자 효문제가 어떻게 정치를 해나가는지 죽어서까지 감시를 하려 했던 것일까. 지금도 풍태후는 영고릉에 누워 옛 북위의 도읍이 있던 다통시 일대를 내려다보고 있었다. 태화 14년(490) 풍태후를 방산에 장사지낸 효문제는 영고릉의 동북쪽에 자신의 수릉 만년당 축조를 지시하였지만, 그것이 채 마무리되기도 전인 494

사진 27. 김근식 선생의 생일 파티로 시작된 마지막 저녁 만찬

년 낙양으로 천도를 단행하고 그곳에 자신의 새로운 壽陵인 長陵을 세운다. 할머니의 무시무시한 사랑에 질린 황제는 그렇게 새 도읍 낙양으로 도망을 쳐야만 했다.

영고릉을 내려오던 길에 능을 지키던 廟社 터를 잠시 둘러본 우리는 다시 차에 올라 숙소가 있는 다퉁시 시내로 향했다. 다퉁시에서 열린 답사 마지막 날의 만찬은 답사단 일원이었던 동국대 김근식 선생의 생일 축하 파티로 시작되었다. 고구려 벽화와 사랑에 빠져 청춘을 다 보낸 노총각은 생일축하 케이크에 감동한 나머지 두 손으로 얼굴을 감싸고 만다. 그렇게 답사의 마지막 밤이 흘러가고 있었다.

답사 마지막 날 아침이 밝았다. 긴 답사가 끝을 보임에 긴장이 풀린 탓인지 같은 방을 쓴 이규호 선생과 필자는 함께 늦잠을 자버렸고 아침 식사도 거른 채 버스로 달려 나와야만 했다. 사실 지난밤 한 호텔 방에 젊은 연구자 몇몇이 모여 흥청망청 들이킨 백주가 이 사태의 근본적 원인이었지만. 아무튼 필자는 답사 마지막 날 내내 쓰린 속을 부여잡고 다녀야만 했다.

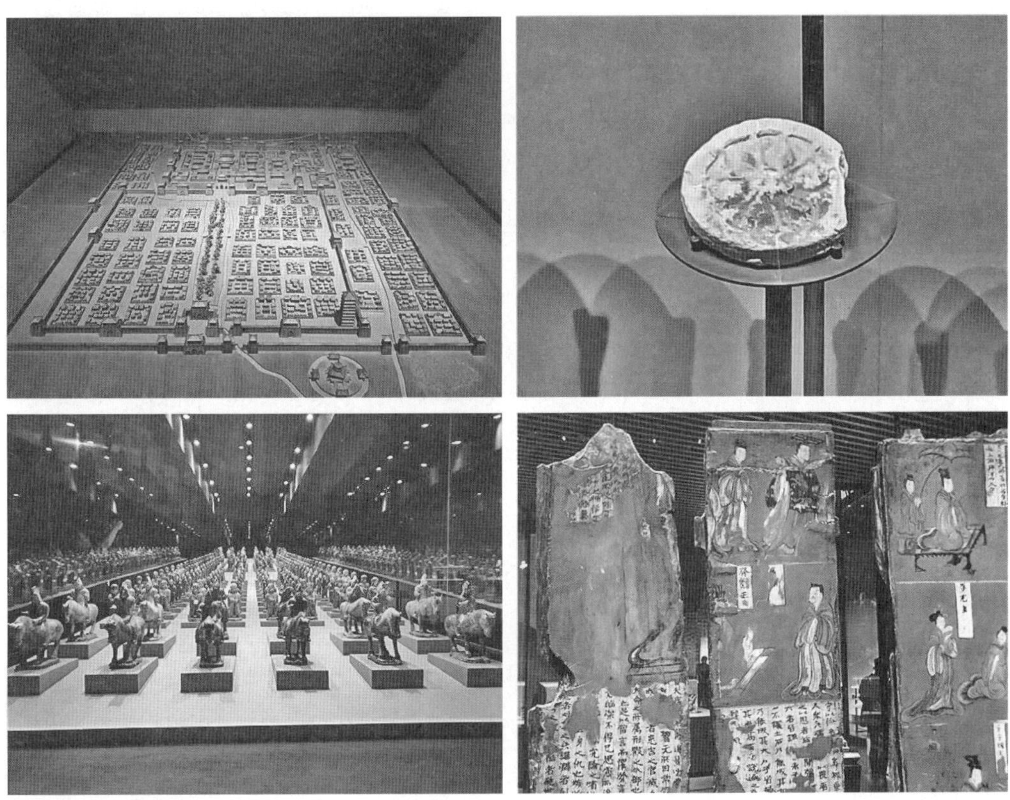

사진 28. 다퉁시 박물관 소장 유물

답사의 대미를 장식할 마지막 일정은 다퉁시 박물관 관람이었다. 대제국을 건설한 북위의 첫 도읍지답게 박물관은 平城 시대 북위의 유물들로 가득 차 있었다. 특히 박물관에 전시된 사마금룡묘(司馬金龍墓) 출토 陶俑의 위용과 표현의 세밀함은 연신 감탄을 자아내었고, 짙은 홍색 빛으로 물든 漆畫屛風의 화려함은 매혹적이었다. 박물관의 유물들은 답사의 대미를 장식하기에 충분한 감동을 주었다. 한편, 이와 함께 앞서 명당 유적에서부터 다퉁시 박물관에 이르기까지 심심치 않게 보이던 연화문 와당도 답사단의 관심을 끌었다. 답사단의 일원이셨던 이용현 선생님의 전언에 따르면 이러한 형태의 연화문은 사비 시기 백제 연화문 와당의 것과 매우 유사하다고 한다. 즉 사비 시기 백제 수막새 기와의 원류를 남조 양나라 계통에서 찾았던 기왕의 이해와 달리 같은 양식의 기와들이 북위 기와에서도 찾아진다는 것이다.[1] 정말 이번 답사는 마지막까지도 연구자들에게 긴장의 끈을 놓지 못하게 하였다.

사진 29. 6박 7일간의 답사 이동 경로(2019년 9월 29일자 인터넷 한겨레 신문 노형석 기자 기행문에서 인용)

다퉁시 박물관 관람을 끝으로 우리의 긴 답사 여정은 마무리되었다. 다퉁시에서 다시 버스를 타고 베이징으로 향한 우리는 베이징에서 마지막 저녁 만찬을 마치고 인천행 비행기에 올랐다. 밤 9시 40분에 이륙한 비행기는 밤 12시가 다 되어 우리를 인천 공항에 내려주었다. 집에 도착하니 거의 새벽 2시가 다 되어 있었다. 여러 답사를 다녀보았지만 이처럼 새벽에 출발해서 다시 새벽에 도착하는 이런 답사는 처음이었던 것 같다.

답사를 다녀오고 나서 다시 우리가 지나온 여정을 지도 위에 손으로 따라 그려 보았다. 중국 동북지역을 시계 반대 방향으로 크게 한 바퀴 돌았다고 보면 될 것 같은데, 지금 생각해도 6박 7일의 일정에 이 코스를 우겨 넣는 아이디어는 도대체 누구로부터 제안된 것인지 궁금해진다. 이처럼 무지막지한 이동 거리에 살인적인 일정으로 점철된 답사였지만, 사실 매 순간이 즐거움에 연속이었고 그만큼 느끼는 바도 많았던 답사였다. 답사를 다녀온 지 벌써 넉 달이 다 되어가는 지금도 답사기를 작성하면서 지난 답사 사진을 한 장 한 장 꺼내어 보다 보면 저절로 얼굴에 미소가 피어오른다.

답사가 끝날 때까지 단 한 순간도 지친 기색 없이 노익장을 과시하시었던 학계 원로 선생님들께 진심을 담아 경의를 표하며, 또 답사 기간 내내 많은 가르침을 주신 여러 선생님께 후학으로서 감사함을 전하고 싶다. 그리고 본 답사를 처음부터 직접 주도하여 준비하셨고, 또 필자가 정말 소중한 경험을 할 수 있도록 배려해주신 윤용구 선생님께도 깊이 감사드린다. 답사기를 마무리하면서 다음 목간학회 답사가 기다려지게 되었다. 이번에는 또 얼마나 긴 이동 거리를 얼마만큼 촘촘한 일정으로 도전해 볼 것인가. 벌써부터 설레기 시작한다.

투고일: 2019. 10. 1.　　　　게재확정일: 2019. 10. 30.

1) 2019년 9월 29일 인터넷 한겨레 신문에 실린 노형석 기자 기행문 「북방 유적 기행 ③: 죽어서도 놓지 않은 절대권력의 무대 영고릉과 윈강석굴」 참조(http://www.hani.co.kr/arti/culture/culture_general/911303.html).

휘보

학회소식, 학술대회, 정기발표회, 한국고대문자자료 연구모임

학회소식, 학술대회, 정기발표회, 한국고대문자자료 연구모임

1. 학회소식

1) 제 31차 운영회의

* 일시 및 장소 : 2019년 12월 4일 혜화역 弗二我
* 2020년 발표회 및 하계세미나 일정 논의

2) 2019 해외답사

* 일시: 2019년 8월 11일~ 8월 17일
* 주제: 탁발선비의 자취를 따라서
* 장소: 인천→선양→하얼빈→아리허진, 어얼구나→자라이누얼→하이라얼→후허하오터→다퉁→베이징→인천
* 참여인원: 권순홍, 김권구, 김근식, 김양동, 김재홍, 김창석, 나유정, 노중국, 노형석, 박순발, 백다해, 신남경, 심재연, 안정준, 위가야, 윤선태, 윤용구, 이규호, 이수훈, 이승호, 이영호, 이용현, 전상우, 정동준, 정현숙, 주보돈, 최연식, 최홍조

3) 주보돈교수 정년기념논총 출판기념회

* 일시 및 장소: 2019년 10월 12일 서울대학교 호암교수회관 마로니에

2. 학술대회

1) 제 13회 국제학술회의

* 일시 : 2019년 11월 9일 토요일 13:00~18:00
* 장소 : 성균관대학교 600주년기념관 소향강의실

* 주최 : 한국목간학회, 성균관대학교 동아시아학술원
* 후원 : 동북아역사재단, 한강문화재연구원, 동국대학교 문자DB사업단

■ 주제발표 1 - 중국고대의 수량사와 量制

김진우(경북대), 중국고대 도량형과 수량사의 변화과정 (토론: 최진묵)

熊長云(故宮博物院), 출토자료로 본 중국고대 수량사와 量制 (토론: 오준석)

■ 주제발표 2 - 고대한국과 일본의 수량사와 量制

渡邊晃宏(奈良文化財研究所), 日本古代 木簡으로 본 食材와 單位 (토론: 이용현)

전덕재(단국대), 출토자료로 본 한국고대 수량사와 量制 (토론: 이건식)

■ 종합토론 (사회: 이종봉)

3. 정기발표회

1) 제 32회 정기발표회

* 일시: 2019년 11월 2일 토요일 9:20~18:00
* 장소: 서울 한성백제박물관 대강당
* 주관: 한국목간학회
* 주최: 한성백제박물관, 한국목간학회
* 후원: 국사편찬위원회

■ 기조강연

양기석 (충북대), 백제 사비기 문화와 동아시아

■ 주제발표 1 - 신출토 자료로 본 백제문화 (사회: 이병호)

김창석(강원대), 쌍북리 출토 목간을 통해 본 泗沘都城의 儒教文化 (토론: 윤선태)

권인한(성균관대), 부여 쌍북리 출토 論語木簡에 대한 몇 가지 생각 (토론: 김영욱)

정현숙(원광대), 백제 사비기 木簡의 書風 (토론: 정주하)

이장웅(한성백제박물관), 부여 능산리사지 출토 목간을 통해 본 佛教儀禮 (토론: 길기태)

■ 주제발표 2 - 백제의 대외교섭과 동아시아 (사회: 김경호)

河上麻由子(奈良女子大學), 고대 동아시아의 대외교섭과 百濟佛教 (토론: 최연식)
정동준(성균관대), 백제의 儒學教育과 동아시아 典籍交流 (토론: 배재훈)
박지현(충남역사문화연구원), 사비기 백제-남북조 간 교류와 道教文化 (토론: 김영심)

■ 종합토론 (좌장: 노중국)

4. 한국고대문자자료 연구모임

1) 월례발표회

* 주제: 한국고대문자자료 역주
* 장소: 동국대학교 서울캠퍼스
* 주최: 한국목간학회

■ 제42회 정기발표회 (2019년 7월 13일)
발표자: 안정준
주　제: 故 유원정 부인 왕씨 묘지명
발표자: 이승호
주　제: 왕기 묘지명
발표자: 오택현
주　제: 평양 정백동 출토 문자자료(논어목간 포함)

5. 자료교환

日本木簡學會와의 資料交換

* 日本木簡學會 『木簡研究』 수령
* 韓國木簡學會 『木簡과 文字』 22호 일본 발송 (2019년 7월)

부록

학회 회칙, 간행예규, 연구윤리규정

학회 회칙

제 1 장 총칙

제 1 조 (명칭) 본회는 한국목간학회(韓國木簡學會, The Korean Society for the Study of Wooden Documents)라 한다.

제 2 조 (목적) 본회는 목간을 비롯한 금석문, 고문서 등 문자자료와 기타 문자유물을 중심으로 한 연구 및 학술조사를 통하여 한국의 목간학 발전에 이바지함을 목적으로 한다.

제 3 조 (사업) 본회는 목적에 부합하는 다음의 사업을 한다.

1. 연구발표회
2. 학보 및 기타 간행물 발간
3. 유적·유물의 답사 및 조사 연구
4. 국내외 여러 학회들과의 공동 학술연구 및 교류
5. 기타 위의 각 사항의 사업을 수행하기 위해 필요한 사업

제 4 조 (회원의 구분과 자격)

① 본회의 회원은 본회의 목적에 동의하여 회비를 납부하는 개인 또는 기관으로서 연구회원, 일반회원 및 학생회원으로 구분하며, 따로 명예회원, 특별회원을 둘 수 있다.

② 연구회원은 평의원 2인 이상의 추천을 받아 평의원회에서 심의, 인준한다.

③ 일반회원은 연구회원과 학생회원이 아닌 사람과 기관 및 단체로 한다.

④ 학생회원은 대학생과 대학원생으로 한다.

⑤ 명예회원은 본회의 발전에 크게 기여한 회원 또는 개인 중에서 운영위원회에서 추천하여 평의원회에서 인준을 받은 사람으로 한다.

⑥ 특별회원은 본회의 활동과 운영에 크게 기여한 개인 또는 기관 중에서 운영위원회에서 추천하여 평의원회에서 인준을 받은 사람으로 한다.

제 5 조 (회원징계) 회원으로서 본회의 명예를 손상시키거나 회칙을 준수하지 않았을 경우 평의원회의 심의와 총회의 의결에 따라 자격정지, 제명 등의 징계를 할 수 있다.

제 2 장 조직 및 기능

제 6 조 (조직) 본회는 총회·평의원회·운영위원회·편집위원회를 두며, 필요한 경우 별도의 위원회를 구성할 수 있다.

제 7 조 (총회)

① 총회는 정기총회와 임시총회로 나누며, 정기총회는 2년에 1회 정기적으로 개최하고 임시총회는 필요한 때에 소집할 수 있다.

② 총회는 회장이나 평의원회의 의결로 소집한다.

③ 총회는 평의원회에서 심의한 학회의 회칙, 운영예규의 개정 및 사업과 재정 등에 관한 보고를 받고 이를 의결한다.

④ 총회는 평의원회에서 추천한 회장, 평의원, 감사를 인준한다. 단 회장의 인준이 거부되었을 때는 평의원회에서 재추천하도록 결정하거나 총회에서 직접 선출한다.

제 8 조 (평의원회)

① 평의원은 연구회원 중 평의원회의 추천을 받아 총회에서 인준한 자로 한다.

② 평의원회는 회장을 포함한 평의원으로 구성한다.

③ 평의원회는 회장 또는 평의원 4분의 1 이상의 요구로써 소집한다.

④ 평의원회는 아래의 사항을 추천, 심의, 의결한다.

1. 회장, 평의원, 감사, 편집위원의 추천
2. 회칙개정안, 운영예규의 심의
3. 학회의 재정과 사업수행의 심의
4. 연구회원, 명예회원, 특별회원의 인준
5. 회원의 자격정지, 제명 등의 징계를 심의

제 9 조 (운영위원회)

① 운영위원회는 회장과 회장이 지명하는 부회장, 총무·연구·편집·섭외이사 등 20명 내외로 구성하고, 실무를 담당할 간사를 둔다.

② 운영위원회는 평의원회에서 심의·의결한 사항을 집행하며, 학회의 제반 운영업무를 담당한다.

③ 부회장은 회장을 도와 학회의 업무를 총괄 지원하며, 회장 유고시에는 회장의 권한을 대행한다.

④ 총무이사는 학회의 통상 업무를 담당, 집행한다.

⑤ 연구이사는 연구발표회 및 각종 학술대회의 기획을 전담한다.

⑥ 편집이사는 편집위원을 겸하며, 학보 및 기타 간행물의 출간을 전담한다.

⑦ 섭외이사는 학술조사를 위해 자료소장기관과의 섭외업무를 전담한다.

제 10 조 (편집위원회) 편집위원회는 학보 발간 및 기타 간행물의 출간에 관한 제반사항을 담당하며, 그 구성은 따로 본회의 운영예규에 정한다.

제 11 조 (기타 위원회) 기타 위원회의 구성과 활동은 회장이 결정하며, 그 내용을 평의원회에 보고한다.

제 12 조 (임원)

① 회장은 본회를 대표하고 총회와 각급회의를 주재하며, 임기는 2년으로 한다.

② 평의원은 제 8 조의 사항을 담임하며, 임기는 종신으로 한다.

③ 감사는 평의원회에 출석하고, 본회의 업무 및 재정을 감사하여 총회에 보고하며, 그 임기는 2년으로 한다.

④ 임원의 임기는 1월 1일부터 시작한다.

⑤ 임원이 유고로 업무를 수행할 수 없게 된 때에는 평의원회에서 보궐 임원을 선출하고 다음 총회에서 인준을 받으며, 그 임기는 전임자의 잔여임기가 1년 미만인 경우는 잔여임기에 규정임기 2년을 더한 기간으로 하고, 잔여임기가 1년 이상인 경우는 잔여기간으로 한다.

제 13 조 (의결)

① 총회에서의 인준과 의결은 출석 회원의 과반수로 한다.

② 평의원회는 평의원 4분의 1 이상의 출석으로 성립하며, 의결은 출석한 평의원 과반수의 찬성으로 한다.

제 3 장 출판물의 발간

제 14 조 (출판물)

① 본회는 매년 6월 30일과 12월 31일에 학보를 발간하고, 그 명칭은 "목간과 문자"(한문 "木簡과 文字", 영문 "Wooden documents and Inscriptions Studies")로 한다.

② 본회는 학보 이외에 본회의 목적에 부합하는 출판물을 발간할 수 있다.

③ 본회가 발간하는 학보를 포함한 모든 출판물의 저작권은 본 학회에 속한다.

제 15 조 (학보 게재 논문 등의 선정과 심사)

① 학보에는 회원의 논문 및 본회의 목적에 부합하는 주제의 글을 게재함을 원칙으로 한다.

② 논문 등 학보 게재물은 편집위원회에서 선정한다.

③ 논문 등 학보 게재물의 선정 기준과 절차는 따로 본회의 운영예규에 정한다.

제 4 장 재정

제 16 조 (재원)　본회의 재원은 회비 및 기타 수입으로 한다.

제 17 조 (회계연도)　본회의 회계연도 기준일은 1월 1일로 한다.

제 5 장 기타

제 18 조 (운영예규)　본 회칙에 명시하지 않은 운영에 필요한 사항은 따로 운영예규에 정한다.

제 19 조 (기타사항)　본 회칙에 규정되지 않은 사항은 일반관례에 따른다

부칙

1. 본 회칙은 2007년 1월 9일부터 시행한다.
2. 본 회칙은 2009년 1월 9일부터 시행한다.
3. 본 회칙은 2012년 1월 18일부터 시행한다.
4. 본 회칙은 2015년 10월 31일부터 시행한다.

편집위원회에 관한 규정

제 1 장 총칙

제 1 조 (명칭) 본 규정은 '편집위원회에 관한 규정'이라 한다.

제 2 조 (목적) 본 규정은 한국목간학회 편집위원회의 조직 및 편집 활동 전반에 관한 세부 사항을 규정하는 것을 목적으로 한다.

제 2 장 조직 및 권한

제 3 조 (구성) 편집위원회는 회칙에 따라 구성한다.

제 4 조 (편집위원의 임명) 편집위원은 세부 전공 분야 및 연구 업적을 감안하여 평의원회에서 추천하며, 회장이 임명한다.

제 5 조 (편집위원장의 선출) 편집위원장은 편집위원 전원의 무기명 비밀투표 방식으로 편집위원 중에서 선출한다.

제 6 조 (편집위원장의 권한) 편집위원장은 편집회의의 의장이 되며, 학회지의 편집 및 출판 활동 전반에 대하여 권한을 갖는다.

제 7 조 (편집위원의 자격) 편집위원은 다음과 같은 조건을 갖춘자로 한다.

1. 박사학위를 소지한 자.
2. 대학의 전임교수로서 5년 이상의 경력을 갖추었거나, 이와 동등한 연구 경력을 갖춘자.
3. 역사학·고고학·보존과학·국어학 또는 이와 관련된 분야에서 연구 업적이 뛰어나고 학계의 명망과 인격을 두루 갖춘자.

4. 다른 학회의 임원이나 편집위원으로 과다하게 중복되지 않은 자.

제 8 조 (편집위원의 임기)　편집위원의 임기는 2년으로 하되, 연임할 수 있다.

제 9 조 (편집자문위원)　학회지 및 기타 간행물의 편집 및 출판 활동과 관련하여 필요시 국내외의 편집자문위원을 둘 수 있다.

제 10 조 (편집간사)　학회지를 비롯한 제반 출판 활동 업무를 원활히 하기 위하여 편집간사 약간 명을 둘 수 있다.

제 3 장　임무와 활동

제 11 조 (편집위원회의 임무와 활동)　편집위원회의 임무와 활동 내용은 다음과 같다.

1. 학회지의 간행과 관련된 제반 업무.
2. 학술 단행본의 발행과 관련된 제반 업무.
3. 기타 편집 및 발행과 관련된 제반 활동.

제 12 조 (편집간사의 임무)　편집간사는 편집위원회의 업무와 활동을 보조하며, 편집과 관련된 회계의 실무를 담당한다.

제 13 조 (학회지의 발간일)　학회지는 1년에 2회 발행하며, 그 발행일자는 6월 30일과 12월 31일로 한다.

제 4 장　편집회의

제 14 조 (편집회의의 소집)　편집회의는 편집위원장이 수시로 소집하되, 필요한 경우에는 3인 이상의 편집위원이 발의하여 회장의 동의를 얻어 편집회의를 소집할 수 있다. 또한 심사위원의 추천 및 선정 등에 필요한 경우에는 전자우편을 통한 의견 수렴으로 편집회의를 대신할 수 있다.

제 15 조 (편집회의의 성립)　편집회의는 편집위원장을 포함한 편집위원 과반수의 출석으로 성립된다.

제 16 조 (편집회의의 의결)　편집회의의 제반 안건은 출석 위원 과반수의 찬성으로 의결하되, 찬반 동수인 경우에는 편집위원장이 결정한다.

제 17 조 (편집회의의 의장) 편집위원장은 편집회의의 의장이 된다. 편집위원장이 참석하지 아니한 경우에는 편집위원 중의 연장자가 의장이 된다.

제 18 조 (편집회의의 활동) 편집회의는 학회지의 발행, 논문의 심사 및 편집, 기타 제반 출판과 관련된 사항에 대하여 논의하고 결정한다.

부칙

제1조 이 규정은 운영위원회의 의결을 거쳐 2007년 11월 24일부터 시행한다.

제2조 이 규정은 운영위원회의 의결을 거쳐 2009년 1월 9일부터 시행한다.

제3조 이 규정은 운영위원회의 의결을 거쳐 2012년 1월 18일부터 시행한다.

학회지 논문의 투고와 심사에 관한 규정

제 1 장 총칙

제 1 조 (명칭) 본 규정은 '학회지 논문의 투고와 심사에 관한 규정'이라 한다.

제 2 조 (목적) 본 규정은 한국목간학회의 학회지인 『목간과 문자』에 수록할 논문의 투고와 심사에 관한 절차를 정하고 관련 업무를 명시함에 목적을 둔다.

제 2 장 원고의 투고

제 3 조 (투고 자격) 논문의 투고 자격은 회칙에 따르되, 당해 연도 회비를 납부한 자에 한한다.

제 4 조 (투고의 조건) 본 학회에서 발표한 논문에 한하여 투고하는 것을 원칙으로 한다.

제 5 조 (원고의 분량) 원고의 분량은 학회지에 인쇄된 것을 기준으로 각종의 자료를 포함하여 20면 내외로 하되, 자료의 영인을 붙이는 경우에는 면수 계산에서 제외한다.

제 6 조 (원고의 작성 방식) 원고의 작성 방식과 요령 등에 관하여는 별도의 내규를 정하여 시행한다.

제 7 조(원고의 언어) 원고는 한국어로 작성함을 원칙으로 하되, 외국어로 작성된 원고의 게재 여부는 편집회의에서 정한다.

제 8 조 (제목과 필자명) 논문 제목과 필자명은 영문으로 附記하여야 한다.

제 9 조 (국문초록과 핵심어) 논문을 투고할 때에는 국문과 외국어로 된 초록과 핵심어를 덧붙여야 한다. 요약문과 핵심어의 작성 요령은 다음과 같다.

1. 국문초록은 논문의 내용과 논지를 잘 간추려 작성하되, 외국어 요약문은 영어, 중국어, 일어 중의 하나로 작성한다.
2. 국문초록의 분량은 200자 원고지 5매 내외로 한다.
3. 핵심어는 논문의 주제 및 내용을 대표할 만한 단어를 뽑아서 요약문 뒤에 행을 바꾸어 제시한다.

제 10 조 (논문의 주제 및 내용 조건) 논문의 주제 및 내용은 다음에 부합하여야 한다.

1. 국내외의 출토 문자 자료에 대한 연구 논문
2. 국내외의 출토 문자 자료에 대한 소개 또는 보고 논문
3. 국내외의 출토 문자 자료에 대한 역주 또는 서평 논문

제 11 조 (논문의 제출처) 심사용 논문은 온라인투고시스템을 이용한다.

제 3 장 원고의 심사

제 1 절 : 심사자

제 12 조 (심사자의 자격) 심사자는 논문의 주제 및 내용과 관련된 분야에서 박사학위를 소지한 자를 원칙으로 하되, 본 학회의 회원 가입 여부에 구애받지 아니한다.

제 13 조 (심사자의 수) 심사자는 논문 한 편당 2인 이상 5인 이내로 한다.

제 14 조 (심사 의뢰) 편집위원장은 편집회의에서 추천·의결한 바에 따라 심사자를 선정하여 심사를 의뢰하도록 한다. 편집회의에서의 심사자 추천은 2배수로 하고, 편집회의의 의결을 거쳐 선정한다.

제 15 조 (심사자에 대한 이의) 편집위원장은 심사자 위촉 사항에 대하여 대외비로 회장에게 보고하며, 회장은 편집위원장에게 이의를 제기할 수 있다. 심사자 위촉에 대한 이의에 대하여는 편집회의를 거쳐 편집위원장이 심사자를 변경할 수 있다. 다만, 편집회의 결과 원래의 위촉자가 재선정되었을 경우 편집위원장은 회장에게 그 사실을 구두로 통지하며, 통지된 사항에 대하여 회장은 이의를 제기할 수 없다.

제 2 절 : 익명성과 비밀 유지

제 16 조 (익명성과 비밀 유지 조건) 심사용 원고는 반드시 익명으로 하며, 심사에 관한 제반 사항은 편집위원장 책임하에 반드시 대외비로 하여야 한다.

제 17 조 (익명성과 비밀 유지 조건의 위배에 대한 조치)　위 제16조의 조건을 위배함으로 인해 심사자에게 중대한 피해를 입혔을 경우에는 편집위원 3인 이상의 발의로써 편집위원장의 동의 없이도 편집회의를 소집할 수 있으며, 다음 각 호에 따라 위배한 자에 따라 사안별로 조치한다. 또한 해당 심사자에게는 편집위원장 명의로 지체없이 사과문을 심사자에게 등기 우송하여야 한다. 편집위원장 명의를 사용하지 못할 경우에는 편집위원 전원이 연명하여 사과문을 등기 우송하여야 한다. 익명성과 비밀 유지 조건에 대한 위배 사실이 학회의 명예를 손상한 경우에는 편집위원 3인의 발의만으로써도 해당 편집위원장 및 편집위원에 대한 징계를 회장에게 요청할 수 있으며, 이 경우 그 처리 결과를 학회지에 공지하여야 한다.

1. 편집위원장이 위배한 경우에는 편집위원장을 교체한다.
2. 편집위원이 위배한 경우에는 편집위원직을 박탈한다.
3. 임원을 겸한 편집위원의 경우에는 회장에게 교체하도록 요청한다.
4. 편집간사 또는 편집보조가 위배한 경우에는 편집위원장이 당사자를 해임한다.

제 18 조 (편집위원의 논문에 대한 심사)　편집위원이 투고한 논문을 심사할 때에는 해당 편집위원을 궐석시킨 후에 심사자를 선정하여야 하며, 회장에게도 심사자의 신원을 밝히지 않는 것을 원칙으로 한다.

제 3 절 : 심사 절차

제 19 조 (논문심사서의 구성 요건)　논문심사서에는 '심사 소견', 그리고 '수정 및 지적사항'을 적는 난이 포함되어야 한다.

제 20 조 (심사 소견과 영역별 평가)　심사자는 심사 논문에 대하여 영역별 평가를 감안하여 종합판정을 한다. 심사 소견에는 영역별 평가와 종합판정에 대한 근거 및 의견을 총괄적으로 기술함을 원칙으로 한다.

제 21 조 (수정 및 지적사항)　'수정 및 지적사항'란에는 심사용 논문의 면수 및 수정 내용 등을 구체적으로 지시하여야 한다.

제 22 조 (심사 결과의 전달)　편집간사는 편집위원장의 지시를 받아 투고자에게 심사자의 논문심사서와 심사용 논문을 전자우편 또는 일반우편으로 전달하되, 심사자의 신원이 드러나지 않도록 각별히 유의하여야 한다. 논문 심사서 중 심사자의 인적 사항은 편집회의에서도 공개하지 않는다.

제 23 조 (수정된 원고의 접수)　투고자는 논문심사서를 수령한 후 소정 기일 내에 원고를 수정하여 편집위원장에게 송부하여야 한다. 기한을 넘겨 접수된 수정 원고는 학회지의 다음 호에 접수된 투고 논문과

동일한 심사 절차를 밟되, 논문심사료는 부과하지 않는다.

제 4 절 : 심사의 기준과 게재 여부 결정

제 24 조 (심사 결과의 종류) 심사 결과는 '종합판정'과 '영역별 평가'로 나누어 시행한다.

제 25 조 (종합판정과 등급) 종합판정은 ①揭載 可, ②小幅 修正後 揭載, ③大幅 修正後 再依賴, ④揭載不可 중의 하나로 한다.

제 26 조 (영역별 평가) 영역별 평가 기준은 다음과 같다.

1. 학계에의 기여도
2. 연구 내용 및 방법론의 참신성
3. 논지 전개의 타당성
4. 논문 구성의 완결성
5. 문장 표현의 정확성

제 27 조 (게재 여부의 결정 기준) 심사용 논문의 학회지 게재 여부는 심사자의 종합판정에 의거하여 이들을 합산하여 시행한다. 게재 여부의 결정은 최종 수정된 원고를 대상으로 한다.

제 28 조 (게재 여부 결정의 조건) 게재 여부 결정의 조건은 다음과 같다.

1. 심사자의 2분의 1 이상이 위 제25조의 '①게재 가'로 판정한 경우에는 게재한다.
2. 심사자의 2분의 1 이상이 위 제25조의 '③게재 불가'로 판정한 경우에는 게재를 불허한다.

제 29 조 (게재 여부에 대한 논의) 위 제28조의 경우가 아닌 논문에 대하여는 편집회의의 토의를 거친 후에 게재 여부를 확정하되, 이 때에는 영역별 평가를 참조한다.

제 30 조 (논문 게재 여부의 통보) 편집위원장은 논문 게재 여부에 대한 최종 확정 결과를 투고자에게 통보하여야 한다.

제 5 절 : 이의 신청

제 31 조 (이의 신청) 투고자는 심사와 논문 게재 여부에 대하여 이의를 신청할 수 있다. 이 때에는 200자 원고지 5매 내외의 이의신청서를 작성하여 심사 결과 통보일 15일 이내에 편집위원장에게 송부하

여야 하며, 편집위원장은 이의 신청 접수일로부터 15일 이내에 이에 대한 처리 절차를 완료하여야 한다.

제 32 조 (이의 신청의 처리)　이의 신청을 한 투고자의 논문에 대해서는 편집회의에서 토의를 거쳐 이의 신청의 수락 여부를 의결한다. 수락한 이의 신청에 대한 조치 방법은 편집회의에서 결정한다.

제 4 장　게재 논문의 사후 심사 및 조치

제 1 절 : 게재 논문의 사후 심사

제 33 조 (사후 심사)　학회지에 게재된 논문에 대하여는 사후 심사를 할 수 있다.

제 34 조 (사후 심사 요건)　사후 심사는 편집위원회의 자체 판단 또는 접수된 사후심사요청서의 검토 결과, 대상 논문이 그 논문이 수록된 본 학회지 발행일자 이전의 간행물 또는 타인의 저작권에 귀속시킬 만한 연구 내용을 현저한 정도로 표절 또는 중복 게재한 것으로 의심되는 경우에 한한다.

제 35 조 (사후심사요청서의 접수)　게재 논문의 표절 또는 중복 게재와 관련하여 사후 심사를 요청하는 사후심사요청서를 편집위원장 또는 편집위원회에 접수할 수 있다. 이 경우 사후심사요청서는 밀봉하고 겉봉에 '사후심사요청'임을 명기하되, 발신자의 신원을 겉봉에 노출시키지 않음을 원칙으로 한다.

제 36 조 (사후심사요청서의 개봉)　사후심사요청서는 편집위원장 또는 편집위원장이 위촉한 편집위원이 개봉한다.

제 37 조 (사후심사요청서의 요건)　사후심사요청서는 표절 또는 중복 게재로 의심되는 내용을 구체적으로 밝혀야 한다.

제 2 절 : 사후 심사의 절차와 방법

제 38 조 (사후 심사를 위한 편집위원회 소집)　게재 논문의 표절 또는 중복 게재에 관한 사실 여부를 심의하고 사후 심사자의 선정을 비롯한 제반 사항을 의결하기 위해 편집위원장은 편집위원회를 소집할 수 있다.

제 39 조 (질의서의 우송)　편집위원회의 심의 결과 표절이나 중복 게재의 개연성이 있다고 판단된 논문에 대해서는 그 진위 여부에 대해 편집위원장 명의로 해당 논문의 필자에게 질의서를 우송한다.

제 40 조 (답변서의 제출) 위 제39조의 질의서에 대해 해당 논문 필자는 질의서 수령 후 30일 이내 편집위원장 또는 편집위원회에 답변서를 제출하여야 한다. 이 기한 내에 답변서가 없을 경우엔 질의서의 내용을 인정한 것으로 판단한다.

제 3 절 : 사후 심사 결과의 조치

제 41 조 (사후 심사 확정을 위한 편집위원회 소집) 편집위원장은 답변서를 접수한 날 또는 마감 기한으로부터 15일 이내에 사후 심사 결과를 확정하기 위한 편집위원회를 소집한다.

제 42 조 (심사 결과의 통보) 편집위원장은 편집위원회에서 확정한 사후 심사 결과를 7일 이내에 사후 심사를 요청한 이 및 관련 당사자에게 통보하여야 한다.

제 43 조 (표절 및 중복 게재에 대한 조치) 편집위원회에서 표절 또는 중복 게재로 확정된 경우에는 회장에게 지체 없이 보고하고, 회장은 운영위원회를 소집하여 다음 각 호와 같은 조치를 집행할 수 있다.

1. 차호 학회지에 그 사실 관계 및 조치 사항들을 기록한다.
2. 학회지 전자판에서 해당 논문을 삭제하고, 학회논문임을 취소한다.
3. 해당 논문 필자에 대하여 제명 조치하고, 향후 5년간 재입회할 수 없도록 한다.
4. 관련 사실을 한국연구재단에 보고한다.

제 4 절 : 제보자의 보호

제 44 조 (제보자의 보호) 표절 및 중복 게재에 관한 이의 및 논의를 제기하거나 사후 심사를 요청한 사람에 대해서는 신원을 절대적으로 밝히지 않고 익명성을 보장하여야 한다.

제 45 조 (제보자 보호 규정의 위배에 대한 조치) 위 제44조의 규정을 위배한 이에 대한 조치는 위 제17조에 준하여 시행한다.

부칙

제1조(시행일자) 본 규정은 2007년 11월 24일부터 시행한다.

제2조(시행일자) 본 규정은 2009년 1월 9일부터 시행한다.

제3조(시행일자) 본 규정은 2015년 10월 31일부터 시행한다.

제4조(시행일자) 본 규정은 2018년 1월 12일부터 시행한다.

학회지 논문의 투고와 원고 작성 요령에 관한 내규

제 1 조 (목적) 이 내규는 본 한국목간학회의 회칙 및 관련 규정에 따라 학회지에 게재하는 논문의 투고와 원고 작성 요령에 대하여 명시하는 것을 목적으로 한다.

제 2 조 (논문의 종류) 학회지에 게재되는 논문은 심사 논문과 기획 논문으로 나뉜다. 심사 논문은 본 학회의 학회지 논문의 투고와 심사에 관한 규정에 따른 심사 절차를 거쳐 게재된 논문을 가리키며, 기획 논문은 편집위원회에서 기획하여 특정의 연구자에게 집필을 위촉한 논문을 가리킨다.

제 3 조 (기획 논문의 집필자) 기획 논문의 집필자는 본 학회의 회원 여부에 구애받지 아니한다.

제 4 조 (기획 논문의 심사) 기획 논문에 대하여도 심사 논문과 동일한 절차의 심사를 시행하는 것을 원칙으로 하되, 편집위원회의 의결을 거쳐 심사를 면제할 수 있다.

제 5 조 (투고 기한) 논문의 투고 기한은 매년 4월 말과 10월 말로 한다.

제 6 조 (수록호) 4월 말까지 투고된 논문은 심사 과정을 거쳐 같은 해의 6월 30일에 발행하는 학회지에 수록하며, 10월 말까지 투고된 논문은 같은 해의 12월 31일에 간행하는 학회지에 수록하는 것을 원칙으로 한다.

제 7 조 (수록 예정일자의 변경 통보) 위 제6조의 예정 기일을 넘겨 논문의 심사 및 게재가 이루어질 경우 편집위원장은 투고자에게 그 사실을 통보해 주어야 한다.

제 8 조 (게재료) 논문 게재의 확정시에는 일반 논문 10만원, 연구비 수혜 논문 30만원의 게재료를 납부하여야 한다.

제 9 조 (초과 게재료) 학회지에 게재하는 논문의 분량이 인쇄본을 기준으로 20면을 넘을 경우에는 1

면 당 2만원의 초과 게재료를 부과할 수 있다.

제 10 조 (원고료) 학회지에 게재되는 논문에 대하여는 소정의 원고료를 필자에게 지불할 수 있다. 원고료에 관한 사항은 운영위원회에서 결정한다.

제 11 조 (익명성 유지 조건) 심사용 논문에서는 졸고 및 졸저 등 투고자의 신원을 드러내는 표현을 쓸 수 없다.

제 12 조 (컴퓨터 작성) 논문의 원고는 컴퓨터로 작성함을 원칙으로 하며, 문장편집기 프로그램은 「훈글」을 사용할 것을 권장한다.

제 13 조 (제출물) 원고 제출시에는 온라인투고시스템을 이용하며, 연구윤리규정과 저작권 이양동의서에 동의하여야 한다.

제 14 조 (투고자의 성명 삭제) 편집간사는 심사자에게 심사용 논문을 송부할 때 반드시 투고자의 성명과 기타 투고자의 신원을 알 수 있는 표현 등을 삭제하여야 한다.

제 15 조 (출토 문자 자료의 표기 범례 등 기타) 출토 문자 자료의 표기 범례를 비롯하여 위에서 정하지 않은 학회지 논문의 투고와 원고 작성 요령 및 용어 사용 등에 관한 사항들은 일반적인 관행에 따르거나 편집위원회에서 결정한다.

부칙

제1조(시행일자) 이 내규는 2007년 11월 24일부터 시행한다.
제2조(시행일자) 이 내규는 2009년 1월 9일부터 시행한다.
제3조(시행일자) 이 내규는 2012년 1월 18일부터 시행한다.
제4조(시행일자) 이 내규는 2015년 10월 31일부터 시행한다.
제5조(시행일자) 이 내규는 2018년 1월 12일부터 시행한다.

韓國木簡學會 研究倫理 規定

제 1 장 총칙

제 1 조 (명칭) 이 규정은 '한국목간학회 연구윤리 규정'이라 한다.

제 2 조 (목적) 이 규정은 한국목간학회 회칙 및 편집위원회 규정에 따른 연구윤리 등에 관한 세부사항을 규정하는 것을 목적으로 한다.

제 2 장 저자가 지켜야 할 연구윤리

제 3 조 (표절 금지) 저자는 자신이 행하지 않은 연구나 주장의 일부분을 자신의 연구 결과이거나 주장인 것처럼 논문이나 저술에 제시하지 않는다.

제 4 조 (업적 인정)

1. 저자는 자신이 실제로 행하거나 공헌한 연구에 대해서만 저자로서의 책임을 지며, 또한 업적으로 인정받는다.
2. 논문이나 기타 출판 업적의 저자나 역자가 여러 명일 때 그 순서는 상대적 지위에 관계없이 연구에 기여한 정도에 따라 정확하게 반영하여야 한다. 단순히 어떤 직책에 있다고 해서 저자가 되거나 제1저자로서의 업적을 인정받는 것은 정당화될 수 없다. 반면, 연구나 저술(번역)에 기여했음에도 공동저자(역자)나 공동연구자로 기록되지 않는 것 또한 정당화될 수 없다. 연구나 저술(번역)에 대한 작은 기여는 각주, 서문, 사의 등에서 적절하게 고마움을 표시한다.

제 5 조 (중복 게재 금지) 저자는 이전에 출판된 자신의 연구물(게재 예정이거나 심사 중인 연구물 포함)을 새로운 연구물인 것처럼 투고하지 말아야 한다.

제 6 조 (인용 및 참고 표시)

1. 공개된 학술 자료를 인용할 경우에는 정확하게 기술하도록 노력해야 하고, 상식에 속하는 자료가

아닌 한 반드시 그 출처를 명확히 밝혀야 한다. 논문이나 연구계획서의 평가 시 또는 개인적인 접촉을 통해서 얻은 자료의 경우에는 그 정보를 제공한 연구자의 동의를 받은 후에만 인용할 수 있다.

2. 다른 사람의 글을 인용하거나 아이디어를 차용(참고)할 경우에는 반드시 註[각주(후주)]를 통해 인용 여부 및 참고 여부를 밝혀야 하며, 이러한 표기를 통해 어떤 부분이 선행연구의 결과이고 어떤 부분이 본인의 독창적인 생각·주장·해석인지를 독자가 알 수 있도록 해야 한다.

제 7 조 (논문의 수정)　저자는 논문의 평가 과정에서 제시된 편집위원과 심사위원의 의견을 가능한 한 수용하여 논문에 반영되도록 노력하여야 하고, 이들의 의견에 동의하지 않을 경우에는 그 근거와 이유를 상세하게 적어서 편집위원(회)에게 알려야 한다.

제 3 장　편집위원이 지켜야 할 연구윤리

제 8 조 (책임 범위)　편집위원은 투고된 논문의 게재 여부를 결정하는 모든 책임을 진다.

제 9 조 (논문에 대한 태도)　편집위원은 학술지 게재를 위해 투고된 논문을 저자의 성별, 나이, 소속 기관은 물론이고 어떤 선입견이나 사적인 친분과도 무관하게 오로지 논문의 질적 수준과 투고 규정에 근거하여 공평하게 취급하여야 한다.

제 10 조 (심사 의뢰)　편집위원은 투고된 논문의 평가를 해당 분야의 전문적 지식과 공정한 판단 능력을 지닌 심사위원에게 의뢰해야 한다. 심사 의뢰 시에는 저자와 지나치게 친분이 있거나 지나치게 적대적인 심사위원을 피함으로써 가능한 한 객관적인 평가가 이루어질 수 있도록 노력한다. 단, 같은 논문에 대한 평가가 심사위원 간에 현저하게 차이가 날 경우에는 해당 분야 제3의 전문가에게 자문을 받을 수 있다.

제 11 조 (비밀 유지)　편집위원은 투고된 논문의 게재가 결정될 때까지는 심사자 이외의 사람에게 저자에 대한 사항이나 논문의 내용을 공개하면 안 된다.

제 4 장　심사위원이 지켜야 할 연구윤리

제 12조 (성실 심사)　심사위원은 학술지의 편집위원(회)이 의뢰하는 논문을 심사규정이 정한 기간 내에 성실하게 평가하고 평가 결과를 편집위원(회)에게 통보해 주어야 한다. 만약 자신이 논문의 내용을 평가하기에 적임자가 아니라고 판단될 경우에는 편집위원(회)에게 지체 없이 그 사실을 통보한다.

제 13 조 (공정 심사)　심사위원은 논문을 개인적인 학술적 신념이나 저자와의 사적인 친분 관계를 떠

나 객관적 기준에 의해 공정하게 평가하여야 한다. 충분한 근거를 명시하지 않은 채 논문을 탈락시키거나, 심사자 본인의 관점이나 해석과 상충된다는 이유로 논문을 탈락시켜서는 안 되며, 심사 대상 논문을 제대로 읽지 않은 채 평가해서도 안 된다.

제 14 조 (평가근거의 명시) 심사위원은 전문 지식인으로서의 저자의 인격과 독립성을 존중하여야 한다. 평가 의견서에는 논문에 대한 자신의 판단을 밝히되, 보완이 필요하다고 생각되는 부분에 대해서는 그 이유도 함께 상세하게 설명해야 한다.

제 15 조 (비밀 유지) 심사위원은 심사 대상 논문에 대한 비밀을 지켜야 한다. 논문 평가를 위해 특별히 조언을 구하는 경우가 아니라면 논문을 다른 사람에게 보여주거나 논문 내용을 놓고 다른 사람과 논의하는 것도 바람직하지 않다. 또한 논문이 게재된 학술지가 출판되기 전에 저자의 동의 없이 논문의 내용을 인용해서는 안 된다.

제 5 장 윤리규정 시행 지침

제 16 조 (윤리규정 서약) 한국목간학회의 신규 회원은 본 윤리규정을 준수하기로 서약해야 한다. 기존 회원은 윤리규정의 발효 시 윤리규정을 준수하기로 서약한 것으로 간주한다.

제 17 조 (윤리규정 위반 보고) 회원은 다른 회원이 윤리규정을 위반한 것을 인지할 경우 그 회원으로 하여금 윤리규정을 환기시킴으로써 문제를 바로잡도록 노력해야 한다. 그러나 문제가 바로잡히지 않거나 명백한 윤리규정 위반 사례가 드러날 경우에는 학회 윤리위원회에 보고할 수 있다. 윤리위원회는 윤리규정 위반 문제를 학회에 보고한 회원의 신원을 외부에 공개해서는 안 된다.

제 18 조 (윤리위원회 구성) 윤리위원회는 회원 5인 이상으로 구성되며, 위원은 평의원회의 추천을 받아 회장이 임명한다.

제 19 조 (윤리위원회의 권한) 윤리위원회는 윤리규정 위반으로 보고된 사안에 대하여 제보자, 피조사자, 증인, 참고인 및 증거자료 등을 통하여 폭넓게 조사를 실시한 후, 윤리규정 위반이 사실로 판정된 경우에는 회장에게 적절한 제재조치를 건의할 수 있다.

단, 사안이 학회지 게재 논문의 표절 또는 중복 게재와 관련된 경우에는 '학회지 논문의 투고와 심사에 관한 규정'에 따라 편집위원회에 조사를 의뢰하고 사후 조치를 취한다.

제 20 조 (윤리위원회의 조사 및 심의) 윤리규정 위반으로 보고된 회원은 윤리위원회에서 행하는 조

사에 협조해야 한다. 이 조사에 협조하지 않는 것은 그 자체로 윤리규정 위반이 된다.

제 21 조 (소명 기회의 보장) 윤리규정 위반으로 보고된 회원에게는 충분한 소명 기회를 주어야 한다.

제 22 조 (조사 대상자에 대한 비밀 보호) 윤리규정 위반에 대해 학회의 최종적인 징계 결정이 내려질 때까지 윤리위원은 해당 회원의 신원을 외부에 공개해서는 안 된다.

제 23 조 (징계의 절차 및 내용) 윤리위원회의 징계 건의가 있을 경우, 회장은 이사회를 소집하여 징계 여부 및 징계 내용을 최종적으로 결정한다. 윤리규정을 위반했다고 판정된 회원에 대해서는 경고, 회원자격정지 내지 박탈 등의 징계를 할 수 있으며, 이 조처를 다른 기관이나 개인에게 알릴 수 있다.

제 6 장 보칙

제 24 조 (규정의 개정)

1. 편집위원장 또는 편집위원 3인 이상이 규정의 개정을 發議할 수 있다.
2. 재적 편집위원 3분의 2 이상의 찬성으로 개정하며, 총회의 인준을 얻어야 효력이 발생한다.

제 25 조 (보칙) 이 규정에 정해지지 않은 사항은 학회의 관례에 따른다.

부칙

제1조(시행일자) 이 규정은 2007년 11월 24일부터 시행한다.

Wooden Documents and Inscriptions Studies No. 23. December. 2019

[Contents]

The Korean Society for the Study of Wooden Documents

木簡과 文字 연구 22

엮은이 | 한국목간학회
펴낸이 | 최병식
펴낸날 | 2020년 1월 30일
펴낸곳 | 주류성출판사
서울시 서초구 강남대로 435
전화 | 02-3481-1024 / 전송 | 02-3482-0656
www.juluesung.co.kr
e-mail | juluesung@daum.net

책 값 | 20,000원
ISBN 978-89-6246-417-7 94910
세트 978-89-6246-006-3 94910

* 이 책은『木簡과 文字』23호의 판매용 출판본입니다.